KB129099

사회복지정책론 3판

남기민 저

Social Welfare Policy

학지사

3판 머리말

지난해인 2014년 2월 28일 저자는 34년간의 대학교수 생활을 마치고 정년퇴임을 하였다. 물론 지금도 캠퍼스에서 학생들을 가르치고 저술활동을 하며 지역사회에서 봉사를 하고 있어 은퇴 전과 다름없이 바쁘게 지내고 있다. 특히 그간 배출한 많은 제자가 민간 및 공공의 사회복지 현장에서 사회복지사로서의 역할을 훌륭하게 수행하고 있고, 이들의 지지를 받으며 저자가 지역의 사회복지 발전에 조금이라도 기여하고 있다고 느낄 때 삶의 보람과 기쁨을 느끼곤 한다.

『사회복지정책론』 2판이 출간된 지 벌써 5년 8개월이 다 되었다. 우리 사회는 참으로 빠르게 변하고 있다. 산업화·민주화 시대를 거쳐 21세기 정보화 시대에 이른 우리 사회의 변화 속도는 가히 가공할 만하다. 이렇게 빠른 사회 변화와 더불어 다양한 복지욕구가 분출되고, 이에 따라 「사회보장기본법」을 비롯한 여타의 사회복지 법령의 개정이 잇따르면서 더 이상 2판의 개정을 미룰 수 없었다. 이번 3판에서는 2판의 기본 틀을 유지하면서 책 전체에 걸쳐 오자 및 탈자를 찾아내어 고치고, 그 내용을 수정하거나 보완하였다.

먼저, 제3장 '사회복지정책 발달의 영향요인과 이론'에서는 종속이론을 추가하였다. 제4장 '영국의 사회복지정책사'와 제5장 '미국의 사회복지정책사'에서는 그간의 사회복지정책의 변화를 간략하게 추가하였고, 제6장 '한국의 사회복지정책사'에서는 5·6공화국 시대와 문민정부 이후의 내용을 일부 수정하였으며 최근 사회복지정책의 변화를 간략히 추가하였다. 제7장 '사회복지정책의 과정'에서는 정책결정의 모형으로 공공선택모형을 추가하였고 정책평가의 일부를 수정하였다. 제9장 '복지국가의 유형과 흐름'에서는 복지국가의 특징 일부를 보완하였다. 제10장 '사회보험정책'에서는 국민연금제도, 국민건강보험제도, 산업재해보상보험제도, 고용보험제도, 노인장기요양보험제도의 연혁을 일부 추가하고, 각각의 내용을 개정된 법령에 맞게 수정·보완하였으며 표의 내용도 최근의 자료를 수집하여 대폭 정리하였다. 제11장 '공공부조정책'에서는 국민기초생활보장제도의 연혁을 일부 추가하고 최근 개정된 「국민기초생활보장법」에 맞게 그 내용을 대폭 수정·보완하였으며 표의 일부도 다시 정리하였다. 제12장 '사회서비스정책'에서는 노인복지제도, 아동복지제도, 장애인복지제도, 한부모가족지원제도의 연혁을 일부 추가하고 각각의 내용을 개정된 법령에 맞게 수정·보완하였으며 표의 내용도 최근의 자료를 수집하여 대폭 정리하였다. 제13장 '사회복지정책의 동향과 과제'에서는 2013년 박근혜 정부의 출범과 더불어 발표한 국정방향과 2014년 8월에 확정발표한 제1차 사회보장기본계획의 내용과 원칙을 요약하여 추가하였고, 한국사회복지정책의 과제를 수정·보완하였다.

이 책이 초판 이래 다수의 대학교에서 교재로 활용되는 등 독자들로부터 꾸준한 호응을 받는 것은 저자에게 분에 넘치는 일이다. 독자들의 호응에 보답하려는 마음으로 내용에 충실을 기하려고 노력하였으나 저자의 능력 한계로 충분치 못하여 아쉬운 마음 금할 길 없다. 3판에 대한 독자 여러분의 아낌없는 비판과 질정을 기대한다.

그간 3판의 개정작업을 시작해서 완성되기까지 때로는 소진현상이 나타나기도 하였지만 끝까지 건강을 지켜 주신 하나님께 감사드리고, 늘 기도하며 힘을 준 아내에게 고마움을 전한다. 그리고 제10장에서 제12장까지 필요한 자료를 수집하고 정리하며 저자를 도와준 권태엽 박사에게 감사하고 앞으로 학문적·사회적으로 크게 발전하기를 기원한다. 또한 틈틈이 워드작업을 하느라 수고해 준 사단법인 충청노인복지개발회 노인복지연구소 남현정 연구원에게도 고마운 마음을 보낸다. 마지막으로 개정작업에 꽤 오랜 시간이 걸렸지만 묵묵히 기다리고 성원하며 도움을 준 학지사 김진환 사장님, 한승희 부장, 김순호 부장 그리고 편집과 교정 작업에 수고가 많았던 박나리 씨를 비롯한 직원 여러분께 심심한 감사의 뜻을 표한다.

2015년 10월 수타리봉을 바라보며
저자 남기민

1판 머리말

21세기 현대사회에서 다양한 사회문제가 발생하고 심각성을 더해 감으로써 우리 사회의 존속과 발전에 지대한 영향을 미치고 있으며, 이제 이의 해결은 국가적 과제로 대두하고 있다. 사회복지정책은 이와 같은 우리 사회의 다양한 사회문제를 해결하기 위한 정부의 정책으로서 '정부가 사회복지의 목표를 달성하기 위해 의도적으로 선택한 행동지침'으로 정의할 수 있다.

사회복지정책론은 거시사회복지학의 대표적인 교과목으로서 지금까지 출판된 국내의 저서들을 검토해 보면 사회복지정책의 일반적인 이론을 중점적으로 다룬 저서들과 사회복지정책의 일반적인 이론과 실제 영역을 함께 다룬 저서들로 대별할 수 있다. 저자는 사회복지정책론 과목을 학생들에게 가르치면서 사회복지정책의 일반적인 이론과 실제 영역을 어떻게 적절히 조화시킬 것인가를 늘 고민하여 왔다. 이 책의 내용은 이와 같은 저자의 고민의 결과를 반영한 것이다. 특히 한국 사회복지정책의 집필내용은 사회복지정책의 다섯 가지 구성요소를 중심으로 현황을 소개하면서 간략히 문제점 및 향후 과제를 제시하였다.

이 책은 크게 4부로 이루어졌다. 먼저 제1부 사회복지정책의 기초와 발달이론에서는 제1장 사회복지정책의 개념과 수립전제, 제2장 사회복지정책의 가치와 이념, 제3장 사회복지정책 발달의 영향요인과 이론을 소개하였다. 제2부 사회복지정책의 역사에서는 제4장 영국의 사회복지정책사, 제5장 미국의 사회복지정책사, 제6장 한국의 사회복지정책사를 소개하였다. 제3부 사회복지정책의 과정과 분석틀에서는 제7장 사회복지정책의 과정, 제8장 사회복지정책의 분석틀을 소개하였다.

마지막으로 제4부 복지국가와 한국의 사회복지정책에서는 제9장 복지국가의 유형과 흐름을 소개하고 제10장, 제11장, 제12장에서는 한국의 사회복지정책을 각각 사회보험정책, 공공부조정책, 사회서비스정책 순으로 현황을 소개하고 문제점 및 향후과제를 제시하였으며 제13장에서 사회복지정책의 동향과 과제로 결론을 맺었다. 집필을 마치고 나니 충분치 못하여 부끄러운 마음이 든다. 무엇보다도 아쉬운 것은 자료의 한계 등으로 일부 계획했던 부분들을 다 완성하지 못하고 이 책을 출판하게 된 점이다. 추후에 보완하도록 노력하겠다.

저자가 학문의 길로 들어서 대학교수가 되어 학생들을 가르친 지 벌써 24년이 되어 간다. 그간 대학에서 사회복지정책론을 강의하면서 학생들에게 가르쳐 온 내용을 중심으로 이 책을 집필하였으나 사회복지사 자격시험, 행정고시를 비롯한 각종 고시준비 그리고 사회복지행정 및 사회복지정책 담당자들에게도 이 책이 유용하게 활용될 수 있도록 구성하려고 노력하였다. 이 책을 집필하는 데 국내외 많은 학자의 저서 및 논문들을 많이 활용하였다. 그분들에게 감사드린다.

이 저서는 저자가 캐나다 밴쿠버에 있는 University of British Columbia의 School of Social Work & Family Studies에 visiting professor로 초청을 받아 머무르는 동안 완성되었다. 1년 동안 이곳에서 연구할 수 있도록 배려해 준 청주대학교 당국과 저자가 마음 편히 연구할 수 있도록 학생지도를 대신해 준 청주대학교 사회복지학 전공 교수님들 그리고 저자를 초청하여 여러 가지로 연구할 수 있는 좋은 환경을 제공해 준 Graham Riches 교수님과 자문역할을 해 준 Mary Hill 교수님께 감사한다. 또한 한국에서 필요한 자료를 모아 보내 주고 색인 작업을 도와준 한동일 박사님, 캐나다 토론토에서 어학연수를 마치고 귀국하는 길에 들러 워드작업의 일부를 도와준 황민철 군에게 감사한다.

이 저서는 집필을 시작하여 마칠 때까지 가족의 도움이 없었더라면 완성되지 못하였을 것이다. 인접 학문을 전공하는 아내와 아들 동현, 딸 현정은 열심히 워드작업을 도와주었고 격려와 지지를 아끼지 않았다. 때로는 힘들고 지치기도 하였으나 늘 곁에는 사랑하는 가족이 있어 새 힘을 얻곤 하였다. 또한 저자와 늘 뜻을 함께하며 저자가 부재중임에도 지역의 노인복지 발전을 위해 열심을 다해 온 사단법인 충청노인복지개발회의 임직원 및 회원 여러분께 감사드린다. 밴쿠버 한인감리교회에서 교민들과 교제하고 신앙생활을 한 것은 무엇보다도 저자에게 소중한 경험이 되었다. 그분들은 저자에게 신앙의 본이 되었고 하나님 중심의 삶의 자세를 가르쳐 주었다. 그분들에게도 감사를 드린다. 마지막으로 이 책을 집필할 수 있도록 동기를 부여하고 도움을 준 학지사 김진환 사장님과 직원 여러분께 감사의 마음을 전하고 싶다.

평생을 자녀들을 위해 기도하시다가 저자가 이곳 밴쿠버에 오기 3개월 전에 하늘나라에 가신 어머님 이도영 권사님께 이 저서를 바친다.

2004년 1월
저자 남기민

차 례

◆ 제1부 ◆
사회복지정책의 기초와 발달이론

제1부

사회복지정책의 기초와 발달이론

제1장

사회복지정책의 개념과 수립전제

사회복지정책이란 '정부가 사회복지의 목표를 달성하기 위하여 의도적으로 선택한 행동지침'을 말한다. 사회복지정책은 사회복지와 정책이라는 말의 합성어로서 사회복지에 대한 개념정의를 어떻게 하는가에 따라 사회복지정책의 의미가 달라질 수 있기 때문에 먼저 사회복지에 대한 개념을 명확히 하는 것이 필요하다. 사회복지정책은 이를 쉽게 달리 표현하면 '우리 사회의 다양한 사회문제를 해결하기 위한 정부의 정책'으로서 사회복지정책을 수립하는 과정에는 사회문제에 관련된 이론과 지식, 가치, 정치적 과정 등 복잡한 전제들이 내재되어 있어 이들에 대해 이해하는 것이 중요하다. 또한 사회문제를 해결하고 대처하고자 할 때 사회복지정책과 상호보완관계에 있는 사회복지실천과의 관계를 검토해 보는 것도 사회복지정책을 이해하는 데 도움이 될 것이다.

이 장에서는 먼저 사회복지의 개념을 보충적 개념과 제도적 개념, 그리고 사회제도로서의 개념으로 구분하여 살펴본 후 사회복지정책의 개념과 영역을 고찰하고, 다음으로 사회문제와 사회복지정책 수립의 전제를 검토한 후 마지막으로 사회복지정책과 사회복지실천 간의 관계를 살펴보고자 한다.

1. 사회복지의 개념

1) 보충적 개념과 제도적 개념

Wilensky와 Lebeaux(1965: 138-140)는 미국의 지배적인 사회복지의 개념을 보충적 개념(residual concept)과 제도적 개념(institutional concept)의 두 가지로 파악하였으며 이 개념은 오늘날까지도 지배적인 개념으로 자리 잡고 있다.

(1) 보충적 개념

사회복지의 보충적 개념에서는 가족과 시장(직장)을 통해 각 개인의 욕구가 충족될 수 있음을 전제로 하고 있으며 가족 또는 시장과 같은 정상적인 공급구조가 제 기능을 발휘하지 못하는 경우에만 사회복지가 활동을 시작하는 것으로 본다. 사회복지의 보충적 개념은 가족이나 시장으로부터 탈락된 개인에게 정상적인 삶을 살 수 있도록 주로 응급조치의 기능을 수행하는 보충적 활동이 사회복지라고 간주하고 있으며, 정상적인 사회조직인 가족과 시장이 제 기능을 발휘할 때 사회복지는 활동을 중지해야 하는 것으로 보고 있다. 사회복지를 보충적 개념으로 보면, 그 보충적이고 임시적이며 대체적인 특성 때문에 시혜(dole)나 자선(charity)과 같은 오명(stigma)을 수반하게 된다.

(2) 제도적 개념

사회복지의 제도적 개념에서는 현대 산업사회의 복잡성을 인정하며, 개인이 가족이나 시장(직장)을 통해 모든 욕구를 충족시킬 수 없기 때문에 사회복지 대상이 되는 것은 정상적이며 따라서 복잡한 현대 산업사회에서 사회복지는 최일선의 기능을 수행해야 한다고 주장한다. 또한 제도적 개념은 사회복지를 각 개인이나 집단이 만족할 만한 수준의 삶과 건강을 누릴 수 있도록 돕기 위한 사회적 서비스와 제도의 조직화된 체계로 보고 있으며, 사회복지가 오명이나 응급조치적인 요소, 그리고 비정상성을 수반하지 않으므로 현대 산업사회에서 각 개인의 자아완성을 돕기 위해 타당하고 정당한 기능을 수행하는 것으로 받아들인다. 현대 사회의 복잡성을 인정하고 있어서 각 개인이 자신의 힘만으로는 충분히 대비할 수 없으며 따라서 사회복지기관은 정상적인 제도적 지위를 획득한다.

미국의 사회복지 역사를 고찰해 보면 위의 상반된 두 가지 사회복지 관점을 결합하려고 시도해 왔음을 알 수 있다. 그러나 실제 미국 사회에서는 사회복지의 개념이 보충적 개념으로부터 제도적 개념으로 발전해 왔으며 또 발전해 나갈 것으로 전망하고 있다(Wilensky & Lebeaux, 1965: 140).

한편, 사회복지의 개념을 협의의 개념과 광의의 개념으로 구분하기도 하는데, 위에서 논의한 보충적 개념은 그 대상을 사회적 도움을 필요로 하는 사회적 취약계층으로 한정하며, 제도적 개념은 그 대상을 전체 사회구성원으로 본다. 따라서 보충적 개념의 사회복지는 협의의 사회복지라 할 수 있고, 제도적 개념의 사회복지는 광의의 사회복지라고 할 수 있다(장인협 · 이혜경 · 오정수, 1999: 10-11). 또한 사회복지의 주체에서도 보충적 개념은 국가의 역할을 강조하지 않는 반면, 제도적 개념은 국가의 보다 많은 역할을 강조한다. 따라서 보충적 개념의 사회복지는 일부 사회적 취약계층을 위한 최소한의 국가 역할을 수행하는 반면, 제도적 개념의 사회복지는 국가로부터의 소득보장, 의료보장, 주거보장, 사회서비스 등 사회구성원의 삶의 질을 향상시키는 다양한 복지 프로그램을 발전시킨다.

2) 사회제도로서의 개념

사회복지를 사회제도로 보는 견해는 많은 학자들을 통해서 거의 보편화된 접근방법이다. 이들이 강조하는 것은 사회제도의 기능적인 측면과 사회복지의 본질을 연계시킨다는 점이다. 사회가 하나의 개체로서 존속하고 발전해 나가기 위해서는 몇 가지 필수적인 기능들이 수행되어야 한다.

Gilbert와 Specht(1974: 4-5)는 Johnson과 Warren의 서술을 요약하여 사회 존속의 필수적 기능을 생산−분배−소비(production-distribution-consumption), 사회화(socialization), 사회통제(social control), 사회통합(social integration), 상호부조(mutual support)의 다섯 가지로 나누고 있는데, 간략히 서술하면 다음과 같다.

첫째, 생산-분배-소비의 기능이다. 이는 생활을 위해 요구되는 재화와 서비스를 생산하고 분배하고 소비하는 과정과 관계가 있다. 둘째, 사회화의 기능이다. 이는 사회가 그 구성원에게 일반적인 지식, 사회가치, 그리고 행동양식을 전달하는 과정을 말한다. 셋째, 사회통제의 기능이다. 이는 사회가 그의 규범에 순응하도록 구성원의 행위에 영향을 미치는 장치를 의미한다. 넷째, 사회통합의 기능이다. 이는 사회구성원들 상호 간의 신뢰를 바탕으로 사기를 진작시킴으로써 사회에 대한 소속감을 불러일으켜 사회 존속을 유지하는 과정과 관계가 있다. 다섯째, 상호부조의 기능이다. 이는 앞에서 언급한 사회적 기능을 수행하기 위해 작용하는 주요한 제도들을 통해서 개인들의 욕구를 충족시킬 수 없을 때 도움을 주고받는 기능을 말한다.

가장 단순한 사회에서는 위의 모든 기능을 하나의 사회제도, 즉 가족이 수행한다. 그러나 사회가 점차 복잡해짐에 따라 개인과 집단은 사회적 기능들을 분화시키고 이와 같은 분화현상과 더불어 종교, 정치, 경제와 같은 다른 제도들이 나타난다. 이러한 네 가지 형태의 제도—가족, 종교, 경제, 정치—는 일반적으로 중요한 사회제도로 인식되고 있으며 각 제도는 한 가지 이상의 기능을 수행할 뿐 아니라 1차적 또는 핵심적 기능과 밀접한 관련을 갖고 있다(Gilbert & Specht, 1974: 6).

[그림 1-1]에서 보는 것과 같이 가족은 사회화가 그 주된 1차적 기능이며, 종교는 사회통합을 주로 담당하고 있는 반면, 경제는 생산-분배-소비의 기능을 주

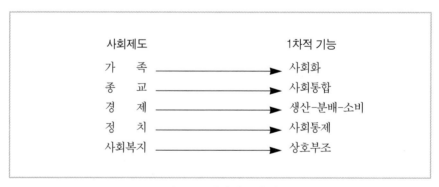

사회제도		1차적 기능
가　족	⟶	사회화
종　교	⟶	사회통합
경　제	⟶	생산-분배-소비
정　치	⟶	사회통제
사회복지	⟶	상호부조

[그림 1-1] 사회제도의 기능

자료: Gilbert & Specht (1974).

로 담당하기 위하여 성립되었고, 정치는 사회통제에 주로 관련을 갖고 있다. 이와
같은 맥락 속에서 사회복지를 상호부조의 기능을 담당하는 사회제도로서 개념을
정립하고자 하는 것이 일반적인 현실이다. 사회복지의 1차 기능인 상호부조 기능
은 다른 제도적 기능과 관련을 맺고 있으며 이는 인간의 욕구가 가족제도, 종교제
도, 경제제도, 정치제도 등을 통해서 충족되지 않을 때 작용하게 된다는 것이다.

　한편, Gilbert와 Specht는 Wilensky와 Lebeaux의 사회복지의 제도적 개념을
사회제도와 관련하여 다음과 같이 보충설명하고 있다(김융일, 1986: 29; Gilbert &
Specht, 1974: 6-8). 사회복지는 [그림 1-2]에서 보듯이 상호부조의 기능을 바탕으
로 기존의 다른 사회제도들과 꾸준히 관계하면서 사회제도로서의 위치를 확보하
고 있음을 보여 주고 있으며 다른 사회제도들과 중복 영역을 가짐과 동시에 연결
도 시켜 주면서 다른 어떤 사회제도들과 공유하지 않는 독자적 영역도 갖고 있음
을 알 수 있다. 따라서 사회복지는 다른 사회제도들과 대등한 규모와 기능을 가지
고 오히려 중앙에 위치해서 선도적 · 중추적 역할을 수행한다. 이와 같이 사회복
지는 자체의 고유한 기능인 상호부조의 기능을 수행하면서 타 사회제도의 기능
을 유지하거나 강화시켜 주는 통합적 사회제도로서의 위치도 확보하고 있다.

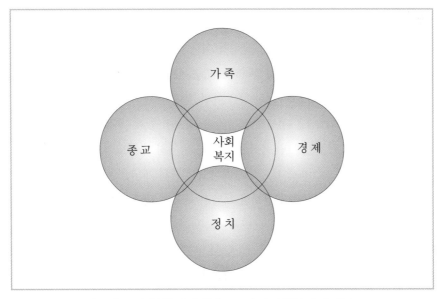

[그림 1-2] **통합적 사회제도로서의 사회복지의 개념**

사회복지를 통합적 사회제도로 보는 이유(전남진, 1982: 31-34)는, 우리가 흔히 사회복지서비스나 프로그램으로 여기는 것들을 자세히 관찰해 보면 알 수 있듯이 상호부조의 기능만 수행하는 것이 아니라 앞에서 거론한 여러 가지 사회적 기능을 모두 수행하고 있기 때문이다. 예를 들면, 사회복지제도의 하나인 전문 사회사업의 치료목적을 주로 사회화에 두어 온 것으로 보아서 사회복지는 사회화의 기능도 담당하며 사회복지의 기원이 교회라 해도 과언이 아닐 만큼 사회복지는 또한 사회통합 기능과 깊은 관련을 맺어 왔다. 한편, 사회복지프로그램은 사회통제의 수단이라고 비난을 받을 만큼 실제로 사회통제의 기능을 수행해 오고 있으며 사회복지프로그램인 공공부조나 연금은 경제제도의 생산-분배-소비의 기능을 대신하고 있다.

2. 사회복지정책의 개념과 영역

사회복지정책의 개념을 이해하는 데는 먼저 정책의 개념을 이해하는 것이 필요하다. 일반적으로 두 가지 형태의 정책개념이 존재한다.

하나는 정책개념을 단순히 특정한 목표를 달성하기 위한 행동지침으로 이해하는 것이다. 정책을 이와 같이 목표 달성을 위한 행동지침으로 보면, 정부 외에 사기업과 같은 사적 조직에서도 정책이라는 말을 사용할 수 있고 따라서 사기업 정책이라는 말의 사용도 잘못 사용된 것은 아닐 것이다.

다른 하나의 정책개념은 정책의 공공성을 강조하는 것이다. 공공성을 강조할 때 정책의 개념은 정부가 어떤 목표를 달성하기 위하여 의도적으로 선택한 행동지침을 말한다(유훈 외, 1982: 11). 여기에서도 정책의 개념을 이와 같이 이해하고자 한다. 이와 같이 이해할 때 정책의 개념은 목표와 더불어 행동을 의미하는 것이기 때문에 필연적으로 변화를 수반하며(전남진, 1987: 66), 정부가 수행하는 국민에 대한 약속이기 때문에 이것은 강제성을 수반한다.

사회복지정책은 사회복지와 정책이라는 말의 합성어로서 정책이라는 용어에 초점을 두고 정의하면, 사회복지정책이란 '정부가 사회복지의 목표를 달성하기 위하여 의도적으로 선택한 행동지침'을 말한다. 여기서 사회복지의 개념은 최근의 추세를 반영하여 보충적 개념보다는 제도적 개념으로, 더 나아가서 통합적 사회제도로서 사회복지의 개념을 파악하고자 한다. 사회복지의 궁극적 목표는 사회적 개입을 통하여 개별적으로 또는 집단, 조직, 지역사회 및 전체 사회 속에서 사람들의 삶의 질을 개선하려는 것이다.

그러나 이상과 같은 사회복지정책의 일반적 개념은 너무 추상적이기 때문에 보다 구체적인 개념이 요청되는데, 사회복지정책의 구체적인 내용을 이루고 있는 정책의 영역을 제시함으로써 사회복지정책의 개념을 구체화할 수 있다.

인간이 살아가는 데 필요한 기본적 욕구 가운데 제일 먼저 해결해야 할 욕구는 육체적 생존의 욕구다. 따라서 음식을 비롯하여 육체적 생존에 필요한 기본적 재화를 구입할 수 있도록 보장하는 소득보장, 질병이 발생하였을 때 치료해 줄 수 있는 의료보장, 거주해야 할 주거장소를 보장해 주는 주거보장 등은 육체적 생존에 가장 필수적인 영역이라고 할 수 있다. 그러나 인간의 생활은 위와 같은 물질적 측면의 욕구를 충족시키는 것만으로 해결되는 것은 아니다. 인간에게는 비물질적 측면의 욕구충족 또한 중요한데, 이를 위해서는 사회통합을 위한 교육보장, 아동 · 노인 · 장애인 · 여성 등 사회적 약자들의 특별한 비물질적인 욕구충족을 위한 사회서비스 등이 필요하다(송근원 · 김태성, 1995: 30).

위와 같이 많은 사람들은 사회복지정책의 주요 영역을 소득보장, 의료보장, 주거보장(주택보장), 교육보장, 사회서비스 등 다섯 가지로 구성된 것으로 본다. 한편, DiNitto(1991: 3)는 미국 사회복지정책의 영역을 소득보장, 영양, 보건, 사회서비스 등 네 가지로 구분하고 있다. 그러나 사회복지정책의 개념을 보다 넓게 생각하는 사람들은 조세나 노동을 사회복지정책의 영역에 포함시키기도 한다.

이상의 논의를 정리하면 사회복지정책은 그 주요 영역을 소득보장, 의료보장, 주거보장, 교육보장, 사회서비스 등 5개 영역으로 보나 협의로는 소득보장, 의료보장, 주거보장, 사회서비스 등 4개 영역으로, 광의로는 소득보장, 의료보장, 주거보장, 교육보장, 사회서비스, 조세, 노동 등 7개 영역으로 구성되어 있다고 볼수 있다(김기태 · 박병현 · 최송식, 2000: 246). 일반적으로 사회복지정책의 핵심 영역을 사회보장으로 간주하는데 우리나라 사회보장기본법상의 사회보장은 사회보험, 공공부조, 사회서비스를 말하며 이와 같은 사회보장의 상당 부분이 주무부서인 보건복지부를 중심으로 이루어지고 있기 때문에 사회복지학계의 주된 관심은 사회복지정책의 협의의 영역에 집중되어 있다고 볼 수 있다.

3. 사회문제와 사회복지정책 수립의 전제

여기에서는 사회문제의 정의와 사회복지정책 수립의 전제에 관해 살펴보기로 한다. 앞에서 사회복지정책을 정부가 사회복지의 목표를 달성하기 위하여 의도적으로 선택한 행동지침으로 정의하였으나, 이를 달리 표현하면 사회복지정책이란 정부가 다양한 사회문제를 해결하기 위해 의도적으로 선택한 행동지침이다. 좀 더 쉽게 표현하면 우리 사회의 다양한 사회문제를 해결하기 위한 정부의 정책이 사회복지정책인 것이다.

1) 사회문제의 정의

Horton, Leslie와 Larson(1991: 4)은 사회문제는 많은 사람에게 바람직하지 못한 방법으로 영향을 미치며, 집단적·사회적 행동에 따라서 어떤 대책이 강구될 수 있다고 느껴지는 현상이라고 정의하였고, Julian(1998: 19)은 사회문제를 개선이나 치료를 필요로 하는 것으로서 널리 인정된 사회적 현상이라고 정의하였다.

한편, 최성재(2000a: 25)는 학자들의 다양한 정의를 소개하고 이들 중 공통적이고 중요한 요소를 찾아내어 사회문제를 다음과 같이 정의하고 있다.

사회문제는 어떤 사회적 현상이 ① 사회적 가치에서 벗어나고, ② 상당수의 사람들이 그 현상으로부터 부정적인 영향을 받고 있으며, ③ 그 원인이 사회적인 것이며, ④ 다수의 사람들이나 영향력 있는 일부의 사람들이 문제로 판단하고 있고, ⑤ 사회가 그 개선을 원하고 있으며, ⑥ 개선을 위하여 집단적·사회적 행동이 요청되는 것이라고 하였다.

현대의 모든 사회에서는 종류의 다양성과 문제의 심각성 정도에 따라 차이가 있겠지만 어떤 형태로든 사회문제가 발생하고 존재하고 있다. 예를 들면, 오늘날 우리 사회에서는 빈곤문제, 실업문제, 청소년 범죄문제, 마약중독문제, 성폭력문제, 가족해체문제, 노인문제, 아동학대문제, 장애인문제 등 많은 사회문제들이 신문, 방송, 잡지 등의 뉴스로 계속 등장하고 있는데, 이는 현대 사회에서 많은 다양한 사회문제들이 발생하며 그 심각성을 더해 가고 있음을 잘 입증해 주는 것이라 할 수 있다. 사회문제는 한 국가 사회의 존속과 발전에 지대한 영향을 미치기 때문에 사회문제의 해결은 국가의 사회적 · 정치적 과제가 되고 있는 것이다(최성재, 2000a: 22).

2) 사회복지정책 수립의 전제

사회문제를 해결하기 위한 공동의 노력으로서 사회복지정책을 수립하는 과정은 이론과 지식, 가치, 정치적 과정 등 복잡한 전제들이 내재해 있음을 주목해야 한다. 이들에 관해 살펴보기로 하자.

(1) 사회문제의 이론적 관점

사회문제에 관한 이론적 관점에 따라 사회문제의 발생원인과 그 해결방법을 다르게 제시하고 있다. 이는 사회문제를 해결하기 위한 사회복지정책의 수립에서도 독특한 처방을 제시할 수 있다는 것을 의미한다. 따라서 사회복지정책 전문가들은 사회복지정책에 영향을 미치는 사회문제의 이론적 관점을 이해하는 것이 필요하다.

① 기능주의적 관점

기능주의적 관점에서는 사회가 계속 변화하고 사회구성원이 새로운 상황에 적응해야 하는 데 성공적으로 적응을 하지 못할 때 사회문제가 발생한다고 본다(최일섭, 2000: 60). 따라서 이의 해결방법은 개인이나 가족에 대해서는 그 병리적 현상을 치료하는 서비스를 강화하는 것이 될 것이고, 사회제도에 대해서는 공적 교육제도의 개선, 교정제도의 개선 및 강화 등과 같이 사회제도를 개선해 나가는 것이다.

② 갈등주의적 관점

갈등주의적 관점에서는 사회문제는 계급, 인종, 성별, 연령별 등 다양한 집단 간의 경쟁에서 자원의 불평등한 분배가 발생함으로써 생겨난다고 보고 있다. 이를 해결하는 방법으로서는 자원의 배분에서 소외와 착취를 당하는 집단들의 몫을 증대시키는 것이다(최일섭, 2000: 60). 여성해방운동, 소비자보호운동, 노인운동 등은 소외와 착취를 당하는 집단들이 자신들의 몫을 증대시키는 방향으로 사회제도의 개선을 강구하기 위한 운동으로 볼 수 있다.

③ 상호작용주의적 관점

상호작용주의적 관점에서는 사람들이 서로 상호작용하는 과정에서 나타난 어떤 현상이나 사람들의 행동을 사회가 동의할 수 없는 것으로 규정하거나 바람직하지 않은 현상 또는 행동으로 낙인을 찍음으로써 사회문제가 발생한다고 본다. 상호작용주의적 관점에서는 같은 현상이나 행동도 그 현상이나 행동을 어떻게 정의하는가에 따라 사회문제가 될 수도 있고 안 될 수도 있다. 따라서 사회문제를 해결하는 방법은 일탈자들로 하여금 사회가 용납하는 행동양태에 접촉을 증대시킴으로써 재사회화를 추구하며 사회제도의 엄격성을 유연하게 하고 일탈에 대한 사회의 규정을 완화시키는 것이다(최일섭, 2000: 61).

④ 교환주의적 관점

교환주의적 관점에서는 인간관계에서 재산이나 부, 권력, 명예와 같은 교환자원을 주고받는 데서 균형이 생길 때 사회질서가 유지된다고 보는데 교환자원의 부족, 가치 저하 등으로 이의 불균형이 생겨날 때 사회문제가 발생하는 것으로 본다. 따라서 이를 위한 해결방법으로 교환자원이 부족한 쪽에 교환자원을 보충해 줌으로써 교환관계가 균형을 이루도록 변화시키는 것이다. 예를 들면, 사회보장제도를 통해 노인과 빈민에게 금품을 지급하는 것이다(최성재, 2000b: 70-72).

이상의 이론적 관점은 각각 그 강조점에 차이가 있다. 현실적으로 보면 어느 하나의 이론적 관점이 사회복지정책을 수립하는 유일한 접근방법이 되는 경우는 드물고 사회문제의 형태나 성격에 따라 적용되는 이론적 관점이 다를 수 있다. 또한 어떤 사회가 어느 이론적 관점을 중심으로 사회복지정책을 수립하는가는 그 사회의 지배적인 가치와도 관련되어 있다.

(2) 사회가치

평등, 자유, 민주주의, 사회적 연대의식, 생존권의 보장, 효율 같은 사회복지정책의 일반적인 가치는 사회복지정책 수립의 밑바탕을 이루는 가치이면서 사회복지정책의 목표이기도 하다. 한편, 사회복지정책에 영향을 미치는 갈등적 사회가치를 개인주의 대 집합주의, 선별주의 대 보편주의, 자유 대 평등, 효율 대 평등으로 구분하여 볼 수 있는데, 이 가치들에 대한 지향은 국가와 사회에 따라 차이가 있다. 자본주의 사회로 갈수록 개인주의, 선별주의, 자유, 효율에 대한 가치를 지향하고 있으며, 사회주의 사회로 갈수록 집합주의, 보편주의, 평등의 가치를 지향하게 된다. 그러나 국가마다 이 가치들을 추구하는 정도는 다르다. 한 국가 또는 사회의 지배적인 가치는 사회문제를 정의하는 방식에 영향을 줄 뿐만 아니라 사회문제 해결을 위한 사회복지정책의 수립에도 영향을 미친다. 따라서 국가 및 사회에 따라 사회복지정책의 형태도 다르게 나타나는 것이다.

(3) 정치적 과정

일반적으로 사회문제에는 그 문제 때문에 피해를 입는 당사자가 존재하지만 그것이 존재하기를 바라는 집단이 있고, 또 실제로 이익을 보는 집단이 있으며, 그것을 해결하려는 집단도 있다. 모든 사회문제에는 정치집단, 경제집단, 전문가집단, 자원봉사집단, 사회집단 등의 다양한 이해가 복잡하게 얽혀 있어 반드시 이상적인 방향으로 그 해결책이 강구되는 것은 아니다(최일섭, 2000: 458).

흔히 사회복지정책을 항구적인 것이 아니고 다양한 이해집단들이 타협과 협상을 통해 잠정적인 합의에 도달한 상태라고 일컫는 것은 사회복지정책의 수립과정이 정치적인 과정이라는 것을 의미한다. 사회복지정책의 수립과정에 대한 점증주의(incrementalism)를 강조하는 학자들은 정책결정이란 궁극적으로 합리성을 성취하려는 것이라기보다는 참여자들 간에 합의를 도출하려는 것이라고 주장하고 있다(Lindblom, 1959: 79-88: 최일섭, 2000: 458 재인용).

사회문제 해결을 위한 사회복지정책은 이상과 현실 사이의 타협의 산물이다. 사회복지정책이 모든 개인 및 이해관계 집단들에게 만족을 주는 것이라면 갈등이 없겠으나 불행히도 우리 사회에는 자원이 그렇게 풍부하지 않기 때문에 사회복지정책의 수립이 한 집단에는 이익을 주지만 다른 집단에는 손해가 되는 결과를 가져오는 경우가 많다(Magill, 1986: 179). 따라서 사회문제를 해결하기 위한 사회복지정책의 최종산물은 합의의 결과다. 그러나 그 합의에 도달하는 과정에는 상당한 힘(power)의 경쟁이 있음을 주목해야 한다.

힘이란 한 개인 혹은 집단이 타인 혹은 타집단의 저항이 있음에도 자기의 뜻대로 일을 처리할 수 있는 능력으로서, 사회문제를 해결하기 위한 사회복지정책 수립은 경제적 · 정치적 · 사회적으로 이와 같은 힘의 원천을 소유하고 있는 집단들이 원하는 방향으로 이루어질 가능성이 높다. 따라서 사회복지정책 전문가들은 사회복지정책을 수립하는 과정에서 힘의 원천이 어디에 있으며 어떻게 배분되어 있는가를 파악하는 것이 중요하다.

4. 사회복지정책과 사회복지실천

지금까지 우리나라에서는 사회복지정책과 사회복지실천을 동떨어진 것처럼 생각하는 경향이 있어 왔다. 그러나 사회복지정책과 사회복지실천은 서로 밀접한 관련을 맺고 있으며 상호보완적이다. 사회복지정책 전문가 또는 사회복지정책 담당자들이 사회복지실천의 현장에서 개인, 집단, 지역사회 차원의 해결해야 할 각종 사회문제와 그 해결방법을 알지 못하고서는 사회복지정책을 제대로 형성하고 집행하여 나갈 수 없는 것처럼, 사회복지실천을 수행하는 사회복지사들도 사회복지정책의 형성과 집행에 직접 개입하지 않고서는 실천현장에서의 각종 사회문제에 효과적으로 대처해 나갈 수 없는 것이다.

사회복지의 거시적 방법인 사회복지정책과 미시적 방법인 사회복지실천의 구체적인 관계는 다음과 같다.

첫째, 사회복지정책은 사회복지실천이 이루어지는 전반적인 틀을 제공한다. 추상적인 사회복지정책은 구체적으로는 사회복지법률, 행정지침 등으로 표현되어 사회복지실천의 기본적 바탕이 된다. 따라서 사회복지정책은 결국 사회복지실천의 방향, 내용, 방법 및 기준이 되고 있어 사회복지실천에 미치는 그 영향력이 지대하다(현외성, 2000: 22-23).

둘째, 사회복지실천은 사회복지정책의 틀 안에서 이루어져야 하나 실제 삶의 현장에서 사회복지실천은 사회복지정책이나 법적 내용 및 기준과 다른 점을 종종 만나게 된다. 이러한 경우 기존의 사회복지정책을 현실에 맞게 적절하게 변경, 개선하기 위하여 사회복지실천은 필요한 정보를 제공한다.

이상과 같이 사회복지정책과 사회복지실천은 각종 사회문제를 해결하고 대처하는 데 상호보완관계에 있다. 즉, 사회복지정책은 사회복지실천에 영향을 미치는 한편, 사회복지실천 또한 사회복지정책에 영향을 미친다. 따라서 사회복지정책에서 사회복지실천과 조화를 잘 이루어 가며 각종 사회문제를 해결하고 대처하는 것이 중요한 과제가 되고 있다.

참 · 고 · 문 · 헌

김기태 · 박병현 · 최송식(2000). 사회복지의 이해. 서울: 박영사.
김융일(1986). 사회복지의 정의에 관한 연구. 사회과학연구, 2, 성심여자대학 인간 및 사회복지연구소.
송근원 · 김태성(1995). 사회복지정책론. 서울: 나남출판.
유훈 · 강신택 · 김광웅 · 김신복 · 노화준 · 정정길(1982). 정책학. 서울: 법문사.
장인협 · 이혜경 · 오정수(1999). 사회복지학. 서울: 서울대학교 출판부.
전남진(1982). 의료보험의 사회복지기능적 분석. 의료보험, 5(1), 의료보험조합연구회.
전남진(1987). 사회정책학강론. 서울: 서울대학교 출판부.

최성재(2000a). 사회문제의 정의와 접근방법. 최일섭 · 최성재 공편, 사회문제와 사회복지. 서울: 나남출판.

최성재(2000b). 사회문제의 접근이론 및 분석의 틀. 최일섭 · 최성재 공편, 사회문제와 사회복지. 서울: 나남출판.

최일섭(2000). 사회문제와 사회복지정책. 최일섭 · 최성재 공편, 사회문제와 사회복지. 서울: 나남출판.

현외성(2000). 사회복지정책강론. 서울: 양서원.

DiNitto, D. M. (1991). *Social Welfare: Politics and Public Policy*. Englewood Cliffs, New Jersey: Prentice Hall.

Gilbert, N., & Specht, H. (1974). *Dimensions of Social Welfare Policy*. Englewood Cliffs, New Jersey: Prentice Hall.

Horton, P. B., Leslie, G. R., & Larson, R. F. (1991). *The Sociology of Social Problems*. Englewood Cliffs, New Jersey: Prentice Hall.

Julian, J. (1998). *Social Problems*. Englewood Cliffs, New Jersey: Prentice Hall.

Lindblom, C. E. (1959). The Science of Muddling Through. *Public Administration Review, 19* (Spring), 79–88.

Magill, R. S. (1986). *Social Policy in American Society*. New York: Human Science Press.

Wilensky, H., & Lebeaux, C. N. (1965). *Industrial Society and Social Welfare*. New York: Free Press.

제2장

사회복지정책의 가치와 이념

사회복지정책의 일반적 가치는 사회복지정책 수립의 밑바탕을 이루는 가치이면서 사회복지정책이 일반적으로 추구하는 목표이기도 하다. 따라서 사회복지정책의 일반적 가치에 대한 이해는 사회복지정책을 이해하기 위한 첫걸음이 된다. 한편, 사회에는 사회복지정책의 형태나 모형을 결정해 주는 중요한 가치들이 존재한다. 이 가치들은 종종 갈등적인 관계에 놓인다. 또한 사회복지정책의 이념은 1970년대에 들어와서 본격적으로 관심이 일기 시작하여 오늘날 사회복지정책의 이념은 사회복지정책의 중요한 부문으로 등장하고 있다.

이 장에서는 먼저 사회복지정책의 일반적 가치를 평등, 자유, 민주주의, 사회적 연대의식, 생존권의 보장, 효율 등으로 보고 이들에 관해 살펴보고, 다음으로 사회복지정책에 영향을 미치는 갈등적 가치들을 개인주의 대 집합주의, 선별주의 대 보편주의, 자유 대 평등, 효율 대 평등으로 나누어 고찰하였으며, 그다음으로 서구 학자들이 제시한 사회복지정책 이념모형의 2분법, 3분법, 4분법 모형들을 검토하고, 마지막으로 2분법 또는 3분법으로 제시된 우리나라 사회복지정책의 이념모형을 소개하고 이에 기초하여 우리나라 사회복지정책 이념의 흐름을 간략히 살펴보기로 한다.

1. 사회복지정책의 일반적 가치

Furniss와 Tilton(1977: 8)은 현대 사회의 사회복지정책이 추구하는 일반적인 가치로 ① 평등(equality) ② 자유(freedom) ③ 민주주의(democracy) ④ 사회적 연대의식(social solidarity) ⑤ 생존권의 보장(security of existence right) ⑥ 경제적 효율(economic efficiency)의 여섯 가지를 제시하고 있다. 한편, 사회복지정책은 자원의 배분에 관한 정책이므로 배분의 정의를 실현하는 것은 사회복지정책의 가장 중요한 목표 중 하나다. Gilbert와 Specht(1974: 40-43)는 이러한 배분적 정의에 기초가 되는 가치로 평등(equality), 공평(equity), 적절(adequacy)의 세 가지를 지적하고 있다.

여기에서는 이와 같은 가치에 기반을 두고 사회복지정책의 일반적 가치를 다음과 같이 제시하고자 한다.

1) 평등

평등은 사회적 자원의 재분배를 통하여 사회구성원의 삶의 질을 골고루 향상시키고자 하는 가치다(장인협 · 이혜경 · 오정수, 1999: 25). 평등에는 산술적 평등(numerical equality), 비례적 평등(proportional equality), 기회의 평등(equal opportunity)이 있다. 산술적 평등은 흔히 결과의 평등이라고 불리는 것으로 모든 사람에게 그들의 욕구나 능력의 차이에 관계없이 사회적 자원을 똑같이 분배하는 평등을 말하며 가장 적극적인 평등이다. 비례적 평등은 흔히 공평이라고 불리는 것으로 개인의 노력, 능력, 기여 정도에 따라 사회적 자원을 다르게 분배하는 평등이다. 기회의 평등은 결과는 무시한 채 과정상의 기회만을 똑같이 해 주는 평등을 말하며 가장 소극적인 평등이다.

사회복지정책에서 평등을 말할 때는 일반적으로 산술적 평등을 의미하나 이와 같은 완전한 결과의 평등은 어떠한 사회에도 존재하지 않는다(김기태 · 박병현 · 최송식, 2000: 43). 단지 사회주의 사회의 경우 산술적 평등이 중심 가치가 되고 자본주의 사회의 경우는 어느 정도 불평등을 인정하는 가운데 비례적 평등과 기회의 평등을 강조한다. 우리나라의 헌법 전문에는 기회의 균등, 헌법 제11조 제1항에서는 법 앞에서의 평등, 헌법 제31조 제1항에서 교육기회균등, 헌법 제36조 제1항에서 혼인과 가족생활에서 양성의 평등을 규정하고 있다.

2) 자유

자유 또한 평등 못지않게 중요한 사회복지정책의 가치다. 자유는 18세기 이래 현대 사회를 움직여 온 사회가치로서 봉건세력에 대항하여 시민계급이 추구하였던 가장 중요한 가치였다.

자유의 순수한 의미는 구속이나 속박으로부터의 해방이다. 정부 또는 반대 세력의 억압을 받지 않고 자신의 의사를 표현할 수 있는 언론의 자유, 자본가나 정부의 간섭을 받지 않고 조합을 형성하거나 정당 기타 단체에 가입할 수 있는 결사의 자유, 직업선택의 자유, 거주이전의 자유 등은 모두 누가 무엇으로부터 간섭이나 억제를 받지 않고 무엇을 하거나 하지 않을 수 있는 자유를 말한다(MacCalum, 1967: 314: 김해동·정홍익, 1985: 45-46 재인용). 우리나라 헌법에서도 직업선택의 자유(15조), 양심의 자유(19조), 언론과 출판의 자유(21조), 집회와 결사의 자유(21조), 거주이전의 자유(14조), 사생활과 비밀의 자유(17조), 재산권의 보장(23조) 등을 자유권으로 보장하고 있다.

한편, 현대 복지국가의 사회정책은 한 걸음 더 나아가 개인이 자아를 실현할 수 있는 적극적인 자유를 추구해야 한다. 구속이나 속박으로부터의 해방은 소극적인 자유다. 이것은 자유의 일차적인 의미이고 전통적인 자유의 개념이다. 이러한 자유의 개념만을 따르면 무지나 빈곤 속에서 남의 지배에 종속되는 것도 개인이 자의로 하기만 한다면 자유의 제한이나 침해라고 할 수 없게 된다. 적극적인 자유에서는 모든 개인이 기본적으로 다 같이 인간다운 삶을 누릴 권리가 있다고 보고 이 권리가 구현되지 않는 상태는 자유의 제한이라고 본다. 따라서 적극적인 자유는 어떤 이유에서든지 간에 개인이 무지, 빈곤, 질병으로부터 해방되고 독립적인 삶을 영위할 수 있는 것이어야 한다.

3) 민주주의

민주주의는 사회복지정책의 중요한 가치다. 사회복지정책을 통하여 실현하고
자 하는 민주주의에는 정치적인 민주주의뿐만 아니라 경제적인 민주주의도 포함
된다.

민주주의는 정치적으로 보면 1인 1표 주의에 기초하며 개인의 빈부의 차이, 능
력의 차이를 무시하고 동등하게 투표권을 행사하게 함으로써 인간으로서의 권리
를 제도적으로 보장하고 궁극적으로는 인간존중을 실현한다. 정치적 민주주의
발전과 사회복지정책의 발전은 깊은 관련이 있는데 이는 기본적으로 소외된 사
람들의 참여와 요구를 1인 1표 주의라는 정치적 제도로 보장한 데에 힘입은 바가
크다(박정호, 2003: 78). 한편으로 민주주의 가치를 경제적인 측면에서 파악할 필
요가 있는데, 국민의 의견과 욕구를 최대한으로 반영시켜 경제를 운영하여 가는
경제민주주의를 위해 국민은 자신의 근로조건을 결정하는 문제에 참여할 수 있
어야 하며 국가의 경제정책에도 국민의 참여가 확대되어야 한다. 이와 같은 경제
적인 민주주의도 사회복지정책이 추구하는 중요한 가치로서 국가의 경제 개입은
경제민주주의의 수단이라고 할 수 있다. 우리나라 헌법 제119조 제2항에서는 "국
가는 균형 있는 국민경제의 성장 및 안정과 적정한 소득의 분배를 유지하고, 시장
의 지배와 경제력의 남용을 방지하며, 경제주체 간의 조화를 통한 경제의 민주화
를 위하여 경제에 관한 규제와 조정을 할 수 있다."고 규정하고 있다.

4) 사회적 연대의식

사회적 연대의식은 사회구성원들이 사회에 대하여 가지고 있는 소속의식 및
연대감을 말한다. 자본주의 사회가 개개인의 능력이나 경쟁을 지나치게 강조한
나머지 사회적 불평등과 인간소외 현상을 가져왔다고 보고, 따라서 사회복지정
책은 사회구성원 간의 따뜻한 인정과 협동정신을 강조한다. 사람들은 공통의 위
험에 빠지면 이를 제거하기 위해 협동하는 것이 필요하고 협동하게 된다. 오늘날
대표적인 사회적 위험이라고 할 수 있는 빈곤, 질병, 노령, 산업재해 등에 대해

국가적인 차원에서 마련되고 있는 사회보험제도들은 바로 이러한 사회적 위험에 대한 공동의 협동과 책임을 전제로 한 사회적 연대의식이라는 가치의 실현이다 (박경일 외, 2000: 33-34).

5) 생존권의 보장

생존권은 기본적 인권의 하나로서 인간이 인간답게 살아갈 권리이며, 국가에 대하여 인간의 생존을 유지할 수 있는 생활에 필요한 서비스를 요구할 수 있는 권리로서(박병현, 2003: 20), 사회복지정책이 추구하는 중요한 가치다. 자본주의가 발전해 감에 따라 빈부의 격차가 심해지고 사람들의 생활이 생존의 위기에 처해지면서 생존권의 개념이 등장하였는데, 1919년 독일의 바이마르 헌법에서 최초로 생존권과 관련된 조항이 신설되었다.

생존권 보장이란 국민 전체를 평등하게 만드는 것을 의미하는 것은 아니며 빈곤, 교통사고, 질병 또는 재해 등으로 최저생활수준에 미달하거나 생계위협을 받는 사람들에게 생활비 지급 등을 통하여 인간다운 생활을 보장해 주는 것을 말한다.

여기에서 최저생활이란 단순히 국민 가운데 최하위 소득계층의 생활정도를 말하거나 목숨만 부지하는 정도를 의미하는 것이 아니라 육체적·정신적으로 건강한 상태를 유지하면서 노동력을 재생산할 수 있는 정도의 생활상태를 뜻한다고 보아야 한다(곽효문, 1995: 107). 그러나 그 구체적 수준은 각 나라의 사회경제적 환경에 따라 달라지며 가변적이고 상대적이다. 우리나라 헌법 제34조 제1항에서는 "모든 국민은 인간다운 생활을 할 권리를 가진다."라고 규정함으로써 생존권의 보장을 밝히고 있다.

6) 효율

사회복지정책이 추구하는 또 하나의 가치로 효율을 들 수 있다. 사회복지정책에서 기본적이고 일차적으로 중요한 목표는 평등의 가치를 구현하는 것이다. 그렇다고 효율의 가치를 무시할 수는 없다. 아무리 평등의 가치를 훌륭히 이루는 사회복지정책이라 하더라도 효율의 가치를 크게 훼손하면 바람직한 정책이라고 할 수 없다. 즉, 사회복지정책은 일차적으로 추구하는 평등의 목표를 달성하기 위해 사회경제적 자원을 필요로 한다. 그러나 자원은 인간의 욕구에 비해서 제한 적이다. 따라서 사회복지정책이 추구하는 또 하나의 가치로 효율이 요청되는 것 이다.

사회복지정책에서 효율에는 수단으로서의 효율과 파레토 효율(배분적 효율)이 있다(김태성, 2003: 206-213). 수단으로서의 효율의 개념이 특정한 목표를 달성하 는 데 가능한 적은 자원을 투입하여 최대한의 효과를 얻는 것을 의미하는 데 비해, 파레토 효율의 개념은 더 이상 어떠한 개선이 불가능한 최적의 자원배분상태로서 사회적 자원의 바람직한 배분이라는 보다 포괄적인 측면에 초점을 두고 있다.

2. 사회복지정책에 영향을 미치는 갈등적 가치

사회복지정책은 그 사회의 가치에 뿌리를 두고 있다. 사회의 가치를 반영하지 않는 사회복지정책은 존재할 수 없다. 사회복지정책에 영향을 미치는 여러 사회 가치들 간의 관계는 서로 보완적인가 하면 양립할 수 없는 것들도 있다. 여기서는 사회복지정책에 영향을 미치는 갈등적 사회가치를 개인주의 대 집합주의, 선별 주의 대 보편주의, 자유 대 평등, 효율 대 평등으로 나누어 살펴보기로 한다.

1) 개인주의 대 집합주의

개인주의(individualism)란 사회의 중심단위를 개인으로 파악하고 개인과 개인 의 권리를 우선시하는 사회가치를 말한다(송근원, 1981: 242). 이와 같은 개인주의 의 특징을 간략히 살펴보면 다음과 같다(박정호, 2001: 29-30).

첫째, 개인주의는 정치적으로 보수주의를 기본으로 한다. 보수주의는 사회개 입의 기초로서 가족, 교회, 민간단체 등과 같은 민간기관을 가장 중시한다. 둘째, 개인주의는 열심히 일하는 사람은 물질적인 성공으로 보상받는다는 낙관적인 전제를 바탕으로 하고 있으므로 만약 인생에 실패하는 경우는 개인의 결함, 노력 부족 때문에 실패한 것으로 본다. 셋째, 개인주의는 경제적인 측면에서 볼 때 시장 내에서 누구에게도 방해받지 않고 사람들이 자기 자신의 물질적 이익을 위해 자유롭게 일할 수 있을 때 사회가 가장 잘 돌아간다는 자유방임주의(laissez-faire)를 기반으로 하고 있다. 넷째, 개인주의는 정부의 활동을 국방, 외교, 치안과 같은 국가를 유지하는 데 필요한 활동 영역에서 최소한의 수준에 머물러야 한다고 보고 있다. 다섯째, 개인주의는 사회복지가 기본적으로 개인의 책임을 손상시키고 시장의 활동을 방해한다고 보기 때문에 사회유지를 위한 최소한의 안전망이라는 범위를 넘어 사회복지를 확대하는 데 반대한다.

반면에 집합주의(collectivism)란 사회의 중심단위로서 개인보다는 집단을, 그리고 공동의 목표를 위한 공동의 행동을 중시한다. 집합주의의 특징을 간략히 살펴보면 다음과 같다(박정호, 2001: 30-32).

첫째, 집합주의는 정치적으로 사회민주주의, 사회진보주의, 급진주의 등과 같은 좌파의 사상과 밀접한 관련이 있다. 둘째, 집합주의는 사회문제를 무능한 개인들에 따른 산물로 보는 것이 아니라 산업자본주의의 사회경제적인 역기능의 결과로 보고 있다. 셋째, 집합주의는 비록 자본주의 체제를 인정하지만 여전히 시장 중심의 개인주의가 불평등, 사회문제 그리고 사회경제적 엘리트의 지배를 야기한다고 본다. 넷째, 집합주의는 정부의 역할이 시장을 바로잡고 전체 사회구성원을 위하여 이기적 세력의 힘을 조정하며 성장, 고용, 적정임금을 유지하기 위하여 시장을 관리하는 데 있다고 본다. 다섯째, 집합주의는 정부가 폭넓은 평등주의에 기초하여 사회불평등의 해소를 위해 자원을 재분배하는 광범위한 사회복지정책을 실시해야 한다고 주장한다.

개인주의는 18~19세기에 생겨나서 서구문화의 기본을 이루어 왔고 서구인들의 의식구조 속에 깊숙이 내재되어 사회복지제도의 발달에 커다란 장벽으로 작용해 온 것이 사실이다. 미국에서는 아직도 개인주의적 가치가 지배적이다. 그러나 개인주의에 바탕을 둔 자본주의가 발전해 나감에 따라 다양한 사회문제가 생겨났고 이와 같은 사회문제들을 해결하기 위해 국가가 개입하지 않을 수 없게 되었는데 이러한 국가의 개입을 정당화시켜 준 사회가치가 집합주의다. 집합주의

가치를 추구하는 사회민주주의, 사회개량주의, 페비안 사회주의(Fabianism) 등은
영국을 비롯한 서구의 사회복지제도를 성립시키는 데 많은 역할을 담당하였다.
오늘날 이상적인 복지국가라고 불리는 스웨덴, 오스트리아와 같은 국가들은 집합
주의 가치를 토대로 사회복지제도가 잘 발달되어 있는 국가라고 할 수 있다.

2) 선별주의 대 보편주의

　선별주의(selectivism)와 보편주의(universalism)는 누구에게 사회복지 급여를
제공할 것인가에 관한 가치들이다. 사회복지 급여 제공과 관련하여 지금까지 선
별주의와 보편주의 간에 격렬한 논쟁이 계속되어 왔다.

　선별주의란 개인적 욕구에 근거를 두고 도움을 필요로 하는 사람들에게만 급
여를 제공해야 하며, 도움을 필요로 하는 사람인가 아닌가의 판별은 자산조사
(means test)를 통하여 결정하여야 한다는 가치다(Gilbert & Specht, 1974: 55). 선
별주의의 장점은 도움을 가장 필요로 하는 사람에게 집중적으로 도움을 제공함
으로써 자금 및 자원의 낭비가 적고 불필요한 의존심을 키워 주지 않는 것이고,
단점은 오명(stigma)이 뒤따르고 행정절차가 간단하지 않은 것이다.

　보편주의란 사회복지 급여는 하나의 사회적 권리로서 전 국민을 대상으로 골
고루 주어져야 한다는 가치다(Gilbert & Specht, 1974: 55). 보편주의의 장점은 오
명이 없고 전 국민을 대상으로 최저소득을 보장함으로써 궁핍을 미연에 방지해
주며 행정절차가 간단하고 급여의 공정성을 보장할 수 있고 뭇 시민의 구매력을
유지시켜 줌으로써 경제안정 및 성장에 기여할 수 있는 것이며, 단점은 자금 및
자원의 낭비가 많고 불필요한 의존심을 키워 주는 것이다.

　선별주의를 주장하는 사람들은 불필요한 사람에게까지 급여를 제공하지 않는
다는 점에서 비용효과성을 강조하며, 보편주의를 옹호하는 사람들은 사회구성원
을 주는 자와 받는 자의 두 집단으로 국민들을 나누지 않음으로써 인간의 존엄성
유지와 사회적 일체감이라는 사회적 효과성을 강조한다.

　앞의 선별주의와 보편주의 가치 중 어느 것이 그 나라 사회복지정책에 적용되는
가는 앞에서 살펴본 개인주의와 집합주의 가치 중 어느 것이 그 나라 국민들의 의

식구조 속에 자리 잡고 있는가에 달려 있다. 왜냐하면 선별주의는 개인주의 가치와, 그리고 보편주의는 집합주의 가치와 밀접하게 관련되기 때문이다. 일반적으로 스웨덴, 오스트리아와 같은 복지국가의 사회복지정책은 보편주의를 기조로 하고 미국의 사회복지정책은 선별주의를 기조로 한다고 할 수 있으나, 어느 나라든지 극단적인 보편주의나 극단적인 선별주의 중 어느 한 가지만 적용하지 않고 사회복지정책의 영역에 따라서 이 두 가지 가치가 혼재되어 나타난다고 볼 수 있다. 그러나 오늘날의 추세는 선별주의로부터 보편주의로 변화되어 가고 있다. 왜냐하면 사회복지정책의 목적을 구현하는 데 보편주의가 보다 합리적이기 때문이다.

3) 자유 대 평등(결과의 평등)

구속이나 속박으로부터의 해방을 의미하는 자유는 18세기 이래 현대 사회를 움직여 온 가장 중요한 사회가치의 하나다. 그러나 개인에게 자유를 무제한 용인해 주다 보면 그것이 다른 사람의 자유를 침해하고 평등을 저해할 수 있기 때문에 자유는 평등과 대치되는 개념이기도 하다. 일반적으로 자유주의자는 자유를 보다 중요한 가치로 인식하고 있고 사회주의자는 평등을 보다 중요한 가치로 인식하고 있다. 이러한 자유와 평등에 대한 인식의 차이가 그 나라의 사회복지정책 이념모형을 결정해 주는 것이다.

자유주의자들이 자유를 추구하는 이유는 만약 개인이 다른 개인에 의한 강제로부터 자유롭고 국가의 부당한 강제로부터 자유로워진다면 개인은 자신과 자기 나라의 이익을 위하여 자기의 무한한 능력을 발휘할 것이라는 믿음 때문이다. 이와 같이 평등보다 자유를 중시하는 나라의 사회복지정책 이념모형은 보충적 모형이 될 것이며 미국이 이에 가깝다.

한편, 평등은 배분적 정의를 이룩하는 가장 기본이 되는 가치라고 할 수 있는데 복지국가에서는 자유보다 평등의 가치가 더 중시된다. 일반적으로 평등이라고 말할 때 산술적 평등, 즉 결과의 평등을 말하며 그 밖에 비례적 평등(공평)과 기회의 평등이 있는데 비례적 평등과 기회의 평등이 결과의 평등을 보장하는 것은 아니다. 자유보다 평등을 중시하는 나라의 사회복지정책 이념모형은 제도적 모형이 될 것이다. 평등에 입각한 사회복지정책 이념모형은 대체로 사회민주주의 내지는 사회주의 이념을 추구하는 나라에서 나타나고 있고 스웨덴이 이에 가깝다.

4) 효율 대 평등(결과의 평등)

이상적으로 본다면 효율과 평등의 가치 모두를 크게 구현할 수 있는 사회복지정책들이 많으면 바람직하다. 그러나 현실적으로 평등의 가치를 크게 구현할 수 있는 사회복지정책은 효율의 가치가 훼손되고 그 반대도 마찬가지다(김태성, 2003: 205). 예를 들어, 사회복지정책 가운데 평등(결과의 평등)의 가치를 크게 구현할 수 있는 대표적 프로그램이 공공부조인데 대신 이것은 효율의 가치를 크게 훼손할 수 있다. 반면에 기회의 평등을 추구하는 사회복지정책 프로그램들은 평등(결과의 평등)을 이루는 효과는 약하지만 효율의 가치를 크게 훼손하지 않는다.

평등추구의 사회복지정책은 시장기제를 통한 자원의 배분을 다시 수정하여 평등의 가치를 구현하는 것을 목표로 하고 있기 때문에 이러한 목표를 추구하는 과정에서 경제적 효율의 문제가 발생할 수 있다. 즉, 평등추구의 사회복지정책은 사람들의 근로동기, 그리고 저축과 투자동기를 약화시키고 소비자 선택을 왜곡시켜 사회적 자원의 비효율적 배분을 가져올 수 있으며 생산부문에 사용할 자원을 축소시켜 경제적 효율을 해칠 수 있다는 것이다.

이와 같은 평등과 효율의 갈등적 관계는 수단으로서의 효율보다 파레토 효율[1]에서 중요한 쟁점이 될 수 있다. 파레토 효율에서는 각자가 개인의 이익을 극대화하고자 하는 선택을 하면 시장경쟁의 논리에 따라서 모든 사람의 효용을 높이는 방향으로 사회적 자원이 최적으로 배분될 수 있다고 보고 있다. 그러나 사회복지정책을 통해 평등의 가치를 추구하다 보면 특정한 사람들의 효용을 높이기 위해서는 다른 사람들의 효용을 줄여야 하는데, 이러한 재분배 과정에서 파레토 효율

---

1 수단으로서의 효율과 파레토 효율에 대한 상세한 설명은 김태성(2003: 205-252)을 참고하기 바람.

이 저해되어 사회 전체적으로는 재분배할 자원 자체가 줄어들어 사회구성원 모두가 손해를 볼 수 있게 된다는 것이다. 이렇게 되면 평등의 가치와 효율의 가치는 갈등적일 수밖에 없다.

그러나 시장경제 상태에서 현실적으로 원론적 의미의 파레토 효율적인 자원배분은 불가능하며 자원의 배분이 비효율적인 경우가 많다. 왜냐하면 현실세계에서는 파레토 효율을 충족시키는 여러 조건들이 성립할 수 없는 경우들이 많기 때문이다. 따라서 국가의 사회복지정책과 같은 개입방법을 통하여 시장기제에 개입함으로써 사회적 자원의 재분배를 이루는 것이 보다 효율적일 수 있다.

3. 사회복지정책의 이념모형

사회복지정책의 이념모형은 학자들의 관점에 따라 다양하다. 사회복지정책의 이념모형은 궁극적으로는 극우와 극좌라는 이념의 연속선상에 다양한 모형의 이념이 존재할 수 있다. 지금까지 학자들이 제시한 대표적인 사회복지정책의 이념모형을 이념의 연속선상에 배치하면 〈표 2-1〉과 같다.

사회복지정책의 이념모형을 줄여서 사회복지정책의 모형이라고도 하는데 여기서는 사회복지정책의 이념모형으로 통일하여 사용하고자 한다. 사회복지정책의 이념모형을 간략히 설명하면 다음과 같다.

〈표 2-1〉 **사회복지정책의 이념모형**

학자	이념의 연속선			
	극우	중도우	중도좌	극좌
Wilensky & Lebeaux	보충적 모형	제도적 모형		
Titmuss	보충적 모형	산업 성취업적 모형	제도적 재분배 모형	
George & Wilding	반집합주의 모형 (자유방임주의 모형)	소극적 집합주의 모형(수정자유주의 모형)	페비안 사회주의 모형(사회민주주의 모형)	마르크스주의 모형(사회주의 모형)

1) Wilensky와 Lebeaux의 사회복지정책의 이념모형

사회복지정책의 이념모형 가운데 역사가 가장 오래된 모형이 Wilensky와 Lebeaux(1958: 138-140)가 제시한 보충적 모형과 제도적 모형이다.

보충적 모형은 사회복지정책을 가족이나 시장경제와 같은 정상적인 공급구조가 제 기능을 발휘하지 못해 개인의 욕구가 충족되지 않을 때 보충적으로 개입하여 응급조치 기능을 수행하는 것으로 본다. 제도적 모형은 사회복지정책을 가족이나 시장경제 등과 같이 사회의 기본적인 기능을 수행하는 하나의 제도로 보는 입장으로, 사회복지정책은 복잡한 현대 산업사회에서 각 개인의 욕구를 충족시키고 사회를 유지 · 발전시켜 나가는 최전선의 기능을 수행해야 한다고 간주한다.

2) Titmuss의 사회복지정책의 이념모형

1974년 Titmuss(1974: 30-31)는 사회복지정책의 이념모형을 최초로 3분법으로 분류하였다. 그의 3분법의 장점은 2분법의 최대의 단점인 이념의 과대 단순화를 어느 정도 극복할 수 있었다는 것이다. 예를 들어, 중도 우파인 영국의 자유당과 중도 좌파인 노동당은 사회복지정책에서 분명한 차이가 있었으나 2분법의 사회복지정책 이념모형상 똑같이 제도적 모형에 소속되는 것으로 분류되어 왔는데 3분법 아래에서는 확연히 구별할 수 있게 되었다(김상균, 1987: 115).

Titmuss의 보충적 모형은 Wilensky와 Lebeaux의 보충적 모형과 같은 것으로 일차적으로 가족과 시장을 통해 욕구충족이 안 되는 빈곤자나 요보호자를 대상으로 그들에게 잠정적으로 최소한의 생활을 보장하는 것을 말한다. 산업 성취업적 모형은 사회복지의 급여를 생산성, 즉 경제적으로 기여한 업적에 따라 결정하는 것이다. 이 모형은 사회복지정책을 경제성장의 수단 또는 종속물로 보기 때문에 일명 시녀적 모형이라고도 불린다. 제도적 재분배 모형은 Wilensky와 Lebeaux의 제도적 모형과 같은 것으로 사회복지정책을 사회의 중요한 제도로 간주하며 욕구의 원리에 입각하여 시장경제 기제 외부에서 사회의 구조적 불평등을 해소하기 위하여 보편적 급여를 제공하는 평등추구 입장의 모형이다.

3) George와 Wilding의 사회복지정책의 이념모형

George와 Wilding은 1976년에 반집합주의 모형, 소극적 집합주의 모형, 페비안 사회주의 모형, 마르크스주의 모형과 같이 4분법을 최초로 시도하였는데[2] 이를 요약하면 다음과 같다(George & Wilding, 1976; 남세진, 1992: 118 재인용).

반집합주의 모형은 자유방임주의 이념을 바탕으로 국가의 개입은 최소한으로 국한되어야 하고 복지혜택은 주로 최저생계비 이하의 빈곤계층에 대하여 국가온 정주의적 차원에서 정치적 안정유지를 위하여 최소한으로 주어져야 한다는 것이다. 여기서는 복지를 위한 국가 개입은 제도적 측면보다는 개인적 측면에 치중하게 되므로 이는 앞의 보충적 모형과 유사하다고 볼 수 있으며 1834년 영국의 신구빈법은 반집합주의에 입각한 대표적인 복지시책으로 알려져 있다.

소극적 집합주의 모형은 수정자유주의 이념을 바탕으로 하여 자본주의적 기본요소는 그대로 보존한 채 지나친 불평등을 제거하기 위하여 적절한 국가 개입을 통하여 Beveridge가 말하는 빈곤(want), 질병(disease), 무지(ignorance), 나태(idleness), 불결(squalor)과 같은 5대 사회악을 해결, 개선해 나가자는 것으로서 국민 최저한의 보장과 소극적인 평등을 주장하고 있다.

페비안 사회주의 모형은 사회민주주의 이념을 바탕으로 하여 평등, 자유, 우애의 세 가지 가치와 그 밖에 부수적 가치로서 민주주의와 인도주의에 기초를 두고 복지국가의 실현을 통해 빈곤퇴치와 불평등을 해소하고 자본주의를 개혁할 것을 강조하였다. 여기서 자유라 함은 다른 사람의 간섭 없이 자신의 의지대로 행하는 소극적 자유의 의미가 아니고 사회적 권리로서 복지를 누릴 수 있는 적극적 자유를 의미한다.

마르크스주의 모형은 사회주의 이념을 바탕으로 하여 페비안 사회주의와는 달리 빈곤퇴치와 불평등의 해소는 결코 복지국가의 실현을 통해서 이루어질 수 없다

---

2 George와 Wilding은 그 후 1994년에 사회복지정책의 이념모형을 신우파(the new right), 중도노선(middle way), 민주적 사회주의(democratic socialism), 마르크스주의(marxism), 페미니즘(feminism), 녹색주의(greenism) 등 여섯 가지로 분류하였는데 앞의 네 가지는 기존의 4분법과 맥락을 같이하며 뒤의 두 가지는 새롭게 등장한 이념이다. 이에 대한 상세한 설명은 김상균 외(2002: 112-126)를 참조하기 바람.

고 판단하면서 복지국가의 대안으로서 사회주의 혁명을 제시하고 있다.

4) 사회복지정책의 이념모형과 갈등적 사회가치

이상의 사회복지정책의 이념모형들은 앞에서 고찰한 갈등적인 사회가치들과 연결되고 있는데, [그림 2-1]에서 보는 것과 같이 이념의 연속선상에서 극우로 갈 수록 개인주의, 선별주의, 자유, 효율의 가치가 더 많이 반영되고 있음을 알 수 있으며 극좌로 갈수록 집합주의, 보편주의, 평등(결과의 평등)의 가치가 더 많이 반영되고 있음을 알 수 있다.

이념의 연속선			
극우	중도우	중도좌	극좌
보충적 모형	제도적 모형		
보충적 모형	산업 성취업적 모형	제도적 재분배 모형	
반집합주의 모형	소극적 집합주의 모형	페비안 사회주의 모형	마르크스주의 모형

```
개인주의 ◄───────────── 사 ─────────────► 집합주의
선별주의 ◄───────────── 회 ─────────────► 보편주의
자    유 ◄───────────── 가 ─────────────► 평    등
효    율 ◄───────────── 치 ─────────────► 평    등
```

[그림 2-1] **사회복지정책의 이념모형과 갈등적 사회가치**

4. 우리나라 사회복지정책의 이념모형

앞에서 살펴보았듯이 서구에서는 2분법에서 시작된 사회복지정책의 이념모형이 3분법을 거쳐 4분법까지 확대되었다. 그러나 복지논쟁에서 쟁점의 다양성 및 논의의 심도 부족과 같은 현실을 고려할 때 과도하게 세분화된 모형은 우리 실정

에 부적절하다. 특히 좌파 이념에 대한 뿌리 깊은 저항감과 공포감이 우리 사회에 아직도 만연되어 있어 사회주의 또는 마르크스주의와 같은 급진적 좌파모형의 구축 역시 부적합하다(김상균 외, 1999: 65).

김상균 외(1999: 65-67)는 우리나라 사회복지정책의 이념모형을 경제발전과 사회복지의 관계, 사회복지에 대한 국가의 책임에 대한 인식에 주목하여 기본적으로 경제성장 우선모형과 국가복지 확대모형으로 크게 구분하였고, 이 중 국가복지 확대모형을 다시 복지제도 운영방식과 관련하여 분립복지모형과 통합복지모형으로 구분하였다.

우리나라 사회복지정책의 이념모형의 특징을 정리하면 〈표 2-2〉와 같다. 여기에서 제시한 2분법 내지 변형된 3분법을 George와 Wilding의 4분법과 비교해 보면 다음의 네 가지 사실을 발견할 수 있다.

첫째, 우리의 경제성장 우선모형과 George와 Wilding의 반집합주의 모형은 상호유사성이 매우 높다는 점이다. 둘째, 우리의 국가복지 확대모형은 내용상으로는 George와 Wilding의 소극적 집합주의 모형과 페비안 사회주의 모형을 섞어서 모아 놓은 것 같은 느낌을 받지만 우리에게는 페비안 사회주의 모형과 같은

〈표 2-2〉 우리나라 사회복지정책의 이념모형

경제성장 우선모형	국가복지 확대모형	
	분립복지모형	통합복지모형
• 국가정책의 최우선: 경제성장 • 개인의 욕구충족: 가족단위로 일차적으로 시장에서 해결 • 국가복지는 근로동기를 약화시키므로 극빈자에 한정 • 경제성장에 순기능적인 복지서비스만 허용 • 분배정책은 시기상조 • 사회보험의 정책결정권은 노·사가 행사	• 사회정책의 재분배기능: 저평가 • 국가복지 예산확보: 소극적 • 사회보험에 비해 공공부조에 대한 관심 미약 • 사회보험 행정 및 재정: 통합반대, 조합분리운영 • 국가복지의 확대시행 연기 • 자영자 소득파악 가능성: 부정	• 사회정책을 통한 재분배: 적극적 • 국가복지 예산확보: 적극적 • 총체적 사회안전망에 대한 관심 • 사회보험의 통합주장: 사회정의, 행정효율성 증대 • 국가복지확대의 조기실시 • 자영자 소득파악 가능성: 인정

내용의 모형이 없다는 점이 큰 차이를 보이는 부분이다. 즉, 우리나라에서는 친복지적이라 할지라도 반드시 좌파성향의 이념모형을 찾아보기는 쉽지 않다. 셋째, 분립복지모형과 통합복지모형의 차이점은 George와 Wilding의 소극적 집합주의 모형이나 페비안 사회주의 모형의 차이처럼 이념 측면에서 구별 짓기 힘들다는 것이다. 넷째, 마르크스주의를 표방한 정치·사회세력이 없으므로 마르크스주의 모형이 존재하지 않는다는 것이다.

지금까지 서구의 사회복지정책의 이념모형들과 최근에 시도된 우리나라 사회복지정책의 이념모형들을 고찰하여 보았다. 이러한 사회복지정책의 이념모형들과 관련시켜 볼 때 우리나라 사회복지정책의 이념모형은 어떻게 변천해 왔는지 검토해 보고자 한다.

1980년대에 서구 사회복지정책의 이념모형에 기초하여 검토한 몇몇 학자들의 견해를 종합해 보면, 대체로 그 당시 우리나라 사회복지정책의 이념모형을 초기 단계의 소극적 집합주의 모형에 가까운 것으로 보았다(남기민, 1984: 189; 장인협, 1986: 51). 한편, 최근 김상균 외(1999)의 연구에서 작업한 분류법에 따라 우리나라 사회복지정책의 이념모형을 검토해 보면, 과거 군사정권 시절에는 경제성장이 복지보다 우선하였으나 문민정부 이후 오늘에 이르면서 경제성장과 복지의 조화 또는 복지는 경제성장의 필요조건임을 강조하면서 복지예산이 증가하기 시작하였다. 특히 IMF 사태 이후 사회복지 안전망에 대한 관심이 급증하면서 사회보험제도를 확대하기 시작하였고, 최근 국민기초생활보장법의 제정·시행으로 모든 빈곤층에 대하여 최저생활을 보장하게 되었으며, 국민건강보험법 제정과 더불어 의료보험을 통합하고, 사회보험료를 통합 징수하는 과정을 볼 때 우리나라 사회복지정책의 이념모형은 경제성장 우선모형에서 국가복지 확대모형으로, 그리고 분립복지모형에서 통합복지모형으로 서서히 변천해 가고 있는 것으로 분석된다.

참·고·문·헌

곽효문(1995). 복지정책론. 서울: 제일법규.
김기태 · 박병현 · 최송식(2000). 사회복지의 이해. 서울: 박영사.
김상균(1987). 현대사회와 사회정책. 서울: 서울대학교 출판부.
김상균 · 최일섭 · 최성재 · 조흥식 · 김혜란(2002). 사회복지개론. 서울: 나남출판.
김상균 · 주은선 · 최유석 · 이정호(1999). 우리나라 복지이념모형 구축을 위한 기초연
　　　구. 사회복지연구, 14, 한국사회복지연구회.
김태성(2003). 사회복지정책입문. 서울: 청록출판사.
김해동 · 정홍익(1985). 사회행정론. 서울: 한국방송대학출판부.
남기민(1984). 우리나라 사회복지체계의 분석과 전략. 사회과학논총, 2, 청주대학교 사
　　　회과학연구소.
남세진(1992). 인간과 복지. 서울: 한울아카데미.
박경일 · 김경호 · 서화정 · 윤숙자 · 이명현 · 이상주 · 이재모 · 전광현 · 조수경(2000).
　　　사회복지학 강의. 서울: 양서원.
박병현(2003). 사회복지정책론. 서울: 현학사.
박정호(2001). 사회복지정책론. 서울: 학지사.
박정호(2003). 사회복지정책론(개정판). 서울: 학지사.
송근원(1981). 공공복지행정의 사상적 측면. 부산산업대학논문집, 2, 부산산업대학.
장인협(1986). 사회복지학개론. 서울: 서울대학교 출판부.
장인협 · 이혜경 · 오정수(1999). 사회복지학. 서울: 서울대학교 출판부.

Furniss, N., & Tilton, T. (1977). *The Case for the Welfare State*. Indiana: Indiana
　　　University Press.
George, V., & Wilding, P. (1976). *Ideology and Social Welfare*. London: Routledge
　　　and Kegan Paul.
Gilbert, N., & Specht, H. (1974). *Dimensions of Social Welfare Policy*. Englewood
　　　Cliffs, New Jersey: Prentice Hall.
MacCalum, G. (1967). Negative and Positive Freedom. *Philosophical Review*, 76(3).
Titmuss, R. M. (1974). *Social Policy*. London: George Allen and Unwin.
Wilensky, H., & Lebeaux, C. N. (1958). *Industrial Society and Social Welfare*. New
　　　York: Free Press.

제3장

사회복지정책 발달의 영향요인과 이론

MaCarov(1978)는 사회복지의 생성과 발달의 유인동기로 상호부조, 종교적 교리, 정치적 이익의 추구, 경제적인 고려, 이념적 요인 등을 들었고, 김태성(1990)은 자신의 논문에서 사회복지발달의 결정요인을 사회적 요인, 경제적 요인, 정치적 요인으로 구분하여 분석하였다.

또한 사회복지정책 발달의 형태는 국가들마다 특이한 양상을 보이기 때문에 사회복지정책 발달을 일반화하려는 이론은 많은 한계를 가지고 있다. 그럼에도 지금까지 많은 이론이 개발되어 왔으며 학자에 따라서 이를 분류하는 방법도 다양하다.

이 장에서는 사회복지정책 발달에 영향을 미치는 요인을 정치적 요인, 경제적 요인, 사회 · 문화적 요인으로 구분하여 검토하고, 사회복지정책 발달이론은 지금까지 개발된 다양한 이론을 사회양심이론, 수렴이론, 시민권이론, 독점자본이론, 사회민주주의 이론, 이익집단정치이론, 국가중심이론, 확산이론, 종속이론 등으로 정리하여 살펴보고자 한다.

1. 사회복지정책 발달의 영향요인

1) 정치적 요인

정부가 정치적 이유로 사회복지정책을 발달시키는 경우는 다음과 같이 세 가지로 나누어 볼 수 있다(MaCarov, 1978: 전남진, 1987: 141-144 재인용).

첫째, 정치권력의 획득을 위해서다. 역사적으로 볼 때 사회복지정책은 통치자나 정당이 국민의 지지를 얻기 위한 수단으로서 사용되어 왔다. 1880년대 독일의 비스마르크가 실시한 사회보험제도가 그 대표적인 예다. 비스마르크는 당시 야당이 사회보험제도를 주장하자 야당의 인기를 저하시키기 위한 단 한 가지 이유만으로 사회보험제도를 먼저 실시하였다. 루스벨트 대통령도 1930년대 세계 경제대공황으로 대량실업과 그에 따른 각종 사회문제가 발생하면서 Townsend가 제시한 Townsend Plan[1]을 지지하는 세력들이 강화되자 이에 영향을 받아 사회보장제도를 먼저 입법화하였다. 이 외에도 미국에서 원호대상자들과 재향군인들을 위한 각종 혜택도 모두 정치적인 동기로 이루어진 것으로 보인다.

둘째, 사회불안을 피하기 위해서다. 영국에서 17세기 초부터 제정되었던 구빈법들은 부랑인 거지들이 기아선상에서 헤매다가 절망하면 사회의 기존 질서를 무너뜨릴지도 모른다는 염려에 따른 통제수단이었다. 또한 1960년대 미국에서 있었던 흑인들의 폭동, 대학생들의 데모 등은 사회의 평화와 안전에 위협적이었으며 이와 같은 사회불안을 야기한 행위들에 대한 대책으로 각종 사회복지 관련 법과 제도들이 정비되기에 이르렀다.

셋째, 어떤 한 사회복지정책의 부수적인 영향에 따라서 다른 사회복지정책이 수립되기도 한다. 이러한 사회복지정책은 애초에 계획되거나 의도되지 않았던

---

1 대공황 당시 캘리포니아 주의 은퇴한 의사였던 Townsend가 미국의 경제적 부흥과 노인들의 빈곤을 타파할 수 있는 하나의 안을 고안하였는데 이를 'Townsend Plan'이라고 불렀다. 이 안은 60세 이상의 모든 미국인에게 매월 200달러씩 주어서 모두 그달 안에 소비하도록 하자는 것이었고 그에 소요되는 재원은 판매세로 충당하도록 한다는 것이었다.

것인데 결과적으로 나타난 것이다. 그리고 일단 사회복지정책이 수립되면 수혜자를 줄인다든지 또는 그 정책 자체를 없애는 것은 용이하지 않으며 시간이 흐름에 따라 수혜자가 점점 늘어나고 급여도 나날이 증가하면서 그 규모가 커지게 마련이다. 예를 들어, 사회복지 수혜자들에게 자립할 수 있도록 직업훈련이나 기술훈련을 시키는 경우에 자연히 탁아소 시설이 필요하게 되고 시간이 흐르면서 탁아소 시설은 그 규모가 커지게 된다.

2) 경제적 요인

정부가 경제적 이유로 사회복지정책을 발달시키는 경우는 다음과 같이 두 가지로 나누어 볼 수 있다(MaCarov, 1978: 전남진, 1987: 144-147 재인용).

첫째, 사회문제를 완화시키거나 해결하는 데 드는 사회적 비용을 감소하기 위해서다. 많은 사회복지정책은 비용–편익분석(cost–benefit analysis)을 통해 그 정책을 실시함으로써 기대되는 효과가 정책에 드는 비용보다 훨씬 크다는 것을 나타내거나 사회복지정책이 사회문제로 야기되는 비용을 감소시킬 수 있다는 인식이 있을 때 수립된다. 물론 이때 사회문제의 비용을 정확히 계산한다는 것은 어려운 일이긴 하나 사회복지정책을 시행함으로써 사회적 비용이 절감된다는 데 반대하는 것이 용이하지 않으며 따라서 이와 같은 경제적 요인은 많은 국가에서 사회복지정책을 정당화시키는 요인이 되고 있다.

둘째, 생산 측면에 부정적인 영향을 미치는 사회문제로 사람들이 일을 할 수 없거나 일하지 않는 경우 경제발전에 걸림돌이 되므로 사람들의 생산적 고용을 증진하기 위한 목적으로 사회복지정책을 수립하는 것이 필요하며 이런 경우 사회복지정책은 일종의 투자로 정당화된다. 예를 들어, 저소득층을 위한 탁아소 프로그램 등은 고용을 촉진시키고 생산성을 제고시키며 결국에 가서는 사회복지비를 감소시키는 효과를 창출한다.

3) 사회 · 문화적 요인

사회복지정책 발달을 설명하는 사회적 요인들로는 사회계층의 경직성, 사회의 인구학적 구조, 그리고 도시화 등을 들 수 있다(신원식, 2003: 58).

미국에 비해 유럽국가들의 사회복지정책이 발달된 이유는 유럽국가들이 갖고 있었던 엄격한 계급구조에서 찾아볼 수 있다. 즉, 유럽국가들에서는 전통적인 농노계급이 산업화 이후 공장노동자 계급이 되고 산업화 과정에서 좌절된 이들의 계급의식이 높아져 조직화, 세력확대 등을 통해 기존의 질서를 위협하는 힘을 갖게 되자 사회복지정책의 발달에 영향을 미치게 되었다. 또한 사회의 인구학적 구조를 볼 때 산업화는 사회의 인구구조 변화를 가져왔는데, 경제활동 인구에 비해 노인인구와 같은 사회복지 수혜자층을 증가시켜 사회복지정책의 발달에 영향을 미쳤고 도시화에 따라 도시빈민, 산업재해, 실업, 주택 등의 문제가 악화되면서 사회복지 욕구를 확대시켜 사회복지정책이 발달하게 된 것이다.

한편, 한 사회의 문화적 유산 또한 사회복지정책의 발달에 영향을 미친다고 할 수 있다(박병현, 2003: 53). 즉, 한 사회를 오랫동안 지배해 왔던 신념이나 가치, 태도 등은 자원분배의 과정을 제한하는 중요한 요인으로 작용할 수 있다. 예를 들면, 개인주의와 자기이윤의 추구 및 경쟁을 강조하는 사회는 생활상의 불평등을 인간생활의 자연스러운 질서의 결과로 보기 때문에 구조화된 불평등을 당연한 것으로 여기며 그대로 보존하려는 경향이 있다. 반면에 집단적 가치와 협력을 강조하는 사회는 모든 사회구성원들의 평등을 보장하는 사회복지정책의 발달을 조장한다. 이와 같이 한 사회의 문화적 유산이 그 사회의 사회복지정책의 발달을 설명할 수 있는 중요한 변수가 될 수 있다.

2. 사회복지정책 발달이론[2]

1) 사회양심이론

사회양심이론(social conscience theory)은 1950년대 영국 사회정책학의 통설로, 인도주의 사상에 기초한 이타주의와 사회적 책임이라는 관점에서 사회복지정책의 형성과 변화를 설명하고 있다. 이 이론은 Hall(1952)이 자신의 저서 *The Social Services of Modern England*에서 잘 설명하고 있다.

한편, Baker(1979: 178)는 그 후 사회양심이론의 내용을 다음과 같이 요약하고 있다.

첫째, 사회(복지)정책이란 인간이면 누구나 다 가지고 있는 타인에 대한 사랑을 국가를 통해 실현하는 것이다. 둘째, 사회(복지)정책은 사회적 의무감의 확대와 욕구에 대한 국민들의 지식 증가라는 두 요인에 따라 변화된다. 셋째, 변화는 축적적이며 사회(복지)정책은 균일하게 변화하지는 않지만 계속 발전해 나간다. 넷째, 개선은 불가피하며 현행 사회(복지)정책은 지금까지의 것 중 최선의 것이다. 다섯째, 역사적으로 볼 때 현행 사회(복지)정책이 완전한 것은 아닐지라도 사회복지의 주요한 문제를 이미 해결하고 있으며 사회는 안정기반 위에 구축되어 있기 때문에 지속적 발전을 기대할 수 있다.

이와 같은 사회양심이론은 국민들의 사회적 양심이 성장하여 사회복지제도가 발전했다고 가정한다. 즉, 일반 국민들의 집단적 양심은 자비스러우며 누적되어

---

2 사회복지정책이나 복지국가의 발달을 설명하는 이론들은 학자에 따라 다양하게 접근하고 있다. Mishra(1977: 3-84)는 ① 사회행정-경험학파 ② 시민권이론 ③ 수렴이론 ④ 기능주의 ⑤ 마르크스주의 등으로 분류하여 설명하고 있으며, 김상균(1987: 86-102)은 ① 사회양심론 ② 합리이론 ③ 테크놀로지론 ④ 시민권론 ⑤ 사회정의론 ⑥ 음모이론 ⑦ 종속이론 등 일곱 가지로 설명하고 있다. 김태성·성경륭(2000: 129-164)은 ① 산업화이론 ② 독점자본이론 ③ 사회민주주의 이론 ④ 이익집단정치이론 ⑤ 국가중심적 이론 등 다섯 가지로 구분하여 설명하고 있다. 또한 현외성(2000: 67-77)은 ① 사회적 양심론 ② 시민권론 ③ 기술결정론(수렴이론) ④ 음모이론 ⑤ 전파이론으로, 박병현(2003: 53-66)은 ① 사회양심이론 ② 수렴이론 ③ 시민권이론 ④ 정치결정이론 ⑤ 확산이론으로 요약하고 있다.

서 정부로 하여금 도덕적인 반응을 보이도록 하고 그 결과 사회복지제도의 발전이 이루어진다고 보는 견해다(박종삼 외, 2002: 49). 이 이론은 낙관적이고 문제해결 중심의 시각이란 점이 장점이 될 수도 있지만 한편으로 다음과 같은 비판에 직면한다(Higgins, 1981: 29-32).

첫째, 사회(복지)정책이 사회양심 이론자들이 주장하는 대로 타인에 대한 사랑을 국가를 통해 표현하는 것이라면 그것은 모든 사회에서 비슷한 형태를 보여야 되는데 실제로는 그렇지 않다. 둘째, 사회(복지)정책의 인도주의적 특성을 지나치게 강조한 나머지 국가의 역할에 관해 왜곡된 견해를 갖게 하여 사회(복지)정책 발달과정의 정확한 이해를 방해하고 있다. 셋째, 사회(복지)정책의 형성 및 변화에 미치는 압력 및 영향에 관한 분석이 너무 협소하고 정책과정에서 정치적 맥락의 중요성을 너무 과소평가하고 있다.

2) 수렴이론

1960년대 초에 Kerr 등(1962)이 내세운 수렴이론(convergence theory)은 현대사회를 이해하기 위한 중요한 변수로서 산업화를 들고 있기 때문에 흔히 산업화이론(logic of industrialization)이라고도 불린다. 이 이론은 경제적인 면과 사회적인 면만을 강조하며 이데올로기적 갈등을 전혀 강조하지 않기 때문에 이데올로기의 종말론과도 맥락을 같이한다. 즉, 수렴이론에서는 산업사회의 사회구조를 결정짓는 열쇠는 사람들의 합의, 이데올로기, 계급 간의 갈등 또는 문화가 아니라 기술, 즉 산업화이며 어느 정도의 산업화를 이룬 나라들의 사회제도는 어느 한 점으로 수렴되어 비슷하다고 주장한다(박병현, 2003: 56).

Wilensky와 Lebeaux(1965)는 수렴이론을 근거로 미국 사회복지정책 발달을 탐구하였고, Rimlinger(1971)도 유럽, 미국 및 러시아의 사회복지정책 발달을 산업화의 관점에서 분석하였다. Sullivan은 수렴이론의 측면에서 사회복지정책의 발달을 다음과 같이 설명하고 있다(Sullivan, 1987: 78-80: 박병현, 2003: 56-57 재인용).

첫째, 산업화는 노동인구의 속성을 변화시켜 대규모의 피고용층을 발생시켜 노동력을 팔아야만 생계를 유지할 수 있는 사람들의 숫자를 크게 증가시킨다. 피고용자로서 이러한 사람들의 소득이 질병, 노령, 실업, 산업재해 등으로 중단될 때 그들의 삶은 위협받게 되므로 이들의 소득을 제도적으로 보장하기 위한 소득보장 프로그램이 도입된다. 둘째, 산업사회는 보다 높은 수준의 사회해체 현상을 가져온다. 이러한 사회해체 현상은 산업화 초기 단계에서 특히 분명하게 드러나는데 도시화 등으로 노동자들은 가족, 친지, 교회 등 그들의 전통적인 비공식적 원조망으로부터 멀어지게 된다. 전통적인 비공식적 원조망이 역할을 제대로 하지 못함으로써 이것을 대체하는 공식적인 사회복지제도가 도입되는 것이다. 셋째, 산업화는 여성의 사회참여를 증가시켰다. 전통사회에서 여성들의 주요 역할은 아동양육이나 노인보호였다. 그러나 여성의 사회참여 증가로 전통적인 여성의 역할을 대신할 제도의 필요성이 증가하여 주간보호(day care) 등과 같은 사회복지제도가 발달하게 된다.

이와 같이 수렴이론에서는 사회복지제도의 형성에 산업화의 역할을 강조하고 있다. 선진산업사회에서 사회복지정책의 구조와 내용에 결정적 영향을 미치는 것은 정치체제의 요소가 아니라 산업화의 요소이며, 따라서 자본주의 사회이든 사회주의 사회이든 산업화의 정도가 같다면 사회복지정책의 구조나 내용은 유사하다는 것이다. 즉, 산업화가 진전됨에 따라 자본주의 사회에서의 사회복지정책은 보완적 형태에서 제도적 형태로 변해 가고, 사회주의 사회에서는 국가집합주의를 다소 완화시키고 부분적인 시장의 발전과 그 밖에 사회적 대책을 취하게 된다는 것이다. 산업화가 진전됨에 따라 기술 및 경제는 자본주의 사회와 사회주의 사회의 양 이념과 체제를 수렴시키고 복지형태도 제도적 형태로 수렴시키는 경향을 보여 준다는 것이다.

그러나 수렴이론을 사회복지정책의 발달에 적용하는 것에 대하여 다음과 같은 비판이 제기되고 있다.

첫째, 선진산업사회에서는 기술 및 경제가 사회복지정책의 구조와 내용을 결정한다는 것은 지나치게 결정론적이며 사회복지정책이 어떤 가치의 선택일 수 있는 가능성을 배제시키고 있다. 둘째, 선진산업사회에서 사람들의 합의, 이데올로기, 계급 간의 갈등 또는 문화가 사회복지정책에 영향을 미치지 못하여 이데올

로기가 종말을 거둔다는 주장에 뚜렷한 증거를 찾기 힘들며 또한 사회복지정책
이 유사해진다는 뚜렷한 증거 역시 없다. 대부분의 서구 산업국가에서는 아직도
복지형태가 다양하다. 셋째, 수렴이론은 경제적으로 부유한 국가와 빈곤한 국가
간의 사회복지정책 발달의 차이는 설명할 수 있지만 이미 경제적으로 부유한 국
가 간의 사회복지 수준의 차이는 설명하지 못하고 있다.

3) 시민권이론

사회복지정책의 발달을 시민권의 발달이라는 측면에서 진화론적으로 설명하
는 것이 시민권이론(citizenship theory)이다. 제2차 세계대전 이후 Marshall(1950)
이 「시민권과 사회계급(citizenship and social class)」이라는 논문에서 사회복지를
시민권의 속성으로 파악한 이후 시민의 복지에 대한 권리, 즉 사회권(시민권)의
개념이 서구에서 상당히 일반화되었다.

Marshall은 시민권을 공민권(civil right), 정치권(political right), 사회권(social
right)으로 구분하였다. 공민권은 법 앞에서 개인의 자유와 평등을 보장하는 것과
관련된 신체의 자유, 언론사상의 자유, 법 앞의 평등권을 의미한다. 그리고 정치
권은 투표권 및 공공기관에 접근할 권리와 같은 정치적 권력의 행사에 참여할 수
있는 참정권을 말한다. 사회권은 최소한의 경제적 복지 및 보장과 더불어 사회적
유산을 충분히 공유하고 사회의 보편적 기준에 맞는 시민적 존재로서 생활을 누
릴 권리를 말한다. 시민권에서 공민권은 법적 제도에서, 정치권은 정치적 제도에
서, 사회권은 복지서비스에서 생긴다. 시대적으로 볼 때 공민권은 18세기에 확립
되었고, 정치권은 19세기에 확립되었으며, 그리고 사회권은 20세기 중반까지 조
성된 것으로 보고 있으며 이 사회권이 바로 복지국가의 이념적 기초가 되었다고
본다. 즉, 시민권이론에 따르면 사회복지정책은 시민권의 분화현상과 사회권의
확립이라는 진화적 과정에 따라 개선 및 확대되었다고 본다.

이상의 시민권이론이 사회복지정책 발달에 기여한 점은 다음과 같다(현외성,
2000: 69).

첫째, 시민권이론은 사회복지정책의 제도적 모형에 대한 이론적 근거를 제공

하였다. 즉, 오명(stigma) 없이 보편적이고 포괄적인 사회복지 급여를 받는 사회권의 확립을 통해 복지국가에서 기존의 보충적 복지모형과는 달리 제도적 복지모형의 기준을 제시함으로써 사회복지정책의 발달에 영향을 미쳤다. 둘째, 사회권의 확립을 통해 사회복지를 제도화시킴으로써 뭇 시민들을 사회에 통합시키고 사회구성원들 사이에 상호 원조케 함으로써 사회적 연대성을 제공하는 데 영향을 미쳤다.

이상과 같이 시민권이론은 사회복지정책을 제도적으로 발전시키는 데 그 정당성과 철학적 기반을 제공하였다는 긍정적인 측면이 있는가 하면 다음과 같은 몇 가지 한계를 지니고 있다.

첫째, 시민권이론은 영국에서 복지국가 형성과 관련되어 있기 때문에 이와 유사한 서구 민주사회에서는 유용한 이론이 되겠지만 공산주의 사회나 개발도상국에서는 통용되기 힘들다. 둘째, 공민권이나 정치권과는 달리 사회권의 개념이 구체적으로 명료하게 규정되어 있지 못하고 매우 추상적이라는 점과, 공민권과 정치권이 게임의 규칙을 정하는 권리인 데 비해 사회권은 게임의 결과로서 분배와 연관된 권리이기 때문에 이와 같이 속성이 다른 권리들을 같은 시민권의 범주로 묶는 것은 무리가 따른다. 셋째, 시민권이론은 사회복지정책 발달을 진화론적으로 접근하고 있으나 역사적으로 볼 때 사회복지정책 발달에 존재하는 복잡한 집단갈등과 행동 같은 정치적 역학관계를 설명하는 데 한계가 있다.

4) 독점자본이론

독점자본이론은 신마르크스주의(neo-marxism) 이론으로서 전통적인 마르크스주의에 그 이론적 뿌리를 두고 고도로 발전된 독점자본주의 사회의 현상에 대한 분석을 통하여 복지국가의 발전을 설명하고 있다. 전통적인 마르크스주의에 따르면, 국가는 주어진 자본주의 생산양식 체계를 유지하고 강화하기 위하여 자본가의 이익만을 위하여 기능하기 때문에 국가를 통한 복지확대는 불가능하다고 보았다. 그러나 전통적 마르크스주의 이후 자본주의 사회는 커다란 변화가 이루어지기 시작하여 제2차 세계대전 이후에는 독점적 자본주의가 뚜렷이 나타나기 시작하였다. 또한 이 시기에 국가의 역할도 변하여 일반 국민의 복지를 책임지는 복지국가가 등장하였다. 이런 상황에서 전통적 마르크스주의를 수정 · 발전시킨 신마르크스주의가 출현하여 복지국가 사회복지정책의 발달을 이 독점자본주의와 연결시켜 설명한 이론이 바로 독점자본이론이다. 이러한 독점자본이론을 도구주의(instrumentalism) 관점과 구조주의(structuralism) 관점으로 나누어 설명하면 다음과 같다(김태성 · 성경륭, 2000: 139-142).

(1) 도구주의 독점자본이론

자본주의 사회에서는 자본가들이 경제조직을 독점하기 때문에 이러한 경제부문의 독점에 힘입어 정치조직(예: 국가기구)에도 자본가들이 강력한 영향력을 발휘하게 되고 따라서 국가의 역할은 자본가들의 이익을 수행하는 도구에 지나지 않는다고 본다. 이러한 도구주의 관점에서는 자본축적의 위기(예: 대공황)나 사회혼란(폭동)이 있을 때 자본가들이 자본축적 또는 노동력 재생산의 필요성에 따라 국가에 영향을 미쳐 복지국가 사회복지정책이 형성되고 발전된다고 본다. 예를 들면, 미국의 뉴딜정책과 사회보장법은 자본주의 경제위기에 대처하기 위하여 독점자본가들이 자본주의 경제체제의 효율과 정치적 안정을 위하여 제안하고 결정한 것으로 본다(Domhoff, 1977; Jenkins & Brents, 1989: 김태성 · 성경륭, 2000: 140-141 재인용).

(2) 구조주의 독점자본이론

도구주의와는 달리 구조주의 관점에서는 독점자본가들이 국가기구에 영향력을 행사하여 도구화하는 것이 아니라 독점자본주의 경제구조 그 자체 때문에 국가의 기능은 자본가의 이익과 합치될 수밖에 없다고 본다. 즉, 독점자본가들이 국가에 영향력을 행사하는 것과 상관없이 독점자본주의 경제구조상 국가는 필연적으로 자본주의 사회의 경제체제를 유지하고 강화해야 한나는 것이다. 이와 같은 구조주의 관점에 따르면, 노동자 계급의 도전이 자본주의에 매우 위협적이기 때문에 노동자 계급을 통제하고 분열시키는 기능이 매우 중요한데, 자본가들은 계급의식도 없고 또한 개인들의 단기적인 이익 때문에 분열되기 쉬우므로 이때 국가가 노동자 계급을 통제하거나 분열시키기 위한 전략으로 사회복지정책을 확대하게 된다는 것이다(Piven & Cloward, 1971: 김태성·성경륭, 2000: 142 재인용).

이상의 독점자본이론은 몇 가지 면에서 기여한 점이 크다. 첫째, 이 이론은 자본주의 문제를 분석하여 복지국가 사회복지정책 발달을 설명함으로써 누가 복지국가로 이익을 보는가의 문제에 대한 답을 명확히 해 주었다. 둘째, 이 이론은 복지국가의 성격을 좀 더 거시적으로 볼 수 있게 해 주었고 국가의 역할에 대한 이해를 더 높여 주었다. 셋째, 이 이론은 복지국가의 구체적인 사회복지정책의 내용을 분석하는 데 도움을 준다. 예를 들면, 오늘날 고도로 발전된 복지국가에서도 여전히 구빈법의 잔재를 갖고 있는 복지프로그램이 존재하는 이유를 규명하는 데 기여한다.

한편, 독점자본이론은 다음과 같은 몇 가지 한계를 갖고 있다. 첫째, 이 이론은 복지국가 사회복지정책 발달을 설명하는 데 너무 지나치게 자본주의 경제적 구조결정론에 의지하고 있다. 둘째, 민주정치에서 여러 행위자들의 역할을 무시하였다. 셋째, 이 이론이 고도 산업자본주의에 모두 적용될 수 있는가 하는 문제가 있다. 고도 산업자본주의에서의 복지국가 사회복지정책 발달정도는 큰 차이가 있는데(예: 미국과 스웨덴) 독점자본이론으로는 이러한 차이를 설명하는 데 한계가 있다. 넷째, 이 이론에서 사용하는 개념들이 너무 거시적이고 이러한 개념들을 경험적 조사에 사용하기가 어렵기 때문에 이러한 이론을 지지 혹은 반박할 실증적 연구의 어려움이 있다는 점이다.

5) 사회민주주의 이론

사회민주주의 이론(social democratic approach)은 정치적인 면을 중요하게 여긴다. 이 이론은 독점자본이론처럼 자본주의에서의 계급갈등에 초점을 맞추었지만 독점자본이론이 복지국가의 사회복지정책 발달을 자본가의 이익추구 결과로 보는 것과 달리 노동자 계급(노동조합)의 정치적 세력의 확대 결과로 보고 있다. 즉, 복지국가의 사회복지정책은 자본과 노동의 계급투쟁에서 노동이 획득한 승리의 전리품으로 보는 것이다.

사회민주주의 이론의 논리는 고도로 발전된 자본주의의 성립과 더불어 의회민주주의 제도의 정착을 그 배경으로 한다. 발전된 자본주의 사회에서 자본의 힘은 자본의 소유와 관리의 분리로 분산되는 반면, 산업화로 그 수가 급격히 늘어난 노동계급은 강하고 중앙집권화된 노동조합운동을 통해 조직화된다. 이와 때를 같이하여 선거권이 모든 노동자에게 확대되고 힘이 강해진 노동자 계급은 그들의 이익을 대변하는 정당을 지지하며 이러한 과정 속에서 사회권의 확대를 통해 복지국가 사회복지정책의 발달이 이루어진다(박종삼 외, 2002: 52).

사회민주주의 이론에 따르면, 복지국가가 발전하기 위해서는 ① 선거권의 노동계급으로의 확대 ② 노동계급을 대변하는 사회민주당의 발전 ③ 강한 그리고 중앙집권화된 노동조합운동 ④ 우익정당의 약화 ⑤ 지속적인 사회민주당의 집권 ⑥ 지속적인 경제성장 ⑦ 노동자의 강한 계급의식과 종교, 언어, 인종적 분열의 약화 등 일곱 가지 요인이 충족되어야 한다(Pierson, 1991: 김태성·성경륭, 2000: 153 재인용). 이러한 일곱 가지 요인으로 복지국가 발전을 설명할 때 가장 적합한 국가들은 스웨덴을 비롯한 스칸디나비아 국가들이라 할 수 있다.

이상의 사회민주주의 이론은 복지국가 사회복지정책의 발달을 설명하는 데 몇 가지의 장점을 가지고 있다. 첫째, 이 이론은 정치적 요소들에 대한 분석이 중요하다는 것을 보여 준다. 둘째, 이 이론은 복지국가 발전을 설명하는 데 실증적인 연구를 통해 뒷받침되고 있으며, 수렴이론이나 독점자본이론 등에서 경제적 변수에만 지나치게 의존하는 것에서 탈피하여 설명의 폭을 넓혔다고 할 수 있다.

그러나 한편으로 사회민주주의 이론은 다음과 같은 한계를 갖고 있다.

첫째, 많은 나라에서 복지국가의 사회복지정책 프로그램들은 사회민주주의 세력보다는 그 반대세력(자유주의자 혹은 보수주의자)이 시작하였다는 점이다. 오히려 사회민주주의 세력(특히 노동조합)은 복지국가의 확대를 반대하였는데 그 이유는 사회복지정책의 확대를 노동조합의 자율권과 통합성을 약화시키거나 혹은 임금을 억제하기 위한 수단으로 보았기 때문이다. 따라서 사회민주주의 이론은 특정한 몇몇 나라(예: 스웨덴)의 사회복지정책 발달을 설명하는 데 적합할 뿐 일반화하기에는 어렵다.

둘째, 사회민주주의 이론의 가정은 노동자 계급의 계급의식이 강해서 그들의 조직력이 강하고 따라서 그들의 이익을 대변하는 뚜렷한 정당이 있고 이러한 정당이 집권하면 노동자 계급의 이익을 대변하는 사회복지정책의 확대가 이루어진다는 것이다. 그러나 많은 연구들은 이러한 가정을 비판하여 노동자들의 계급의식의 동질성은 비교적 약하고, 또한 순수한 노동자 계급을 위한 정당은 집권을 하기엔 그들의 지지세력이 많지 않아 집권을 위해서는 다른 계급의 이익도 반영해야 하기 때문에 순수한 전통적인 노동자 계급만을 위한 정당이 존재하기 어렵다고 본다(Parkin, 1971: 김태성 · 성경륭, 2000: 154 재인용). 또한 사회민주주의 정당 외의 정당도 집권을 위하여 사회복지정책의 확대를 표방할 수 있어 정당들 간의 사회복지정책의 차이가 별로 없다는 것이다.

6) 이익집단정치이론

사회민주주의 이론이 계급갈등의 정치적인 면을 강조했다면, 이익집단정치이론(interest group politics)은 다양한 이익집단들의 정치적인 힘에 초점을 맞춘다. 이익집단정치이론에 따르면, 사회복지정책의 발달은 다양한 이익집단들 사이에서 사회적 자원의 배분을 둘러싼 치열한 경쟁에서 관련 이해집단들의 정치적인 힘을 국가가 중재하는 과정에서 비롯된다고 보고 있다(Pampel & Williamson, 1989: 김태성 · 성경륭, 2000: 155 재인용).

이와 같은 이익집단정치이론을 뒷받침하는 근원적인 논리적 근거는 정부의 사회복지정책에의 지출이 민주주의 사회에서 선거에서의 득표를 위한 경쟁에서 비롯된다는 점이다. 일반 국민은 정치적 목표보다도 경제적인 자기 이익의 판단에 따라 투표를 한다. 따라서 정당이라는 것은 어떤 정책들을 제시하는 집단이라기보다는 선거에 이기는 것을 목표로 하는 연합체로 본다. 이런 상황에서 많은 이익집단들은 자기들의 이익을 위한 프로그램들을 지지하는 정당의 정치가들과 그들의 표를 맞바꾼다. 즉, 정부의 사회복지 지출은 이러한 민주주의 제도하에서 각기의 자기 이익을 추구하는 이익집단 활동들의 정치적 과정의 결과로 본다(김태성 · 성경륭, 2000: 157).

복지국가 사회복지정책 발달을 설명하는 이익집단정치이론은 여러 이익집단들에 적용할 수 있지만 특히 중요한 집단은 노인집단이다. 이것은 대부분의 복지국가에서 가장 큰 사회복지 프로그램이 노인복지 프로그램인 것을 보면 알 수 있다. 현대 사회에서 노인들의 정치적 힘의 증대는 두 가지 이유로 설명할 수 있다(김태성·성경륭, 2000: 158-159). 첫째, 노인인구의 증가와 노인투표율이 높다는 것이다. 오늘날 대부분의 선진 산업국가에서는 전 인구 대비 노인인구의 비율이 15% 이상이며 이들의 투표율은 상당히 높다. 노인들의 표는 모든 정당의 정치가들에게 위협적이어서 그들의 정책결정에 큰 영향력을 행사할 수 있다. 둘째, 노인들이 추구하는 이익의 동질화에 있다. 선진 산업사회에서는 대부분의 노인들은 65세가 되면 노동시장에 참여하지 않고 또한 전통적인 가족으로부터의 도움도 약해져 그들의 생활은 거의 국가에 의존하게 된다. 다시 말하여 노인들의 출신배경에 관계없이 노인들의 생활은 구체적인 특정 사회복지 프로그램에 의존하기 때문에 이러한 프로그램의 지지를 위한 집합적인 행동에서의 단결력이 높을 수밖에 없고 이러한 높은 단결력으로 민주주의 사회에서의 그들의 정치적 힘은 커지게 되는 것이다.

이익집단정치이론이 복지국가 사회복지정책의 발달을 설명하는 데 기여한 것은 다음과 같다. 첫째, 복지국가 발달을 전통적인 계급관계(자본 대 노동)를 넘어서 다양한 집단의 정치적 경쟁에 초점을 맞춘 점이다. 둘째, 현대 민주주의 제도에서의 정당정치의 현실을 좀 더 명확히 파악했다고 볼 수 있다. 셋째, 노인들을 위한 복지국가 사회복지정책 프로그램의 확대를 설명하는 데 적합한 점이다.

그러나 이익집단정치이론은 다음과 같은 한계를 가지고 있다(김태성·성경륭, 2000: 160).

첫째, 이익집단정치이론은 선진 산업국가들 가운데서도 정치적으로 다원화된 미국과 같은 민주주의 국가에만 적용할 수 있어 세계 많은 나라의 복지국가 사회복지정책 발달을 설명하는 데는 한계가 있다. 즉, 이 이론은 민주주의 제도가 정착되지 않은 국가들 혹은 민주주의 제도하에서도 이익집단들의 정치적 힘이 상대적으로 중요하지 않은 국가들에서의 복지국가 사회복지정책을 설명하는 데 어려움이 있다. 전자의 예는 민주화 이전의 국가조합주의 성격이 강한 남미 국가들이고 후자의 예는 사회민주당의 세력으로 설명되는 스칸디나비아 국가들이다.

둘째, 이익집단정치이론은 사회복지 지출이 선거에서의 득표를 위한 경쟁에서 결정된다고 주장하는데 이러한 선거정치를 통한 복지국가 발전의 설명도 한계가 있다. 일반적인 정부지출은 점증적으로 변화하는 경향이 있기 때문에 선거에서의 득표경쟁에 따른 정부지출의 차이는 많지 않다는 것이다. 또한 사회복지 지출은 국가의 경제적 · 사회적 여건에 따라 영향을 받기 때문에 단순한 선거정치에 따른 사회복지 지출증가의 설명은 한계가 있다.

7) 국가중심이론

기존의 많은 이론이 사회복지정책의 발달을 설명하는 데 사회복지에 대한 수요의 측면에 초점을 맞춘 것과는 달리, 국가중심이론(state centered approach)은 사회복지를 제공하는 공급자로서의 국가의 복지국가 사회복지정책 발달을 설명한다. 이 이론은 적극적인 행위자로서의 국가의 역할을 강조하며 사회복지에 대한 수요가 비슷하더라도 국가구조의 차이에 따라서 국가마다 이에 대응하는 사회복지정책 발달에 차이가 있다고 본다.

국가중심이론은 복지국가 사회복지정책 발달을 설명하는 데 다음의 몇 가지 요소들을 중시한다.

첫째, 복지국가의 많은 사회복지정책은 국가관료기구를 맡고 있는 전문화된 관료들이나 개혁적인 정치가들이 발달시켰다. 예를 들어, 영국과 미국의 20세기 초 사회복지정책 발달을 설명할 때 유사한 산업화나 노동자 계급의 욕구에도 불구하고 두 나라의 사회복지정책 발달에 차이가 나는 것은 영국이 미국에 비해서 전문 관료기구가 발전되어 있고 정당지도자들이 복지국가 확대의 필요성을 인지하고 추진하였기 때문이다(Orloff & Skocpol, 1984: 김태성 · 성경륭, 2000: 162 재인용). 둘째, 복지국가 사회복지정책의 발달에는 사회복지정책 형성과정이 중요하다. 유사한 사회복지 욕구가 발생해도 정책형성과정에 따라 이러한 욕구가 정책으로 반영될 수도 있고 그렇지 않을 수도 있다(Heclo, 1974: 김태성 · 성경륭, 2000: 162 재인용). 셋째, 이 이론에 따르면, 중앙집권적이고 조합주의적인 국가조직의 형태에서 사회복지정책의 추진이 용이하다고 본다. 예를 들면, 스웨덴의 사회복지정책이 발달된 이유를 중앙집권화된 정부, 노동자 집단, 자본가 집단이 거시적인 국가 발전이라는 측면에서 합의가 이루어질 수 있는 국가조직의 형태 때문이라고 본다. 반대로 미국과 같이 지방분권적이고 다원주의적인 국가조직의 형태에서 복지국가 사회복지정책의 확대는 많은 반대에 부딪힌다(Mishra, 1984; DeViney, 1984: 김태성 · 성경륭, 2000: 162 재인용). 넷째, 일반적으로 정부관료기구들은 각각의 이익을 극대화하기 위해서 그 기구를 팽창시키려는 경향이 있는데 사회복지정책을 담당하는 관리기구도 그것의 팽창을 위하여 그 대상자들의 숫자를 높이려는 경향이 있어 기존의 사회복지정책의 확대나 새로운 사회복지정책 프로그램의 개발을 가져온다는 것이다(DeViney, 1984: 김태성 · 성경륭, 2000 재인용).

이상의 국가중심이론이 복지국가 사회복지정책의 발달을 설명하는 데 기여한 점은 다음과 같다(김태성 · 성경륭, 2000: 163).

첫째, 기존 이론들의 사회중심적 접근에서 벗어나 사회복지를 제공하는 공급자로서의 국가를 강조함으로써 복지국가 사회복지정책 발달에 대한 설명의 폭을 넓혔다. 둘째, 이 이론은 복지국가 사회복지정책 발달에서의 각 국가들이 갖고 있는 국가구조적 특이성을 역사적인 발전과정의 맥락에서 분석하는 장점을 갖고 있다. 셋째, 이 이론은 지금까지의 소극적인 국가 역할에서 벗어나 적극적인 행위자로서의 국가를 강조한 점도 복지국가 사회복지정책 발달에 대한 이해의 폭을 넓힌 것이다.

그러나 국가중심이론은 다음과 같은 한계를 가지고 있다(김태성 · 성경륭, 2000: 163-164).

첫째, 각 국가의 구조적 특이성을 강조하기 때문에 이 이론을 통해 복지국가 사회복지정책 발달을 설명하는 데는 일반화하기 어려운 점이 있다. 즉, 많은 국가를 대상으로 적용될 수 있는 체계화된 구체적인 이론을 정립하기 어렵다. 둘째, 이 이론은 사회복지에 대한 욕구가 어떻게 하여 발생하는가를 설명하기보다는 그러한 욕구에 대한 대응을 국가에 따라 어떻게 하는가에만 초점을 맞추었기 때문에 복지국가 사회복지정책 발달에 대한 본질적인 원인에 대하여는 등한시할 수 있는 한계가 있다.

8) 확산이론

확산이론(diffusion theory)은 사회복지정책의 발달이 국가 간의 의사소통이나 영향력, 그리고 교류를 통해 이루어진다고 보는 이론이다. 확산이론의 논리적 핵심은 사회복지정책의 도입을 모방과정의 결과로 인식하며, 각 나라들은 선구적인 복지국가의 노력들을 모방한다는 것이다. Midgley(1984a)는 특히 제3세계 국가들이 식민지 시절 지배국가의 사회복지정책을 그대로 모방하여 시행한다고 하였다(박병현, 2003: 64 재인용).

Collier와 Messick에 따르면, 확산은 두 가지 유형으로 설명되고 있다(Collier & Messick, 1975: 현외성, 2000: 75 재인용).

첫째는 위계적 확산(hierarchical diffusion)이다. 이는 기술혁신이나 새로운 제도가 선진국에서 후진국으로 확산되는 경우를 말한다. 일반적으로 근대화가 먼저 진행된 국가들로부터 늦게 진행된 국가로 위계적 확산이 진행되는데, 개발도상국은 근대화의 수준이 낮은 상태에서 사회복지제도와 프로그램을 도입한다는 것이다. 제2차 세계대전 후 영국의 사회보장제도가 후진국으로 확산된 경우가 그 예다. 둘째는 공간적 확산(spatial diffusion)이다. 이는 어떤 국가에서 만들어진 기술이나 제도가 우선 인접 주변국을 중심으로 하여 점차적으로 확산되는 경우를 말한다. 1880년대 독일 비스마르크의 사회보험제도가 점차적으로 유럽 전역으로 확산된 경우가 그 예다.

한편, 다른 나라의 사회복지정책을 모방하는 데 수정 없이 그대로 모방하는 경우도 있고, 직접적인 모방은 아니나 상당 부분 수정하여 모방하는 경우도 있다. 수정 없이 그대로 모방한 예로는 1880년대의 독일의 비스마르크 사회보험제도를 그대로 모방한 오스트리아의 첫 번째 사회보험을 들 수 있고, 상당부분 수정하여 모방한 예로는 1911년 로이드 조지 수상이 비스마르크 사회보험제도를 모방한 영국의 사회보험제도를 들 수 있다.

이상의 확산이론이 사회복지정책 발달을 설명하는 데 유용한 점은 다음과 같다(현외성, 2000: 76).

첫째, 기존의 이론들이 사회복지정책의 발달을 국내적인 요인을 가지고 설명하려는 것에서부터 확산이론은 국제적인 관계와 범위로 그 영역을 넓혀 설명함으로써 어느 정도 설득력을 인정받고 있다. 둘째, 현대 사회와 같이 교통과 통신이 잘 발달되고 최근에 와서는 인터넷 등으로 명실상부한 지구촌이 되어 버린 상황에서 확산이론은 설명력이 훨씬 높아지고 있다.

그러나 확산이론은 다음과 같은 몇 가지 한계를 지니고 있다(박병현, 2003: 66; 원석조, 2001: 175-176; 현외성, 2000: 77).

첫째, 산업국가에서 정부가 시행하는 사회복지정책에서 확산이론에 따른 확산효과는 미미하며 그보다는 각 국가의 내부적인 사회경제적·정치적 요인이 더 중요하다. 둘째, 이 이론은 국제적인 환경변수가 구체적인 사회복지정책으로 전환되는 역동적인 과정을 설명하지 못하고 있다. 단순히 특정 국가와 인접하고 있다는 지리적 위치나 피식민지적 지배와 경험 자체는 중요한 요인이기는 하지만 이와 같은 요인이 왜, 어떻게 영향을 미쳐 정책화되는가에 대한 구체적인 설명이 부족하다. 셋째, 이 이론은 선진국가에서 후진국가로 사회복지정책이 확산되어 간다고 주장하고 있으나 그렇지 않은 경우도 적지 않다. 때로는 후진국가에서 선진국가로의 역확산이 존재한다. 예를 들어, 근대화가 영국에 비해 뒤처진 독일의 비스마르크 보험은 영국에 뒤늦게 도입되었다.

9) 종속이론

지금까지의 이론이 주로 선진국의 사례를 바탕으로 한 이론이라면 종속이론(dependency theory)은 제3세계의 사회(복지)정책을 설명하는 이론이다. 원래 경제이론으로서의 종속이론이란 마르크스주의에 뿌리를 둔 신마르크스주의 이론으로 저개발국가는 선진 강대국가에 정치경제적으로 직접 종속된 결과, 빈곤으로부터 벗어나지 못하고 빈곤의 악순환을 거듭하고 있다고 설명하고 있다. 이와 같은 경제이론을 적용하여 제3세계의 사회(복지)정책을 설명한 대표적인 학자가 MacPherson과 Midgley이다.

MacPherson(1982)은 *Social Policy in the Third World*라는 자신의 저서에서 중심국가의 정치경제적 지배형태가 주변국가(제3세계)의 저성장, 빈곤과 불평등을 심화시켰다고 강조하고 있으며 중심국가로부터 무분별하게 사회(복지)정책을 도입하여 적용한 결과, 주변국의 복지상태가 낙후된 상태에서 탈피하지 못하고 있다고 지적하였다. 또한 Midgley(1984b)는 *Social Security, Inequality and the Third World*라는 저서에서 제2차 세계대전 후 제3세계의 개발도상국가들이 사회보장제도의 확장에도 불구하고 빈곤 및 불평등이 계속되고 있는데 이의 근본 원인은 식민지시대의 영향이 그대로 반영되었기 때문이라고 지적하고 있다. 즉, 식민지시대 종주국의 지위를 유지하거나 강화시키기 위한 수단으로 사회보장제도가 운영되었고 그 방법이 식민지시대의 종식에도 불구하고 청산되지 않고, 주변국 내의 지배계층에 의해 그대로 전승되었기 때문에 불평등이 계속된다는 것이다. 이상과 같이 MacPherson과 Midgley의 분석은 결국 제3세계의 사회(복지)정책에 대한 정확한 이해는 식민지시대 이후에 나타난 중심국과 주변국 간의 새로운 형태의 종속관계를 파악할 때만 가능하다는 것이다.

이 이론의 강점은 저개발국가의 사회(복지)정책이 발전하지 못하는 원인을 과거 식민주의의 악습이 청산되지 못한 데서 찾음으로써 저개발국가의 사회(복지)정책을 설명하는 하나의 유용한 시각을 제공하고 있다는 점이다. 그러나 종속이론은 다음과 같은 비판에 직면하고 있다(염홍철, 1981: 김상균, 1987 재인용).

첫째, 이 이론은 부분적으로는 타당할지 모르지만 완벽한 분석개념이라 볼 수 없다. 왜냐하면 불평등의 문제는 주변국가와 중심국가 사이에서뿐만 아니고 한 국가의 두 지역 간 또는 중심국가 간에서도 발견되기 때문이다. 둘째, 이 이론은 제3세계에 대한 중심국가의 영향력을 과대평가하는 반면, 개발도상국 자체의 잠재력 내지 책임을 과소평가함으로써 개발도상국의 민족사를 정확히 이해하지 못하는 과오를 범하고 있다. 셋째, Kaufman 등(1975)의 라틴아메리카 17개 국가들의 분석결과에 의하면 종속 수준이 높은 나라도 토지 소유의 구조가 공평하고, 외국에 자원의존도가 높은 나라도 또한 정치적 안정을 누리는 경우도 있음을 볼 때 종속이론의 한계를 발견하게 된다.

참·고·문·헌

김상균(1987). 현대사회와 사회정책. 서울: 서울대학교 출판부.

김태성(1990). 사회복지발전의 결정요인 분석. 사회복지연구, 2. 한국사회복지연구회.

김태성·성경륭(2000). 복지국가론. 서울: 나남출판.

박병현(2003). 사회복지정책론. 서울: 현학사.

박종삼·유수현·노혜련·배임호·박태영·허준수·김교성·김규수·김인·노혁·손광훈·송성자·이영실·전석균·정무성·정은·조휘일(2002). 사회복지학개론. 서울: 학지사.

신원식(2003). 사회복지정책 분석론. 서울: 삼우사.

염홍철(1981). 종속이론. 서울: 법문사.

원석조(2001). 사회복지정책학 원론. 서울: 양서원.

전남진(1987). 사회정책학 강론. 서울: 서울대학교 출판부.

현외성(2000). 사회복지정책강론. 서울: 양서원.

Baker, J. (1979). Social Conscience and Social Policy. *Journal of Social Policy*, 8(2), 177-206.

Collier, D., & Messick, R. E. (1975). Prerequisites Versus Diffusion: Testing Alternative Explanation of Social Security Adoption. *The American Political Science Review*, 69, 1299-1315.

DeViney, S. (1984). The Political Economy of Public Pension: A Cross-National Analysis. *Journal of Political and Military Sociology*, 12, 295-310.

Domhoff, G. W. (1977). *The Higher Circles*. New York: Random House.

Hall, P. (1952). *The Social Services of Modern England*. London: Routledge.

Helco, H. (1974). *Modern Social Politics in Britain and Sweden*. New Haven: Yale University Press.

Higgins, J. (1981). *States of Welfare* (pp. 27-32). Oxford: Basil Blackwell & Martin Robertson.

Jenkins, J. C., & Brents, B. G. (1989). Social Protest, Hegemonic Competition and Social Reform: A Political Struggle Interpretation of the Origins of the American Welfare State. *American Sociological Review*, 54, 891-909.

Kaufman, R., Chernotsky, H., & Geller, D. (1975). A Preliminary Test of the Theory of Dependency. *Comparative Politics*, 7(3), 303-330.

Kerr, C. et al. (1962). *Industrialism and Industrial Man*. London: Heinemann.

MaCarov, D. (1978). *The Design of Social Welfare*. New York: Holt, Rinehart and Winston Ltd.

MacPherson, S. (1982). *Social Policy in the Third World*. Brighton: Wheatsheaf Books.

Marshall, T. H. (1950). *Citizenship and Social Class*. Cambridge: Cambridge University Press.

Midgley, J. (1984a). Diffusion and the Development of Social Policy. *Journal of Social Policy, 13*, 167-184.

Midgley, J. (1984b). *Social Security, Inequality and the Third World*. New York: John Wiley & Sons.

Mishra, R. (1977). *Society and Social Policy*. London: Macmillan.

Mishra, R. (1984). *The Welfare State*. Brighton: Wheatsheaf Books.

Orloff, A. S., & Skocpol, T. (1984). Why Not Equal Protection?: Explaining the Politics of Public Social Spending in Britain 1900-1911 and the United States, 1890s-1920. *American Sociological Review, 49*, 726-750.

Pampel, F. C., & Williamson, J. B. (1989). *Age, Class, Politics and the Welfare State*. Cambridge: Cambridge University Press.

Parkin, F. (1971). *Class Inequality and Political Order*. New York: Praeger.

Pierson, C. (1991). Beyond the Welfare State? *The new Political Economy of Welfare*. Cambridge, UK: Polity Press.

Piven, F., & Cloward, R. A. (1971). *Regulating the Poor*. New York: Vintage.

Rimlinger, G. (1971). *Welfare Policy and Industrialization in Europe, America and Russia*. New York: Wiley.

Wilensky, H., & Lebeaux, C. N. (1965). *Industrial Society and Social Welfare*. New York: Free Press.

제2부

사회복지정책의 역사

제4장

영국의 사회복지정책사

영국은 사회복지정책이 가장 먼저 발달하기 시작한 나라로서 1940년대에 사회보장제도를 확립하고 복지국가를 실현하였다. 영국은 16세기 전반에 벌써 헨리 8세가 구빈법령을 제정하기 시작하였고, 17세기에 들어서면서 종전의 구빈법령을 집대성하여 체계화된 엘리자베스 구빈법을 완성하였다. 19세기 후반에는 복지국가의 태동이 시작되었고 제2차 세계대전 후 비버리지 보고서에 기초하여 영국 복지국가가 탄생하였으며 1970년에 이르기까지 가장 모범적으로 복지국가를 발전시켜 왔다. 그러나 1970년대 후반부터는 복지국가 위기론이 심각하게 논의되었고 오늘날 복지국가 위기에 다각적으로 대응하고 있다.

이 장에서는 영국 사회복지정책의 역사를 엘리자베스 구빈법의 성립, 구빈법의 발전, 복지국가의 태동, 복지국가의 성립, 복지국가의 위기와 그 대응의 5단계로 나누어 고찰해 보기로 한다.

1. 엘리자베스 구빈법의 성립

고대로부터 중세에 이르기까지 국가의 복지에 대한 관심이 전혀 없었던 것은 아니나 극히 예외적인 것이었고 중세까지 복지문제의 해결은 원칙적으로 상호부조의 비공식적 제도에 따라 이루어졌다. 비공식적 제도의 중요한 주체는 대체로 가족과 친지, 그리고 지역공동체였으며 중세에 이르러서는 봉건 영주와 교회의 교구 및 수도원을 중심으로 복지책임을 떠맡게 되었다(Coll, 1973: 2).

그러나 봉건주의가 붕괴되고 절대왕정시대로 접어들게 되자 영주와 교회가 중심이 되어 왔던 종래의 구빈제도는 와해되었다. 절대왕정 시기(15~17세기)에는 면직물 공업을 위한 양모를 공급하기 위해 대규모의 종획운동(enclosure movement)이 시작되어 농민은 토지로부터 쫓겨나고 빈민으로 전락하여 부랑인 생활을 하게 되었다. 한편, 이 시대 종교개혁으로 많은 교회의 수도원이 해산되었고 종래 수도원에서 자선사업을 통하여 구제를 받을 수 있었던 노동능력 없는 많은 빈민이 길거리에 나앉게 되었다. 이와 같이 이 시대는 중세의 노동능력 있는 빈민뿐만 아니라 자선대상이었던 노동능력 없는 빈민이 대량으로 발생하여 사회문제화되었다. 빈민이 대량으로 발생하자 빈민을 구제하기 위해 정부의 개입이 불가피해졌고 빈민에 대한 대책이 수립되기 시작하였다.

1531년 헨리 8세의 법령은 빈민구제를 위한 영국 정부의 최초의 조치였다. 이 법령은 시장이나 치안판사로 하여금 교구가 책임지고 보호해야 할 노인과 무능력한 걸인들의 구호신청을 조사하도록 규정하고 있으며 그들은 제한된 지역에서만 구걸할 수 있게 등록하고 허락을 받아야만 했다. 이 법령은 빈민에 대한 공공의 책임을 처음으로 인정하는 것이었으나 등록하지 않은 거지나 부랑인들에 대해서는 잔인한 처벌을 규정하였다(Friedlander & Apte, 1980: 13).

종교개혁은 영국에서의 빈민에 대한 자선 및 구호제도에 근본적인 변화를 가져왔다. 헨리 8세는 빈민의 구호기관이었던 교회재산을 몰수하면서 1536년 법령을 제정하여 정부책임하의 공공구호계획을 확립하였는데, 걸인들은 한곳에 3년 이상 거주한 후에야 교구에 등록할 수 있도록 규정하였고 교구는 교회의 헌금으로 노동능력 없는 빈민을 보호하며 노동능력 있는 걸인들은 일하도록 강제하였으며 5~14세의 놀고 있는 아동들은 부모로부터 떨어져 도제생활을 하게 하였다.

한편, 빈민구호를 위한 재정이 어려워지자 1572년 엘리자베스 1세는 법령을 제정하여 빈민구호기금을 마련하기 위한 일반세를 부과하였고 이 법령을 운영하기 위한 빈민감독관(overseers of the poor) 제도를 확립하였다. 이 법령은 정부가 스스로 독립하여 생활할 수 없는 사람들을 도울 책임이 있음을 최종적으로 천명한 제도다. 1576년에는 교정원을 설립하고 양모, 대마, 아마, 철을 공급하여 일할 수 있는 빈민(특별히 젊은 사람들)에게 일할 수 있게 하였다(Friedlander & Apte, 1980: 14).

1597년 법령에서는 치안판사가 교구위원들과 4명의 지역사회 유지들을 빈민감독관으로 임명하도록 규정하고 있다. 구빈원(almshouse)은 노인, 맹인, 절름발이 그리고 일할 수 없는 사람들을 위해 설립되었으며 부모-자녀 간에 생계에 대한 책임을 지도록 하였다.

1601년에는 종전의 구빈법령을 집대성하여 그 유명한 엘리자베스 구빈법(The Elizabeth Poor Law)을 제정하였는데, 이 법은 체계적일 뿐만 아니라 빈민구제의 재원이 국가 개입을 통한 조세로 충당되었기 때문에 근대적인 빈곤정책의 효시라고 볼 수 있다. 엘리자베스 구빈법은 빈민을 다음과 같이 크게 세 가지 유형으로 분류하여 차별적 취급을 하였다(함세남, 1999: 31).

① 노동능력 있는 빈민

건장한 걸인으로 불렸던 이들은 교정원 또는 작업장에서 강제로 노동을 하였다. 시민들이 이들에게 자선을 베푸는 것을 금했으며 다른 교구로부터 온 걸인들은 최종적으로 지난 1년 동안 거주한 장소로 되돌려 보냈다. 교정원에서 노역하기를 거부하는 걸인이나 부랑자들은 감옥에 투옥되었다.

② 노동능력 없는 빈민

병자, 노인, 맹인, 귀머거리, 벙어리, 신체장애인, 미친 사람 및 어린아이가 딸린 편모 등이 이 유형으로 분류되었다. 그들은 구빈원(poorhouse 또는 almshouse)

에 수용되었다. 만일 이들 중 거처할 집이 있는 경우 돕는 경비를 줄이기 위해 빈민감독관들은 그들에게 의복 및 연료 등을 제공하면서 원외구호(outdoor relief)를 실시하였다.

③ 요보호아동

고아, 기아 또는 양쪽 부모가 모두 도피하였거나 부모가 너무 가난해서 실제로 양육 받을 수 없는 아동들을 말한다. 이들은 양육을 원하는 시민이 있으면 무료로 위탁되었고 위탁가정이 없는 경우 경매에 맡겨졌다. 8세 이상의 아동들 중 소년의 경우 24세가 될 때까지 상거래활동을 배우게 하였고, 소녀의 경우 21세 또는 결혼할 때까지 집안일을 돌보는 하녀로서 도제생활을 하게 하였다.

2. 구빈법의 발전

엘리자베스 구빈법은 종래 봉건시대의 구빈과는 달리 구빈이 공식화되고 체계화된 것이긴 하지만 그 목적은 어디까지나 빈민을 통제하려는 데 보다 초점을 두었다. 한편, 절대왕정이 붕괴되고 부르주아 정권이 수립되면서 종전의 중앙집권적 구빈제도가 완전히 분권화되어 교구로 위임되면서 빈민구호가 활발한 교구로 빈민들이 이주하는 폐단도 생겨났다.

이때 이것을 막기 위해 생겨난 제도가 1662년의 정주법(The Settlement Act)이다. 정주법은 교구로 하여금 구빈의 관할지역에 새로 빈민이 들어왔을 경우 특별한 사유가 없는 한 이들을 본래의 거주지로 강제 송환한다는 것을 내용으로 하고 있다. 그러나 이 정주법은 거주이전의 자유를 침해하는 것이었고 노동력의 확보를 어렵게 만들고 실업의 원인이 되는 문제점을 낳기도 하였다.

17세기 후반 영국은 네덜란드와 치열한 상업경쟁을 벌이고 있었는데 네덜란드는 효율적인 산업과 무역을 성공적으로 발전시키고 있었고, 구빈원을 생산적으로 운영하여 그곳에 수용된 사람들이 수출품을 만들어 냈으며 길거리에는 걸인이 없었다. 이에 영향을 받은 영국에서도 산업에 빈민을 투입하게 되었다.

1696년 작업장법(The Workhouse Act)을 제정하고 Bristol을 비롯한 몇몇 도시에 본격적으로 작업장을 설립하여 수출품을 제조화하는 작업을 시켰다(Friedlander & Apte, 1980: 16). 작업장법은 그 후 1722년 작업장 테스트법(The Workhouse Test Act)으로 개정되었다. 작업장 테스트법은 빈민이 구제를 받으려면 작업장에 수용되어야 하며 작업장에 수용되기를 거부한 경우는 구제받을 자격을 박탈하는 것을 내용으로 한 것이다. 그러나 시설이 열악한 작업장에서의 생산물은 조잡한 것이 많았고 비효율적인 운영, 빈민의 혹사, 노동력의 착취 등으로 많은 문제를 유발하였다. 다만, 이 법은 오늘날의 직업보도적인 성격을 띤 원초적 프로그램이었다는 점에서 의의를 가진다고 하겠다(장인협, 1986: 88).

한편, 18세기 후반부터 시작된 영국의 산업혁명은 영국 사회를 농업사회로부터 산업사회로 변모시켰고, 이 과정에서 많은 임금노동자들이 빈민계층을 형성하였는데 종래의 구빈제도로서는 이 새로운 빈민에 효과적으로 대응할 수 없었다. 이에 새로운 구빈제도가 탄생하였는데 바로 1782년의 길버트법(The Gilbert Act)과 1795년의 스핀햄랜드법(The Speenhamland Act)이다.

길버트법은 하원의원인 Thomas Gilbert가 제시하여 통과된 법으로서 작업장에서의 빈민의 비참한 생활과 착취를 개선할 것을 목적으로 노동 가능한 빈민을 자기 집에 기거하게 하면서 직업을 얻을 때까지 원외구호를 인정해 줄 것과 노동의 대가로 얻은 수입이 생활에 부족할 경우 그 부족한 액수를 보충해 주는 것을 내용으로 하고 있다(김동국, 1994: 121). 이 법은 오늘날 거택구호제도의 효시이면서 임금보조제도인 스핀햄랜드법의 법적 기초가 되었으며 빈민법의 인도주의화를 추구한 제도다.

스핀햄랜드법은 Birkshire 주의 Speenhamland 지역에서 결정된 임금보조제도의 일종으로 일명 Birkshire 빵법이라고도 불린다(김동국, 1994: 134). 이 법은 구빈세를 재원으로 하여 저임금을 받고 있는 노동자들에게 표준임금의 미달부분만큼을 보조해 주는 일종의 최저생활보장제도다. 그러나 빈곤노동자들에게 최저생활을 보장하려는 인도주의적 동기를 가지고 시작한 이 법이 빈곤이라는 사회문제를 해결하는 데 어느 정도 이바지한 것은 사실이지만 구빈세의 격증을 가져왔기 때문에 이를 주로 부담하게 된 자본가 계층의 큰 비판을 받았다. 자본가들은 스핀햄랜드법이 근면한 자들의 희생 위에서 게으른 노동자를 양산하는 결과를 가져왔다고 비판하였다.

한편, 기존 구빈제도의 비판과 더불어 1832년 발족된 왕립 구빈법 위원회의 조사를 토대로 1834년 구빈법 개혁이 이루어져 신구빈법(The New Poor Law)이 탄생하였다. 이 법은 엘리자베스 구빈법에 사실상 종지부를 찍고 산업사회에 부응하는 새롭긴 하지만 가혹한 성격을 지닌 구빈제도였다. 이 법에 따라 확립된 구빈원칙은 20세기 사회보장제도가 성립될 때까지 영국 공공부조의 기본원리가 되었다(김동국, 1994: 44). 신구빈법은 스핀햄랜드법에 따라 마련된 임금보조제도를 폐지하였고 자조와 절약을 강조하는 자유방임주의자들의 철학을 기초로 하여 노동능력 있는 빈민들의 거택구호를 금지하고 열등처우의 원리를 관철시켰으며 전국적으로 통일된 구빈행정을 전개하였다. 그 내용을 요약하면 다음과 같다.

① 노동능력이 있는 빈민에 대한 원외구호를 폐지하고 이들에 대한 구빈을 작업장 내에서의 구빈으로 제한한다(작업장 제도의 원칙).
② 구호 받는 노동능력이 있는 빈민의 생활조건은 자활해서 사는 최하위계층 독립노동자의 생활조건보다 열등한 것이어야 한다(열등처우의 원칙).
③ 빈민의 유형이나 거주지에 관계없이 균일한 행정서비스를 받을 수 있도록 구빈행정의 전국적 통일을 기한다(전국적 통일의 원칙).

3. 복지국가의 태동

신구빈법은 억압적인 면을 많이 내포하고 있었다. 당시 억압적인 구빈법이 유지될 수 있었던 배경은 고전 경제학을 바탕으로 한 자유방임주의와 당시 사회의 최고의 덕목이자 가치였던 자조(self-help)였다(김기태·박병현·최송식, 2000: 85).

그러나 19세기 자본주의의 발전에 따라 임금노동자의 착취문제 등 자본주의 사회조직의 구조적 문제들이 크게 부각되기 시작했으며, 특히 경제공황은 기존의 자유방임주의로는 자본주의 체제의 경제·사회적 불균형에 대처하기에 역부족임이 분명해지기 시작함에 따라, 19세기 말 영국에서는 이 나라의 구빈관행과 사회철학에 영향을 미칠 수 있는 새로운 세 가지 요소가 싹트고 있었다.

첫 번째 요소는 노동운동의 성격 변화였다. 1870년대 대규모의 경제공황이 영국을 휩쓸자 노동자 계급의 지도자 사이에는 점차 자유주의에 대한 환멸이 크게 고개를 들기 시작했고, 부르주아에 지나치게 의존하던 기존의 노동운동방식에 대한 자기비판의 소리가 높아졌다. 여기서 1880년대에 이른바 '영국사회주의의 재생'의 연대를 맞는다. 여기서 주목해야 할 것은 1884년 버나드 쇼(G. B. Shaw), 웹 부부(Beatrice Webb & Sidney Webb) 등 일단의 지식인으로 결성된 페비안협회(Fabian Society)와, 1900년에 앞의 페비안협회와 여러 노동조합대표가 함께 모여 설립한 노동당(Labour Party)이다. 노동당의 정책 형성에 이론적 젖줄의 역할을 한 페비안주의자들은 정부의 가장 큰 과제가 평등, 자유, 우애, 민주주의 및 복지의 관점에서 자유시장제도의 미비점을 수정하고 보완하는 기능이라고 설명한다. 따라서 정부의 집단주의적 책임이 크게 강조되었으며 그것이 노동당이 추구하는 복지국가주의(welfare statism)의 이론적 바탕이 된다(안병영, 1984: 441).

두 번째 요소는 자선조직협회의 사업이었다. 빈민의 생존문제에 대한 공중의 관심이 고조되어 조직적인 자선사업이 전개되었는데 아직도 자유주의적 사상이 지배적이었던 당시로서는 빈곤을 빈자의 개인적 실패로서 간주했었다. 따라서 자선은 도덕적 개혁을 주도하는 방법으로, 또 개개인에게 자조 의식을 불어넣기 위한 노력으로 정당화되었다.

1869년 자선구제조직 및 걸식박멸협회(The Society for Organizing Charitable Relief and Repressing Mendicity)가 런던에서 창립되었고 1870년 자선조직협회(The Charity Organization Society)로 개칭되었다. 그 협회의 지도자는 로치(Charles Stewart Loch)였으며 기타 그 협회의 잘 알려진 멤버들은 그린(Richard Green), 데니슨(Edward Denison), 힐(Octavia Hill) 그리고 바네트(Samuel Barnett) 등이었다. 자선조직협회의 원리는 개인은 자기 자신의 빈곤에 대해 책임이 있으며, 공공구호를 받는 것은 빈민의 자존심을 훼손하고 빈민을 시혜(施惠)에 의존하여 살아가게끔 만든다는 찰머즈(Thomas Chalmers)의 이론에 바탕을 두고 있었다. 이 자선조직협회는 개별적인 원조로서 개별사회사업(casework)의 기초를 형성하였고, 한편으로는 지역사회조직사업의 기초를 형성하였다(Friedlander & Apte, 1980: 31-32). 따라서 전문적 안목에서 볼 때 이 운동은 선구적이었으나 사회복지정책의 관점에서는 반동적이었다. 당시 이와 같은 조직적인 자선사업 외에도 1884년 런던의 토인비 홀(Toynbee Hall)을 시초로 이른바 인보관(settlement house) 사업이 크게 성행하였는데, 중산계급의 뜻 있는 지식인들이 빈민촌에 정착하여 빈자에 대한 교육과 문화수준 향상에 헌신하여 사회입법 등에 대한 여론을 환기시키려는 노력이 그것이었다. 이 인보관 사업은 집단사회사업(group work)의 기초를 형성하였다.

세 번째 요소는 일련의 사회조사사업이었다. 이 사회조사는 영국의 구빈정책에 큰 영향을 주었다. 가장 중요한 사회조사는 1886년 부유한 실업가인 부스(Charles Booth)가 실시하였는데, 사람들의 직업, 생활 및 노동조건, 작업시간 및 임금 그리고 실업상태 등을 조사하였다. 부스는 정확한 사실을 얻으려 했고 그를 도와 일하는 사람들은 체계적이며 정밀한 작업을 하였다. 조사대상은 빈민에만 한정되지 않았을 뿐만 아니라 또한 수천 명의 고용노동자 가족을 포함하였다. 부스의 조사 결과, 런던 인구의 1/3이 빈곤선(poverty line) 또는 빈곤선 이하에서 생활하고 있었다. 부스의 조사 결과는 빈곤은 항상 개인 자신의 잘못이라는 오랫동안 확립되어 온 이론에 반증이 되었을 뿐 아니라 인간의 빈곤으로 인한 고통은 종종 불충분한 임금, 부적절한 주택, 불결한 위생시설로부터 생겨난다는 것을 보여 주었다. 부스의 조사 결과는 요크 시에 대한 로운트리(Seebohm Rowntree)의 또 다른 조사 연구인 '빈곤: 도시생활의 한 연구(Poverty: A Study of Town Life)'에 의해 뒷받침되었는데, 이는 1901년에 출판되었고 이에 따르면 요크 시 총인구의 27.84%가 빈곤 속에서 생활하고 있음이 밝혀졌다(Friedlander & Apte, 1980: 34).

이상의 세 가지 새로운 흐름은 다음과 같은 특징을 포함한다. 첫째, 위의 요소들은 1870~1880년대의 경제위기에서 비롯되었다는 점이다. 이는 자유방임주의에 입각하여 방만한 자본주의 경제의 구조적 취약점과 깊게 연관된다. 둘째, 위의 요소들은 이 시대 영국의 사회의식의 변화를 뚜렷이 보여 주고 있다는 점이다. 노동운동의 성격 변화와 사회조사의 경우 국가개입주의로의 선회가 보다 뚜렷한

데 반해, 자선조직협회의 자선조직사업에서는 아직도 자조이데올로기에 집착하는 자유주의의 면모를 부정하기 어렵다. 그러나 어떤 경우도 사회복지문제에 대한 기존의 구빈관행에 대한 강한 불만이 함축되며 아울러 새로운 제도 및 방법론의 개혁이 모색되고 있었다는 점이다. 아무튼 19세기의 마지막 4반세기는 영국의 사회복지접근이 자유방임주의에서 국가개입주의로 옮겨 가는 분수령이었다고 말할 수 있다(안병영, 1984: 442).

한편, 복지국가 태동기에 나타난 가장 획기적인 제도적 변화는 사회보험제도의 수립이었다. 이와 같은 사회보험제도를 최초로 도입한 나라는 독일이다. 독일은 1871년 비스마르크(Bismarck)가 민족통일을 성취한 후 얼마 안 가서 경제불황에 빠져 노동자들이 크게 타격을 받고 사회민주당이 세력을 뻗치기 시작하였다. 이에 대비하여 비스마르크가 사회주의 탄압법을 제정하는 한편, 노동자 계급의 보호를 내걸어 1883년 의료보험을 효시로 1884년 산업재해보험, 1889년 연금보험 등의 사회보험제도를 확립하였다. 이러한 일련의 조치들은 위험한 사회주의자들을 탄압하는 한편, 선량한 노동자들을 포섭함으로써 체제를 공고히 하려는 권력정치적인 타산에서 나온 것이었다. 이와 같은 독일의 사회보험제도는 그 후 1908년에 독일을 방문한 로이드 조지 수상을 통하여 영국에도 영향을 주어 1911년 로이드 조지 자유당 정부가 국민보험법을 만드는 하나의 계기가 되기도 하였다.

20세기 초 영국의회에서의 정치적 세력판도를 보면 노동당은 아직 초창기에 있었으므로 사회복지에 대한 정책개혁은 오히려 자유당 내의 개혁주의자들이 주도하였다. 1905년 자유당이 구빈법 개혁안을 의회에 제출하자 이를 심의하기 위한 왕립위원회가 구성되었다. 그러나 이 위원회는 구빈법의 온건한 개혁을 주장하는 다수파와 그 폐지를 요구하는 웹 여사를 위시한 소수파로 나뉘어 격렬한 논쟁을 벌였다. 그러나 이 위원회는 구빈법의 징벌적 성격을 보다 인도적인 공적부조 프로그램으로 전환시킬 필요성을 합의함으로써 일련의 사회입법의 계기를 마련한다(안병영, 1984: 442-443). 이러한 변화의 모색은 마침 사회보험제도의 도입으로 이어져 1897년에 제정된 근로자보상법이 1906년에 모든 근로자에게 확대·적용되었고 1908년에 노령연금법, 1911년에는 의료보험과 실업보험을 내용으로 하는 국민보험법이 제정되었다. 이때 영국의 사회보험은 독일에 영향을 받기는 했지만, 비스마르크 사회보험과는 성립의 동기나 내용이 약간 다른 것이었다. 물론 영국의 경우도 노동력의 질과 양을 개선함과 동시에 고조되어 가는 노동운동과 사회불안을 완화시키기 위한 지배계층의 의도가 작용하고 있었던 것은 분명하지만, 노동계층의 힘이 독일보다 강하고 민주주의가 보다 발달하고 있었기 때문에 비스마르크의 사회보험보다 복지국가정책에 가까운 것이라고 할 수 있다.

4. 복지국가의 성립

복지국가로의 전환은 위와 같이 사회보험제도를 실시함으로써 이루어졌다. 그러나 이러한 전환은 어떤 미래사회의 명확한 비전이 있어서 그 목표를 향하여 이루어진 것은 아니었다. 위의 사회보험제도는 산업화와 더불어 야기된 실업, 산업재해, 노령, 질병 등의 심각한 사회문제에 대한 긴급대책으로서 우선 마련된 것이었다. 그러나 새로운 사회를 향한 발돋움인 것만은 부정할 수 없을 것이다. 이제 시민의 복지는 국가의 의무가 되었다. 그리고 보험급부는 구호로서가 아니라 권리로서 받는 것인 만큼 구빈법의 도움을 받으면 얻게 되는 오명(stigma)을 씻게 되었다.

한편, 영국에서는 제1차 세계대전 후부터 만성화한 실업의 문제가 커다란 사회문제로 되어 1921년에는 실업보험법이 국민보험법으로부터 독립하여 제정되었다. 그러나 1930년대의 세계 대불황에 따라 생긴 대량실업과 생산의 폭락은 이미 지금까지와 같은 사회보험에 의거한 방법으로는 사회문제를 해결할 수 없다는 것을 드러내어 자본주의 경제는 사상 최대의 위기에 빠지게 된다. 복지국가로의 커다란 비약은 이 위기의 시련을 겪고 이루어진 것이다. 이때의 대불황은 분명히 재화 및 서비스에 대한 총 수요가 그 총 공급에 미칠 수 없어서 생긴 것이기 때문에 불황을 극복하고 실업을 막으려면 공공지출을 대폭으로 증가시키거나 사회보장을 확충하여 총 수요를 증대시키는 것이 필요하였다. 이것을 재빨리 간파하여 총 수요 환기를 위한 정부개입의 필요성을 주장한 것이 케인즈(John Maynard Keynes)였다. 불행하게도 케인즈의 주장은 그의 고국인 영국에서는 무시되었으며, 대불황의 어려운 경험을 겪은 뒤에 사람들은 케인즈 이론의 올바름을 인식하게 되었다(우재현 편역, 1982: 22-23).

복지국가라는 말이 널리 사용되었던 것은 제2차 세계대전 때부터인데 이 어려운 대전 중의 전쟁국가의 경험은 복지국가에의 길을 예상보다 앞당기게 만들었다. 제2차 세계대전을 통해 영국 국민은 국가자원의 총동원과 위험의 공동부담이란 값비싼 경험을 하였고 그 결과 국민 상호 간의 헌신과 차별 없는 상부상조의 정신이 싹트게 되었다(김상균, 1996: 81).

1941년 6월 영국의 처칠 정부는 제2차 세계대전의 전후 부흥계획의 일환으로서 전후에 사회보장제도를 실시할 것을 예상하여, 비버리지 경을 위원장으로 하는 사회보험 및 그 관련서비스에 관한 부처위원회(An Interdepartmental Committee on Social Insurance and Allied Services)를 임명하였다. 이에 따라 1942년 11월 비버리지는 국회에 그 유명한 비버리지 보고서를 제출하였다. 이 비버리지 보고서에 따르면, 사회보장이란 말은 실업, 질병 또는 재해로 중단된 수입을 보장하고 노령, 은퇴, 세대주 사망 시의 부양 손실에 대처하며 또한 출생, 사망 그리고 결혼 등에 따른 예외적 지출을 충족시킨다는 의미를 갖고 있다(Beveridge, 1958: 120). 근본적으로 사회보장은 최소한의 생활이 가능한 소득보장을 뜻하는데 이 경우 수입 중단의 사유를 가급적 빨리 종식시킬 수 있는 조치를 동시에 강구해야 한다는 것이다. 비버리지 보고서는 현대 산업사회에서 개인적·경제적 고통은 일반적으로 소득원의 파괴 또는 상실로부터 생겨난다는 것을 고려해서 빈곤(want)으로부터 벗어나려는 방도를 강구하려고 노력하였다. 그 보고서는 빈곤 이외에 다른 네 가지 해악, 즉 질병, 무지, 불결 그리고 나태 또한 인간의 복지를 저해한다는 것을 강조하였다.

또한 비버리지는 보고서에서 다섯 가지 프로그램에 기초한 포괄적인 사회보장의 체계를 마련하였는데, 첫째, 통일적이며 종합적이고 적절한 사회보험 프로그램, 둘째, 사회보험급여를 통해 충분히 보호받지 못하는 사람들을 부조하기 위한 국가적 프로그램으로서의 공공부조, 셋째, 첫아이 후의 각각의 아이들에 대해 주당급여를 제공하는 아동수당(오늘날의 가족수당), 넷째, 전 국민에 대한 종합적이고 자유로운 건강 및 재활서비스, 다섯째, 경제위기 시에 대량실업을 방지하기 위해 공공사업을 통한 완전고용의 유지 등이다. 여기에 기본적인 절차로서 여섯 가지 기본원리가 제시되었는데, 첫째, 통일행정의 원리, 둘째, 포괄적 적용범위 의 원리, 셋째, 동일갹출의 원리, 넷째, 동일급여의 원리, 다섯째, 수혜자 (recipients)의 기본적 욕구를 충족시킬 수 있는 모든 급여의 적절성 원리, 여섯째, 수혜대상의 분류의 원리 등이다.

이를 통해 알 수 있듯이 비버리지는 영국 국민들을 빈곤 및 기타 다른 사회적 해악으로부터 보호하고 개인의 자유, 기업정신, 그리고 개개인의 가족에 대한 책 임 등을 보존해 나가면서 사회보장이 주어져야 한다는 것을 강조하였다. 비버리 지 보고서는 대영제국의 현대적 사회입법의 기초가 되었고 기타 다른 나라들에 대해 하나의 모델이 되었다(Friedlander & Apte, 1980: 39~40).

이와 같은 비버리지 보고서에 기초하여 1944년 사회보장청이 설치되고 오랜 역사의 영국의 구빈법이 폐지되었으며, 제2차 세계대전 직후에 국민의 압도적 지지를 얻어 출범한 노동당 정부는 일군의 사회입법을 단행하였다. 1945년 가족 수당법, 1946년 산업재해법, 국민보험법, 국민보건서비스법, 1948년 아동법, 국 민부조법 등이 제정되었고 가족수당법은 1946년 8월부터, 그 외의 법은 1948년 7월 5일부터 전면적으로 실시되어 흔히 1948년 7월 5일은 요람에서 무덤까지 (from the cradle to the grave) 국민의 생활을 보장하는 영국 복지국가의 탄생일로 일컬어지고 있다.

5. 복지국가의 위기와 그 대응

복지국가체제가 성립된 이후 세계적인 경제호황 속에서 안정적인 경제성장이 이루어져 복지국가에 대한 국민적 합의가 유지되었으며 정치적으로는 보수당과 노동당의 양당 정치하에서 경쟁적으로 사회복지를 확대시켜 사회민주주의의 중 도이념에 기초한 영국 복지국가는 지속적으로 발전하였다(장인협·이혜경·오정 수, 1999: 45).

그러나 1970년대 초부터 선진자본주의 국가의 경제성장은 둔화되기 시작하였고, 특히 1973~1974년의 석유파동은 서구경제에 치명적 타격을 입힌다. 물가가 오르고 경제성장이 한계에 부딪히고, 완전고용이 무너지면서 대량실업이 발생하였으며, 국가재정이 적자에 허덕이면서 1970년대 후반부터는 복지국가 위기론이 등장하였고 복지국가는 그 정당성을 상실하기 시작하였다.

이와 같은 상황에서 1979년 대처(Thatcher)의 보수당 정부가 집권하면서 신자유주의 또는 신보수주의 이념에 기초한 복지국가의 개혁을 추진하였다. 대처리즘의 핵심은 자유경제와 강한 국가의 구축이며 이의 실현에 걸림돌이 되는 케인즈적 접근방법과 비버리지적 접근방법으로부터의 급격한 이탈이다. 케인즈적 접근방법에 대한 공격은 공공지출의 삭감, 민영화와 규제완화, 감세 등의 형태로 나타났으며, 전 국민의 복지에 대한 국가책임이라는 비버리지적 접근방법에 대한 공격은 보편주의의 원칙을 포기하고 선별주의의 정책기조를 채택함으로써 제도적 접근에서 보충적 접근으로 회귀한 것이다.

보수당 정부는 우선 경제 전반의 탈사회화를 주도면밀하게 진행시켜 국영기업의 주식매각, 국유산업의 민영화를 단행하였다. 사회복지 분야에서는 공공재정 지출을 통제하고 사회보장과 복지서비스 전달구조를 변화시켰으며, 대중에 대한 도덕재무장 전략을 사용하였다. 주요 정책변화의 내용으로는 연금부문에서 국가 소득비례연금체계를 수정하여 급여 수준을 저하시키고 민간 금융기관을 통한 개인연금을 장려하였다. 또한 아동수당과 주택수당의 급여 수준을 동결하거나 실질적 급여를 저하시켰다. 국민보건서비스에서는 민간병원의 설립을 장려하고, 의료부문에 내부시장 개념을 도입하여 시장원리를 강화하였다. 주택부문에서는 지방정부 소유의 공공주택을 대대적으로 매각하는 민영화 조치를 취하였으며 대인사회서비스 부문에서는 지역사회보호를 강조하면서 지방정부 사회서비스국의 조직과 운영을 개혁하여 서비스 전달체계에서 공공부문의 역할을 축소하고 민간부문의 역할을 강화하는 조치를 취하였다(장인협 · 이혜경 · 오정수, 1999: 46).

보수당의 장기간에 걸친 복지국가 개혁은 1997년 블레어(Blair)의 노동당이 집권함으로써 새로운 국면을 맞게 되었다. 블레어가 내건 슬로건은 제3의 길로서, 기든스가 이론적으로 체계화했고 이를 블레어 총리가 정치노선으로 채택한 것이다. 제3의 길이란 고복지-고부담-저효율로 요약되는 사회민주주의적 복지국가 노선(제1의 길)과 고효율—저부담—불평등으로 정리되는 신자유주의적 시장경제노선(제2의 길)을 지양한 새로운 정책 노선으로서 시민들의 사회경제생활을 보장하는 동시에 시장의 활력을 높이자는 신노동당의 차별화 전략이다. 제3의 길에서 내세우는 적극적 복지전략은 다음과 같이 요약된다(원석조, 2001: 160-164).

첫째, 국민들에게 경제적 급여를 직접 제공하기보다는 인적 자원에 투자하는 복지국가, 즉 사회투자국가로 개편하자는 것이다. 사회투자전략의 대표적 예가 노령인구대책과 실업대책이다. 노인이 되었다고 해서 무조건 노동을 중단해서는 안 되고 노인들에게 적합한 일자리를 창출하여 일을 하도록 만들자는 것이며 실업대책으로서 정부는 기업의 일자리 창출노력을 적극 지원해야 하며 평생교육을 강조하고 직업변경에 필요한 교육도 지원해야 한다는 것이다.

둘째, 복지다원주의(welfare pluralism)다. 복지다원주의란 복지의 주체를 다원화하자는 것인데 기존의 중앙정부 중심의 복지공급을 지양하고 지방정부, 비영리부문(제3부문), 기업 등도 그 주체로 삼자는 게 요지다.

셋째, 의식전환이다. 기든스에 따르면, 복지국가는 자원제공보다는 위험성을 공동부담하는 것이다. 벤처기업가 정신과 같은 위험을 두려워하지 않는 정신이 노동자에게 필요하다는 것이다. 도덕적 해이가 야기되는 경제적 혜택을 포기하고 일자리를 찾아보려는 개인의 독립성과 진취성이 강조되며 의존성을 줄이자는 것이다.

이상과 같이 블레어의 복지개혁의 핵심은 '일하는 복지(welfare to work)'다. 이는 '의존형 복지'로부터 '자립형 복지'로의 전환이며 누구에게든 일할 수 있는 존엄성을 회복해 주며 취업 이후 가계수입이 사회보장수당보다 줄어드는 일은 없도록 하겠다는 것이다.

한편, 2007년 블레어 전 총리로부터 노동당 정부를 물려받은 브라운(Brown) 총리는 제3의 길을 이어받아 적극적인 노동복지정책을 추진하였다. 브라운 총리는 지난 10년간 노동당 정부가 추진해 온 뉴딜계획의 성공을 강조하면서 구시대에 노동시장의 고민은 실업이었지만 새 시대엔 취업가능성(employability)이 될 것이고 과거엔 일자리 부족 해소가 가장 우선시됐지만 앞으로는 기술력 부족 해소가 될 것이라고 주장하였다.

노동당 정부는 2007년 가을 다음과 같은 5개의 핵심 개혁원리를 발표하였다 (하세정, 2008). 첫째, 현재 실업급여 신청의 원리와 적극적 구직활동 의무 간의 교환관계를 강화시켜 급여신청자를 소극적인 수혜자에서 적극적인 구직자로 변모시킨다. 둘째, 개인상담자들의 권한을 강화시키고, 구직도우미 서비스 제공자들의 자유재량을 강화시켜 구직자들의 개별적 필요에 더 빨리 대응토록 한다. 셋째, 공공, 민간 및 제3 섹터 참여자들의 동반자적인 관계를 구축해 혁신을 추구하여 개인들의 구직에 대해 최상의 결과를 내놓도록 한다. 넷째, 유지가능한 고용이 지역재개발 및 발전의 핵심임을 인식하고 지역의 노동시장문제를 지역 고유의 방식으로 해결토록 한다. 다섯째, 단순히 일자리 이동이 아닌 충분한 보수와 전망을 제시할 수 있는 일자리로의 이동을 지원한다.

그러나 브라운 정부의 이와 같은 개혁에도 불구하고 영국이 직면한 경제불황 및 사회적 불평등과 블레어 재직 시 이라크 전쟁 참여 등의 이유로 블레어와 브라운으로 이어진 노동당 정부의 인기는 하락하였고 2010년 5월 총선에서 노동당 시대가 막을 내리고 보수-자민의 연립정부가 출범하였으며 제1당인 보수당의 캐머론(Cameron) 당수가 총리가 되어 연립정부를 이끌어 왔다. 캐머론 정부는 '큰 사회(Big Society)' 정책을 추진해 왔는데 이 정책의 방향은 노동당 정부의 정부실패, 시장실패의 대안으로 사회를 부각시킨다는 것이었고 사회문제 해결의 주체를 국가에서 민간과 지역사회로 이전한다는 것이 핵심이다. 이와 같이 '큰 사회' 정책은 사회문제를 공동체 스스로 해결한다는 취지 아래 구체적인 정책으로는 ① 강한 공동체의 조직화 ② 공동체 참여의 강화 ③ 지방정부로의 권한 이행 ④ 사회적 경제에 대한 지원 ⑤ 정보공유 등으로 요약된다(사회경제센터, 2014).

캐머론 정부의 '큰 사회' 정책은 국가영역을 사회에 이관시킴으로써 '작은 정부'와 '큰 공동체'를 지향하는 정책으로서 대표적인 성과로는 '큰 사회기금(Big Society Capital)' 설립과 '공공서비스법(사회적 가치법)'의 제정을 들 수 있다. 캐머론 정부가 '큰 사회' 정책의 틀을 가지고 복지개혁 7대 원칙론을 제시하면서 복지지출은 재정이 감당할 수 있는 범위 내로 제한하고 실업자들을 일자리로 끌어내는 '일하는 복지'를 추진해 왔다는 점에서 긍정적인 평가를 받는 이면에는 복지축소와 나쁜 일자리를 양산하였다는 점에서 야당과 저소득층 주민들의 강한 도전을 받아 왔다. 그러나 2015년 5월 총선에서 보수당이 과반의석을 획득함으로써 보수당이 집권여당이 되었고 캐머론 총리의 연임이 확정되었다.

참 · 고 · 문 · 헌

김기태 · 박병현 · 최송식(2000). 사회복지의 이해. 서울: 박영사.

김동국(1994). 서양사회복지사론. 서울: 유풍출판사.

김상균(1996). 영국의 사회보장. 각국의 사회보장. 서울: 유풍출판사.

남기민(1985). 복지국가의 형성과 위기에 관한 연구. 사회과학논총, 3, 청주대학교 사회과학연구소.

사회경제센터(2014). 영국 캐머론 정부의 'Big Society' 정책. GRI 월간퍼스펙티브, 4(6), 경기개발연구원.

안병영(1984). 복지국가의 태동과정의 비교연구. 한국행정학보, 18(2), 한국행정학회.

우재현 편역(1982). 복지국가론. 서울: 경진사.

원석조(2001). 사회복지정책학원론. 서울: 양서원.

장인협(1986). 사회복지학 개론. 서울: 서울대학교 출판부.

장인협 · 이혜경 · 오정수(1999). 사회복지학. 서울: 서울대학교 출판부.

하세정(2008). 영국 뉴딜정책 10년: 평가와 전망. 국제노동브리프, 6(3), 한국노동연구원.

함세남(1999). 영국의 사회복지 발달사. 선진국 사회복지발달사. 서울: 홍익재.

Beveridge, W. (1958). *Social Insurance and Allied Services*. London: Her Majesty's Stationery Office.

Coll, B. D. (1973). *Perspectives in Public Welfare: A History*. U. S. Department of Health, Education and Welfare.

Friedlander, W. A., & Apte, R. Z. (1980). *Introduction to Social Welfare*. Englewood Cliffs, New Jersey: Prentice Hall.

제5장

미국의 사회복지정책사

사회복지정책의 역할에 대하여 현재까지 두 가지 관점이 존재하여 왔는데, 하나는 보충적 관점이고 다른 하나는 제도적 관점이다(Wilensky & Lebeaux, 1965: 138-139).

사회복지정책의 보충적 관점은 미국의 초기 식민지 시대에서부터 1929년의 대공황 때까지 보다 널리 퍼져 있었다. 그러나 이와 같은 관점은 고도 산업화에 따른 급격한 사회변화를 반영하고 있지 않으며 현대 사회복지활동의 다양한 측면들을 충분히 설명하지 못하고 있다는 시각에서 사회복지정책의 제도적 관점이 출현하게 되었다. 미국 사회에서 대공황 이후에는 이상의 두 가지 관점이 모두 다 사회복지 프로그램에 적용되어 왔다. 사회복지 프로그램에 따라서 어떤 사회복지 프로그램은 본질적으로 보충적인가 하면, 어떤 사회복지 프로그램은 설계 및 수행에서 좀 더 제도적이다. 이와 같이 미국의 사회복지정책은 이상의 두 가지 관점을 결합시키려고 노력해 왔다.

이 장에서는 미국의 사회복지정책의 역사를 초기 식민지 시대부터 최근까지 크게 초기 사회복지정책의 역사와 현대 사회복지정책의 역사로 구분하여 살펴보고자 한다(남기민, 1996: 328-339). 초기 사회복지정책의 역사는 식민지 시대부터

세계 대공황이 있기 직전까지를 4단계로 나누어 고찰하고 현대 사회복지정책의
역사는 대공황 이후부터 최근까지를 5단계로 나누어 고찰하고자 한다.

1. 초기 사회복지정책의 역사

1) 식민지 시대: 1601~1776년

식민지 시대는 17세기 초부터 미국이 독립하기 이전까지를 말하는데, 영국으로
부터 종교적 자유를 찾아 이주해 온 청교도들과 경제적 또는 정치적 이유로 이민
온 사람들이 자유와 평등의 가치를 존중하며 신대륙을 개척했던 시기다. 영국은
17세기 초부터 아메리카를 본격적인 식민지로 만들고 본국의 정치 · 경제적 제도
를 그대로 식민지에 적용시키려 하였다. 따라서 사회복지제도도 영국의 구빈법을
응용하는 것이었다. 뿐만 아니라 청교도 윤리가 지배적이었기 때문에 노동을 미덕
으로 여기고 나태는 죄로 여겼는데 이는 빈곤의 책임이 개인의 책임이라는 생각을
뒷받침하였고 구제나 구빈사업이 벌칙의 성격을 지니게 만들었다. 식민지 시대 말
엽에 가서 본국이 식민지에게 과중한 경제적 부담을 주자 식민지에서 반발하기 시
작했으며, 프랑스 식민군과의 싸움에서 영국의 도움 없이 프랑스 식민군을 압도하
게 되자 본국에 대한 충성심이 약해진 반면, 식민지의 독립정신은 강해지기 시작하
였다(한국복지연구회, 1985: 97-80).

식민지 시대 구빈제도는 초기에는 친족, 이웃 등으로부터의 상부상조 또는 교
회의 자선을 강조하였다. 그러나 빈곤자의 증가로 말미암아 친족, 교회, 이웃의
자선활동으로서는 한계가 있었기 때문에 구빈법을 제정하지 않으면 안 되었다.
식민지 시대의 구빈법은 1601년에 제정 공포된 영국의 엘리자베스 구빈법에 기
초를 두고 있다. 1642년에 신세계 최초로 플리머스(Plymouth) 식민지에서 구빈
법을 제정하였고, 1646년에는 버지니아에서, 1673년에는 코네티컷에서, 1692년
에 매사추세츠 등에서 구빈법이 제정되었다(Trattner, 1974: 17-18). 구제의 대상
자는 인디언의 습격과 학살로 가족을 잃어버린 피난민, 고아, 과부, 노인, 부상

자, 재해와 기아에 허덕이는 사람, 이주하는 도중에 병에 걸린 사람 등 소위 노동능력이 없는 사람과 일시적으로 구제를 필요로 하는 사람에게 제한되었다. 그 외의 노동 가능한 부랑자, 나태자는 구타하거나 낙인을 찍거나 고문하고, 지역으로부터 추방하거나 형무소에 보내는 등의 억압정책으로 일관하였다(김만두·한혜경, 1993: 69-70).

또한 노동능력이 없는 빈민을 수용하기 위해 구빈원(almshouse)이 지어졌으며 고아들은 견습공 또는 도제로 보내졌다. 지방지역 단위에는 그 지역 거주자가 아닌 외부인들을 구제할 책임이 없음을 명백히 하는 법적 거주제도가 확립되었다. 구빈원의 상태는 믿을 수 없으리만큼 비참하였다. 밀집과 낡은 간이침대가 침상으로 간신히 난방이 되었을 뿐이다(Zastrow, 1990: 15). 한편, 민간 차원에서는 교회가 중심이 되어 자선사업을 수행하였고 식민지의 각 모국별 자선협회가 설립되었다.

이와 같이 식민지 시대의 사회복지정책은 영국 구빈법의 영향을 받았으며 사상적으로는 청교도들의 칼뱅주의 정신과 자유방임주의 사상 그리고 민주주의와 인도주의 정신이 뒷받침된 보충적 사회복지정책으로 특징지어진다. 또한 이 시대의 특징으로 원내구호(indoor-relief)가 주로 행해졌는데, 그 대상은 노동능력이 없는 빈민이었으며 흑인은 제외되었고 보호수준은 열등처우의 성격을 지니고 있었다. 또한 빈곤의 책임은 개인에게 있음을 강조하던 시기다.

2) 국가 형성의 시대: 1776~1860년

이 시대는 미국이 독립국가로서 출발하여 지배자로부터 정치권을 획득하였을 뿐만 아니라 또한 산업이 발달하고 미국인의 국민의식이 뚜렷해지는 시기다. 1790년 최초로 인구조사가 실시되었을 때는 미국 전체 인구가 400만 명에도 미치지 못하였으나 1860년까지 인구가 3,100만 명으로 급상승하였다(Haynes & Holmes, 1994: 49).

특히 이 시기에는 이민이 급증하였고 많은 미국인들이 서부로 진출하여 새로운 땅을 개척하였다. 이 시기 사회복지정책의 특징은 벌칙적 제도가 그대로 존속되었는데 일부에서는 종교적이고 인도주의적인 입장에서 빈민들을 대우해야 된다는 주장이 있었으나 커다란 영향을 미치지 못하였다. 이 시기의 중심적인 사상은 평등과 자유방임주의 사상이었다. 평등사상에 따라 누구나 열심히 노력만 하면 잘살 수 있다고 생각했으며 따라서 개인 능력이 사업의 성패를 좌우한다고 생각하였다. 그러므로 빈곤자는 최선을 다하지 않은 나태한 자라는 사상이 계속 이어지고 있었다. 이 시기에는 정부가 개인의 복지문제에 대해 책임을 지지는 않았으나 관심을 갖기 시작했으며, 특히 시청각 장애자, 농아자, 정신질환자, 아동 및 청소년을 위한 시설과 제도들이 분화되어 발전하였다.

또한 인구의 증가와 산업, 농업이 발달하여 부를 축적하고 여가가 많아짐에 따라 민간 복지활동이 활성화되었다. 한편, 산업화의 영향은 인구의 대도시 집중현상을 초래하였고 1837년의 경제공황과 1843년의 혹한으로 실업자가 증가하고 노동자의 생활수준이 저하되면서 노동운동이 시작되었다. 또한 뉴욕에서는 교회와 자선협회의 무조직적이고 무질서한 자선활동을 조정하기 위해 1843년에 빈민생활상태개선협회(AICP)가 설립되어 수혜자의 조건을 조사하고 빈곤자 구제를 개선하는 역할을 수행하였다. 이것은 후에 자선조직협회(COS)의 설립에 모체가 되었다(한국복지연구회, 1985: 87-88).

이 시대에 설립된 사회복지시설과 제도를 연대별로 보면, 1790년에 사우스캐롤리포니아 주의 찰스턴에 최초의 주립 고아원이 설립되었고, 1798년 미국 공중보건서비스제도가 생겼으며, 1817년에 코네티컷 주의 하트포트에 미국 최초의 무료농아학교인 갈로데학교가 설립되었다. 1818년에는 경제공황 전후의 피해자를 돕기 위한 빈곤예방협회가 볼티모어와 필라델피아에 설립되었으며 최초의 농아시설이 켄터키 주에 1822년에 세워졌다.

1824년에는 최초의 비행소년보호시설인 사립감화원을 주정부의 기금을 지원받아 뉴욕에 설립하였다. 같은 해에 뉴욕 주의 군 구빈원 법령을 제정하여 각 군에는 1개 이상의 구빈원을 만들도록 규정하였다. 1829년에는 뉴잉글랜드에 민간시설로는 최초로 맹인수용시설이 설립되었다. 한편, 정신질환자에 대한 관심도 서서히 생기기 시작하였는데 1841년에는 도로시아 딕스(Dorothea Dix)가 정신병자의 치료에 관한 조사를 실시하기도 하였다. 1840년에 이르러 뉴욕에는 30개 이상의 자선단체들이 있었는데 이들 단체 간의 연락과 조정을 위해 1843년 뉴욕에 전술한 빈민생활상태개선협회를 조직하였다(한국복지연구회, 1985: 88).

　이 시대의 특징 중의 하나는 시설보호의 전문화가 이루어졌다는 것이다. 과거는 종합구빈원의 형태였으나 이 시기에는 요보호자의 종류에 따라 구분된 시설들이 생겨났다. 또한 민간자선단체가 많이 설립됨으로써 이들 단체 간의 상호연락을 위한 협의체가 필요했고 그러한 협의체가 태동하기 시작하였다. 그리고 정부의 관심이 증대됨으로써 민간시설이 설립될 때 정부가 지원하는 사례도 늘어나게 되었다. 마지막으로 정신질환자에 대한 관심이 높아졌다는 것도 이 시대의 특징 중의 하나였다.

3) 국가 확장의 시대: 1860~1900년

　이 시기는 시민전쟁(1861~1865년)이 끝나고 흑인 노예가 해방되면서 미국이 세계의 부강국으로 부상하게 되는 바탕이 마련되었던 시기다. 정치적으로 근대 민주정치를 실현함으로써 공업화가 급격히 진전되었으며 대규모의 기업체들이 속출하였다. 또한 인구가 증가하여 서부개척이 가능해졌고 영토가 확장되어서 국내시장이 넓어지면서 북부의 공업이 더욱 발전하게 되었고 독점자본주의가 성립되었다. 독점자본주의는 부의 편재현상을 가져와 새로운 사회문제로 대두되었고 제2의 산업혁명 및 두 차례의 경제공황으로 실업자가 늘어나기 시작하였다. 이 실업자들의 생활 수준이 저하되자 노동운동이 활발하게 일어나면서 새로운 사회문제를 유발시켰다. 뿐만 아니라 산업화가 인구의 도시집중을 가져와 도시 지역에는 슬럼지역이 형성되었고 또 새로운 도시문제를 발생시켰다.

　이와 같은 사회적 상황 속에서 스펜서(Spencer) 등의 사회과학자들이 원래 생물학 이론이었던 진화주의(Darwinism)를 사회적 진화주의(Social Darwinism)로 이론화하였고 이를 수용한 자유방임주의는 미국의 지배적인 사회사상으로 등장하였다. 사회적 진화주의자들은 동물세계의 적자생존은 인간사회에서도 진보와 발전을 위해 필수적이라 생각하였다(Zastrow, 1990: 15). 따라서 자유방임주의는 사회복지를 매우 제한적인 자선행위로 개념화하면서 정부에서 제공하는 공적인 구호를 맹렬히 비난하였다. 사회적 진화주의자들은 오직 민간 차원의 자선만이 사회적응과정을 도와주며 공적이고 제도적인 자선은 이와는 반대의 결과를 가져온다고 하였다(Rimlinger, 1971: 48). 이 시기에 정부는 구빈과 사회복지에 대한 책임을 느끼고 참여하기 시작하였으나 여전히 사회복지정책의 보충적 관점에 입각해서 소극적으로 대처하는 데 불과하였다. 이상과 같은 사회적 진화주의에 입각한 자유방임주의 사상은 이 시대의 사회문제 해결에서 자선조직협회 활동과 인보사업이 등장하는 계기를 마련해 주었다.

당시 대량의 실업빈민들은 공적 구호가 소극적이고 미흡하자 민간자선단체들에 모여들기 시작하였고 민간자선단체들은 지금까지의 무질서하고 비체계적인 구제방식을 반성하고 자선의 효율화를 위해 영국으로부터 자선조직협회 방식을 도입하였다. 그리하여 영국의 자선 조직화 활동을 잘 알고 있던 거틴(Stephen Gurteen) 목사가 1877년 미국 최초로 버펄로에 자선조직협회(COS)를 창립하였다.

이리하여 1882년까지 미국 내에 22개의 자선조직협회가 설립되었다. 자선조직협회들의 활동양상은 지역여건에 따라 다양하긴 했지만 이 협회들의 주된 초기 활동은 런던자선조직협회처럼 조사, 등록, 협동, 우애 방문의 원칙을 기초로 이루어졌다. 자선조직협회에서 빈곤은 빈곤자에 대한 구호품의 분배에 따라서가 아니라 빈곤자에 대한 개인적 재활을 통해서 해결될 수 있다고 보았으며, 이 협회의 기본 철학은 빈곤은 빈곤자의 특성을 조사하고 연구함으로써, 그리고 빈곤자를 교육하고 개발시켜 줌으로써 제거될 수 있다는 것이었다(Haynes & Holmes, 1994: 60). 이 자선조직협회 활동은 이후 미국의 전문적인 개별사회사업과 지역사회조직사업의 기초가 되었다.

한편, 1870년대에 대도시를 중심으로 빈민가가 늘어나기 시작하면서 비위생, 부도덕, 범죄 등이 난무하고 무질서를 연출함으로써 사람들의 주목을 끌게 되었다. 따라서 대도시 빈민가에 살고 있는 불우한 사람들을 선량한 시민으로 만들기 위해 런던의 토인비 홀을 견학하고 온 스탄톤 코이트(Stanton Coit)가 1887년 뉴욕 인보조합을 최초로 설립하였고 1889년에는 제인 애덤스(Jane Adams)와 엘런 스타(Ellen G. Starr)가 시카고에 헐 하우스(Hull House)를 설립하였다(Haynes & Holmes, 1994: 64).

인보사업은 당시 자선조직협회 활동이 우애방문자를 통해 조언하고 지도함으로써 빈곤자를 도덕적으로 향상시키고 자조정신을 갖게 했던 것과는 본질적으로 달랐다. 인보사업은 자선조직협회와는 달리 사회문제의 원인을 개인의 나태와 무절제에 기인하는 것으로 보지 않고 사회적인 환경에 그 결정적인 원인이 있다고 보았다. 그리하여 인보사업은 자본주의의 틀 속에서 사회연대의식을 기초로 한 사회개량주의 입장을 취하였다. 이를 위해 인보사업은 노동조합의 결성을 조장하고 탁아, 교육, 공중위생 등 다양한 분야의 활동을 전개하였다. 이와 같은 인보사업에서 전문사회사업방법론인 집단사회사업과 사회복지조사, 사회복지정책 등의 기초가 움트기 시작하였다(김만두 · 한혜경, 1993: 78).

4) 진보의 시대: 1900~1929년

도시화, 산업화 현상과 더불어 미국은 이 시기에 경제적 · 사회적 · 정치적으로 급진적인 성장을 하였다. 특히 1914년부터 1918년까지 계속되었던 제1차 세계대전에서 미국은 중립을 지키고 전쟁물자를 수출함으로써 산업이 더욱더 발전하였다. 인구도 급성장하여 1900년도에 7,600만 명에서 30년 후엔 1억 2,300만 명이 되었다(Haynes & Holmes, 1994: 65). 그러나 빈부의 격차가 심화되고 대규모 기업체들이 부를 독점하는 현상이 나타나면서 18세기 이후 미국을 지배해 오던 자유방임주의 사상이 쇠퇴하기 시작하였다.

한편, 자유방임주의를 대치하는 진보주의 사상은 존 듀이(John Dewey)와 같은 사상가들이 주창하였고 법적인 규제와 보호를 통해 사회정의를 실현하는 방안이 제기되기 시작하였다(박병현, 1994: 264). 이 시기에는 사회복지정책에 대한 보충적 관점이 바뀌면서 주정부뿐 아니라 연방정부도 빈곤문제 및 사회문제에 서서히 개입하기 시작하였다.

1906년 연방정부는 노동자 8시간제를 도입하였고 1908년에는 고용자 의무법이 연방법으로 성립되기에 이르렀다. 1915년에는 선원법, 1916년에는 농업신용법과 재해보상법이 제정되었으며, 1913년에는 지금까지는 통상 · 노동성이 취급했던 노동행정을 위해 노동성이 독립되었다. 1915년까지 25개 주가 노동시간을 제한하는 법을 제정하였다. 아동노동자의 최저연령과 최고연령을 제한하는 아동노동법은 1912년까지 38개 주에서 제정되었다. 또한 동년 매사추세츠 주에서는 최저임금법을 제정하고 1915년에는 35개 주가 노동자 재해보상법을 제정하였다. 모자부조법은 1911년 일리노이 주 입법에서 시작하여 2년 이내에 19개 주에서 1926년에는 40개 주에서 입법되었다. 1927년에는 노인을 위한 입법에 국가적 관심을 높이기 위해 미국노령보장협회가 조직되었고 1929년 11개 주가 노령부조에 관한 법률을 제정했으나 몇몇 주에서는 위헌으로 거부되기도 하였다(김만두·한혜경, 1993: 78-79).

이러한 변화가 일어난 이면에는 구호란 민간부문의 책임이라기보다는 공공부문의 책임이고, 구호욕구는 민간자원으로서 충족시킬 수 없을 만큼 늘어났으며 공공기관도 민간기관 못지않게 효율적으로 또는 과학적으로 빈곤 및 사회문제에 대처할 수 있다는 인식이 저변에 깔려 있었다는 것을 의미한다(박병현, 1994: 265). 또한 이 시기에는 공공 또는 민간의 사회복지시설 및 기관이 증가함에 따라 여기서 일하는 유급 사회복지사가 급속하게 증가하였다. 그들 대부분은 중산계층 출신의 보수주의자들이었다. 그리고 전문사회복지사의 수요가 증대함에 따라 전문교육기관도 등장하기 시작하였을 뿐 아니라 각종 전문직 단체가 설립되면서 미국의 전문사회사업도 정착되기에 이르렀다.

2. 현대 사회복지정책의 역사

1) 대공황과 뉴딜정책시대: 1930년대

이 시기는 세계적인 대공황이 발생하여 대량의 실업자와 빈곤자가 생겨났고 이러한 사회문제의 해결을 위해 연방정부의 적극적인 개입이 시작됨으로써 사회복지정책의 제도적 관점이 나타난 시기다. 1929년의 대공황은 미국의 정치적·경제적·사회적 상황뿐만 아니라 사회복지 부분도 근원적으로 뒤흔들어 놓았다. 대공황은 사회복지에 대한 연방정부의 역할에 대해 새로운 정의를 내리는 계기를 가져왔으며, 사회복지정책의 대전환을 초래하였으며 공공복지의 지대한 발전을 가져왔다. 그래서 혹자는 공공복지와 구호에서는 미국 건국 후 300년 동안보다 1930년대 10년 동안 더 많은 진전이 있었다고 주장하기도 하였다(박병현, 1994: 265).

대공황은 미국 경제 전반의 신용구조를 파괴시켰으며 실업을 증가시켰고 소득을 격감시켰다. 이와 같은 경제파탄은 특히 중산계층에게 치명적인 위기를 안겨 주었으며 빈곤에 대한 새로운 관점을 가져왔다. 비록 진보의 시대를 거쳐 오면서 빈곤의 원인을 개인적 성격의 결함에서 찾는 자유방임주의가 공격을 받고 쇠퇴하였지만 자유방임사상이 뿌리째 흔들리는 계기가 된 것은 대공황이었다. 개인의 통제를 벗어난 상황과 사건들로 개인은 불행해지거나 가난해질 수 있다는 생각을 갖게 되면서 사람들은 빈곤 또는 실업의 원인을 개인의 결함에서가 아니라 사회구조의 결함에서 찾게 되었다.

따라서 사람들은 경제침체를 극복하고 공황으로 빈곤해진 사람들을 위한 어떤 극적인 조치를 기대하였다. 그러나 후버 대통령은 경제회복에 대한 지나친 낙관 및 자유방임주의에 대한 신념 때문에 연방정부의 개입에 소극적이었다. 그 결과, 경제는 회복되지 않고 더 침체되어 갔다.

이와 같은 상황에서 후버 대통령의 후임으로 루스벨트(Roosevelt)가 1933년 3월 대통령에 취임하였다. 사회복지문제에 연방정부의 개입이 기대되었고 루스벨트 대통령은 뉴딜(New Deal)이라는 대담한 정책을 펴 나갔다. 그는 실업자를 위한 지출과 공공사업을 옹호하였다. 뉴딜정책을 지탱하는 철학은 연방정부는 복지를 민간부문에만 의존하려는 보충적 관점으로부터 탈피하여 제도적 관점에서 공공복지에 더 많은 투자를 하여야 한다는 것이다. 루스벨트는 개인의 성격결함이 더이상 빈곤의 원인이 아니기 때문에 경제침체로 고통 받는 사람들은 징벌적이 아닌 인간적으로 다루어야 한다고 믿었다(박병현, 1994: 267).

뉴딜정책의 결과, 여러 가지 노동입법, 연방정부 주도의 경제보장제도의 수립, 그리고 1935년 루스벨트 대통령이 선포한 사회보장법(Social Security Act)이 제정되었다. 사회보장법은 세 가지 부문으로 접근하였다(Zastrow, 1990: 18-19). 첫째, 연방정부가 재정보조뿐만 아니라 직접 운영하는 사회보험 부문이다. 이 부문은 제도적 관점에서 만들어졌고, 실업·은퇴·사망 시 보험을 제공하였다. 사회보험은 크게 실업보험과 노령·유족 및 장애보험으로 구성되었다. 둘째, 연방정부가 재정을 보조하고 주정부가 운영하는 공공부조 부문이다. 이 부문은 보충적 측면을 갖고 있어 급여를 받기 위해서 개인은 자산조사를 받아야 하며, 맹인부조(AB), 장애인부조(AD), 노령부조(OAA), 요부양아동가족부조(AFDC) 등 네 가지 프로그램으로 구성되었다. 마지막으로 공공보건 및 복지서비스 부문으로서, 예를 들면 보건, 입양, 장애인 서비스와 같은 각종 서비스의 제공에서 연방정부가 재정보조하고 주정부가 운영하였다.

이와 같이 1935년에 사회보장법이 제정되면서 미국 사회복지정책의 역사는 크게 변화되기 시작하였다. 무엇보다도 지금까지의 보충적 관점과는 달리 제도적 관점에 입각해서 사회복지정책과 공공 사회복지체계가 급격하게 강화되어 사회복지의 사회화와 국영화가 이루어졌던 것이다. 이것은 빈민구제가 국영화되고 사회화된 것만을 의미하는 것이 아니고 국영화·사회화 과정 속에서 자선이 조직화되고 체계화됨으로써 그 틀 속에서 여러 가지 방법 및 기술이 새로 태어날 수 있는 계기가 마련되었다는 점이다. 이는 제반 전문사회사업의 방법 및 기술이 요청되는 장이 확립되었다는 것을 의미한다(김만두·한혜경, 1993: 83). 이상과 같은 사회적 분위기 속에서 전문사회사업방법, 특히 개별사회사업은 사회보장체계 속에서 문제 해결방법의 하나로 승인을 받았다. 그 후 집단사회사업, 지역사회조직사업도 전문사회사업의 방법들로서 발달하기 시작하였다.

2) 전후 복지개혁시대: 1940~1950년대

연방정부가 수많은 정책을 취했던 뉴딜시대도 제2차 세계대전으로 완전하게 종식되고 말았다. 1945년 4월 루스벨트 대통령이 급사하고 그 뒤 4개월 후 제2차 세계대전은 끝나면서 트루먼 대통령이 등장하여 물가의 통제, 완전고용, 주택정책을 중심으로 사회보장정책을 더욱 확대·개선하고 1950년대의 평온하고 비교적 안정된 평화의 시기를 맞이하였다(김만두·한혜경, 1993: 84).

국내정치의 안정에 비해 국제적으로는 냉전체제가 시작되었고 특히 독일 점령

문제를 둘러싼 소련과의 대립은 격화되기 시작하였다. 1947년부터는 군비확충의 필요성이 대두되었고 1947년에는 마샬 계획이 세워졌다. 1948년에는 미국 공산당 지도부가 체포되었고 1950년 선거에서 제2차 세계대전의 영웅으로 인기를 누렸던 아이젠하워가 공화당에서 출마하여 트루먼을 제치고 승리하였다.

1950년대 사회복지제도를 살펴보면 1950년에는 사회보장법을 개정하여 노령부조, 맹인부조, 아동부조, 중증장애부조 등을 받고 있는 피보호자에 대한 의료비의 일부를 연방이 보조하도록 하였다. 1953년에 가서는 연방사회보장청을 보건 · 교육 · 복지성으로 승격하였고, 1956년에는 연방주택법을 제정해서 노인을 위해 특별히 설계된 주택에 대해 융자를 허가하도록 하였다. 한편, 1952년에 사회사업교육위원회(CSWE)가 정식으로 설립되고 사회사업교육과 기술이 보다 전문화되었으며 1955년에는 전국사회복지사협회(NASW)가 결성되기에 이르렀다 (한국복지연구회, 1985: 102-104).

또한 1950년대는 남부의 도시와 농장의 아프리카계 미국인들이 대거 북쪽으로 이주했으며 시민권 운동이 시작되었다는 것이 주목할 만하다(Haynes & Holmes, 1994: 82). 흑인지도자들은 백인지배사회에서 흑인들이 2류시민으로 차별을 받고 가난한 처지에 놓이게 된 것에 항거하는 소리를 높였다. 이 시대 대표적인 흑인민권운동 지도자는 침례교파의 마틴 루터 킹(King) 목사였다. 이후로 민권운동은 1960년대까지 연결되었다. 한편, 이 시기에 공공 사회복지서비스가 시작되었다. 그리하여 공공기관에서도 공공사회복지사를 통하여 카운슬링 서비스를 제공하였다. 그러나 미국에는 다시 가난이 발견되고 공공프로그램에 대한 비판이 제기되었다.

3) 위대한 사회와 빈곤전쟁시대: 1960년대

1960년에 뉴 프론티어를 슬로건으로 내걸고 민주당 후보로 출마한 존 F. 케네디(Kennedy)가 대통령으로 당선되면서 실업문제 및 흑인민권운동에 관심을 가지고 의욕적인 개혁정책을 추구하기 시작하였다. 그러나 1963년 케네디 대통령이 암살되자 당시 부통령이던 존슨(Johnson)이 대통령직을 계승하였다. 존슨 대통령은 빈곤전쟁을 선언하고 소위 '위대한 사회'를 만들기로 국민 앞에 약속하게 된다.

1964년 존슨 대통령은 국민에 대한 대통령 연설에서 미 국민의 1/5이 빈곤 속에 살고 있으며 흑인의 거의 반 정도가 빈곤 속에 있다고 발표하였다. 사회복지 프로그램을 위한 자금은 급격히 증가했고 많은 새로운 프로그램이 만들어졌다(Zastrow, 1990: 20). 예를 들어, 경제기회법이 제정되고 경제기회사무처(OEO)가 설치되었으며 국내 평화봉사단이라고 할 수 있는 비스타(VISTA), 학교중퇴자를 위한 직업안정단(Job Corps), 슬럼지역의 우수한 아이를 대학에 보내기 위한 장학사업(Upward Bound), 직업이 없는 10대 청소년을 위한 근린 청소년단(Neighborhood Youth Corps), 여성들에게 직업훈련을 주선하고 탁아소운영을 담당했던 직업유인 프로그램(WIN), 미취학 아동의 훈련과 저소득 농촌가정과 이주 노동자에 대한 보조금을 제공하는 헤드스타트 프로그램(Head Start Program), 포괄적인 지역사회행동 프로그램이 마련되었다. 그러나 이와 같은 제도적 관점의 프로그램들은 사회를 변화시키지 못하고 빈민의 변화를 시도했기 때문에 실패로 끝나고 말았다(한국복지연구회, 1985: 106).

또한 1964년에는 흑인들의 투표권을 인정하고 인종차별을 금지하는 시민권법이 통과되었으며 식품권 프로그램(Food Stamp Program)이 제정되었다. 1965년에 들어와서는 교육과 의료에 대한 연방정부의 원조법들이 제정 또는 개정되었으며 사회보장법에 의료보험(Medicare)과 의료부조(Medicaid) 제도의 규정을 포함시켰다(Haynes & Holmes, 1994: 85).

1960년대 후반 마틴 루터 킹 목사와 로버트 케네디가 암살당하고 인종차별에 대한 흑인들의 저항으로 대도시의 많은 건물들이 방화되고 불타 버렸다. 범죄는 사실상 증가하였고 대학 캠퍼스에서는 베트남 전쟁 및 기타 이슈에 대해 반대하는 저항과 폭동이 있었다. 소수인종집단과 가난한 사람들은 국가의 재정원조를 요구하기 위해 조직화되었다. 성의 가치와 행동에서도 혁명이 있었다. 그리고 약물 중독 문제와 같은 기타 사회적 병폐에 대한 인식과 환경을 보존할 필요성에 대한 인식이 대두하였다(Zastrow, 1990: 20).

사회복지분야에서 1960년대 후반은 클라이언트로 하여금 그들의 생활환경에 잘 적응하도록 돕기보다는 클라이언트의 욕구를 더 잘 충족시키기 위한 환경 또는 제도를 변화시키는 데 새로운 관심을 갖게 되었다. 사회개혁을 위한 정치적 조직가로서 사회행동가들이 적극적으로 행동함에 따라서 사회행동(social action)은 다시 사회복지방법의 중요한 부분이 되었다.

4) 신보수주의 시대: 1970~1980년대

베트남 전쟁이 끝난 1970년대에는 정부의 공공프로그램이 미국 사회의 병폐를 치료할 수 있다는 1960년대의 희망과는 대조적으로, 많은 문제가 정부의 해결능력 밖에 있다고 생각하는 철학이 나타났다. 따라서 사회복지 프로그램의 확장과 발달을 가져왔던 1960년대 제도적 관점의 진보주의는 1970년대와 1980년대에 좀 더 보충적 관점의 보수적인 접근방법으로 대체되었다. 실제로 이 기간 중에는 어떤 새로운 대규모 사회복지 프로그램도 시작되지 않았다.

민주당의 카터(Carter) 재임 중(1976~1980년)에는 연방정부가 아무리 돈을 많이 쓴다 하더라도 단순히 온 나라의 사회적 병폐를 치료할 수 없다는 인식이 증가하였다. 따라서 정부는 사회복지 프로그램에 소비하고 있는 세금액을 대폭 감축하지 않으면 안 되는 상황에 이르렀다.

1980년 미국은 경제적 어려움에 직면해 있었고 공화당의 레이건(Reagan)이 대통령으로 당선되자 선거기간 중의 약속대로 경제를 재건하고 군사력을 강화하기 위해 많은 변화를 추구하기 시작하였다. 변화내용은 다음과 같다(Zastrow, 1990: 20-21).

① 세금은 개인 및 법인 모두에 대해 대폭 감축되었다. 이와 같은 세금 감축으로 기업과 개인은 소비할 더 많은 돈을 갖게 되었으며 이에 따라 경제성장이 촉진되고 실업률이 감소되었다.

② 군사비는 대폭 증가되었는데 이는 미 군사력의 강화를 가져왔다.

③ 사회적 프로그램 비용이 대폭 감축되었다. 이와 같은 대량 삭감은 미국 역사상 최초로 연방 사회복지를 대규모로 삭감한 것이었다.

레이건 재임 중에는 기업이 전반적으로 번창하였다. 부자는 더 부자가 되었고 부자와 빈자 간의 격차는 더 커졌다. 연방정부의 사회복지비 삭감으로 가난한 자들에 대한 재정적 급여 및 사회서비스는 대폭 감축되거나 없어졌다. 건강보호의 수준도 감축되었고 실업자를 위한 직업훈련과 직업알선 프로그램도 거의 없었다. 정서장애자, 정신지체자, 알코올중독자 그리고 한부모 카운슬링 서비스도 줄였다. 식품권(Food Stamp), 의료부조(Medicaid), 요부양아동가족부조(AFDC)와 같은 재정적 급여도 삭감되었다. 노인들을 자신의 가정에 머무르도록 돕기 위한 프로그램도 가난한 자에게 제공되는 가족계획 서비스도 줄어들었고 장애자를 위한 자금도 삭감되고 흑백차별을 완화하기 위한 프로그램도 그 강도가 약해졌다.

1988년 조지 H. W. 부시(Bush)가 대통령으로 당선되었다. 그는 레이건 행정부의 '평화와 번영' 정책을 계속 추구해 나갔다. 부시 대통령은 레이건 행정부가 실시한 사회복지정책과 똑같은 보충적 관점의 보수주의적 정책을 계속해 밀고 나갔다.

그러나 이와 같은 보수주의적 정책의 결과, 사회문제는 더욱더 심각해졌다. 즉, 집 없는 사람은 증가하기 시작하였고, 더 많은 시민이 굶주림에 시달려 몇몇 대도시에서는 인종차별을 줄이기 위한 대책도 부진해졌으며, 교도소는 범법자들로 넘쳐 흘렀다. 많은 만성정신질환자가 병원으로부터 퇴원하여 지원적 서비스도 받음이 없이 불결함 속에서 살았다. 도시 한복판에 살고 있는 사람들의 형편은 1960년대처럼 황량해졌고 한부모가정은 계속 늘어났으며 환경오염 문제는 더욱더 심각해졌다.

5) 복지변화시대: 1990년대 이후

1992년 민주당의 클린턴(Clinton)이 대통령으로 당선되었다. 클린턴 대통령은 과거의 보충적 보수주의 정책으로부터 탈피하여 제도적 개혁주의적 관점을 가지고 정책을 추진하기 시작하였다. 그 첫 정책이 의료보험제도였다. 미국의 의료서비스는 사보험 중심으로 되어 있는데 의료보험개혁안은 정부가 국민 모두에게 의료보험을 보장한다는 보편적 적용의 원리에 토대를 두고 있었다. 그러나 의료보험 개혁안은 보수주의자들의 반대에 부딪혀 의회를 통과하지 못하였다.

미국의 사회보험 프로그램은 실업보험과 노령·유족 및 장애보험으로 구성되어 있는데 연방정부가 설립하여 운영하고 있다. 사회보험재원은 적립방식이 아니라 'pay as you go' 방식, 즉 세대 간 이전방식을 취하고 있는데 이는 근로자 자신이 낸 보험금으로 자신이 연금을 받는 것이 아니라 연방정부가 현재의 근로자들에게 세금을 부과하여 현재의 수혜자에게 연금을 지불한다는 세대 간의 계약이다. 사회보험을 둘러싼 논쟁은 바로 이 재원조달의 방식과 관련되어 있다. 퇴직인구가 증가하는 반면, 출산율이 감소하면서 사회보험수혜자의 증가율이 청·장년층의 노동인구 증가율보다 더 높기 때문에 사회보험의 수입보다 지출이 더 많아져 사회보험의 재정에 심각한 압박을 받게 된다(이선우, 1999: 62). 이런 현상은 베이비붐 세대의 은퇴와 함께 더욱 악화되고 있다. 실제로 많은 젊은 근로자들은 자신들이 은퇴하였을 때 연금을 받지 못할 것을 우려하고 있다.

또한 공공부조를 중심으로 한 복지제도에 대한 개혁도 주요한 쟁점이 되었다. 보수주의 입장은 현재의 공공부조제도가 빈곤을 영속화시키고 근로 동기를 파괴한다는 주장을 한 반면, 개혁주의적 진보주의 입장은 공공부조제도의 혜택이 크지 않아서 빈부의 격차가 심화되고 있다고 비판하였다. 이러한 상황에서 공화당은 공공부조의 대폭적인 삭감을 내용으로 하는 복지제도 수정안을 제출하였다. 클린턴은 이에 거부권을 표시했으나 결국은 1996년 개인책임과 근로기회조정법(Personal Responsibility and Work Opportunity Reconciliation Act)에 서명함으로써 이전의 공공부조와 전혀 다른 공공부조제도를 받아들이게 되었다.

복지제도 수정으로 이전에는 자녀가 있는 가구 중에서 자격이 있는 가구에는 복지혜택을 보장하던 요부양아동가족부조(AFDC)와 교육·직업훈련 프로그램인 직업기회·기본기술 프로그램(JOBS)은 없어지고 이를 대신해 빈곤가족 일시부조(Temporary Assistance to Needy Families: TANF) 프로그램이 만들어져(이선우, 1999: 77), 빈곤가족이라도 일생에 걸쳐 최대 60개월 동안만 수급이 가능하고 시민권자가 아닌 경우 보충소득보장(SSI), 식품권(Food Stamp) 그리고 의료부조(Medicaid)의 혜택을 받지 못하게 되었다.

이리하여 1996년 클린턴 대통령이 재당선되어 진보정당인 민주당이 집권하였으나 미국의 사회복지정책은 여전히 보수주의의 길을 걸어왔다. 한편, 2000년에 공화당의 조지 W. 부시(Bush)가 대통령으로 당선되고 2004년에 재선된 이후 2008년까지 미국의 사회복지정책은 온정적인 보수주의 입장에서 사회복지정책을 추진하여 왔으나, 2001년 9·11 사태 이후, 그리고 이라크 및 아프간 전쟁으로 국가 재정의 많은 부분이 전쟁과 국가안보에 쓰이고 공공부조 수급자와 급여 액수를 줄이기 위한 복지축소의 결과, 빈곤층이 의료보장과 소득보장의 사각지대에 놓이게 되었다.

2008년 민주당의 오바마(Obama)가 제44대 대통령으로 당선된 이후 오바마 정부는 정부역할 확대를 통한 사회복지정책의 강화, 균등한 분배에 초점을 두고, 특히 의료보장의 사각지대에 놓여 있는 국민들에게 건강보험의 혜택을 주기 위해 건강보험개혁안을 의회에서 통과시켜 추진하였고, 또한 공적 연금 재정의 불안정에 대해 고소득자에게 추가 세금을 부과하여 안정화를 추진하려 하였으나 보수주의자들의 강한 반발에 부딪혀 왔다. 이와 같이 오바마 정부는 2008년 금융위기 이후 사회보장 개혁을 추진하였지만 제도적 제약과 정치전략의 한계로 실질적 성과는 미흡하였다(김윤태, 2014). 특히 2010년에는 환자보호와 적정한 가격으로 치료하는 법(Patient Protection and Affordable Care Act), 일명 오바마케어가 실현되면서 실질적인 전국민 건강보험이 시행되었으나 2012년 오바마가 대통령으로 재당선된 이후에도 여전히 오바마케어는 보수주의자들의 지속적인 비판에 직면하고 있어 오바마의 건강보험 개혁성과는 좀 더 지켜보아야 할 것으로 생각된다.

참·고·문·헌

김만두·한혜경(1993). 현대사회복지개론. 서울: 홍익재.
김윤태(2014). 금융위기 이후 미국의 빈곤정책과 복지정치의 변화. 비판사회정책, 43, 비판과 대안을 위한 사회복지학회.

남기민(1996). 미국 사회복지의 역사. **충북사회복지연구**, 5, 충북사회복지연구소.

박병현(1994). 미국의 사회보장. 세계의 사회보장. 서울: 유풍출판사.

이선우(1999). 미국의 사회복지: 1996년의 복지개혁-쟁점과 분석. 세계의 사회복지. 서울: 인간과 복지.

한국보건사회연구원(1996). 보건복지포럼, 창간호(10월).

한국복지연구회(1985). 사회복지의 역사. 서울: 홍익재.

Haynes, K. S., & Holmes, K. A. (1994). *Invitation to Social Work.* New York: Longman.

Rimlinger, G. V. (1971). *Welfare Policy and Industrialization in Europe, America, and Russia.* New York: John Wiley & Sons.

Trattner, W. I. (1974). *From Poor Law to Welfare State: A History of Social Welfare in America.* New York: The Free Press.

Wilensky, H., & Lebeaux, C. N. (1965). *Industrial Society and Social Welfare.* New York: The Free Press.

Zastrow, C. (1990). *Introduction to Social Welfare: Social Problems, Services, and Current Issues.* California: Wadsworth Publishing Company.

제6장

한국의 사회복지정책사

　우리나라도 오랜 구빈의 역사를 가지고 있다. 삼국시대부터 천재지변이나 각종 재난이 있을 때 왕이 창의 비축양곡을 내어 백성들을 구제하였고 환·과·고·독의 사궁 또는 늙거나 병든 사람으로 자활할 수 없는 사람들에 대한 구제사업을 실시하였다.

　이 장에서는 삼국시대부터 오늘에 이르기까지 사회복지정책의 역사적 전개과정을 근대 이전 시대, 일제강점기 및 미군정 시대, 정부 수립과 1950년대, 3·4공화국 시대, 5·6공화국 시대, 그리고 문민정부 이후로 시대 구분하여 살펴보고자한다.

1. 근대 이전 시대

1) 삼국시대

고대 삼국시대에는 천재지변 등의 각종 재난이 있을 때, 그때그때마다 왕이 어진 정치를 베푸는 한 방편으로 창의 비축양곡을 내어 백성들에 대한 구제사업을 행하였다. 『삼국사기』에 따르면, 신라 제2대 남해왕 15년(AD 18)에 백성들이 기근으로 굶주리게 되었을 때 국고를 열어 이들을 구제했으며(구자헌, 1970: 70), 제3대 유리왕 5년(AD 28)에 빈곤한 백성을 조사하여 구제하였다는 기록이 있다. 백제에서도 온조왕 32년(AD 14)에 한재로 굶주린 백성에게 곡물을 풀어 구제하였다. 한편, 고구려 고국천왕 16년(AD 194)에는 진대법이 제정되었는데 그 내용은 춘궁기(3~7월)에 관곡을 빈곤한 백성들에게 그 가구원 수에 따라 필요한 양을 대여하였다가 추수기인 10월에 납입케 하는 제도로서(하상락, 1989: 42), 후세 고려의 의창과 조선의 환곡으로 연결되었다.

삼국시대에 왕들은 각종 재해에 따른 이재민을 구제함과 더불어 환·과·고·독의 사궁(늙고 아내가 없는 자·늙고 남편이 없는 자·어리고 부모가 없는 자·늙고 자녀가 없는 자), 또는 늙거나 병든 사람으로 자활할 수 없는 사람들에 대한 구제도 다수 실시하였다. 이와 같이 우리나라도 오랜 구빈의 역사를 갖고 있음을 알 수 있다.

2) 고려시대

중세 고려시대는 관료적 봉건체제가 확립된 시기로서 역대 왕들은 나라를 다스리며 백성을 이끄는 국가적 사업으로 구제사업을 인식하여 점차 이를 담당하는 전문기관을 마련하고 그 기관을 통해 구제사업을 전개하였다. 고려사회는 불교의 영향이 오래되고 깊어서 중생에게 사랑을 베푸는 자비사상이 일반 민중과 지도층에 널리 퍼져 있었기 때문에 역대 왕들은 물론 승려층과 양반 부호들도 구제사업을 행하는 것을 자랑거리로 생각하였다.

고려 예종 4년(AD 1109)에는 가난한 백성을 돕기 위한 중앙관서로서 구제도감이 처음으로 설립되었다가 충목왕 4년에 진제도감으로 명칭을 바꾸었고 그 후 우왕 7년에 다시 진제색으로 명칭을 바꾸어 구제사업을 하였다. 또한 문종은 빈민 질병자를 구호요양하기 위해 개경과 서경에 동대비원과 서대비원을 설치하였고, 예종은 일반 서민에게 의약의 혜택을 널리 펴기 위하여 혜민국을 두었는데 공양

왕 때 이것을 혜민전약국으로 개칭하였다(김덕준 외, 1977: 54). 한편, 대비원, 혜민국에 각각 구급사무를 관장하는 제위보를 두어 의료구제사업을 널리 실시하기도 하였다(구자헌, 1970: 89).

고려시대의 대표적인 창제로서 의창이 있었는데 의창은 태조 때의 이창을 개량한 것으로 성종 5년(AD 986)에 설치된 것이다. 성종은 각 주와 부에 의창을 설치하고 정부시설로서 직접 관리하되 매년 관곡의 잉여분을 비축하였다가 춘궁기에 빈민에게 대부하였다. 이 의창은 무상구제기관은 아니었다(김덕준 외, 1977: 55). 한편, 성종 12년(AD 993)에 설치된 상평창은 의창과 같이 직접적인 구제를 목적으로 설치된 것이 아니라 곡가를 조절하기 위하여 춘궁기에 창곡을 내어 싸게 팔고 추수기에 고가로 곡물을 구입함으로써 물가를 안정시키기 위한 제도였다.

이와 같이 중세 고려시대에 와서 불교의 자선사상에 영향을 받은 전문적인 구제제도가 시작되었고 봉건제도의 질서하에 구제사업이 전개되었다. 그러나 고려시대 후반기에 이르러서 국내외의 다양한 재난으로 국가재정이 빈약해졌고 사회는 일대 혼란에 빠져 구제기관들의 기능이 정체되었으며 백성들은 생활상의 곤경에 처하게 되었다.

3) 조선시대

조선시대는 건국 초부터 불교를 멀리하고 유교를 지도이념으로 삼고 유교의 왕도사상을 치자의 근본으로 모든 국가의 제도를 확립하였다. 조선 초기의 빈민구제의 원칙은 ① 빈민구제는 왕의 책임으로 하고, ② 신속한 구제를 중시하며, ③ 일차적인 구빈행정 실시책임은 지방관이 지게 하고, ④ 중앙정부는 수시로 구제에 대한 교서를 내리며 필요한 관계법을 제정·공포하고 지방 구빈행정을 지도·감독하는 것으로 되어 있다(하상락, 1989: 56). 봉건적 중앙집권제가 완성되고 유교문화가 생활화되어 감에 따라 이와 같은 원칙이 생활에 적합하게 수정되고 확대·조직화되어 백성들의 일상생활은 크게 안정되었다.

조선시대의 구제제도는 크게 비황제도, 구황제도, 구료제도의 세 가지로 나누어 볼 수 있다(하상락, 1989: 57-77).

첫째, 비황제도로서 상평창, 의창(환곡), 사창 등의 창제가 있었다. 상평창은 조선시대에 들어와 곡물 이외에 포목을 더하여 곡물과 포목의 가격을 조절함으로써 백성의 의식생활의 평형을 유지하기 위해 설치된 제도였다. 따라서 직접적인 구제제도는 아니지만 나라를 다스리며 백성의 생활을 안정되게 하려는 목적으로 설치되었다는 점에서 넓은 의미의 구제제도로도 볼 수 있는 제도다(김덕준 외, 1977: 58-59). 의창은 고려시대에서와 같이 재난을 대비하기 위하여 각종 곡물을 비축하여 재난 시에 사용하던 조선시대 제도와 시설이었다. 의창에 저장된 곡물의 반은 거치하고 나머지 반은 민간에 대부하여 다음 추수기에 환곡하게 하였다. 이 때문에 환곡이라는 명칭이 붙게 되었다(하상락, 1989: 58). 사창은 의창과는 달리 100가구를 일사(一社)로 하여 사민의 공동저축으로 상부상조하며 연대책임으로 자치적 운영을 하는 제도로서 구제의 적절과 신속을 기할 수 있었고 또 관에 의하지 않았으므로 보다 용이하게 큰 혜택을 사민들에게 주었다. 그 밖에도 교제창, 제민창을 두어 재민을 구제하였다. 이와 같은 창 제도는 1910년 한일합방과 더불어 폐지되었다.

둘째, 구황제도로서 사궁(환ㆍ과ㆍ고ㆍ독)에 대한 보호, 노인보호사업, 음식제공, 진휼 및 진대사업, 관곡의 염가매출과 방곡사업, 혼례나 장례를 치르지 못하는 자에게 비용을 조달해 주는 고조제도, 흉년 또는 재해를 당한 백성에게 지세, 호세, 부역 등을 감면하거나 대부된 환곡을 면제 또는 감해 주는 견감제도, 부유한 민간인으로 하여금 구제를 위한 곡물을 납입하게 하고 이를 납입한 자에게 관직의 첩지를 주는 원납제도, 향약 및 계제도, 식용식물을 조사ㆍ연구하여 제시한 구황방제도 등이 있다. 특히 향약은 ① 덕업상권 ② 과실상규 ③ 예속상교 ④ 환난상휼의 4개 덕목의 실천을 근본목적으로 하는데 그중에서도 환난상휼은 복지의 제공에 중점을 두고 있다(남세진ㆍ조흥식, 1995: 88). 이상과 같은 조선시대의 구황제도는 오늘날의 사회복지제도에 비하여 조금도 뒤떨어지지 않았으나 계속 발전되지 못하였음은 애석한 일이다.

셋째, 구료제도(의료사업)로서 태조 원년(AD 1392)에 의료 담당의인 전의감과 일반 백성의 의료기관인 혜민서 및 동서대비원을 설치하였고 태조 6년(AD 1397)에는 의학 연구소인 제생원을 설치하였다. 고종 31년(AD 1894)에는 광제원, 의학

교 및 대한의원 등을 설치하여 신식 의료사업을 보급하였으며 지방에는 융희 3년
(AD 1909)에 자혜의원을 개설하여 현대의료를 시작하고 전염병 예방을 위한 종
두예방 규정도 제정하였다(남세진 · 조흥식, 1995: 88). 그러나 조선 말엽에 이르러
국정 및 사회가 혼란에 빠지면서 각종 의료사업도 소기의 목적을 달성하기가 어
려워졌다.

2. 일제강점기 및 미군정 시대

1) 일제강점기

일제강점기의 구제사업은 근대적인 복지이념에 따라 시행되었다기보다는 식
민정책의 일부로서 우리 민족이 그들에게 충성을 하게끔 하려는 정치적인 목적
을 갖는 시혜 또는 자선의 의미가 컸다고 할 수 있다.

1910년 한일합방이 이루어지면서 조선시대의 구제사업은 거의 소멸되고
1921년 조선총독부 내무국에 사회과를 신설하여 우리나라 사회사업의 지도 · 통
제를 전담하게 되었고 구한말 선교사들이 시작한 사회사업은 이때를 전후하여
확장되기 시작하여 1936년경까지 전국의 각종 사회사업시설은 총 287개소에 달
하였다(권오구, 1994: 189). 그리고 민간 사회사업단체로서는 재단법인 조선사회
사업협회가 있었다. 이 협회는 당초 1921년 4월에 조선사회사업 연구회로 조직
되었는데 1929년 조선사회사업협회로 개칭 확대하고 각도에 지부를 두고 활동을
전개하였다(김만두 · 한혜경, 2000: 87).

일제강점기에 우리나라에서 수행된 사회사업의 종류를 보면 ① 고아사업
② 연소노동자 교육사업 ③ 맹아교육사업 ④ 의료사업 ⑤ 빈민구제사업 ⑥ 양로
사업 ⑦ 갱생보호사업 ⑧ 인사상담사업 ⑨ 인보사업 ⑩ 숙박구호사업 ⑪ 직업소
개사업 등이 있다(김덕준 외, 1977: 65).

한편, 빈민문제가 사회문제로 심각하게 대두되자 빈민조사를 행한 이후 일제
는 1927년 12월부터 방면위원제도를 실시하였는데 방면위원사업의 주된 내용에

는 빈민생활실태조사, 상담지도, 보호구제, 보건구호, 직업알선, 호적정리 등이
있다(류진석, 1989: 346). 또한 일본에서 1932년부터 실시하던 구호법(1929년 제
정)을 원용하여 1944년 3월 1일에 조선구호령을 실시하였다. 그러나 이와 같은
제도들이 우리나라에서 시행된 것은 구빈 목적이라기보다는 전시동원 체제하의
식민지 통치의 효율성 제고를 위한 것이라고 볼 수 있다.

조선 구호령은 원칙적으로 ① 65세 이상 노쇠자 ② 13세 이하의 아동 ③ 임산부
④ 불구 · 폐질 · 질병 · 상병 · 기타 정신 또는 신체의 장애로 일할 수 없는 자를
대상으로 하였다. 구호의 종류는 생활부조, 의료, 조산, 생업부조의 네 가지였고
그 방법은 거택구호를 원칙으로 하고 거택구호가 부적당한 경우 시설에 수용위탁
할 수 있게 하였다(김만두 · 한혜경, 2000: 88-89). 이 조선구호령은 광복 후 1961년
생활보호법이 제정되기까지 우리나라 공공부조의 지침 구실을 해 왔다.

2) 미군정 시대

1945년 8월 15일 광복 이후 미군정 3년간의 구호사업은 주로 북한으로부터 월
남한 피난민과 해외로부터 귀환한 전재민 및 국내 거주의 요구호 빈민들에 대한
식량, 의료 및 주택 등의 공급에 치중하였다.

당시 최소한 200만 명 이상의 요구호자가 군정 3년 동안 계속 존재하였다. 이
와 같은 숫자는 광복 당시 남한 인구 1,600만 명의 12.5%에 이르는 것인데 주로
관청의 행정통계에 따른 것이기 때문에 실제 빈곤인구는 이보다 훨씬 많았을 것
으로 생각된다(이영환, 1989: 431-432).

미군정기의 복지행정은 보건후생부를 중심으로 이루어졌다. 보건후생부는 조
선총독부 경무국 위생과의 명칭을 변경하고 기타 다양한 사회복지관련 업무를 이
관하여 만들어졌는데 ① 위생업무 ② 사변재해의 구제 ③ 일반 빈곤자에 대한 공
공부조 ④ 아동의 후생 및 기타 필요한 보호 ⑤ 노무지의 후생 및 은급제도 ⑥ 주
택문제 ⑦ 귀국 및 실직한 한국인의 보호 및 귀향 ⑧ 기타 한국 내 점령군의 목적
달성에 필요한 공공후생계획 및 경영 등의 업무를 수행하였다(하상락, 1989: 84).
그러나 미군정의 구호행정은 이재민과 빈궁민들에 대한 의식주 제공 등의 응급구

제를 위주로 하는 소극적인 것이었다.

한편, 미군정 기간 동안 복지에 대한 행정대책이 크게 부족하였던 관계로 무계획적인 민간 구호단체와 시설이 증가하였고 외국자선단체와 기관들도 많이 들어왔다.

3. 정부 수립과 1950년대

1948년 8월 15일 대한민국 자유당 정부가 수립되고 제1공화국이 출범하자 보건후생부 및 노동부를 병합하여 사회부로 개칭하고 보건, 후생, 노동 및 부녀 등에 관한 행정을 관장하였다. 그 후 1949년 3월에 보건부가 창설되어 사회부에서 관장하던 보건행정을 분할하여 주관하게 되었다. 1955년 2월에 보건 및 사회 양부는 다시 보건사회부로 통합되어 양부의 관장사업은 보건사회부의 주관사업이 되었다.

정부 수립 당시 제정된 우리나라 헌법 제19조에는 "노령, 질병, 기타 근로능력이 없는 자는 법률이 정하는 바에 의하여 국가의 보호를 받는다."라고 하여 국민의 생존권을 명문으로 규정하고 있다. 그러나 이 헌법이 규정한 국민의 생존권을 보장하는 관계 법률이 제정도 되기 전에 1950년 6 · 25전쟁이 돌발하여 구호행정에서 신생 대한민국으로서는 도저히 물적으로나 인적으로 감당하기 곤란한 일대 궁지에 빠지게 되었다(하상락, 1989: 87-88). 즉, 요구호자는 일시에 거대한 수로 급격히 증가하는 반면, 소요 물자와 자금은 이에 반비례하여 극히 제한되어 있어 동란 중에는 주로 요구호자들의 최소한의 생명유지를 위한 응급구호에 치중할 수밖에는 별 대책이 없었다.

1951년 3월에 전국 난민 일제등록을 실시한 결과, 전국적으로 782만여 명의 구호대상자가 생겼으며 1952년과 1953년에는 더욱 증가하였다(하상락, 1989: 90). 정부는 재정부족 때문에 요구호자 구호를 위해 외국원조단체들의 협조를 받지 않을 수 없었다. 응급구호는 미군정 때부터 한국을 원조하고 있던 또는 전시에 한국정부를 지원하던 국제원조처, 경제협력처, 전시 긴급원조 한국민간구호단

체, UN 한국재건단 등의 외국원조단체와 긴밀한 협조하에 중앙구호위원회를 조
직하여 시행되었고 지방에서도 각급 구호위원회를 조직하여 중앙구호위원회의
지휘감독하에 부산 지역에 피난민 수용소를 설치하여 수용보호하는 한편, 거제
도와 제주도에는 집단 수용소를 설치하여 피난민 응급구호에 임하였다(김만두·
한혜경, 2000: 91).

  6·25전쟁으로 시설수용보호를 필요로 하는 난민이 다수 출현하였다. 이와 같
은 사회적 요구에 따라 고아시설, 양로시설, 모자원 등의 각종 후생시설이 휴전
협정 성립 후에 급속히 증가하여 1959년에는 총 686개의 각종 시설이 설립되었
다(하상락, 1989: 92).

  6·25전쟁은 우리나라 사회복지에 두 가지 큰 변화를 가져오게 하였는데, 첫째
는 정부 수립 후 단계적·계획적으로 준비되어 왔던 사회부의 모든 정책이 6·25전
쟁으로 무산되어 버린 채 임시적·응급적 정책으로 전락되었다는 점이고, 둘째는
막대한 외국 원조로 우리 사회에 의존적 구제방식을 심화시켜 놓았다는 점이다
(손준규, 1983: 32). 이와 같이 1960년대 이전까지의 우리나라 사회복지는 임시 응
급구호에 급급하였으며 근대적인 사회복지제도가 제대로 자리를 잡지 못하였던
시기다.

  한편, 이 시기에 미국식 전문 사회사업교육이 도입되기 시작하였고(이화여대,
중앙신학교, 서울대 등) 1957년에는 국립사회사업종사자훈련원(국립사회복지연수
원의 전신)이 개원되어 사회사업종사자 훈련과 교육이 중앙정부 차원에서 시작되
었고 1952년에는 한국사회사업연합회가 창립되었다.

4. 2·3·4공화국 시대

1) 2·3공화국

  1960년 4·19혁명을 통해 자유당 정부를 붕괴시키고 등장한 제2공화국 민주
당 정부는 나름대로 자주적이고 민주적인 발전의 길을 모색하였으나 반목과 대

립 속에서 정치 · 사회적 혼란이 그칠 줄 몰랐고 그 와중에서 무정부적 아노미 현 상을 청산한다는 명분으로 1961년 5월 16일 군부가 쿠데타를 일으켜 성공하였다. 군사정부는 절대 빈곤에서 해방시킨다는 정치적 혁명공약의 실천을 위해 1962년 부터 제1차 경제개발 5개년 계획을 추진하였고 1963년 공화당 정부인 박정희 대 통령의 제3공화국이 출범하였다.

1962년부터 시작한 경제개발로 도시화 및 공업화 현상이 나타나고 도시빈곤 층, 가출 및 비행, 미혼모문제, 주택 부족 등의 과거와는 다른 여러 가지 사회문 제들이 서서히 드러나기 시작하였다. 그러나 당시 정부당국자들은 사회복지 제 공에 대해서 소극적인 입장을 취하였는데 그 이유는 한정된 재원을 경제개발에 집중하기 위해서였다. 한편, 노동자 계층의 경우도 미성숙으로 인해 노조의 조직 력이 미약했고 노동자 계층의 권익을 추구하기 위한 이익표출은 거의 없었으며 일반 국민의 경우도 사회복지에 대한 이해나 주장은 거의 없었다.

1960년대, 특히 군사정부 시절 정부는 단지 국민의 새로운 신뢰를 얻고 이전의 정부와 다르다는 것을 보여 주기 위해 여러 가지 사회복지 관련법들을 제정 · 공 포하였다. 관련법들을 소개하면 사회보험 부문에서 공무원연금법(1960), 선원보 험법(1962), 군인연금법(1963), 산업재해보상보험법(1963), 의료보험법(1963)이 제정되었고 공공부조의 부문에서 생활보호법(1961), 군사원호보상법(1961), 재해 구호법(1962), 국가유공자 및 월남 귀순자 특별보호법(1962), 사회서비스 부문에 서 아동복리법(1961), 윤락행위 등 방지법(1961), 자활지도에 관한 임시조치법 (1968) 등이 제정되었으며, 그 밖에 특히 1963년엔 사회보장에 관한 법률이 제정 되었다.

이와 같이 1960년대에 우리나라는 전례 없이 사회보험 및 생활보호를 중심으 로 한 근대적인 사회복지 법제를 마련하였다. 물론 이와 같은 사회복지 법제는 그 내용상으로는 비교적 장기적인 안목과 효율적인 합리성이 부족하였지만 적어도 형식적인 사회복지 법제의 도입이라는 측면에서는 신기원을 이룩하였으며 지금 까지의 구빈적 · 단편적 성격으로부터 벗어나 국가중심의 체계적인 사회복지제 도로 자리 잡는 계기가 되었으나(장인협, 1986: 101) 제도의 시행 측면에서는 성공 적이지는 못하였다.

한편, 1952년에 창립된 사단법인 한국사회사업연합회는 1961년 사단법인 한국사회복지사업연합회(현 한국사회복지협의회)로 명칭을 바꾸면서 그 기능을 확대 개편하였고 1967년엔 한국사회사업가협회(현 한국사회복지사협회)가 창립되었다. 사회복지시설 현황을 보면, 1968년도에 총 617개소에 7만 2,628명이 수용되어 있었는데 그중에 국공립시설은 18개소에 불과하고 나머지(87.4%)는 민간시설이었다. 또 617개소 중 아동시설이 525개소(85.1%), 양로와 장애인 시설이 59개소이고 모자시설은 33개소로 아동시설이 시설사회사업의 중심을 이루었으며(김덕준 외, 1977: 67), 많은 시설이 외국 민간원조단체의 원조를 받았다.

2) 4공화국

1970년대 초 박정희 대통령이 유신헌법을 만들어 대통령의 권한을 대폭 강화하고 유신체제를 유지하자 이에 대한 체제 도전이 끊임없이 일어났다. 따라서 체제의 정통성 확립을 위해 무언가 최소한 국민들에게 지지를 받을 수 있는 유인을 제공하지 않으면 안 되는 정치적 상황이었다. 경제 · 사회적 상황을 보면 1960년대 제1차 및 제2차 경제개발 5개년 계획이 성공적으로 수행됨으로써 산업화, 도시화 현상이 나타나기 시작했고 절대 빈곤에서 탈피하여 고도의 경제성장을 이룩하였지만 산업화, 도시화 현상은 필연적으로 각종 사회문제를 속출하였다. 특히 빈부의 격차가 심해져 상대적 박탈감 및 위화감이 사회에 팽배하여 사회적 불안이 조성되었다. 이런 상황하에서 1972년부터 시작된 제3차 경제개발 5개년 계획에서는 사회개발 계획도 병행추진하도록 해야 한다는 보건사회부의 주장이 있었으나 실현되지 못하였다. 그러나 제3차 경제개발 5개년 계획이 성공하여 경제개발이 절정을 이루자 1977년 제4차 경제개발 5개년 계획부터는 본격적으로 사회개발정책을 병행하는 국가정책을 수행하게 되었다.

1970년대 제정된 사회복지 관련법들을 소개하면, 사회보험 부문에서 사립학교교원연금법(1973), 국민복지연금법(1973), 개정의료보험법(1976), 공무원 및 사립학교 교직원 의료보험법(1977)이 제정되었고, 공공부조 부문에서는 재해구제에 따른 의사상자 구호법(1970), 의료보호법(1977), 월남귀순자 특별보상법(1978)

이 제정되었으며, 사회서비스 부문에서는 사회복지사업법(1970)이 제정되었다.

　위의 제도 중 사립학교교원연금법과 공무원 및 사립학교 교직원 의료보험법은 국가 건설과 유지에 필수적인 공무원과 교직원을 배려한다는 취지에서 제정되었다. 국민복지연금법은 그 당시 법만 제정해 놓고 실시하지 못하였는데, 그 이유는 그 제도의 수립목적이 중화학 공업을 위한 내자조달의 수단이라고 국민들에게 인식되어 국민의 지지와 호응을 받지 못하였기 때문이다. 1963년 제정되었다가 시행되지 못한 의료보험법은 그 내용을 개정하여 1976년에 재제정되어 1977년부터 500인 이상 사업장 근로자를 대상으로 실시되었으며 그 후 공무원 및 사립학교 교직원 의료보험법이 제정 · 시행되었고 저소득층 의료보장을 위해 의료보호법도 제정 · 시행되었다. 이와 같은 의료보장제도는 산업사회의 도래로 생겨난 국민들의 당면 욕구를 충족시키고 건강을 증진시킴으로써 국가적 이익과 사회적 통합을 가져온다는 제정 동기를 엿볼 수 있다. 한편, 1970년 사회복지사업법이 제정 · 시행되면서 그간 재단법인 등에서 운영해 오던 사회복지 사업체들의 모법인이 사회복지사업법에 규정된 사회복지법인으로 변경됨으로써 사회복지 사업 운영의 기반과 질서가 확립되었으며 사회복지 시설과 단체들이 정부의 보조를 받을 수 있게 되었다(구종회, 1999: 581).

　또한 이 시대는 민중 수준에서 서민 근로자들의 최초의 노동운동으로서 민주노조 운동이 시작되었다고 할 수 있으며 외원단체의 원조활동이 점차로 줄고 정부의 재정 부담이 늘어나면서 사회복지제도의 토착화의 기반을 조성하였다(구종회, 1999: 584). 그리고 1970년에 사단법인 한국사회복지사업연합회의 명칭이 현재의 사회복지법인 한국사회복지협의회로 변경되었고, 1977년에는 한국 사회사업가협회가 사단법인 한국사회사업가협회(1985년 사단법인 한국사회복지사협회로 명칭 변경)로 개칭되었다.

5. 5 · 6공화국 시대

　1979년 10 · 26사건으로 박정희 대통령의 유신체제가 종말을 고하고 1980년

5·17군사 쿠데타로 전두환 대통령의 제5공화국이 집권하였다. 제5공화국은 민주주의 토착화, 정의사회구현, 교육혁신 및 문화창달과 더불어 복지사회의 건설을 국정지표로 내세웠고 1982년부터 시작된 제5차 5개년 개발계획에서도 경제와 사회의 균형적인 발전을 기본목표로 삼았다.

제5공화국은 체제의 정통성 확보를 위한 노력의 일환으로 일단의 사회복지 입법을 단행하였다. 이를 소개하면 사회서비스 부문에서 사회복지사업기금법(1980), 심신장애자복지법(1981), 노인복지법(1981)을 제정하였고 아동복리법은 아동복지법으로 전부 개정하였으며(1981), 사회복지사업법을 일부 개정하여(1983) 사회복지종사자를 사회복지사로 명칭 변경하였고 사회복지사 자격을 1급, 2급, 3급으로 구분하였다. 그리고 공공부조 부문에서는 생활보호법을 전부 개정하여(1983) 생활보호 유형에 자활보호와 교육보호를 추가하였고 그 밖에 최저임금법(1986)을 제정하였다. 사회보험 부문에서는 제정만 하고 시행하지 못했던 국민복지연금법을 폐지하고 국민연금법을 새로 제정(1986)하였다.

한편, 제5공화국 후반부터는 한국형 복지모형이 등장하기 시작하였다. 한국형 복지모형이 등장하게 된 배경은 1970년대 중반 이후 선진복지국가에서 복지국가 위기론이 대두되고 있었기 때문에 한국에서도 자칫 잘못하면 복지병을 유발할 수 있다는 정책관련자들의 우려 때문이었다고 볼 수 있다(구종회, 1996: 585-586). 이러한 한국형 복지모형은 제6차 경제사회발전 5개년 계획(1987~1991)과 맥락을 같이하고 있다. 제6차 계획의 기본 방향은 ① 우리의 경제·사회 발전 수준에 맞는 복지시책이어야 하고, ② 가족과 지역사회의 복지기능을 최대한 조장하며, ③ 자립정신에 입각한 복지시책을 전개하고, ④ 민간의 복지자원을 최대한 동원한다는 것 등이다. 이리하여 1980년대 후반부터는 시설 수용 위주의 복지사업으로부터 탈피하여 지역복지와 재가복지가 강조되기 시작하였다.

1988년 출범한 노태우 대통령의 제6공화국은 제5공화국이 약속한 사회보험제도를 대부분 시행하였다. 그것은 국민연금제도의 실시(1988), 의료보험법 개정으로 전 국민 의료보험제도의 실시(1989), 최저임금제도의 시행(1988)이었다(이인재, 1998: 18). 또한 1989년 지방자치법이 제정되고 지방화 시대가 도래하면서 중앙정부 중심의 업무가 지방정부에 이양되기 시작하였다. 그 밖에 제6공화국 정부에서는 모자복지법 제정(1989), 심신장애자복지법을 장애인복지법으로 전부개정(1989), 장애인고용촉진 등에 관한 법률 제정(1989), 영유아보육법 제정(1991), 고령자고용촉진법 제정(1991), 그리고 사회복지사업법 전부 개정(1992)을 통해 일선 행정기관에 사회복지전담공무원을 두고 복지사무전담기구를 설치할 수 있도록 하였다.

제6공화국의 사회복지제도 발전의 특징을 요약하면 다음과 같다.

첫째, 국민연금제도, 최저임금제도 그리고 전국민 의료보험제도의 실시 등 소득 및 의료보장의 확대가 이루어지기 시작하였다. 둘째, 1988년 서울 장애인올림픽대회 이후 장애인 종합대책을 수립하였으며 이어서 장애인 고용촉진 등에 관한 법률을 제정하여 장애인 복지에 대한 변화를 시도하였다. 셋째, 지역복지의 중추적인 서비스 전달체계인 사회복지관 운영이 전국적으로 확대실시되었다. 넷째, 영유아보육법이 아동복지법과는 별도로 제정되면서 영유아보육사업이 크게 부각되었다. 다섯째, 재가복지를 중시하여 재가복지봉사센터가 급격하게 증가되었으며 1987년 사회복지전문요원제도로 시작된 사회복지전담공무원제도를 정착시키는 데 기여하였다.

6. 문민정부 이후

1993년 등장한 김영삼 대통령의 문민정부는 신경제 5개년 계획의 사회복지 부문에서 우리나라 제7차 경제사회발전 5개년 계획 복지정책의 기본방향을 국가발전 수준에 부응하는 사회복지제도의 내실화에 두고 국민복지를 증진시킬 것을 제시하였다. 그러나 사회복지와 관련해서는 소극적으로 대처하다가 1995년 초에 와서야 성장 위주의 정책에서 벗어나 삶의 질과 생산적인 국민복지에 적극적인 관심을 기울여야 할 것이라고 강조하였다.

1997년도 이후 IMF 체제하에서 산업화 이후에 경험하지 못한 경제위기와 대량실업, 빈곤의 문제에 직면하여 1998년 출범한 김대중 대통령의 국민의 정부는

1999년부터는 생산적 복지를 새로운 국정이념으로 제시하면서 빈곤 및 실업대책, 사회보험 통합에 노력을 기울였다. 또한 민간부문에서 시 · 도 사회복지협의회의 독립법인화가 이루어지고 사회복지 공동모금제도가 이루어져 민간 사회복지의 자율성이 강화되었다.

1993년 문민정부 이후 국민의 정부에 걸쳐 제정 또는 개정된 주요 사회복지 관련법들을 소개하면 사회보험 부문에서 고용보험법 제정(1993), 수차례의 국민연금법 개정(1995, 1998, 2000), 국민의료보험법 제정(1997), 국민건강보험법 제정(1999) 및 개정(2000, 2002), 산업재해보상보험법 개정(1999), 공공부조부문에서 생활보호법을 폐지하고 국민기초생활보장법 제정(1999), 의료보호법을 의료급여법으로 전부 개정(2001), 사회서비스 부문에서 정신보건법 제정(1995), 사회복지 공동모금법 제정(1997), 그리고 아동복지법, 노인복지법, 영유아보육법, 장애인복지법, 사회복지사업법을 수차례에 걸쳐 개정하고, 모자복지법을 모 · 부자복지법으로 전부 개정(2002), 그 밖에 과거의 사회보장에 관한 법률을 폐지하고 사회보장기본법을 제정(1995)하였다.

문민정부 이후 국민의 정부에 걸친 사회복지제도의 획기적인 변화는 첫째, 사회보험제도의 정비다. 전 국민을 대상으로 국민연금제도의 확대실시와 더불어 전 사업장에 대한 고용보험제도의 적용, 의료보험의 통합에 따른 국민건강보험제도의 출발 등으로 기존의 산재보험제도를 포함한 4대 보험이 제도로서 정착되었다. 둘째, 공공부조제도로서 국민기초생활보장제도의 도입이다. 국민기초생활보장제도에서는 근로능력의 유무와 관계없이 소득이 최저생계비에 미달하는 국민은 누구나 대상자로 선정될 수 있도록 하였으며 법의 내용 중 보호, 피보호자 등의 용어를 보장, 수급자 등의 권리성 용어로 변경하고 기초생활보장과 근로활동을 연계함으로써 국민최저생활보장을 위한 계기를 마련하였다. 셋째, 사회서비스 관련법의 제정 및 개정 등으로 각종 사회서비스가 지속적으로 확대 · 발전되었으며 사회복지관을 비롯한 민간사회복지조직이 급증하였고, 민간사회복지의 자율성이 강화되었다. 한국사회복지협의회는 지방사회복지협의회를 중앙사회복지협의회와 분리하여 단독 법인화하였고 한국사회복지사협회는 법정 단체화되어 체제를 정비하였다.

2003년 취임한 노무현 대통령의 참여정부는 사회복지정책의 기본 노선으로 참여복지를 표방하였다. 참여복지는 국민의 정부의 생산적 복지를 대체하는 복지이념이라기보다는 이를 계승하여 발전시킨 복지이념으로 보인다(남기민, 2004). 참여정부 출범 후 제정 및 개정된 주요 사회복지 관련법들을 보면, 사회보장기본법 일부 개정(2005), 저출산고령사회기본법 제정(2005), 사회보험 부문에서 국민연금법 전부 개정(2007)을 통하여 군복무 기간을 노령연금 산정 시 가입기간으로 인정하고 세대 간의 형평성을 위해 급여수준을 조정하였으며, 수차례에 걸쳐 국민건강보험법, 산업재해보상보험법, 고용보험법을 개정하였고, 노인장기요양보험법도 제정(2007)하였다. 또한 공공부조 부문에서 여러 차례 국민기초생활보장법, 의료급여법을 개정하였고, 긴급 복지지원법 제정(2005), 기초노령연금법 제정(2007)이 있었다. 그 밖에 사회서비스 부문에서 수차례에 걸쳐 사회복지사업법, 아동복지법, 노인복지법, 장애인복지법을 개정하였으며, 장애인 등에 대한 특수교육법 제정(2007)과 함께 기존의 모·부자복지법을 한부모가족지원법(2007)으로 개정하였다.

참여정부의 사회복지제도의 개혁적 변화를 요약하면 다음과 같다. 첫째, 참여정부의 복지부문에 대한 적극적 정책의지는 '참여복지 5개년 계획'을 비롯하여 '희망한국 21' '비전 2030' 등으로 구체화되어 추진되었다. 또한 사회투자 국가를 근간으로 하는 복지개혁·서비스 강화전략을 추진하였고 지방분권화 정책에 따라 상당수의 사회복지사업이 지방정부로 이양되었다. 둘째, 저출산·고령화 문제를 이슈화시키고 이에 대한 정책대응을 위해 저출산·고령화위원회를 출범시켰으며 '새로마지 플랜 2010'을 통해 출산을 장려하고 노인장기요양보험제도를 도입하였다. 셋째, 국민연금을 비롯한 사회보험제도의 개선, 국민기초생활보장 및 의료급여제도의 개선, 복지 전달체계의 개선 등 기존 사회보장의 내실화 기반을 다지고 긴급복지지원제도, 기초노령연금제도, 근로장려세제(EITC) 등 취약계층의 복지를 강화하였다.

그러나 이와 같은 개혁적 변화의 성과에도 불구하고 참여정부는 복지부담의 형평성과 복지지출의 효율성에 대한 비판에 직면하였다. 2008년에는 보수정당인 이명박 정부가 출범하면서 사회복지정책의 기본노선을 능동적 복지로 표방하였다(대한민국정부, 2008). 능동적 복지는 참여정부의 부자중세와 복지지출의 비효율성에 대한 비판적 시각을 밑바탕에 깔고 경제성장과 사회통합을 함께 추구하는 복지이념으로 볼 수 있는데 능동적 복지는 성장 중심의 국정철학의 산물이라는 비판을 받았다.

이명박 정부 출범 후 제정 및 개정된 주요 사회복지 관련법을 보면 사회보험 부문에서 국민연금과 직역연금의 연계에 관한 법률을 제정(2009)하여 국민연금의 가입기간과 직역연금의 재직기간을 연계하였다. 그리고 국민건강보험법 개정(2009)을 통해 2011년부터 4대 보험의 보험료 징수 업무를 국민건강보험공단으로 일원화하였다. 공공부조 부문에서는 긴급복지지원법 개정(2009)을 통해 5년 한시법이던 이 법을 영속법으로 개정하였고 장애인연금법 제정(2010)을 통해 근로무능력 중증장애인을 위한 무기여 연금제도를 도입하였다. 사회서비스 부문에서는 다문화가족지원법 제정(2008), 장애인 활동 지원에 관한 법률 제정(2011), 장애인아동복지지원법 제정(2011), 노숙인 등의 복지 및 자립지원에 관한 법률 제정(2011), 치매관리법 제정(2011), 사회서비스 이용 및 이용권 관리에 관한 법률 제정(2011), 사회복지사업법 일부 개정(2012)을 통해 시설이용자의 인권보호와 법인 및 시설 운영의 투명성을 강화하였다. 그 밖에 사회복지사 등의 처우 및 지위향상을 위한 법률 제정(2011), 사회보장기본법 전부 개정(2012)을 통해 사회보장제도를 확대 · 재정립하였다.

이명박 정부의 사회복지제도의 특징은 첫째, 국민연금과 직역연금의 연계급여를 통해 공적연금의 사각지대를 해소하고 사회보험료 징수업무를 일원화함으로써 징수업무의 효율화를 기하였다. 둘째, 한시법이던 긴급복지지원법을 영속법으로 개정하고 복지사각지대에 있던 근로무능력 중증장애인을 위한 장애인 연금제도를 도입함으로써 공공부조제도를 강화하였다. 셋째, 장애인에 대한 세부적인 일련의 복지제도를 마련하고 다문화가족, 노숙인, 치매환자를 위한 복지입법을 통해 취약계층에 대한 복지제도를 강화하였다. 그리고 사회서비스 이용, 즉 바우처 사업이 사회서비스 분야에서 활성화되는 것에 대응하여 그 법적 근거를 마련하고 시설이용자의 인권보호와 법인 및 시설 운영의 투명성을 강화하였다. 넷째, 지방자치단체의 복지업무를 지원하는 사회복지통합관리망(행복e음)의 구축 등 전달체계를 개편하였으며 부처 간 복지정보 연계를 위해 사회보장정보시스템을 개통하는 등 사회복지정보화를 중점 추진하였다. 다섯째, 국가와 지방자치단체가 사회복지사 등의 처우와 지위향상을 위하여 지속적 · 적극적으로 노력하도록 책무를 부여하고, 사회복지사 등의 처우를 개선할 수 있는 법적 근거를 마련하였고, 국민의 보편적 · 생애주기적 특성에 맞게 소득과 사회서비스를 함께 보장하는 방향으로 사회보장기본법을 전부 개정하였다.

2013년에는 박근혜 정부가 출범한 이후 5대 국정목표로 ① 일자리 중심의 창조경제 ② 맞춤형 고용-복지 ③ 창의 교육과 문화가 있는 삶 ④ 안전과 통합의 사회 ⑤ 행복한 통일시대의 기반구축을 제시하였다. 또한 2014년 8월에 발표된 제1차 사회보장기본계획(2014~2018)을 보면 '다양한 사회적 위험으로부터 국민을 보호하고 지원함으로써 국민 모두가 행복한 사회를 보장한다'는 비전과 ① 생애주기별 맞춤형 사회안전망 구축 ② 일을 통한 자립지원 ③ 지속 가능한 사회보장 기반구축이라는 3대 정책목표와 핵심가치로 '맞춤형 고용-복지'를 천명하고 있다(관계부처합동, 2014). 그러나 박근혜 정부 집권 2주년을 맞이하여 대선 공약으로 제시한 '증세 없는 무상복지'가 논란이 되었다. 무상보육, 무상급식, 기초연금과 같은 주요 복지영역이 쟁점이 되고 있는데, 박근혜 정부는 증세 없이 무상복지를 축소할 것인지, 증세를 통해 무상복지를 계속해 나갈 것인지 선택의 기로에 서 있다.

참 · 고 · 문 · 헌

관계부처합동(2014). 제1차 사회보장기본계획(2014~2018).
구자헌(1970). 한국사회복지사. 서울: 한국사회복지연구소.
구종회(1999). 한국의 사회복지발달사. 선진국사회복지발달사. 서울: 홍익재.
권오구(1994). 사회복지발달사. 서울: 홍익재.
김덕준 · 김영모 · 이명흥 · 지윤 · 강만춘(1977). 신사회사업개론. 서울: 한국사회복지연

　　　구소.

김만두 · 한혜경(2000). 현대사회복지개론. 서울: 홍익재.

김태성 · 김진수(2001). 사회보장론. 서울: 청목출판사.

남기민(2004). 사회복지정책론. 서울: 학지사.

남기민 · 홍성로(2014). 사회복지법제론(제5판). 파주: 공동체.

남세진 · 조홍식(1995). 한국사회복지론. 서울: 나남출판.

대한민국정부(2008). 이명박 정부 100대 과제. 국무총리실 · 문화체육관광부.

류진석(1989). 일제시대의 빈곤정책. 한국사회복지사론. 서울: 박영사.

손준규(1983). 사회보장 · 사회개발론. 서울: 집문당.

이영환(1989). 미군정기의 구호정책. 한국사회복지사론. 서울: 박영사.

이인재(1998). 사회복지정책의 평가와 과제. 한국 사회복지의 현황과 쟁점. 서울: 인간과
　　　복지.

장인협(1986). 사회복지학개론. 서울: 서울대학교 출판부.

하상락(1989). 한국 사회복지사의 흐름. 한국사회복지사론. 서울: 박영사.

한국보건사회연구원(2007). 보건복지포럼, 11월호.

한국사회복지사협회(1999). 사회복지기관 · 단체현황. 서울: 한국사회복지사협회.

제3부

사회복지정책의
과정과 분석틀

제7장

사회복지정책의 과정

정책은 복잡하고 동태적인 과정을 거쳐 이루어지며 또한 몇 단계의 연속적인 과정으로 이루어진다. 〈표 7-1〉에서 보듯이 Kahn은 사회복지정책과정을 기획의 선동, 탐색, 기획과제의 정의, 정책형성, 프로그램화, 평가 및 환류의 6단계로, DiNitto는 정책문제의 확인, 정책대안의 형성, 정책의 정당화, 정책의 집행, 정책의 평가라는 5단계로, Freeman과 Sherwood는 기획, 프로그램개발과 집행, 평가라는 3단계로, Gilbert, Specht 및 Terrell은 문제확인, 문제분석, 공중홍보, 정책목표의 개발, 공중지지의 형성과 정당화, 프로그램설계, 집행, 평가와 사정이라는 8단계로 구분하고 있다(Gilbert, Specht, & Terrell, 1993: 23-24).

〈표 7-1〉과 같이 학자마다 정책과정의 단계를 각기 다르게 분류하고 있지만 그 내용을 살펴보면 어느 정도 공통적인 내용을 담고 있다. 이 장에서는 사회복지정책의 과정을 정책의제의 형성, 정책대안의 형성, 정책결정, 정책집행, 정책평가의 5단계로 분류하고 이에 대해 살펴보기로 한다.

〈표 7-1〉 정책과정의 단계

Kahn 기획과정	DiNitto 정책형성과정	Freeman & Sherwood 정책개발과정	Gilbert 외 2인 정책형성과정
1. 기획의 선동 2. 탐색 3. 기획과정의 정의 4. 정책형성 5. 프로그램화 6. 평가 및 환류	1. 정책문제의 확인 2. 정책대안의 형성 3. 정책의 정당화 4. 정책의 집행 5. 정책의 평가	1. 기획 2. 프로그램개발과 집행 3. 평가	1. 문제확인 2. 문제분석 3. 공중홍보 4. 정책목표의 개발 5. 공중지지 형성과 정당화 6. 프로그램설계 7. 집행 8. 평가와 사정

1. 정책의제의 형성

사회문제가 존재한다고 해서 모두 다 곧바로 사회복지정책으로 연결되는 것은 아니다. 이와 같은 사회문제의 해결을 정부에 대하여 요청하는 구체적인 행동, 즉 요구가 있어야 한다. 예를 들어, 무의탁 노인들의 비참한 생활을 문제로 인식한 사람들이 그 문제를 공공의 차원에서 해결해 달라고 캠페인을 벌인다든가, 정부 관계부서에 사회복지제도나 정책상의 결함을 시정해 달라고 청원을 한다든가하는 경우에 그 문제는 하나의 요구가 되는 것이다. 정부당국에 사회문제의 해결에 관한 요구가 성공적으로 투입되면 그것은 정책담당자들의 관심을 받으면서그 해결방법들이 논의되는데 이때 정책담당자들의 논의가 이루어지는 이슈가 된정책문제를 정책의제라 한다. 이는 마치 국회에서 공식적인 토의를 위해 채택한안건 또는 의안과 비슷하다.

이와 같이 우리 사회의 다양한 사회문제 중에서 정부가 해결해야 할 공적인 정책문제로 채택되는 과정을 정책의제의 형성(agenda setting 또는 agenda building)이라고 한다(유훈 외, 1982: 26). 사회문제가 정책의제로 채택되기까지에는 많은과정을 거친다. 사회문제가 정책의제에 논의되도록 하기 위해서는 정치적 논점으로 부각시킬 필요가 있다. 이때 정치적 논점으로 부각된 문제나 요구를 이슈라 부른다(송근원·김태성, 1995: 39). 사회문제가 이슈화되면 일반 국민들의 관심을 끌기 때문에 쉽게 정책의제로 설정될 수 있다. 그러나 많은 경우 사회문제는 이슈화되지 못한다. 그 이유는 사회문제가 정치적으로나 경제적으로 힘이 약한 사람들의 문제이기 때문이다.

　따라서 사회문제를 이슈화하여 정부당국의 정책의제에 오르도록 하기 위해서 사회문제의 이슈화 전략이 필요한데, 첫째, 사회문제를 제기할 때 국민들의 감정에 호소하는 보다 강력한 상징을 사용하여 국민들이 그 문제에 보다 많은 관심을 쏟을 수 있도록 만드는 것이 좋다. 둘째, 사회문제를 제기할 때 현저하게 이슈로 등장한 다른 문제와 연계시키면 그 문제를 보다 쉽게 이슈화시킬 수 있다. 셋째, 이슈화하려는 사회문제와 관련된 사건이 일어났을 때 때를 놓치지 않고 그 사회문제를 제기한다(송근원·김태성, 1995: 51-52).

　사회문제의 이슈제기자는 클라이언트 자신, 사회복지사, 언론, 정치인 등이 있다. 특히 사회복지사는 클라이언트와 접촉하는 전문가이기 때문에 클라이언트의 문제에 대해서도 잘 알고 있고 그 문제의 사회적 해결의 필요성에 관해서도 잘 알고 있으며 그러한 문제의 해결을 지향하는 의지도 강한 사람이다. 따라서 사회복지사는 사회문제의 이슈제기자로서 가장 중요한 역할을 담당해야 하는 사람이다(송근원·김태성, 1995: 54).

　사회복지사는 때때로 클라이언트를 대리하여 직접 사회문제를 이슈화시키는 대리인의 역할을 담당하거나 언론 및 정치인들을 동원하여 사회문제를 이슈화시키는 동원자의 역할을 담당하기도 한다. 또한 정부로 하여금 사회문제의 해결에 자원을 배분하도록 압력을 행사하는 역할을 담당하기도 하고 클라이언트와 지역주민을 포함한 일반 국민, 그리고 정부와의 관계 속에서 행해야 할 조정자의 역할을 담당하기도 한다. 한마디로 말해서 사회문제를 이슈화시켜 정부당국의 정책의제 위에 올려놓는 데 최적격인 사람들이 사회복지사들이다. 이와 같은 사회복지사의 역할은 사회복지사 개개인으로는 힘들고 사회복지사들의 집합체인 사회복지사협회를 통해서 이루어지는 것이 바람직하다.

2. 정책대안의 형성

정책대안의 형성과정이란 정책문제와 문제를 둘러싼 상황을 파악하고, 정책목표를 세우고, 그 목표를 달성할 수 있는 정책대안들을 탐색하고 개발하며, 어떠한 정책대안이 가장 바람직한 것인가를 비교하고 분석하는 과정을 의미한다. 정책대안의 형성과정은 문제의 해결방안에 관한 모색 과정이자 정책결정자를 위하여 정보를 제공하는 과정이다. 또한 문제를 해결하는 가장 효과적인 정책대안들을 개발하여 비교·검토하는 과정이므로 비교적 비정치적인 성격을 띠며, 합리적·기술적 성격을 띤다. 이들을 좀 더 구체적으로 살펴보면 다음과 같다(송근원·김태성, 1995: 97-106).

1) 문제와 상황의 파악

정책문제화된 사회문제와 그 문제를 둘러싼 상황을 정확하게 파악하기 위해서는 사회복지 분야에서 그 문제를 다루는 전문가나 학자 또는 관료와의 면담이 필요한 경우도 있고 그러한 문제에 관련된 문헌조사를 할 수도 있다. 또는 클라이언트와 이해관계자들을 대상으로 하여 현지조사를 할 수도 있다. 이때 다음과 같은 다섯 가지 사항이 고려되어야 한다(송근원·김태성, 1995: 98-99). 첫째, 다루고자 하는 사회문제의 원인이 그 문제로 고통받고 있는 사람들에게 있는지, 아니면 사회제도에 있는지를 파악해야 한다. 둘째, 그 사회문제가 미치는 영향이 관련 당사자들에게만 국한된 것인지, 아니면 다른 사람들에게도 영향을 미치는지, 그리고 영향을 미친다면 어느 정도 미치고, 영향을 받는 사람들이 이를 심각하게 인식하고 있는지를 파악해야 한다. 셋째, 그 사회문제를 인식하고 있는 사람들은 얼마나 되며 어떤 해결방법을 원하는지를 파악해야 한다. 넷째, 그 사회문제가 사람들의 힘으로 해결할 수 있는지의 여부와 해결에 드는 비용이나 자원조달방법은 무엇인지를 파악해야 한다. 다섯째, 그 사회문제가 어느 정도 사회적 중요성을 띠고 있으며, 어느 정도의 정치적 성향을 가지는가에 관한 판단이 필요하다.

2) 정책목표의 설정

사회문제와 상황을 파악한 후에 해야 할 일은 미래예측을 통한 사회복지 정책목표의 설정이다. 이 목표설정의 과정은 세워진 사회복지정책의 일반적 목표설정과 이를 구체화하는 과정을 말한다. 일반적 목표의 구체화 과정 속에서 상위목표는 하위목표와 연결되는데 하위목표들은 가능한 한 양적으로 측정 가능하도록 정의할 필요가 있다. 이때 상위목표와 하위목표의 관계는 목표-수단관계로서의 계층 형태를 띤다. 사회복지정책의 목표설정에서 고려해야 하는 주요 요인은 ① 클라이언트와 비용부담자 및 국민들의 이해관계 ② 정책문제의 특성 ③ 목표의 종류 및 성격, 단일목표 또는 복수목표, 장기목표 또는 단기목표, 거시적인 목표 또는 미시적인 목표, 사회 전체적인 목표 또는 지역에 국한된 목표 ④ 다른 목표와의 관계 ⑤ 목표가 기초하고 있는 가치 등이다.

3) 대안의 탐색 및 개발

사회복지정책의 목표가 설정되면 그 정책수단으로서의 해결방법들, 곧 정책대안들을 만들어 내야 한다. 정책대안을 만들기 위해서는 문제, 상황, 미래에 대한 정보를 수집하여 종합적으로 검토·분석하여야 한다.

사회복지 정책대안을 개발하는 방법으로서는 첫째, 사회문제와 관련된 과거의 정책이나 현존 정책을 검토하는 방법이 있다. 특히 점증주의적 입장에 있는 정책분석가들은 현재의 정책을 약간 수정한 것이 가장 좋은 정책대안이라고 본다. 이러한 방법은 과거나 현재의 정책집행 결과에 비추어 미래의 정책과정에 나타날 수도 있는 여러 가지 결과들을 미리 어느 정도 예측할 수 있다는 장점이 있으나 정치적·경제적·사회적 상황의 변화 때문에 잘못하면 시행착오를 범하기 쉽다. 둘째, 외국의 정책사례를 검토하는 방법이 있다. 정책문제로 채택된 사회문제에 관한 이전의 정책경험이 없는 경우, 외국의 정책사례에서 많은 아이디어를 얻어 정책대안을 개발할 수 있다. 그러나 이 방법을 사용할 경우 정치적·경제적·사회적·문화적 상황의 차이 때문에 예상된 결과를 얻지 못하는 경우가 있다. 셋째,

사회복지학, 사회학, 경제학, 정치학 등 사회과학적 지식이나 이론으로부터 대안을 추론해 내는 방법이다. 특히 사회문제의 인과관계에 관한 이론들은 사회문제 해결을 위한 사회복지정책의 대안을 만들어 내는 데 유용하다. 넷째, 주관적인 판단하에 만들어 내는 직관적 방법이 있다. 이는 보통 정책대안에 관한 선례나 전문지식 및 상황에 대한 정보가 부족할 때 사용하는 방법이지만 부정확하고 얼토당토 아니한 대안이 될 가능성이 있다.

4) 대안의 비교분석

정책대안들이 형성되면 이들은 여러 가지 기준에서 분석되고 대안의 시행 시 나타날 결과를 예측하며 다른 대안들과 비교·평가된다. 그러나 대안 분석 시 여러 가지 이유로 제시된 모든 정책대안을 다 분석하는 경우는 드물다. 예컨대, 분석에 드는 비용의 한계, 시간의 제약, 기술상의 문제점 등의 이유 때문에 제시된 정책대안들을 모두 분석할 수는 없다.

따라서 본격적인 분석 이전에 예비분석을 통하여 본격적으로 검토할 대안들을 찾아내는 추리기 작업이 이루어진다. 추리기 과정에서 일반적으로 많이 사용하는 기준은 실현 가능성(feasibility)과 바람직성(desirability)이다. 실현 가능성에는 기술적 실현 가능성과 정치적 실현 가능성의 두 가지 의미가 다 포함된다. 바람직성은 어떤 대안의 예측된 결과가 다른 대안의 결과에 견주어 볼 때 더 나은지 못한지에 관한 것이다. 바람직성을 측정하는 기준으로는 효율성, 효과성, 형평성 등이 있다.

예비분석 후에 추려진 대안들은 각각 가지고 있는 장단점, 비용, 효과 등의 측면에서 보다 자세히 분석되는데, 이때 사용하는 방법이 정책분석기법들이다. 정책대안의 분석방법에는 체제분석, 관리과학, 운영연구(OR) 등의 분야에서 발전시킨 여러 가지 기법이 있다.

3. 정책결정

정책결정이란 일반적으로 볼 때 권위 있는 정책결정권자가 문제해결을 위해 제시된 여러 가지 대안들 가운데 하나를 선택하는 행위 또는 과정을 말한다(송근 원, 1994: 196). 사회문제를 해결할 수 있는 사회복지정책의 대안들 가운데 어떤 것은 정책결정자가 채택하고 어떤 것은 채택하지 않는다. 여기에서는 정책결정 의 특성과 이론모형들을 살펴보기로 한다.

1) 정책결정의 특성

정책결정은 대안의 선택과정이기 때문에 다른 정책과정과는 그 성격이 전혀 다르다. 이를 간략히 살펴보면 다음과 같다.

첫째, 정책결정은 아무나 하는 것이 아니라 정책결정을 할 수 있는 권한을 가 진 사람만이 할 수 있다. 따라서 권위 있는 정책결정자가 결정한 정책은 권위를 갖는다. 둘째, 정책결정은 제안된 여러 정책대안들 가운데 사회 여러 세력의 이 해관계 속에서 정책결정자가 최종 해결대안을 선택한다는 점에 그 특성이 있다. 셋째, 정책결정은 정책결정자가 여러 정책 대안들 가운데 하나를 선택할 때 사회 전체적인 공익을 기준으로 삼아야 하기 때문에 공익성을 띤다. 넷째, 정책결정이 공익성을 띤기 하지만 문제를 둘러싼 사회세력들 사이의 타협의 산물이기 때문 에 해당 문제의 해결만을 고려하는 것이 아니라 다른 정책과의 관계 및 장래의 사 회적 상황 변화 등 사회 전체적인 입장에서 거시적 시각이 필요하다.

2) 정책결정의 모형

정책결정에 관한 모형들은 정책결정이 어떻게 이루어지는가를 설명하기 위해 서 고안된 모형들로서 사회복지 정책결정에도 적용할 수 있다. 정책결정의 모형 으로서 지금까지 여러 가지 모형이 제시되었으나 가장 대표적인 것을 들면 다음과 같다(강욱모 외, 2002; 박동서, 1984: 180-183; 안해균, 1982: 255-277; 최성재 · 남
기민, 2000: 213-217).

(1) 합리모형

합리모형은 인간이 이성과 합리성에 근거하여 결정하고 행동한다는 전제를 갖
고 있다. 정책결정자는 문제를 명확히 인식하고 명확한 목표를 세우며 문제를 해
결하기 위한 모든 대안을 작성하고 각 대안이 초래할 결과를 모든 가능한 정보를
동원하여 분석하고 예측하여 각 대안을 비교 · 평가함으로써 최선의 대안을 선택
한다는 것이다. 이 모형은 규범적 · 이상적 접근방법에 속한다.

이 모형은 정책결정에 관한 연구가 별로 이루어지지 않았던 초창기에 생겨난 모
형이다. 정책결정을 너무나 안이하게 낙관적으로 생각하고, 인간의 전능성(全能
性)을 전제로 하고 있기 때문에 현실적으로 적용 가능성이 없는 것이며 근래의 모
든 연구는 결국 이를 수정하는 데 있다고 하는 점에서 동일성을 찾아볼 수 있겠다.

합리모형이 받고 있는 비판은 첫째, 모든 정보를 동원할 수 있고 모든 대안을
비교 · 평가할 수 있다고 하지만 그렇게 하기엔 인간의 능력은 한계가 있고 시간
적으로도 너무 긴 시간을 필요로 하며 대안의 결과는 장래의 것이므로 불확실하
고 완전하게 예측할 수 없다. 둘째, 현실적으로 보면 어느 한 대안이 합리모형에
서 이야기하는 합리적 절차에 따라 최선의 것으로 판명된다고 하더라도 그 외의
어느 대안이 과거에 채택 · 실시되어 이미 많은 자원이 투입되어 있는 경우엔 합
리적인 새 대안으로 채택하기보다는 과거의 그 대안을 계속 채택하는 경우도 있
다. 셋째, 인간이 아무리 이성적이고 합리성이 있다 하더라도 현실적으로 여러
가지 제약요건들 때문에 정책결정자는 환경과의 타협 등을 통해 어느 정도 만족
할 만한 수준에서 노력을 그치게 된다.

(2) 만족모형

March와 Simon(1958)이 주장한 만족모형은 합리모형의 현실적 제약점을 극복
하기 위해 제시된 것이다. 이 모형은 합리모형과는 달리 완전무결한 합리성이 아
닌 제한된 합리성에 기초하고 있다는 데 그 특색이 있다. 즉, 정책결정자가 어떤

결정을 하는 경우 최대 한도로 최선의 대안을 위한 노력을 한다고 일반적으로 기대할 수 없으며 현실적으로 만족할 만한 수준에서 대안을 찾는 것으로 그친다는 것이다. 이처럼 만족모형은 보다 현실적인 정책결정의 세계를 설명하려는 데 그 의의가 있다. 이 모형을 현실적 · 경험적 접근방법의 범주에 넣는 이유도 바로 여기에 있다.

그러나 이 모형은 다음과 같은 문제가 있다. 첫째, 지나치게 주관적이라는 비판을 모면하기 어렵다. 어느 정도 현실적으로 만족할 만한 수준에서 선택되는 대안 역시 어느 정도 심리적 만족을 주는 것이면 된다고 하지만 그 만족의 정도를 결정지어 주는 객관적 척도가 없다. 둘째, 만족모형에 입각하여 어떤 대안이 선택된다 하더라도 그러한 대안은 다분히 현실만족적인 것이며 습관적으로 이루어지기 때문에 다분히 보수적인 성격을 띠게 되고 급격히 변동하는 상황 속에서 보다 쇄신적인 문제해결이 필요한 경우는 적용하기 어렵다고 볼 수 있다. 셋째, 이 모형은 어디까지나 개인의 의사결정 문제를 설명하려는 의도에서 나온 것이기 때문에 이것을 그대로 정부의 정책결정 문제에 적용시키기에는 무리가 따른다.

(3) 점증모형

점증모형은 Lindblom(1959)과 Wildavsky(1966)가 취하는 입장으로서 현실적 · 정치적 접근방법에 속한다. 이 모형은 정책결정을 하는 데 언제나 규범적이고 합리적인 결정을 하는 것이 아니라 현실을 긍정하고 이것보다 약간 향상된 정책에 만족하고 결정하게 되는 것이 일반적이라는 것이다. 따라서 현 상태보다는 크게 다른 혁신적인 새 정책의 결정을 기대하기는 힘들며 설사 구상을 했다고 하더라도 그것은 정치적으로 채택될 가능성이 없다는 것이다. 정책의 결정은 경제적 합리성으로만 이루어지는 것은 아니고 시민 등의 지지를 얻을 수 있는 정치적 합리성이 크게 작용한다고 보는 것이다.

이 모형이 받고 있는 비판은 첫째, 현실을 긍정하고 혁신을 배제한다는 면에서 보수주의로 빠지기 쉬우며 안정과 균형이 상대적으로 유지되고 있는 사회에서는 몰라도 혁신이 요구되는 발전 지향의 사회에는 적용하기에 적절치 않다. 둘째, 이 모형은 인간의 미래변화 능력에 대하여 회의적인 입장을 취하고 있는데 오늘날 급속히 발전되고 있는 정보처리기술은 인간 지식 능력을 확장시키고 있다. 또한 정책결정의 정치성을 지나치게 강조한 나머지 정책의 과학성을 저해하고 있다.

(4) 혼합모형

혼합모형은 Etzioni(1967)가 제시한 것으로 합리모형과 점증모형을 혼합시켰다는 데 그 특색이 있다. 이 모형에 따르면, 합리모형은 환경에 대한 정책결정자의 지배능력을 과신하는 이상주의적 성격이 농후하며, 반대로 점증모형은 그러한 인간의 능력을 과소평가하여 보수주의적 성격이 강하다는 것이다. 따라서 혼합모형은 이 두 입장을 혼합하여 우선 기본적인 방향의 설정과 같은 합리모형의 방법을 택하나 그것이 설정된 후의 특정 문제의 결정은 점증모형의 입장을 취해 심도 깊은 검토를 하는 것이 보다 현실적이라는 것이다.

이 혼합모형은 합리모형이 요구하는 지나치게 이상적인 합리성을 현실화시키는 동시에 점증모형이 갖는 보수성을 극복함으로써 단기적 변화에 대처하면서 동시에 장기적 안목을 가질 수 있는 장점을 지닌다고 하겠다. 한편, 이 혼합모형에 대하여 제기되고 있는 비판은 이는 새로운 모형이라기보다는 두 개의 대립되는 극단의 모형을 절충 혼합한 것에 지나지 않으며 현실적으로 언제나 이러한 방법을 순서적으로 따를 수 있는가 하는 것이다.

(5) 최적모형

최적모형은 Dror(1968)가 제시한 것으로서 대체로 보수적 성향을 띠고 있는 점증모형이나 만족모형에 대한 불만에서 나온 것이다. 이 모형은 합리모형과 점증모형의 혼합을 주장하고 있다는 점에서는 Etzioni의 혼합모형과 비슷하나, 양자의 단순합계적 혼합이 아니라 합리성과 초합리성을 동시에 고려하는 최적치 중심의 규범적 최적모형을 제시하고 있다는 점에서는 Etzioni의 혼합모형과 다르다.

이 모형에서는 정책결정의 질적인 적정화를 기하기 위해서 정책결정자 개개인의 지적인 합리성만을 고려할 수 없고 불가피하게 적극적 요인으로 초합리적인 것, 즉 직관, 판단, 창의 등의 잠재의식이 개입되어야 한다고 보는 것이다. 특히 과거의 선례가 없는 비정형적인 결정을 내려야 할 경우는 더욱더 그렇게 해야 한다는 것이다. 또한 이 모형에서는 단순히 현실적으로 이루어지는 결정의 측면만을 연구할 것이 아니라 언제나 이상을 갖고 가능성의 영역을 개척하기 위하여 정책결정방법은 물론 결정이 이루어진 후에 집행에 대한 평가 및 환류를 계속하면 결정능력이 최적 수준까지 향상될 수 있다는 것이다.

이 최적모형은 초합리성의 개념을 도입함으로써 합리모형을 더 한층 체계적으로 발전시키는 데 큰 공헌을 했다고 할 수 있으며, 또한 사회적 변동 상황하에서의 혁신적 정책결정이 거시적으로 정당화될 수 있는 이론적 근거를 제시해 주었다는 점도 공헌이라고 하겠다. 그러나 이 모형 역시 정책결정에서 사회적 과정에 대한 고찰이 불충분하고 이른바 초합리성이라는 것의 구체적인 달성방법도 명확하지 않으며 너무나 유토피아적인 모형이라는 비판을 받고 있다.

(6) 쓰레기통모형

쓰레기통모형은 Cohen, March 및 Olsen(1972)이 고안한 모형으로서 정책결정이 합리성이나 협상, 타협 등을 통해서 이루어지는 것이 아니라 조직화된 혼란 상태 속에서 나타나는 몇 가지 흐름에 따라서 우연히 이루어진다고 보는 모형이다. 즉, 정책과정은 네 가지 흐름으로 구성되어 있으며 마치 갖가지 쓰레기가 우연히 한 쓰레기통 속에 모이듯이 이러한 네 가지 흐름이 서로 다른 시간에 각각 통 안에 들어와서 우연히 동시에 한곳에서 합쳐질 때 정책결정이 이루어진다고 보는 것이다. 네 가지 흐름이란 첫째, 정책결정권자가 정책결정을 선택할 수 있는 기회를 뜻하는 선택기회의 흐름, 둘째, 사회적 이슈로 부각되어 해결을 요하는 정책문제의 흐름, 셋째, 문제에 대한 해결방안으로서의 정책대안의 흐름, 넷째, 정책결정과정에 참여하는 참여자들의 흐름을 말한다.

이 모형에서 가정하고 있는 조직화된 혼란 상태는 오늘날 공공조직, 교육기관 등에서 쉽게 발견될 수 있는 것인 만큼 그 실용성이 인정된다고 하겠다. 그러나 그러한 상태가 모든 조직에서 발견되는 것이 아니라는 점에서 일부의 조직에서 또는 일시적으로 나타나는 결정행태를 설명하는 데 적합할 뿐이라는 비판이 제기되고 있다.

(7) 공공선택모형

공공선택모형은 J. Buchanan과 G. Tullock이 1963년 10월 여러 경제학자를 비롯한 기타 사회과학자들을 초빙하여 행한 학술회의에서 의견이 모아지면서 비롯된 것으로(안해균, 1982) 정부 재정부문의 정책결정에서 바람직한 민주적 의사결정이 어떻게 이루어져야 하는가를 주요 내용으로 다루고 있다. 공공선택모형은 정책결정자로서의 개인을 가정하고 있는데 개인은 민간부문에서와 같이 공공부문에서도 자기이익을 극대화시키려고 한다는 것이다. 이러한 이기적인 개개인이 공동 참여하여 정책을 결정하는 것은 정치과정이며, 이 경우에 개개인은 자기의 이익을 극대화시키고자 노력하며 따라서 가장 바람직한 것은 집합적 정책결정이라는 것이다. 집합적 결정을 할 때 정보의 제공, 설득과 합의, 정치적 타협이 필요하며 이에 드는 정치적 비용을 극소화시키는 것이 중요하다.

공공선택모형은 주민의 참여와 상황적응적인 행정구조를 강조함으로써 합리모형이 갖는 정책의 경직성과 비인간성의 난점을 극복할 수 있는 가능성을 제시하고 있으나 더 이론적으로 개발되어야 할 모형으로 평가되고 있다.

4. 정책집행

사회복지정책이 결정되면 그것은 사회문제를 해결하기 위하여 일선기관을 통해 구체화된다. 일반적으로 볼 때 정책집행이란 의도된 정책목표를 달성하기 위하여 결정된 사항들을 구체화시키는 활동을 의미한다(송근원 · 김태성, 1995: 143). 사회복지정책의 집행은 정책집행자인 관료들과 클라이언트의 직접적인 상호작용을 통하여 정책목표를 구체화시켜 나가는 과정이다. 그러나 이 과정에는 해결하려는 사회문제와 관련된 이해집단들 역시 관여하게 된다. 따라서 이 과정은 사회복지정책의 목표를 달성하기 위한 기술적 과정이며 동시에 정치적 과정이기도 하다는 점에 그 특징이 있다. 이에 관해 좀 더 구체적으로 설명하면 다음과 같다

(송근원·김태성, 1995: 145-146).

정책집행과정은 주어진 목표를 구체화시키는 데 그 목적이 있다. 따라서 이 과정은 정책의제 형성과정이나 정책대안 형성과정 또는 정책결정과정과는 달리 관리기술적 성격을 띤다. 예컨대, 정책의 집행에는 집행조직의 문화나 선례, 표준운영절차 등이 많이 작용한다. 또한 그렇기 때문에 새로운 아이디어나 쇄신적인 집행을 기대하기는 어렵다. 즉, 관료들은 결정된 정책을 주어진 것으로 놓고 그 범위 안에서 소극적으로 해석함으로써 책임을 회피한다든지, 절차에 얽매인다든지, 형식주의에 치우친다든지 하는 관료제의 병리현상을 보여 주기도 한다.

그러나 한편으로는 결정된 정책이 그대로 다 집행되는 것은 아니다. 정책의 집행과정에는 그 정책의 시행으로 손해를 보는 집단들이 집행과정에 정치적 압력을 넣어 집행을 무산시키거나 변질시키려고 시도하기도 한다. 때로는 정책집행이 정책 의도대로 이루어지지 않고 약화되거나 아예 집행되지 않는 현상이 나타나기도 한다. 특히 사회복지정책의 집행에는 사회복지정책이 재분배정책에 속하는 것이어서 그러한 정치적 성격이 아주 강하게 나타난다. 곧 사회복지정책은 정책형성이나 정책결정단계뿐만 아니라 정책집행단계에서도 이념적 논쟁과 의견의 불일치가 지속되며 재분배적 목적에 대한 정치적 반대도 심하다. 이러한 정치적 과정으로서의 사회복지정책의 집행과정 속에서 클라이언트인 사회적 약자들은 불리한 입장에 서는 것이 보통이다. 이들은 정치적으로나 경제적으로나 사회의 다른 세력들에 비하여 사용할 수 있는 권력자원이 빈약한 까닭이다. 이들은 사회복지정책의 집행과정에서 큰 영향력을 발휘하지 못하는 것이 보통이다. 따라서 사회복지사는 사회복지정책이 의도한 원래의 목표가 변질되지 않고 실현될 수 있도록 클라이언트들을 압력집단으로 조직화하고 이들이 정책집행과정에 적극적으로 참여하여 자신들의 권익을 보장받을 수 있도록 도와줄 필요가 있다.

Wolman은 정책 프로그램의 성과를 설명하거나 이해할 수 있는 포괄적인 분석틀을 제시하였는데 여기에서 정책집행이 성과를 거두기 위한 요인으로 다음과 같은 다섯 가지를 제시하고 있다(송근원·김태성, 1995: 158 재인용).

첫째, 자원의 적절성이다. 여기서 자원이란 재정적 자원 및 인적 자원을 모두 포함한다. 둘째, 관리 및 통제구조다. 정책집행기관은 정책 프로그램을 효과적으로 관리하거나 통제할 수 있는 구조를 갖추어야 한다. 셋째, 관료제적 규칙 및 규제다. 이는 정책목표에 맞추어 집행활동을 하는 경우에 꼭 필요한 것이지만 너무 여기에 다 의존하다 보면 동조과잉, 형식주의, 수단과 목표의 전치 등 병리적 행태가 나타나기도 한다. 넷째, 정치적 효과성이다. 집행기관이 가지고 있는 정치적 자원이나 기술은 정책 프로그램의 성공에 필수적이다. 예컨대, 대통령, 의회, 이익집단의 지지가 없으면 정책 프로그램은 성공하기 힘들다. 다섯째, 환류 및 평가다. 정책 프로그램의 집행결과를 되돌아보고 평가해 보는 장치는 정책집행의 성공에 영향을 미치는 주요 요인이다.

5. 정책평가

[그림 7-1]에서 보는 것과 같이 정책은 형성되면서 집행이 이루어진 결과까지 평가되고 평가된 내용은 다시 정책과정에 환류된다. 정책평가란 정책활동에 관해 정보를 수집하고 분석하며 해석함으로써 그 가치를 판단하는 것을 뜻한다. 여기에서 정책활동의 범위를 어떻게 잡는가에 따라 협의의 정책평가와 광의의 정책평가로 구분된다.

협의의 정책평가는 정책집행의 결과에 대한 평가, 곧 정책이 원래 의도한 문제의 해결에 얼마만큼 영향을 미쳤는가에 대한 평가활동을 의미한다. 한편, 광의의 정책평가는 정책과정 전반에 걸친 평가활동을 뜻한다. 곧 정책결정 이전부터 정책집행 이후까지의 모든 정책과정 속에서 이루어지는 정책활동에 대한 평가를 의미한다(송근원·김태성, 1995: 72-173).

사회복지정책의 평가절차를 일반적인 정책평가의 절차에 따라 평가의 목표설정, 평가의 범위 및 기준의 설정, 평가방법의 설계, 자료수집, 분석 및 해석, 평가보고서의 작성 및 제출로 구분하여 간략히 살펴보면 다음과 같다(송근원·김태성, 1995: 183-194; 양정하 외, 2008).

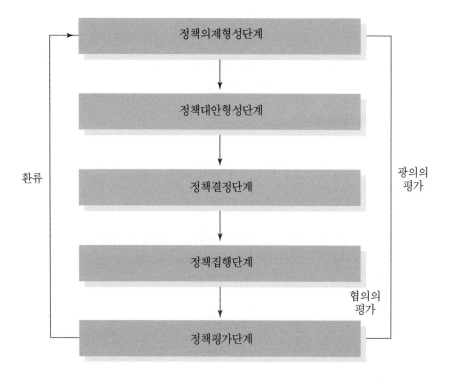

[그림 7-1] **정책과정의 환류**

1) 평가의 목표설정

사회복지정책의 평가를 위해서 제일 처음 해야 할 일은 평가목표를 설정하는 일이다. 평가의 목표가 어디에 있는가에 따라 정책평가자가 결정되고 평가의 기준 및 평가의 범위가 뚜렷해진다. 따라서 정책평가의 목표를 뚜렷이 하는 것은 정책평가의 방향을 결정해 주는 나침반의 역할을 한다.

2) 평가의 범위 및 기준의 설정

사회복지정책의 평가목표가 결정되면 그에 따라 정책평가의 범위 및 기준을 결정하여야 한다. 정책평가의 범위는 협의의 정책평가를 할 것인지, 광의의 정책

평가를 할 것인지를 먼저 결정하여야 한다. 또한 사회복지정책의 평가가 이루어
질 시간적 · 공간적 범위도 확정지어야 한다. 정책평가의 기준으로는 효과성, 효
율성, 적절성, 적합성, 형평성, 대응성 등이 있다.

3) 평가방법의 설계

사회복지정책 평가의 목표를 달성하기 위해 평가의 범위 및 기준을 결정하고
나면 그 정책 프로그램이 영향을 받거나 영향을 미치는 과정에 관한 인과모형을
형성한다. 이러한 평가를 위한 인과모형은 우선 어떠한 결과가 나타났으며, 그
결과가 바람직한 것인가, 그리고 그러한 결과를 초래하는 데 영향을 미친 요인이
무엇인가 등을 규명하기 위한 분석틀로서의 의미를 가진다.

4) 자료수집

평가방법의 설계가 끝나면 평가에 필요한 자료를 수집하여야 한다. 평가를 위
하여 사용되는 자료는 다양한 곳에서 다양한 방법으로 수집되는데, 조사를 통하
여 직접 수집 · 작성되는 일차적 자료와 다른 사람이 다른 목적을 위하여 작성한
이차적 자료로 나눌 수 있다. 어떠한 종류의 자료를 어디에서 어떻게 수집할 것이
냐 하는 문제는 평가되는 정책의 성격에 따라서 좌우된다.

5) 분석 및 해석

자료의 수집이 끝나면 그것을 분석하고 그 의미를 해석함으로써 정책평가는
어느 정도 마무리된다. 수집된 자료의 분석은 질적인 분석과 양적인 분석으로 나
눌 수 있는데, 질적인 평가분석은 객관적 입장에서의 행태론적 접근이나 체제론
적 접근뿐만 아니라 정책 행위의 주관적 의미를 찾아내는 해석적 접근이나 비판
적 접근 또는 자연주의적 접근에 의한 평가를 말하며, 양적인 평가분석은 다양한
통계적 분석기법에 의해 이루어지며 그 밖에 정책분석기법으로 개발된 비용편익

분석, 비용효과분석, 결정나무분석 등이 있다.

6) 평가보고서의 작성 및 제출

정책평가보고서의 작성은 읽는 사람을 염두에 두고 이루어져야 한다. 정책평가보고서는 그 형식에서 ① 양식이 쉽게 눈에 띌 수 있도록 만들어야 하며, ② 내용은 쉽고 간결하게, ③ 그림이나 도표 등을 활용하고, ④ 맞춤법에 맞추어 써야한다. 그리고 정책평가보고서의 내용에는 ① 평가결과의 내용 요약 ② 평가된 프로그램에 대한 배경 설명 ③ 평가목표 및 평가방법 ④ 자료수집방법 ⑤ 분석결과논의 ⑥ 결론 및 제안사항이 포함되어야 한다.

참·고·문·헌

강욱모·김영란·김진수·박승희·서용석·안치민·엄명용·이성기·이정우·이준
    영·이혜경·최경구·최현숙·한동우·한형수(2002). 21세기 사회복지정책. 서
    울: 청목출판사.
박동서(1984). 한국행정론. 서울: 법문사.
송근원(1994). 사회복지와 정책과정. 서울: 대영문화사.
송근원·김태성(1995). 사회복지정책론. 서울: 나남출판.
안해균(1982). 현대행정학. 서울: 다산출판사.
양정하·임광수·황인옥·신현석·박미정(2008). 사회복지정책론. 파주: 양서원.
유훈·강신택·김광웅·김신복·노화준·정정길(1982). 정책학. 서울: 법문사.
최성재·남기민(2000). 사회복지행정론. 서울: 나남출판.

Cohen, M., March, J., & Olsen, J. (1972). A Garbage Can Model of Organizational
    Choice. *Administrative Science Quarterly, 17*(1), 1-25.
Dror, Y. C. (1968). *Public Policymaking Re-examined*. New York: Transaction Inc.
Etzioni, A. (1967). Mixed-Scanning: A Third Approach to Decision-making. *Public*

Administration Review, 27(5), 385-392.

Gilbert, N., Specht, H., & Terrell, P. (1993). *Dimensions of Social Welfare Policy.* Englewood Cliffs, New Jersey: Prentice Hall.

Lindblom, C. E. (1959). The Science of Muddling Through. *Public Administration Review, 19*(1), 77-88.

March, J. G., & Simon, H. A. (1958). *Organizations.* New York: John Wiley & Sons.

Wildavsky, A. (1966). The Political Economy of Efficiency: Cost-Benefit Analysis, Systems Analysis and Program Budgeting. *Public Administration Review, 26*(4), 292-310.

제8장

사회복지정책의 분석틀

사회복지정책을 분석하는 틀 또는 모형은 다양하다. 그러나 어느 것도 사회복지학계에서 보편적으로 인정되지 않고 있다. 왜냐하면 분석틀마다 그 강조점이 다르기 때문이다. 최근까지 사회복지정책의 분석틀로서 가장 많이 소개되고 있는 것은 Gil(1973)의 사회정책분석틀, Prigmore와 Atherton(1979)의 사회복지정책 분석틀, 그리고 Gilbert와 Specht(1974)의 사회복지정책 분석틀이다.

이 장에서는 먼저 이 세 가지 분석틀을 간략히 소개하고 논의하고자 한다. 그 다음 Gilbert와 Specht의 분석틀에 기초하되 그들이 분석틀에 포함시키지 않은 목표체계를 포함시켜 사회복지정책의 분석틀로서 목표체계, 대상체계, 급여체계, 전달체계, 재원체계 등 5개 차원을 구체적으로 살펴보기로 한다. 이 5개 차원은 사회복지정책의 구성요소이기도 하다.

1. 기존의 사회복지정책 분석틀

1) Gil의 분석틀

Gil은 사회정책의 분석과 형성을 위한 틀로서 다음과 같은 다섯 가지 부문 22개 항목을 제시하고 있다(Gil, 1973: 33-35).

A부문: 정책을 통해 다루어지는 이슈들
1) 이슈들의 성격, 범위 및 분포
2) 이슈들의 역동성에 관한 인과관계이론 또는 가설

B부문: 정책의 목표, 가치전제, 이론적 입장, 표적대상 및 실질적인 효과
1) 정책목표
2) 정책목표의 밑바탕을 이루는 가치전제와 이데올로기적 지향
3) 정책의 전략과 실천조항의 밑바탕을 이루는 이론 또는 가설
4) 사회의 표적대상 ― 정책대상자들
   (1) 생태학적 · 인구통계학적 · 생물적 · 심리적 · 사회적 · 경제적 · 정치적 · 문화적 특성
   (2) 관련 하위집단과 전체 표적대상의 수
5) 생태학적 · 인구통계학적 · 생물적 · 심리적 · 사회적 · 경제적 · 정치적 · 문화적 영역에서 사회의 표적 및 비표적 대상에 미치는 정책의 장 · 단기 효과
   (1) 정책목표의 의도된 효과와 달성정도
   (2) 의도하지 않았던 효과
   (3) 전체적인 비용과 편익

C부문: 사회정책의 핵심과정과 공통영역에 대한 정책의 함의
1) 삶을 유지시키고 향상시키는 물질적 · 상징적 자원과 재화 및 서비스 개발

에서의 변화

(1) 질적 변화

(2) 양적 변화

(3) 우선순위의 변화

2) 전체적인 사회적 과업과 기능의 배열 내에서 구체적인 사회적 지위들을 개인과 집단에 할당하는 데서의 변화

(1) 새로운 지위, 역할, 특권의 개발

(2) 기존의 지위, 역할, 특권의 강화와 보호

(3) 개인과 집단을 지위에 선발하고 위임하는 기준과 절차에서의 변화

3) 개인과 집단에 대한 권리의 배분에서의 변화

(1) 일반적이고 구체적인 자격, 지위에 관련된 구체적인 보상, 그리고 일반적이고 구체적인 속박의 질과 양에서의 변화

(2) 일반적이거나 또는 구체적인 자격으로서, 그리고 지위에 관련된 구체적인 보상으로서, 각각 배분된 권리의 비율이나 권리의 배분이 지위의 할당에 관련된 정도에서의 변화

(3) 공공급여나 서비스 같은 현물로서 직접 배분된 권리와 구매력이나 현금 같은 간접적으로 배분된 권리의 비율에서의 변화

(4) 사회의 모든 구성원과 집단을 위한 최소한의 권리 수준을 구체화하는 데서의 변화(예: 공식적인 빈곤선 또는 일인당 소득의 고정비율), 그리고 그러한 최소한의 수준을 보장해 주는 권리의 배분정도에서의 변화

4) 다음과 같은 자원개발, 지위의 할당, 그리고 권리 배분에서의 변화의 결과

(1) 사회의 전반적인 삶의 질

(2) 생태학적 · 인구통계학적 · 생물적 · 심리적 · 사회적 · 경제적 · 정치적 · 문화적 영역의 측정과 인식에서 나타난 개인과 집단의 생활환경

(3) 개인, 집단, 전체로서의 사회 사이에 사회 내적인 인간관계의 성격

D부문: 정책과 정책개발과 수행을 둘러싼 세력 사이의 상호작용 효과

1) 입법 · 행정 · 사법적 측면을 포함한 정책의 개발과 수행의 역사

2) 정책이 입법화되기 전후 그 정책을 찬성하거나 반대하는 정치세력들—그들의 형태, 규모, 조직구조, 자원, 전반적인 힘, 관심의 정도, 가치전제, 이념적 정향

3) 사회의 자연환경의 물리적 · 생물적인 속성과 사회구성원의 생물적 · 기본심리적인 속성

4) 관련된 다른 사회정책

5) 관련된 대외정책과 외부 사회의 세력

6) 문화적 · 경제적 · 기술적 영역에서 사회의 발달단계

7) 사회의 규모와 제도적 분화나 복잡성

8) 사회의 신념, 가치, 이념, 관습, 전통

9) 결론과 예측

E부문: 대안적인 사회정책의 개발: 비교와 평가

1) 대안적인 사회정책의 구체화

  (1) 동일한 정책목표를 추구하거나 대안적인 정책방안 모색

  (2) 동일한 정책이슈에 관한 다른 정책목표의 추구

2) 비교와 평가

  (1) 각각의 대안적인 사회정책은 이 분석틀에 따라 분석되고 이 분석을 통해 원래의 정책과 비교되어야 한다.

위와 같이 Gil의 분석틀은 매우 광범위하고 포괄적이며 복잡하다. 따라서 이 분석틀의 모든 내용을 다 분석하려면 많은 시간과 비용을 필요로 한다. 따라서 이 분석틀을 사용할 때는 정책분석의 목적에 따라 그 내용을 취사선택할 수 있다. 한편, 이 분석틀을 사용할 경우 기존의 정책을 분석하든 새로운 정책을 개발하든 항상 A부문부터 시작해야 한다. 그러나 기존의 정책을 분석할 경우 A부문부터 E부문에 이르기까지 순차적으로 분석하지만 새로운 정책을 개발하는 경우는 A부문 다음에 E부문, 그다음은 B부문, C부문, D부문의 순서를 따라야 한다. 그리고 새로운 정책을 개발할 때 B부문에서 D부문까지 진행하기 전에 정책 내용을 구체적

으로 진술하는 것이 중요하다.

2) Prigmore와 Atherton의 분석틀

Prigmore와 Atherton(1979: 41-42)은 사회복지정책의 분석과 형성을 위한 틀을 〈표 8-1〉과 같이 4개 영역 13개 항목으로 구분하여 제시하고 있다.

〈표 8-1〉의 분석틀은 현재의 정책들을 분석하는 데 도움이 될 뿐만 아니라 수립하고자 하는 정책의 대안들을 평가할 때 하나의 기준이 될 수 있다. 어떤 대안이 다른 대안보다 위의 기준들을 더 만족시킨다면 그것은 더 효과적인 대안이 될 수 있다. 한편, 이 분석틀을 사용할 때 분석의 목적상 필요한 부분만을 선택적으로 사용할 수 있다.

〈표 8-1〉 Prigmore와 Atherton의 분석틀

1. 문화적 가치와 관련된 고려사항
   ① 고려되고 있는 정책이 현재의 방식과 모순이 없는가?
   ② 그 정책은 공평과 정의에 기여하는가?
   ③ 그 정책은 사회사업의 가치와 모순이 없는가?
   ④ 그 정책은 사회의 다른 중요한 가치와 일치하는가?

2. 영향과 의사결정의 차원
   ① 그 정책은 정치적으로 수용 가능한가?
   ② 그 정책은 합법적인가?
   ③ 그 정책은 관련 이익집단들을 만족시키는가?

3. 지식에 관한 고려사항
   ① 그 정책은 과학적으로 건전한가?
   ② 그 정책은 합리적인가?

4. 비용-편익에 관련된 사항
   ① 그 정책은 경제적으로 실현 가능성이 있고 경제적으로 다른 어떤 대안보다 나은가?
   ② 그 정책은 실현 가능한가?
   ③ 그 정책은 효율적인가?
   ④ 그 정책은 다른 사회문제를 야기시킬 가능성이 있는가?

3) Gilbert와 Specht의 분석틀

Gilbert와 Specht(1974: 9-12)에 따르면, 사회복지정책의 분석방법은 크게 산물분석,[1] 과정분석[2] 그리고 성과분석[3] 등 세 가지로 구분할 수 있다고 하면서 이를 3P분석이라고 명명하였다. 이 세 가지 분석방법은 실제에서는 상호관련되며 중복적으로 사용되기도 하지만 실제와는 상관없이 이론적으로 이들을 구분하는 것은 의미가 있다. 이들 중 Gilbert와 Specht는 산물분석을 선정하여 분석틀을 제시하면서 이를 구체적으로 설명하고 있다.

Gilbert와 Specht(1974: 28-33)는 사회복지정책을 분석하는 틀로서 네 가지 선택의 차원을 제시하고 있는데 이들은 다음과 같은 질문의 형태로 표현된다.

① 누구에게 급여할 것인가? (할당체계 또는 대상체계)
② 무엇을 급여할 것인가? (급여체계)
③ 어떻게 급여할 것인가? (전달체계)
④ 어떻게 재원조달을 할 것인가? (재원체계)

위의 네 가지 질문은 [그림 8-1]과 같이 이론, 가치, 대안의 세 가지 측면에서 입체적으로 분석되어야 한다고 제안하였다. 이 분석틀은 현존하는 사회복지정책을 분석하고 그 정책의 구성요소를 현상화시키는 데 도움이 된다. 또한 사회복지정책에 대한 분석방법을 예리하게 해 줌으로써 사회복지정책의 여러 대안 중에서 적절한 것을 선택하게 하며, 그리고 사회복지정책을 수립할 때 고려해야 할 문제점을 제기하는 데 도움이 된다.

---

1 산물이란 일련의 정책선택이다. 이 선택은 프로그램이나 법률, 규칙 등으로 이루어진다. 산물분석은 이러한 일련의 정책선택과 연관된 다양한 쟁점에 대한 분석에 초점을 맞춘다.
2 과정분석은 정책과정의 단계와 사회의 정치집단, 정부 그리고 이익집단 간의 관계와 상호작용이 정책형성에 미치는 영향을 분석하는 데 초점을 맞춘다.
3 성과분석은 정책 프로그램의 집행결과를 서술하고 이에 대하여 평가하는 것이다. 성과분석에서는 정책 프로그램이 잘 집행되었는지, 정책 프로그램의 효과성은 어떠한지에 분석의 초점을 둔다.

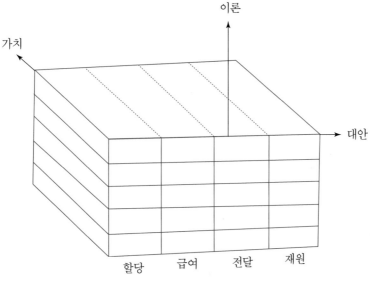

[그림 8-1] **분석의 틀**

이상과 같이 사회복지정책의 분석틀로서 가장 많이 알려져 있는 세 가지 분석틀을 간략히 소개하고 논의하였다. 다음에서는 주로 Gilbert와 Specht의 분석틀에 기초하되 그들이 포함시키지 않는 목표체계를 포함시켜 분석틀로서 ① 목표체계 ② 대상체계 ③ 급여체계 ④ 전달체계 ⑤ 재원체계에 관하여 살펴보기로 한다.

2. 목표체계

사회복지정책을 분석하고자 할 때 가장 먼저 직면하는 질문은 "이 정책의 목표가 무엇인가?"라는 질문인데 그와 같이 질문하는 이유는 정책의 목표가 명확해야만 그 정책의 내용 혹은 수행 결과를 명확하게 분석할 수 있기 때문이다. 아무튼 정책분석과정에서 가장 먼저 요구되는 것은 다음과 같다(송근원·김태성, 1995: 201-207).

첫째, 정책의 목표를 명확히 밝히는 작업이다(송근원·김태성, 1995: 201). 목표에는 일반적 목표(goal)와 구체적 목표(objective)가 있다.[4] 일반적 목표는 일반적이고 추상적이며 광범위한 반면에 구체적 목표는 세부적이고 구체적이며 조작적이어서 측정 가능하다. 정책의 목표를 설정할 때 일반적 목표로 구체적 목표를 대신한다면 해당 정책의 분석에 많은 혼란이 발생할 수 있다.

예를 들어, 어떤 사회복지정책의 구체적 목표를 '저소득층의 경제적 안정'으로 설정한다면 이 사회복지정책의 내용이나 효과를 분석할 때 많은 혼란이 발생한다. 왜냐하면 이 사회복지정책에서는 그 대상으로 하는 저소득층에 대한 정의가 불명확할 뿐 아니라 경제적 안정의 정도에 대해서도 구체적인 언급이 없기 때문이다. 따라서 이 경우 사회복지정책의 구체적 목표는 "월소득 80만 원 이하의 가구를 대상으로 2년 이내에 그들의 소득을 80만 원 이상으로 높인다."처럼 구체적으로 정의되어야 한다. 이와 같이 사회복지정책의 구체적 목표가 구체적이고 측정 가능할 때 사회복지정책의 내용이나 효과를 분석할 때 혼란이 줄어든다.

일반적으로 사회복지정책의 구체적 목표는 그 정책대상집단을 구체적으로 기술하고 그 정책이 의도하는 결과를 명확히 해야 한다. 또한 그 정책이 추구하는 목표를 달성할 수 있는 기간, 그 정책이 의도하는 결과가 계량화될 수 있어야 한다. 예를 들어, 주택정책의 경우 사회복지정책의 구체적 목표는 "5년 이내에 상·하수도와 난방시설을 갖춘 2인 거주 주택 10만호를 건설해서 월 80만 원 이하의 소득자 30%를 입주하게 한다."로 설정해야 한다. 또 다른 예를 들면, "2년 이내에 55세 이상 저소득층 노인 30%에 대한 취업을 알선한다."로 구체적인 정책목표를 설정해야 한다.

둘째, 정책분석 시 정책의 목표와 수단은 명확하게 구분되어야 한다. 그런데 종종 목표와 수단을 혼동하는 경향이 있다. 예를 들면, 아동복지를 위한 다양한 프로그램들의 목표는 아동복지증진과 관련된 구체적인 목표들로 구성되고 이 목표들을 달성하기 위한 상담서비스, 현금 및 현물제공 등은 목표가 아니라 수단이다. 특정 정책의 성공 여부를 판단할 때는 그 정책의 목표가 얼마나 달성되었는가가 중요한 것이지, 이러한 목표 달성을 위하여 투여된 자원의 양과 질, 목표 달성

---

4 학자에 따라서 goal은 목적으로, objective는 목표로 번역하여 사용하기도 한다.

과정 등은 그다지 중요하지 않다.

셋째, 정책분석 시 정책에 장기목표가 있는 경우 그 정책의 장기 목표와 단기 목표를 명확히 구분하여 그에 따라 정책을 평가하여야 한다. 또한 정책의 목표를 분석할 때 흔히 공표된 목표만을 분석하는 경향이 있는데 이러한 경우 그 정책의 성격을 명확히 이해하는 데는 상당한 한계를 지닐 수밖에 없기 때문에 겉으로 드러나지 않은 정책목표 역시 정책분석의 내용에 포함시켜야 한다.

넷째, 정책의 목표는 또한 의도한 목표와 의도하지 않은 목표로도 구분할 수 있다. 의도하지 않은 목표는 어떤 의미에서 진정한 목표라고 할 수 없다. 그러나 정책분석가의 입장에서는 의도한 정책목표가 가져오는 정책효과를 분석하는 것과 동시에 이러한 의도하지 않은 정책목표가 가져오는 간접적인 부수효과를 분석해야 할 필요가 있다.

3. 대상체계

대상체계의 문제란 누구에게 급여를 제공할 것인가, 바꾸어 말하면 누가 급여를 받을 만한 자격이 있는가 하는 문제다. 정책의 유형에 따라 대상자를 달리한다는 개념은 사회복지정책에서 기본적인 것이다. 따라서 어떤 사회복지정책에 대해 수급자격요건, 즉 수급자 선정기준을 파악하는 것은 중요하다. 예를 들어, 국민기초생활보장정책의 대상자가 되기 위해서는 가난하다는 것이 증명되어야 하며 지역사회정신건강 프로그램의 자격이 있기 위해서는 어떤 일정한 거주지역에 살아야 한다. 탁아정책의 프로그램에 자격이 있기 위해서는 일정한 연령 이하가 되어야 한다. 이처럼 수급자격요건의 결정은 사회복지정책 프로그램의 성격에 큰 영향을 미친다. 즉, 다른 말로 표현하면 어떤 사회복지정책의 수급자격요건 (수급자 선정기준)을 알면 그 정책의 성격을 이해하는 데 큰 도움을 얻을 수 있다.

수급자를 선정하는 데 필요한 기준을 정하는 기초가 되는 원칙에는 보편주의와 선별주의가 있다. 이 두 가지 원칙은 수급자 선정기준에 대한 논의의 출발점이라 하겠다.

1) 일반적 기준으로서 보편주의와 선별주의

보편주의자들은 첫째, 빈민이나 장애인 혹은 특별한 어려움을 가진 사람뿐만 아니라 지역사회의 모든 구성원들이 사회복지급여의 대상이 될 수 있다고 주장한다. 보편주의자들이 보기에 모든 사람들은 언제든지 다양한 사회적 욕구에 직면할 수 있는 이른바 위기에 처한 사람들이다. 둘째, 광범위한 인구집단들에게 급여를 제공함으로써 얻을 수 있는 정치적 이점을 강조한다. 보편적 프로그램들은 확실히 비용이 더 많이 들지만 빈민을 포함한 소외집단에 초점을 둔 공공부조 프로그램보다 대중적 인기가 높다(박정호, 2001: 60-61). 셋째, 사회구성원을 주는 자와 받는 자로 나누지 않음으로써 인간존엄성의 고수와 사회통합을 통해 사회효과성을 얻을 수 있다고 강조한다.

반면에 선별주의자들은 첫째, 상세하게 대상집단을 정해야 한다고 주장한다. 욕구가 확인된 개인이나 집단이 원조에 대한 우선권을 가져야 한다는 것이다. 선별주의자들은 광범위하게 지원자격을 주는 것보다는 지원자격을 제한하기를 선호한다. 자신의 욕구를 충족시킬 수 있는 사람들은 정부의 도움을 받아서는 안 되며 자활이 불가능한 한계집단에게 집중적으로 급여가 제공되어야 한다는 것이다. 둘째, 사회복지급여를 효율적으로 제공하는 방안으로 자산조사(means test)를 선호한다. 욕구에 따라서 대상을 정하는 것이 불필요한 경비를 줄이고 사회복지급여가 정치적으로 힘 있는 중산층에게 제공될 수 있는 여지를 없앨 수 있다는 것이다. 결국 이들은 한정된 자원을 가장 궁핍한 자들에게 집중적으로 제공하는 것이 바람직하다고 주장하면서 이것이 비용효과성을 기할 수 있다고 말한다(박정호, 2001: 61).

2) 수급자 선정의 구체적 기준

이상에서 논의한 보편주의는 사회복지의 제도적 관점과 일치하고, 선별주의는 사회복지의 보충적 관점과 일치한다. 이 보편주의와 선별주의가 수급자격을 범주화하는 데 도움이 되었음에도 불구하고 실제 현실에서 일어나는 선정기준은 더 복잡하다. 그래서 보편주의와 선별주의를 보다 구체화하여 범주별로 선정기준을 묶는다면 현실적으로 보다 유용하게 활용할 수 있을 것이다. 이들에 대해 살펴보면 다음과 같다(김해동 · 정홍익, 1985: 235-238; Gilbert & Specht, 1974: 66-68).

(1) 개인적 속성

특정한 연령집단이나 직업집단 또는 특정 거주지에 속해 있는 것이 수급자 선정기준이 된다. 이는 특정 집단에 소속되어 있는 사람들의 공통적인 욕구에 따라서 수급자를 결정하는 방법이기 때문에 속성주의라고 볼 수 있다. 특정 집단에 공통된 문제 혹은 욕구가 일상적인 방법으로 충족되지 않는 경우에 사회복지정책으로 이를 충족시키고자 할 때 속성주의에 따른 수급자 선정을 하게 된다. 65세 이상의 노인들에게 전철 또는 국립공원 등을 무료로 이용하도록 하고 있는 현행 경로우대제도가 바로 이에 속한다. 속성주의에 따라서 선정되는 수급자의 범위는 전체 국민과 같이 광범위할 수도 있고 임신 중인 근로여성과 같이 비교적 좁은 범위일 수도 있다. 범위가 넓은가 좁은가에 따라서 차이가 있기는 하지만 속성주의는 자산조사보다 덜 번거롭고 수급자가 제약을 적게 느끼는 수급자 선정방법이다. 이러한 점에서 속성주의는 보편주의에 보다 가까운 수급자 선정방법이라고 볼 수 있다. 일정한 인구 사회학적인 특성을 가지고 있기만 하면 수급자격을 갖게 되기 때문이다.

(2) 보상

보상에 기초한 수급자 선정기준에는 사회적 보상과 개인의 경제적 기여에 대한 보상 등이 있다.

사회적 보상이란 사회나 국가에 대한 공로 또는 희생을 기준으로 수급자가 선정되는 경우다. 상이군경이나 독립유공자처럼 사회나 국가를 위하여 개인적인 희생을 하였거나 공로를 남긴 사람들에게 보상을 해 줌으로써 사회형평을 유지하는 한편, 사회를 위하여 필요한 개인적인 헌신이 장래에도 계속될 수 있도록 장려하는 것이다.

개인의 경제적 기여에 대한 보상의 예가 사회보험이다. 이는 사회복지정책 프로그램 중에서 경제적 교환원리에 가장 가깝기는 하지만 피보험자의 개인적인 능력에 따라 기여금을 내고 개인적인 욕구에 따라 동일한 수급을 받는다는 점에서 시장원리와는 근본적으로 다르다. 국민건강보험제도가 이것을 잘 나타내고 있는데 여기에서 소득이 많을수록 기여금을 더 내지만 건강보험 혜택은 보험 가입자라면 누구나 똑같이 주어진다.

(3) 전문가의 진단적 판단

수급자를 선정하는 기준으로서 기능별로 전문가의 진단적 판단에 의존하는 경우다. 장애인으로 판별되어 사회복지정책 프로그램의 혜택을 받기 위해서는 먼저 해당 분야의 전문의로부터 장애인이라는 진단을 필요로 한다. 수급자를 선정하는 데 필요한 객관적인 기준을 정하기가 곤란한 경우에 전문가의 판단에 의존하게 된다.

(4) 자산조사

자산조사는 사회복지정책 프로그램의 수급자를 선정하는 데 가장 많이 사용되는 방법이다. 따라서 선별주의 방식이라고 하면 곧 자산조사 방식을 생각할 정도다. 오늘날 거의 모든 나라들에서 공공부조 프로그램의 자격을 결정하는 가장 중요한 기준은 소득이나 재산과 같은 자산조사다. 즉, 일정한 자산 이하의 사람들에게만 급여를 제공하는 것이다. 소득이나 재산을 조사하는 구체적인 방법은 여러 가지가 있고 실제로 시대, 국가, 프로그램에 따라 다양한 방법이 적용된다.

수급자격의 소득/재산 수준들을 크게 보면 두 가지 형태로 결정되는데, 하나는 수급자격의 수준을 최소한의 기본적 욕구를 충족시킬 수 있는 수준으로 절대적으로 결정하는 것이고 다른 하나는 사회구성원의 대다수가 누리는 생활 수준을 고려하여 상대적으로 결정하는 방법이다. 절대적 수준의 형태는 전통적으로 대부분의 국가에서 선호되었고 오늘날에도 사회복지가 발전되지 않은 대부분의 국가에서 사회복지정책의 수급자격조건으로 사용된다(송근원 · 김태성, 1995: 294).

이상으로 수급자 선정의 구체적 기준 네 가지를 살펴보았는데 이와 같은 기준을 수급자 선정의 일반적 기준으로서 보편주의와 선별주의, 사회복지의 제도적 관점과 보충적 관점을 관련시켜 도식화하면 [그림 8-2]와 같다.

[그림 8-2] **수급자 선정의 기준**

이상과 같은 수급자 선정의 기준들은 실제로 적용될 때 이 중에서 한 가지 기준에만 의존하지 않고 여러 가지 기준을 혼합·병용하는 것이 보통이다. 예를 들어, 의료급여를 받기 위해서 먼저 자산조사를 통해 유자격자 인정을 받아야 되고, 의사의 전문적 진단을 받아야 하는 등의 기준을 동시에 충족시켜야 하며, 산재보험의 경우도 근로자로서의 특정 업무집단에 속하는 개인적 속성을 갖고 있어야 하고 동시에 업무와 관련된 상해로서 일정기간 이상 요양을 필요로 한다는 의사의 전문적 진단이 있어야 한다.

4. 급여체계

사회복지정책에서 급여체계의 문제란 정책의 급여형태는 무엇인가의 문제다. 급여형태에 대한 문제는 대단히 복잡하며 의견이 대립적이다. 전통적으로 현금급여와 현물급여의 논쟁이 있어 왔으나 그 후 급여형태를 확장하여 기회, 서비스, 재화, 증서, 현금, 권력과 같은 다양한 형태의 급여가 제시되고 있다. 이와 같은 다양한 급여형태를 결정하는 데는 가치 및 이론이 전제되어 있다.

1) 현금급여와 현물급여

현금급여(cash benefit)는 수급자에 대한 급여를 현금으로 지급하는 것을 말하며, 현물급여(kind benefit)는 현금 대신 재화나 서비스 등으로 수급자에 대한 급여를 지급하는 것을 말한다. 현금급여는 화폐가 가지고 있는 교환가치에 중점을 둔 것이고 현물급여는 사용가치에 주목한 급여형태라 할 수 있다.

현금급여를 지지하는 사람들의 주장은 첫째, 현금급여는 수급자가 사용하기에 편리하고 현물급여에 비해 관리하거나 행정적으로 처리하기에 수월하고 비용도 적게 든다는 것이다. 둘째, 현금급여는 무엇보다도 수급자의 자유의지를 존중하고 수치심을 줄여 주며 스스로의 삶을 관리할 수 있는 존엄성을 인정한다. 즉, 현금급여는 수급자의 자기결정원리와 소비자 주권을 증진시킨다는 것이다(Gilbert & Terrell, 1998: 박정호, 2001: 85 재인용). 그러나 현금급여에 대한 비판은 현금이 수급자의 욕구충족에 필요한 재화의 구입에 사용되지 않고 다른 곳에 오용될 위험이 있어 현금이 욕구충족에 효과적으로 사용되었는지 아닌지를 확인하기 어렵다는 것이다.

한편, 현물급여를 지지하는 사람들의 주장은 첫째, 현물급여는 규모의 경제(economies of scale)를 이룰 수 있어 급여를 대량으로 값싸게 제공할 수 있다는 것이다. 둘째, 현물급여는 급여대상자에게 본래의 목적대로 정확하게 전달될 수 있어 현금급여에 비해 보다 효과적이라는 것이다(박정호, 2001: 84). 그러나 이러한 현물급여는 수급자 개인선택의 자유를 확보하기 어렵고 현물관리에 비용이 든다는 점에서 비판을 받고 있다.

이상과 같이 현금주의는 개인선택의 자유를 더 강조하고 현물주의는 소비행위에 대한 사회적 통제에 더 강조를 두고 있음을 알 수 있으나 현금급여와 현물급여 중 어느 쪽이 더 좋다고 결론짓기는 어렵고, 상황과 경우에 따라서 합당한 선택과 배합을 하는 것이 필요하다.

2) 다양한 급여형태

현금급여와 현물급여라는 급여형태는 각각의 입장이 분명하기 때문에 급여형태에 따라서 어떤 문제가 제기될 수 있는가를 잘 보여 주지만 실제로는 다양한 급여형태가 있기 때문에 현금과 현물은 급여형태의 일부에 한정된 것이다. Gilbert와 Specht(1974: 88-89)는 급여형태를 다음과 같이 기회, 서비스, 재화, 증서, 현금, 권력의 여섯 가지로 제시하고 있다.

(1) 기회

이는 대단히 포괄적이고 애매한 개념이지만 대단히 중요한 개념이다. 대부분의 사회복지정책은 기회의 창조와 배분에 관한 것이다. 기회는 궁극적으로 다른 급여를 얻는 데 도움이 될 수 있다. 기회의 예를 들면, 저소득층 주민에게 영구 임대아파트 입주 기회를 제공한다든지, 소수인종 출신 학생들에게 입학정원을 따로 배정한다든지 하는 것 등을 들 수 있다.

(2) 서비스

서비스란 클라이언트의 이익을 위해서 교육, 카운셀링, 계획, 치료, 훈련 등과 같은 어떤 기능을 수행하는 것을 말한다. 이와 같은 서비스는 그 자체가 수급자에게 즉각적인 시장가치(현금 또는 현물)를 부여하지는 않는다.

(3) 재화

이것은 식품, 의복, 주택 등과 같은 구체적인 물품을 말한다. 이 급여는 제한된 교환가치를 지니며 일반적으로 교환의 경로도 한정되어 있다.

(4) 증서

이는 세금공제증서 또는 물품이나 서비스를 제공받을 수 있는 쿠폰과 같은 형태의 급여를 말한다. 이 급여는 교환가치를 가지고 있고 한정된 범위 내에서 자원선택을 할 수 있는 급여형태다. 증서는 재화나 서비스보다 선택의 자유를 더 많이 제공한다. 또한 증서는 부분적으로 선택의 자유를 보장하면서 아울러 소비행위에 대한 사회적 통제도 가능하다는 이점을 지니고 있다.

(5) 현금

이 급여는 공공부조, 아동수당, 사회보험과 같은 사회복지정책 프로그램에서 주로 사용되고 있다. 이와 같은 형태의 급여는 보편적 교환가치를 지니며 소비자 선택의 자유를 적극적으로 보장한다.

(6) 권력

이 급여는 재화나 자원을 통제하는 영향력의 재분배에 관한 것이다. 이러한 영향력의 재분배는 사회복지급여를 제공하는 기관의 이사회에 빈민이나 저소득계층의 대표자를 참석하게 함으로써 이루어질 수 있다. 권력은 재화, 서비스, 기회와 같은 급여형태보다는 사회경제적 자원을 보다 폭넓게 통제할 수 있는 여지를 제공해 주고 있다.

이상과 같이 다양한 급여형태를 살펴보았으나 실제 제공되는 급여는 한 가지 정책 프로그램 내에서도 여러 가지가 복합적으로 제공되는 경우가 많다. 중요한 점은 정책의 목표를 충분히 검토한 후에 이 목표에 부합되는 급여형태를 선택하는 것이며, 급여가 제공되는 상황에 적절한 급여형태를 선택하는 것이다.

3) 급여형태와 가치 및 이론

급여형태는 가치에 영향을 받는다. 예를 들어, 소비자 주권을 중요하게 생각하고 시장경제의 우월성을 신봉하는 개인주의 지지자들은 현금급여를 지지하며, 반대로 정부가 경제에 개입하는 것이 필요하다고 보고 개인 이익보다 사회 이익이 우선적으로 고려되어야 한다고 생각하는 집합주의 지지자들은 현물급여를 지지하는 편이다.

가치가 급여형태를 결정하는 데 영향을 미치는 것은 사실이지만 현금이나 현

물 이외의 여러 가지 급여형태 중에서 어떤 것들을 택하는가 하는 것은 정책의 목
표에 따라서 크게 좌우된다. 사회복지정책의 목표는 사회문제를 해결하기 위한
이론적 관점에 기초해서 설정된다. 따라서 사회복지정책 목표에는 사회문제이론
이 반영되어 있고 그 반영된 이론은 급여를 결정하는 데 그대로 영향을 미친다.
사회복지정책의 급여형태가 정책의 기초가 되는 이론에 따라서 어떻게 달라지는
지 빈곤문제의 예를 들어보기로 한다. 빈곤원인에 대한 이론은 세 가지가 있다.

　첫째, 자원론이다. 자원론은 소득을 얻는 데 필요한 자원의 부족 또는 결핍이
빈곤의 원인이라는 이론이다. 자원론적 관점에 입각한 정책에서는 부족한 자원
을 공급함으로써 빈곤해결이 가능하다고 보기 때문에 건강상태를 회복시키는
것, 적절한 의식주를 제공하는 것 등의 급여형태가 선택될 것이다. 둘째, 문화론
이다. 문화론은 빈곤계층의 가치나 행동양식을 빈곤의 원인으로 보고 있으며 따
라서 문화론적 관점에 입각한 정책에서는 그 급여형태가 교육, 상담, 훈련 등이
될 것이다. 셋째, 제도론이다. 제도론은 잘못된 사회제도와 사회구조의 모순을
빈곤의 원인으로 보고 있으며 따라서 제도론적 관점에 입각한 정책에서는 그 급
여형태가 제도의 개혁과 자원의 재분배가 될 것이다.

　사회복지정책의 급여형태는 이와 같이 정책이 해결하고자 하는 사회문제의 원
인이 무엇인가에 관한 사회문제이론에 따라 결정되는 것을 알 수 있다. 따라서 어
떤 급여형태가 바람직한가는 정책을 뒷받침하고 있는 이론의 타당성에 대한 분
석으로 평가될 수 있다.

5. 전달체계

　전달체계의 문제란 어떻게 급여를 제공할 것인가의 문제다. 사회복지급여를
받을 대상이 선택되고 급여형태가 결정되면 다음으로 어떠한 방법으로 급여를
제공할 것인지가 결정되어야 한다. 전달체계란 급여대상자에게 선택된 급여를
전달하는 조직적 장치다. 다시 말해서 수급자의 측면에서 볼 때 전달체계란 수급
자를 둘러싼 일체의 공사(公私)의 사회복지조직들과 이들 조직들의 서비스 전달

망을 말한다. 전달체계는 운영주체에 따라 공공전달체계와 민간전달체계로 구분
될 수 있다.

1) 전달체계의 평가기준

어떠한 사회복지 전달체계가 바람직한가를 판단할 수 있는 기준들은 다양한데
여기서는 크게 두 가지로 나누어 논의하고자 한다. 하나는 전달되는 급여가 가지고
있는 속성의 측면이고 다른 하나는 전달체계의 측면이다. 이들에 대해 간략히 설명
하면 다음과 같다(송근원 · 김태성, 1995: 354-358; 최성재 · 남기민, 2000: 88-92).

(1) 급여속성의 측면

사회복지정책에서 제공되는 급여는 서로 다른 속성을 갖고 있기 때문에 급여
속성의 차이에 따라 전달체계의 차이가 필요하다.

첫째, 공공재적인 성격이 강한 급여는 민간부문의 전달체계에서는 적절하게
제공되기 어렵기 때문에 정부, 특히 중앙정부에서 제공하는 것이 바람직하다. 예
를 들어, 의료서비스나 교육서비스가 이에 해당된다.

둘째, 소비자들이 합리적 선택에 많은 정보가 필요하거나 그 정보를 구하는 데
많은 비용이 드는 속성을 갖고 있는 급여를 민간부문에서 제공하면 급여의 형태,
가격, 질 등에서 비효율적인 배분이 일어나기 때문에 이 경우 정부가 이러한 급여
를 제공하는 것이 바람직할 수 있다. 예를 들어, 의료서비스가 이에 해당된다.

셋째, 의료보험과 같은 사회보험서비스의 경우 서비스 가입을 임의적으로 하
면 위험발생의 가능성이 높은 사람들만 가입하게 되어 보험 프로그램이 존재하
기 어려워진다. 따라서 이와 같은 속성을 갖고 있는 급여는 정부에서 제공하는 것
이 바람직하다.

넷째, 어떤 급여는 속성상 여러 전달체계에서 보완적으로 제공되는 것이 바람
직한 경우 정부, 민간 또는 혼합적 전달체계가 모두 바람직할 수 있다.

(2) 전달체계의 측면

어떤 전달체계가 바람직한가를 판단하기 위해서는 판단의 기준이 필요한데 여기서는 여덟 가지 판단기준을 논의하도록 하겠다.

첫째, 평등성이다. 모든 사회복지정책들이 추구하는 기본적인 목표는 평등을 가능하면 많이 이루는 것이다. 따라서 평등의 기준은 다양한 전달체계들을 비교할 때 가장 우선적으로 고려되어야 한다. 즉, 어떤 전달체계가 평등의 가치를 구현하는 데 커다란 장점을 가지고 있다면 다른 기준에서 다소 문제가 있더라도 바람직한 것으로 판단될 수 있는 것이다.

둘째, 적절성이다. 바람직한 전달체계가 되기 위해서는 제공되는 급여의 양과 질, 그리고 제공하는 기간 등이 수급자의 욕구충족과 정책목표 달성에 적절해야 한다. 예를 들어, 국민기초생활보장을 위한 급여가 최저생계비 수준에도 못 미친다든가, 상담서비스가 단순히 타이르는 정도에 그친다든가, 서비스 제공이 한두 번에 그침으로써 수급자의 욕구충족이 안 된다든가 하면 적절하다고 할 수 없다.

셋째, 포괄성이다. 바람직한 전달체계가 되기 위해서는 수급자의 다양한 욕구 또는 문제를 해결하기 위해 다양한 형태의 급여를 제공해야 한다. 이를 위한 접근 방법에는 한 전문가가 여러 문제를 다루는 일반적 접근, 각각 다른 전문가가 한 사람의 각각의 문제를 다루는 전문적 접근, 여러 전문가들이 한 팀이 되어 문제를 다루는 팀 접근이 있다. 최근 사례관리에서는 다양한 욕구를 가진 개인의 문제를 해결할 때 한 사회복지사가 책임을 지고 계속적으로 필요한 급여를 찾아 연결시켜 주는 방법을 쓰고 있다.

넷째, 지속성이다. 수급자의 문제나 욕구를 해결하는 과정에서 필요한 급여들이 단절 없이 지속적으로 제공될 수 있도록 필요한 급여들이 상호 연계되어야 한다. 지속성이 잘 적용되기 위해서도 사례관리가 바람직하다.

다섯째, 통합성이다. 수급자의 문제가 복합적일 경우 이 문제들을 해결하기 위한 급여들이 단편적으로 제공되는 경우 이는 클라이언트를 조각으로 분리하는 것과 같다. 바람직한 전달체계가 되기 위해서는 제공되는 급여에 대한 유기적 연계와 협조체제가 갖추어져야 한다.

여섯째, 전문성이다. 제공되는 사회복지급여의 효과성과 효율성을 높이기 위해 전달체계에서 핵심적인 주요 업무는 반드시 전문가가 담당해야 한다. 공공전달체계에서 사회복지전담공무원의 선발은 이를 실현하기 위한 좋은 예로 볼 수 있다.

일곱째, 책임성이다. 바람직한 전달체계가 되기 위해서는 사회복지급여의 제공에 대한 책임을 져야 한다. 이때 책임져야 할 내용은 급여의 적절성, 전달절차, 효과성 및 효율성 등이며 책임의 대상은 국가 및 사회는 물론이고 수급자도 또한 그 대상이 되어야 한다.

여덟째, 접근 용이성이다. 사회복지정책을 통하여 제공되는 급여가 아무리 좋더라도 수급자들이 그것에 접근하기 어려우면 그 정책의 실효성은 크게 떨어진다. 일반적으로 접근이 용이한 전달체계가 되기 위해서는 전달기구가 수급자에게 공간적으로 근접해 있어야 하고 시간적으로 자격심사, 급여제공이 신속하게 이루어져야 한다.

2) 전달체계 개선전략

전달체계의 궁극적인 목적은 사회복지급여를 효과적이고 효율적으로 전달하는 것이다. 전달체계의 효과성과 효율성을 높이기 위한 주요 전략은 다음과 같이 다섯 가지 문제(선택적 이슈)와 관련을 가지고 있다(최성재 · 남기민, 2000: 93-97).

(1) 의사결정의 권한 및 통제를 재구조화하는 전략

의사결정의 권한과 통제의 소재를 어디에 둘 것인가? 이에는 조정 및 협조체제의 구축과 시민참여제의 도입이 있다. 조정 및 협조체제의 구축은 급여가 단편적으로 주어지는 것을 개선하고 통합성과 포괄성을 가져오기 위한 것으로 행정적으로 중앙집권화하는 방법과 연합화하는 방법이 있다. 연합화는 서비스 조직 간의 기술, 자원, 인력 등을 협조체제로 활용하는 것이다. 한편, 시민참여제의 도입은 급여전달에 관한 의사결정에 시민을 참여시킴으로써 급여의 책임성, 적절성, 접근용이성이 보장되도록 하려는 것이다.

(2) 업무분담을 재조직하는 전략

업무를 누가 담당할 것인가? 이에는 비전문가에게 전문가 역할의 일부를 부여하는 것과 전문가 역할의 자율성을 확보하기 위하여 조직 내에 있으면서도 조직의 통제를 벗어나게 하거나 또는 조직으로부터 떠나게 하는 전문가의 조직적 상황에서의 분리가 있다.

전문가 역할부여는 수급자와 급여를 전달하는 전문가 사이에 상호 이해나 접근이 용이하지 않고 급여전달이 어려운 경우 접근 용이성을 높이기 위해 수급자가 쉽게 받아들일 수 있는 토착적인 사람을 찾아 중개자 역할을 하게 하며 그에게 전문가 역할의 일부를 부여하는 것을 말한다.

전문가를 조직적 상황에서 분리하는 것은 공공조직에서 흔히 발생하는데 서비스 전달조직이 관료제적인 특성이 강하여 전문가로서의 전문성이나 자율성의 발휘를 저해할 경우 전문가로 하여금 그 조직을 떠나 개업하게 함으로써 전문성 발휘의 용이한 조건을 만들고 서비스 비용을 정부로부터 직접 받도록 하는 것을 말한다.

(3) 전달체계의 구성전략

전달체계조직의 단위 및 수를 어떻게 할 것인가? 이는 수급자로 하여금 서비스에 쉽게 접근할 수 있도록 하는 접근 가능성을 높이기 위한 전략이다. 이에는 서비스의 접근을 촉진하는 서비스를 마련하는 방법과 의도적으로 같은 전달체계를 중복시키는 방법이 있다. 전자는 전달체계 내에 서비스를 안내, 의뢰하거나 기타 별도의 서비스 접근을 촉진하는 방법을 강구하는 것이며 후자는 지리적 장애나 교통상의 장애가 있을 때 서비스 조직을 지리적 또는 교통상으로 접근하기 쉬운 곳에 새로 설치하는 방법을 말한다.

(4) 전달체계의 운영주체에 관한 전략

전달체계를 누가 운영할 것인가? 전달체계의 운영주체는 앞에서 살펴본 것과 같이 서비스의 성격에 따라 공공조직이 제공해야 할 것과 공공조직이나 또는 민간조직 중 어느 쪽이 제공하여도 되는 것이 있다. 사회보험이나 공공부조의 경우

서비스 성격상 공공조직이 제공해야 하지만, 사회서비스는 공공조직이 제공할수도 있고 또는 민간조직이 제공할 수도 있다. 연구 결과에 따르면, 민간조직이제공하는 경우가 좀 더 효과적이고 효율적이다.

전달체계를 민간조직이 운영할 경우, 비영리조직과 영리조직 중 어느 쪽이 운영하는 것이 바람직한가 하는 것은 서비스의 종류에 따라 달라질 수 있는데 무료서비스는 비영리조직이 운영하는 것이 좋고, 유료서비스는 비영리조직과 영리조직 중 어느 쪽이 더 효과적이고 효율적인지 확실한 결론을 내리는 것이 어렵다.따라서 서비스의 표준화 정도, 클라이언트집단의 능력, 서비스의 강제성, 관련규정 준수에 대한 감독의 강력성 정도에 따라 택하는 것이 바람직하다.

(5) 서비스 배분방법에 관한 전략

제한된 서비스를 필요로 하는 사람들에게 어떻게 배분할 것인가? 이는 제한된자원을 가지고 어떻게 많은 사람들의 사회적 욕구를 충족시킬 수 있도록 배분하느냐 하는 것인데 서비스 배분방법은 공급억제전략과 수요억제전략이 있다.

공급억제는 클라이언트에 대한 제한강화와 서비스 희석화를 통하여 이루어질수 있다. 제한강화는 클라이언트의 수급자격요건을 강화하여 클라이언트의 서비스 이용률을 저하시키는 것이고, 서비스 희석화는 서비스의 양과 질을 감소시키는 것으로 클라이언트 접촉시간의 단축, 전문가를 자원봉사자로의 대치 등이 해당된다.

수요억제는 서비스 접근에의 각종 장애를 제거하지 않거나 또는 장애를 생기게 하는 것이다. 예를 들면, 서비스 이용 촉진활동을 하지 않고 알아서 찾아오도록 하는 것, 또는 신청절차에 시간을 많이 걸리게 하는 것 등을 말한다.

6. 재원체계

재원체계의 문제란 어떻게 재원조달을 할 것인가의 문제다. 사회복지정책에는재원이 필요하며 아무리 정책의 내용이 좋아도 재원이 불충분하면 그 정책은 성공하기가 어렵다. 사회복지정책에 사용되는 재원의 형태는 다양하고, 서로 다른 사회복지정책은 서로 다른 형태의 재원을 갖는다.

사회복지정책을 분석하는 데 재원의 분석이 중요한 이유는 사회복지정책이 어떤 재원에 의존하는가에 따라 그 정책의 목표나 내용이 달라질 수 있기 때문이다. 즉, 사회복지정책이 정부의 재원과 민간의 재원 중 어느 재원에 의존하는지, 혹은 정부의 재원 가운데서도 정부의 일반예산에 의존하는지 아니면 사회보장성 조세에 의존하는지에 따라 사회복지정책의 목표와 자격조건, 급여형태 등이 달라지기 때문이다. 여기에서는 다양한 재원의 형태를 분석하여 그러한 형태가 사회복지정책에 미치는 영향을 논의하고자 한다.

1) 정부의 재원

정부의 재원 가운데 일반예산과 사회보장성 조세에 대한 상대적 의존도는 국가에 따라 차이가 있다. 어떤 국가들(뉴질랜드, 덴마크)은 사회복지정책에 사용되는 재원을 대부분 정부의 일반예산에 의존하는 반면, 어떤 국가들(독일, 프랑스)은 사회보장성 조세의 비중이 커서 정부의 일반예산으로부터의 재원이 상대적으로 적다. 아무튼 정부의 일반예산은 사회보장성 조세와 더불어 오늘날 복지선진국의 사회복지정책에서 가장 중요한 재원임에 틀림없다. 일반적으로 정부의 일반예산이나 사회보장성 조세의 규모가 크면 클수록 사회복지정책에 사용할 수 있는 재원이 커져 사회복지정책은 발달하는 경향을 보인다(송근원·김태성, 1995: 317-318).

일반적으로 사회복지정책의 확대를 지지하는 사람들은 사회복지정책의 재원이 주로 소득세, 소비세, 그 밖의 재산세 및 상속세로부터 거두어들이는 정부의 일반예산에서 충당되어야 한다고 주장된다. 그 이유는 첫째, 정부의 일반예산을 구성하는 조세는 누진적이어서 다른 재원에 비하여 사회복지정책이 추구하는 가장 중요한 목표인 배분적 정의, 즉 평등이나 사회적절성을 이루기 쉽다는 것이다. 둘째, 정부의 일반예산 재원은 다른 재원들에 비하여 사회복지정책의 대상을 넓힐 수 있고 급여의 양과 질에서 차별이 적어진다는 것이다. 셋째, 정부의 일반예산은 경기침체 등의 이유로 조세수입의 양은 다소 변동이 있다 하더라도 국가가 망하지 않는 한 국가의 공권력으로부터 조세가 부과되기 때문에 재원이 안정적이고 지속적으로 공급된다는 것이다.

한편, 사회보험과 같은 특별한 목적을 위해 거두어들이는 사회보장성 조세는 보험료를 사용자나 피고용자에게 강제로 부과하여 일종의 세금과 같은 기능을 한다. 사회복지정책의 재원으로서 사회보장성 조세를 주장하는 이유는 첫째, 자본주의 사회의 중요한 가치인 개별적 공평성을 기하면서 사람들이 노령, 실업, 장애 등과 같은 어떤 위험에 당면하여 개개인의 과거의 소득수준을 유지해 줄 수 있다고 보기 때문이다. 따라서 사회보험은 비록 소득재분배의 역할을 하기는 하나 본질적으로는 보험상품이기 때문에 보험료를 많이 낸 사람에게 급여액을 많이 준다. 둘째, 많은 사람들은 사회보장성 조세를 납부함으로써 일반조세와는 달리 미래에 받을 수 있는 급여액에 대한 권리를 갖는다고 생각하기 때문에 일반조세의 방식으로 하는 것보다 사회보장세의 형식으로 하는 것이 정치적으로 유리하다는 것이다. 셋째, 역사적으로 볼 때 정부의 일반예산을 통한 사회복지정책은 대개 가난한 사람들을 대상으로 일종의 시혜로서 급여를 해 온 경향이 있다. 따라서 사람들은 정부의 일반예산을 통하여 사회보장급여를 받는 것에 대해서 거부감을 갖는 경향이 있다는 것이다. 넷째, 사람들은 자기들이 낸 세금이 어떻게 사용되는가에 관심이 있는데 일반예산처럼 다양한 정부지출에 사용되는 것과는 달리 특정한 목적을 위하여 사용되는 사회보장성 조세에 대한 거부감이 적다는 것이다. 그러나 사회보장성 조세가 사회복지정책의 재원으로서 이상적인 것은 아니다. 사회복지정책은 기본적으로 평등(소득재분배)을 추구하는데 사회보장성 조세는 일반예산에 비하여 소득재분배 효과가 크지 않은 것으로 보고 있다.

그 밖에 사회복지정책의 재원형태 중에 조세비용이 있다. 조세비용은 조세를 거두어들여 직접적인 사회복지급여를 하지 않는 대신 사람들이 내야 할 조세를 감면시켜 사회복지의 목표를 이룰 수 있는 방법이다. 그러나 조세비용제도는 소득재분배 효과 측면에서 불리하며, 따라서 사회복지정책을 확대하는 입장에서는 소득재분배의 역진성을 야기시키는 조세비용을 대폭 줄이거나 없애고 과세대상을 넓히면 정부의 일반예산이 증가되고 이러한 증가된 예산으로 적극적인 사회복지정책의 확대를 이룰 수 있어 소득재분배 효과를 크게 할 수 있다(송근원·김태성, 1995: 340).

2) 민간의 재원

오늘날 사회복지가 발전한 대부분의 국가에서는 사회복지정책의 재원 가운데 정부의 재원이 압도적으로 많다. 그럼에도 아직도 민간의 재원이 사회복지정책에서 많이 사용되고 또한 여러 가지의 이유로 민간의 재원을 통한 사회복지정책들이 필요하다. 특히 최근의 복지국가 위기의 시대에 정부재정의 압박으로 이른바 민영화를 강조하는 상황에서 민간의 재정은 이전보다 더 중요한 역할을 할 수 있다. 민간의 재원은 사용자 부담, 자발적 기여, 기업복지, 가족 간 이전이 있다(송근원·김태성, 1995: 340).

사용자 부담이란 사회복지급여를 받는 대가로 금전을 지불하는 것을 의미한다. 사용자 부담은 시장에서의 거래와 관련이 있지만 비영리기관이나 공공기관에서도 흔히 일어난다. 사용자 부담이 사회복지 분야에서 행해지는 이유는 나름대로 장점을 지니고 있기 때문이다. 첫째, 사용자 부담을 통하여 사회복지서비스의 남용을 막을 수 있다. 둘째, 사용자 부담을 통하여 사회복지 재원의 확충을 어느 정도 기할 수 있다. 셋째, 서비스의 질을 높일 수 있다. 서비스를 무료로 제공하면 수급자나 서비스 제공자 모두 서비스의 질에 관심이 줄어든다. 그러나 일부라도 사용자 부담을 하면 수급자는 서비스의 질에 관심을 갖게 되고 서비스 제공자도 높은 질의 서비스를 제공하게 된다는 것이다. 넷째, 사용자 부담은 수급자의 자존심을 높이는 데 기여할 수 있고 사용자 부담을 통하여 수급자의 사회적 책임감을 향상시킬 수 있다. 그러나 사용자 부담은 저소득층이 상대적으로 부담이 커서 소득재분배상으로 역진적이며 저소득층의 서비스 이용이 억제된다는 단점이 있다(박정호, 2001: 139-140).

자발적 기여금의 형태에는 개인기여금, 재단기여금, 기업기여금 그리고 유산이 있다. 자발적 기여는 사회복지정책이 발달한 국가들에서도 여전히 존재한다. 자발적 기여금을 통한 사회복지정책이 필요한 이유는 첫째, 국가의 재원을 통한 사회복지정책이 모든 사람을 만족시키기가 어렵기 때문에 국가의 실패에 대한 대안으로 자발적 기여를 통한 사회복지정책이 필요하다. 둘째, 자발적 기여를 통한 사회복지정책은 다원화한 사회 속에서 특정한 지역이나 집단의 특수한 욕구를 해결할 수 있다. 셋째, 자발적 기여를 통한 사회복지정책은 새롭고 창의적인 서비스의 개발이 용이하다. 그러나 문제점은 자발적 기여에 대한 세금감면의 조치가 이루어질 때 소득재분배의 역진성이 나타날 수 있고, 자발적 기여에 대한 강조는 국가 전체적이고 포괄적이며 통합적인 정책발전에 장애가 될 수 있으며, 자발적 기여를 통한 재원은 불안정하여 지속적이고 체계적인 정책의 수립과 집행이 어렵다는 것이다(송근원·김태성, 1995: 344-346).

기업복지는 고용주가 피고용자들에게 임의로 제공하는 급여로서 이들을 위한 기업연금과 차량운영비나 자녀학비, 유급휴가, 주택지원 등을 예로 들 수 있다. 기업복지는 소득재분배 측면에서 역진적이나 그럼에도 중요한 위치를 차지하고 있다. 기업복지가 확산되는 이유는 피고용자에게 임금을 지급하는 대신 기업복지를 제공하는 것이 세제상 유리하며 기업복지를 통하여 피고용자의 기업에 대한 소속감과 관심을 드높일 수 있기 때문이다.

마지막으로 가족 간 이전으로 소득이전과 비경제적인 서비스 제공이 있다. 예를 들면, 우리나라의 경우 노인복지는 부양비 및 의료비 지출 등에서 상당부분 자식들이 제공하며 노쇠한 부모를 자식들이 모시고 산다. 이와 같은 가족 간 이전 형태는 국가복지가 발전되기 이전에는 가장 중요한 역할을 하였으나 국가복지가 발전하기 시작하면서 점차 그 역할이 줄어들었다. 그럼에도 오늘날 많은 국가에서 많은 사람의 욕구가 가족 내에서 해결되고 있다.

참 · 고 · 문 · 헌

김해동 · 정홍익(1985). 사회행정론. 서울: 한국방송통신대학출판부.
박정호(2001). 사회복지정책론. 서울: 학지사.
송근원 · 김태성(1995). 사회복지정책론. 서울: 나남출판.
최성재 · 남기민(2000). 사회복지행정론. 서울: 나남출판.

Gil, D. G. (1973). *Unravelling Social Policy: Theory, Analysis and Political Action towards Social Equality.* Cambridge, MA: Schenkman Publishing Company.

Gilbert, N., & Specht, H. (1974). *Dimensions of Social Welfare Policy.* Englewood Cliffs, New Jersey: Prentice Hall.

Gilbert, N., & Terrell, P. (1998). *Dimensions of Social Welfare Policy.* Englewood Cliffs, New Jersey: Prentice Hall.

Magill, R. S. (1986). *Social Policy in American Society.* New York: Human Sciences Press.

Prigmore, C. S., & Atherton, C. R. (1979). *Social Welfare Policy: Analysis and Formulation.* Lexington, MA: D.C. Health and Company.

제4부

복지국가와 한국의
사회복지정책

제9장

복지국가의 유형과 흐름

복지국가는 제2차 세계대전 후 탄생하여 1960년대 말에 이르기까지 그야말로 인류가 도달해야 할 궁극적 국가형태로 보이기도 하였다. 그러나 1970년대에 들어서서 원유파동을 계기로 복지국가의 확대 경향이 둔화되기 시작하더니 1970년대 후반에 이르러 복지국가는 큰 혼란에 빠지게 되었고 그 이후 선진 국가들은 복지국가의 많은 부분을 포기하기도 하였다. 한편, 이러한 위기 현상에도 불구하고 복지국가 제도는 여전히 존재하면서 자기변화를 추구하고 있다. 사회복지정책에서 복지국가의 주제는 반드시 다루어야 할 핵심적 영역으로 생각된다. 왜냐하면 복지국가는 사회복지정책 연구에 하나의 풍성한 어장과 같은 역할을 하기 때문이다.

이 장에서는 먼저 복지국가의 개념과 특정을 간략히 살펴본 후 복지국가의 유형을 고찰하고, 다음으로 복지국가의 흐름으로서 복지국가의 정당성과 그 상실, 복지국가 위기의 내용과 반응, 복지국가의 재편과 복지사회를 살펴보기로 한다.

1. 복지국가의 개념 및 특징

1) 복지국가의 개념

오늘날의 복지국가는 19세기 말에서 20세기 초 사이에 서구 자본주의 국가에서 사회보험제도의 확립을 계기로 태동하기 시작하였다. 그러나 복지국가라는 말은 1934년 영국 옥스포드대학교의 학자였던 Zimmern이 파시스트 독재자들의 무력국가에 대조적으로 사용함으로써 생겨났고, 1941년 영국 요크 시 주교였던 Temple이 『시민과 성직자(*Citizen and Churchman*)』라는 책에서 나치스 전쟁 국가에 대조적으로 사용함으로써 성문화되었다(김상균 외, 2002: 326). 그 후 1942년 영국의 비버리지 보고서가 발표되고 제2차 세계대전 후 1945년 정권을 잡은 영국의 노동당 정부가 비버리지 보고서에 입각하여 광범위한 사회보장과 완전고용을 실현하는 것을 국가의 책임으로 하면서 복지국가란 용어가 구체적인 의미를 가지고 사람들의 주목을 받게 되었다.

이상의 복지국가는 영국에서만 나타난 것이 아니라 스웨덴을 비롯한 유럽의 여러 나라에서 나타났으며 시장경제의 요람인 미국에서조차 미약하게나마 복지 국가를 지향하였다. 복지국가의 기본 사상은 다양하다. 프랑스 혁명으로부터 자유 · 평등 · 박애의 개념이 도출되었다면 Bentham의 공리주의 철학으로부터 최대다수의 최대행복이라는 개념이 제공되었다. 또한 Bismarck와 Beveridge로부터 사회보험과 사회보장의 개념을 얻었으며, 페비안 사회주의자들로부터는 국가의 기본적 서비스에 대한 국유의 원리가 나왔고, Tawney로부터 사회적 평등의 원리를 배웠다. 또한 Keynes는 경기순환을 통제하여 대량실업을 막기 위한 경제이론을 제공하였으며, Webb 부부는 빈곤의 원인을 소멸시키고 사회의 기반을 깨끗하게 하자고 제안하였으며, 이외에도 많은 철학자, 사상가, 종교 지도자, 사회개혁가 등이 복지국가 건설을 주장하였다(전재일 · 배일섭 · 정영숙, 2000: 326).

복지국가에 대한 개념 정의는 다양하게 제시되고 있다. 통상 복지국가는 국민들의 복지가 가족 또는 시장이 아니라 국가의 막중한 책임하에 제공되는 국가를 의미하지만 좀 더 정교한 몇몇 정의를 들어 보면 다음과 같다.

Titmuss(1967: 15-22)는 복지국가를 사적인 시장에서는 제공될 수 없는 특별한 서비스를 모든 시민에게 제공하는 국가로 규정하였고, Thoenes(1966: 125)는 자본주의적 생산체제를 유지하면서 모든 시민에게 집단적 사회보호를 보장하고 민주적이며 정부가 지원하는 복지제도에 따라 특징 지어지는 국가를 복지국가로 보았다. 또한 Wilensky(1975: 1)는 모든 국민에게 최소한의 소득, 영양, 보건, 주택 및 교육 등을 자선으로서가 아니라 정치적 권리로서 인정하는 국가를 복지국가로 규정하였다. 그리고 Mishra(1990: 34)는 복지국가를 국민최저수준(national minimum standards)의 삶을 보장하도록 정부 책임을 제도화한 국가로 정의하였다.

이상의 여러 학자의 견해를 종합해 보면, 복지국가는 첫째, 경제 제도로서의 수정자본주의, 둘째, 정치제도로서의 민주주의, 셋째, 국민최저수준의 보장, 넷째, 복지에 대한 국가의 막중한 책임을 성립 조건 또는 특징으로 하고 있음을 알 수 있다.

2) 복지국가의 특징

복지국가의 특징에 대한 견해는 학자에 따라 약간의 차이를 보인다. 김상균 (1987: 56-61)은 ① 국가안보, 즉 평화의 보장 ② 경제제도로서의 수정자본주의 또는 혼합경제체제의 운용 ③ 정치제도로서의 민주주의 ④ 국민 개인의 복지에 대한 국가의 막중한 책임을 들고 있고 신섭중(1993: 57)은 ① 사회보장 ② 완전고용 ③ 혼합경제 ④ 민주주의를 들고 있다. 여기서는 복지국가의 특징을 다음과 같이 네 가지로 요약해 보고자 한다.

첫째, 경제제도로서의 수정자본주의 또는 혼합경제체제의 운용이다. 흔히 야경국가라고 불리는 19세기 서구 자본주의 경제는 개인주의와 시장경제체제의 기반 위에 전적으로 민간부문에 의존하는 체제였다. 그러한 체제하에서는 자본 및 부의 횡포와 빈부의 격차 문제는 하등의 문제로 인식되지 않았기 때문에 문제 해결을 위한 국가의 개입은 생각할 수도 없었고 따라서 정부의 복지예산이라는 것도 불필요하였다. 그러나 복지국가에서는 자본과 노동 사이의 균형을 모색하거나 빈부의 격차를 감소시키며, 고용확대를 촉진시키고, 저임금도 해소시키는 등 여러 가지 경제정책의 실시를 통해 국가는 민간부문과 시장경제에 개입한다 (김상균, 1987: 57). 이와 같은 수정자본주의 경제는 국가의 통제를 받는 공산 국가들의 사회주의 경제와는 구별되나 자본주의의 2대 요소인 사유재산 제도와 이윤추구의 보장은 그대로 지속된다. 혹자는 자본주의 경제에 사회주의 경제를 혼합 가미시켰다 하여 이를 혼합경제체제라 부르기도 한다.

둘째, 정치제도로서의 민주주의다. 국민의 물질적 생활은 보장하지만 개인 기본권을 인정하지 않는 전체주의 국가를 복지국가라고 할 수 없다. 만약 억압적이고 권위적인 군주가 거주와 이전의 자유, 사상과 표현의 자유, 결사의 자유를 비롯한 일련의 자유권과 선거권을 비롯한 정치권 등을 박탈한 채 국민들에게 다소 향상된 물질적 보장이 이루어진다고 하면 그러한 상태는 참된 복지의 상태라고 할 수 없다(김태성·성경륭, 2000: 46). 권위주의 국가와 공산주의 국가에서 복지를 제공한다고 하더라도 그러한 국가를 복지국가라고 부르지 않는 것은 바로 자유권과 정치권을 핵심으로 하는 민주주의가 그러한 국가에서 부정되고 있기 때문이다. 복지국가의 성립과정을 볼 때도 선거권 확대를 통한 민주주의 신장은 일련의 복지개혁을 통한 복지국가 수립에 결정적으로 기여했다고 할 수 있다.

셋째, 최소한 국민최저수준의 보장이다. 1942년 비버리지 보고서에서 제시된 이 개념은 복지국가의 책임범위를 규정하는 매우 중요한 기준이다. 여러 학자들이 모든 국민들의 삶의 안전과 기본욕구 충족을 위해 적어도 '국민최저수준'을 보장하는 국가를 복지국가라고 파악한 것은 이들이 모두 비버리지의 기준을 복지국가 성립의 중요한 근거로 채택하고 있다는 것을 뜻한다(김태성·성경륭, 2000: 47). 또한 복지국가가 모든 국민의 삶의 안전을 위해 적어도 국민최저수준을 보장한다고 하는 것은 복지국가의 책임범위뿐만 아니라 특정 빈곤층만을 대상으로 열등수급의 원칙에 따라 빈민구제를 실시했던 과거의 국가와 복지국가를 구별하는 기준이 된다는 점에서도 큰 의의를 지닌다고 할 수 있다.

넷째, 국민 개개인의 복지에 대한 국가의 막중한 책임이다. Furniss와 Tilton (1977: 179-183)은 미국을 복지국가라고 부르기를 거부하였다. 그 이유는 국민 개개인들의 복지증진을 목적으로 하는 사회복지예산이 상대적으로 적게 책정되었기 때문이다. 한 국가의 경제력이 아무리 클지라도 국민총생산 중에서 사회복지에 대한 정부 지출비가 상당 수준 이상이 되지 않는다면 복지국가라고 부를 수 없다(김상균, 1987: 60-61). Wilensky는 사회보장비가 국민총생산 중에 차지하는 비율을 복지국가의 기준으로 설정하고 15% 이상인 국가는 복지선진국, 10~14%는 복지중진국, 5~9%는 복지후진국이라고 정의하였다(Wilensky, 1975: 30-31: 김상균, 1987: 60 재인용). 한편, Korpi(1983)는 절대적 빈곤의 해결이라는 관점에서 국민최저수준을 보장하는 국가를 복지국가라고 부른다면 그것은 매우 낮은 단계의 복지국가에 불과하다고 비판하면서, 높은 수준의 복지국가는 상대적 빈곤을 감소시키는 방향, 즉 단순히 기회의 평등을 보장하는 데 그치지 않고 적극적 재분배를 통해 결과의 평등을 증가시키는 방향으로 노력하는 국가라고 규정하고 있다.

2. 복지국가의 유형

1) Furniss와 Tilton의 유형

Furniss와 Tilton(1977)은 국가개입의 유형을 적극국가모형, 사회보장국가모형, 사회복지국가모형의 세 가지로 보고 있다. 역사적으로 보면 국가개입유형은 처음 적극국가모형에서 시작하여 점차 사회보장국가모형으로 갔다가 다시 사회복지국가모형으로 지향하고 있는 것이 일반적 추세다. 이 세 모형 중 사회보장국가와 사회복지국가가 어떤 의미에서는 복지국가의 범주에 합당한 것으로 본다.

(1) 적극국가

사회복지정책의 가장 초보 단계의 국가모형이 소위 적극국가(the positive state)모형이라 할 수 있다. 적극국가는 경제성장을 위해 국가와 기업 간의 협동을 강조하며 개인의 재산 소유를 중시하고 기본적으로 자유와 경제적 효율을 우선적 중요 가치로 인식하고 있다. 적극국가에서는 자본주의 체제를 시장경제에만 맡기다가는 자칫 체제 자체의 붕괴를 가져올지 모르기 때문에 국가가 어느 정도

시장경제에 개입하여 독점을 규제하고 지나친 사회적 불평등을 예방해야 한다고 보고 있다. 적극국가에서는 사회복지정책이 주로 경제정책을 통해 이루어지며 따라서 경제성장을 저해하는 사회복지정책은 가급적 피하며 노동조합의 지나친 임금인상 요구나 집단행동을 규제한다.

적극국가는 최하위 계층에 대한 지원은 경제성장을 저해한다고 보기 때문에 공공부조보다는 사회보험제도를 중시한다. 사회보험은 근본적으로 수익자 부담의 원칙에 입각한 제도다. 즉, 때로는 국고의 보조가 있기는 하지만 원칙적으로 건강하고 수입이 있을 때 일정금액씩 적립해서 노후나 불시의 실업과 재난에 대비한다는 것이다. 적극국가의 사회복지정책은 Titmuss가 말하는 보충적 모형에 가까우며 시장체제의 기능을 강화하기 위한 사회통제적 기능을 수행한다. Furniss와 Tilton은 적극국가를 복지국가로 보지 않고 있으며 미국을 적극국가의 한 모형으로 예시하였다.

(2) 사회보장국가

사회보장국가(the social security state)의 가장 중요한 특색은 적극국가에서처럼 모든 사람의 사유재산을 보장하고 국가와 기업 간의 협동을 유지하되 사회복지정책을 통해 국민생활에 대한 최저수준을 보장한다는 목표를 가지고 있다. 사회보장국가에서는 경제정책과 사회복지정책의 구분이 명확하며 최저수준을 보장하기 위해서는 사회보험제도만으로는 불가능하기 때문에 공공부조나 보편적 서비스의 제공과 같은 기타의 방법을 채택한다. 이와 같은 최저수준의 보장은 국가가 전부 부담하는 것은 아니고 사회보험으로 충당하고 부족분만 국가가 보조하는 것이지만 누구에게나 생존의 권리를 인정한다는 점에서 적극국가모형보다는 진보된 형태로 평가된다.

그러나 국민최저수준보장의 원칙은 평등주의와는 다르다. 즉, 기회의 평등과 특정 수준까지의 평등이 보장되면 그 이상의 부분에 대해서는 개별화의 원칙이 적용되며 개인과 개인 사이의 자유로운 경쟁이 인정된다. 최저수준보다 더 많이 갖기 위해서는 각 개인에게 자신과 가족들을 위해서 자발적인 활동을 할 수 있는 여지와 자극이 있어야 한다고 보고 있다. 즉, 사회보장에서 국가가 개인의 동기,

기회, 책임을 억제해서는 안 된다고 강조한다. Furniss와 Tilton은 영국의 복지제도가 사회보장국가의 모형에 가장 가깝다고 주장하고 있다.

(3) 사회복지국가

사회복지국가(the social welfare state)는 적극국가와 사회보장국가에서 국가와 기업 간의 협동을 강조하는 것과는 달리 정부와 노동조합의 협동을 강조한다. 이 모형은 사회보장국가에서 모든 시민에게 최저수준만 보장하고 그 이상은 경쟁원리에 맡겨 버리는 것을 비판하면서 평등, 협동, 연대의식에 기초를 두고 단순한 국민최저수준의 보장을 넘어서 전반적인 삶의 질의 평등을 추구한다.

이 모형에서는 환경계획, 연대적 임금정책, 그리고 각종 공익사업이 강조된다. 환경계획은 쾌적한 환경을 유지하고 공해, 도시계획, 재개발 등에 따른 폐해를 적극적으로 예방함으로써 삶의 질을 높이자는 것이며, 연대적 임금정책은 기존의 상후하박의 임금체계가 부의 편중을 가져왔기 때문에 되도록 노동자들 간의 임금 격차를 줄여 가능한 한 많은 저임금자들의 소득수준을 높이자는 것이고, 공익사업은 경제적 평등을 이룩하는 하나의 방법으로서 사회보험이나 공공부조와 같은 사회보장 대신 시민의 생활에 편익을 제공하는 각종 공익사업을 대폭 확대하자는 것이다.

또한 사회복지국가는 단순히 사람들의 생활수준을 향상시키는 데 그치는 것이 아니라 과거에 정치과정에서 소외되었던 개인이나 집단들로 하여금 그들을 각종 정책결정과정에 끌어들이는 노력을 함으로써 사회의 모든 결정과정에 시민의 민주적 참여를 증진시켜야 한다고 강조하고 있다. Furniss와 Tilton은 스웨덴의 복지제도가 사회복지국가의 모형에 가깝다고 주장하고 있다.

2) Mishra의 유형

Mishra(1984)는 복지국가의 위기를 타개할 수 있는 진정한 대안을 모색하면서 복지국가 유형을 두 가지로 구분하였는데 하나는 다원적 혹은 분화적 복지국가이고, 다른 하나는 조합주의적 혹은 통합적 복지국가다. 그의 주장에 따르면, 조합주의에 입각한 통합적 복지국가만이 복지국가의 위기를 극복할 수 있는 진정한 대안이 될 수 있다고 한다. 이 내용들을 간략히 설명하면 다음과 같다(김태성·성경륭, 2000: 177 재인용).

(1) 분화적 복지국가

분화적 복지국가에서는 사회복지는 경제와 구분되고 대립된다. 따라서 경제에 나쁜 영향을 주는 사회복지는 제한되고 따라서 잔여적인 역할을 한다. 또한 분화된 복지국가들에서의 복지정책은 이익집단들의 다양한 이익추구 과정에서 이루어지기 때문에 복지정책들은 통합적이지 않고 포괄적이지 못하고 단편화되는 경향이 있다고 본다. Mishra는 미국, 영국 등 주로 영어권 국가들을 분화적 복지국가로 보았다.

(2) 통합적 복지국가

통합적 복지국가에서는 사회복지와 경제는 구분되지 않고 상호 의존적이고 상호 관련된 관계로 본다. 즉, 사회복지정책과 경제정책의 밀접한 관계를 인정한다. 이러한 모형에서의 복지정책은 경제집단들 혹은 계급 간의 상호 협력하에 추진된다. 즉, 집합적 책임을 강조한다. 이러한 상황에서 완전고용정책과 포괄적 사회복지정책은 시장체제의 골격을 유지하면서도 가능하게 된다. 사회구성원들의 이익이 통합되는 복지정책의 형태를 추구하는 것이다. Mishra는 오스트리아, 스웨덴과 같은 국가들을 통합적 복지국가로 보았다.

3) Esping-Andersen의 유형

복지국가의 유형을 과학적으로 연구한 최근의 대표적 학자인 Esping-Andersen(1990)은 개인의 복지가 시장에 의존하지 않고도 충족될 수 있는 이른바 탈상품화의 정도, 계층화의 정도, 국가와 시장 및 가족의 상대적 역할관계의 세 가지 기준을 가지고 복지국가를 자유주의적 복지국가, 보수조합주의적 복지국가, 사회민주주의적 복지국가라는 세 가지 유형으로 구분하였다. 이들을 요약하여 설명하면 다음과 같다(감정기 · 최원규 · 진재문, 2002: 252-255; 김태성 · 성경륭, 2000: 180-182).

(1) 자유주의적 복지국가

자유주의적 복지국가는 시장 메커니즘의 기본적 역할을 인정하며 그 보호 대상이 가장 취약한 계층에 한정되는 엄격한 선별주의 원칙이 적용된다. 따라서 자산조사를 통한 공공부조 프로그램이 상대적으로 중시된다. 이러한 상황에서 사회복지의 확대는 전통적인 자유주의적 노동윤리 규범에 따라 크게 제약받으며 사회권은 제한된다. 따라서 사회복지 대상의 자격기준은 까다롭고 엄격하고 결과적으로 오명이 수반된다. 국가의 사회복지는 시장 또는 민간 자원단체들의 복지활동에 대한 보조역할 수준 이상으로 확대되기 어렵다. 자유주의적 복지국가에서는 기본 지향이 시장 의존적이기 때문에 노동력의 탈상품화 효과는 최소화되고 사회계층은 다원화되면서 불평등이 심하게 나타나고 계층 간에 대립적 관계가 형성된다. 그리고 국가가 시장을 활성화한다. 이러한 유형에 적합한 대표적인 국가로는 미국, 캐나다, 호주를 들고 있다.

(2) 보수조합주의적 복지국가

보수조합주의적 복지국가는 자유주의적 복지국가의 관심인 시장의 효율성과 노동력의 상품화 문제는 덜 중요하다. 또한 사회권도 중요한 쟁점사항이 아니며 단지 국가가 주된 사회복지 제공자의 역할을 함으로써 시장의 역할이 상대적으로 덜 강조된다. 그러나 교회의 역할이 크며 전통적 가족의 기능을 유지하는 데 중점을 둔다는 점에서 보수적이다. 사회복지급여는 사회권으로 보고 있으나 사회계층과 지위에 밀접하게 관련되어 있다. 따라서 국가복지의 재분배효과는 아주 미미하다.

사회복지 대상자가 공직자, 사무직, 노동자와 같은 직업 범주에 따라 구분되며 국가는 이들이 교육과 직업훈련을 통해 직업 경력을 쌓도록 지원하고 이들의 소득보장은 주로 사회보험에 크게 의존하며 사회보험에 의한 혜택은 시장에서의 계층과 지위에 따라 크게 차이가 난다. 따라서 탈상품화 효과에는 한계가 있다.

사회보험은 전형적인 경우 일하지 않는 주부들을 적용대상에서 배제하며, 대신에 가족급여를 통해 모성을 장려한다. 이러한 유형에 속하는 국가들은 오스트리아, 프랑스, 독일, 이탈리아 등이다.

(3) 사회민주주의적 복지국가

사회민주주의적 복지국가는 보편주의 원칙과 사회권을 통한 탈상품화 효과가 가장 크다. 사회민주주의라는 명칭을 사용한 것은 사회민주주의적 복지국가에서는 사회민주주의 세력이 복지국가 확대에 중추적인 역할을 하였기 때문이다. 이러한 국가에서는 국가 대 시장, 노동계층 대 중산계층 사이의 갈등을 최소화하면서 최저수준의 생활보장을 넘어서 최고수준(중산층 수준)의 평등을 추구한다. 사회민주주의적 복지국가에서의 시장 기능은 공공부문의 기능에 따라 최소화되며 사회통합이 중요한 목표가 되고 있다. 따라서 사회의 모든 계층이 하나의 보편적이고 포괄적인 국가에 의존하고 모두가 의무감을 느끼는 평등 지향적 체제라고 할 수 있다.

사회민주주의적 복지국가들에서는 노동조합이 잘 조직화되어 있을 뿐만 아니라 노조의 의견이 정책결정과정에 적극적으로 반영될 수 있는 정치 시스템을 구축하고 있다. 또한 복지 대상자에 대한 가족 및 시장의 보호나 보장 능력이 소진될 때까지 기다리기보다는 적극적으로 개입하고 미리 사적 부분의 보호 비용을 사회화시킴으로써 미리 개인들의 독립 능력을 강화시킨다. 결과로 국가가 아동, 노인 등에 대한 직접적인 책임을 지며 이는 여성의 노동시장 참여와 같은 노동정책과 적극적으로 연계되어 있다.

사회민주주의적 복지국가들에서는 노동과 복지가 긴밀하게 연계되어 있다. 이 국가들은 경제정책과 사회복지정책이 통합되어 있는데 가장 대표적인 것이 완전고용정책이다. 완전고용정책은 일할 권리와 소득보장의 권리를 밀접히 연결시키고 있고 이는 연대와 보편성, 그리고 탈상품화를 지향하는 복지국가의 많은 비용 문제를 해결하고 사회문제를 최소화하고 수입원을 극대화하기 위해 필요하다. 사회민주주의적 복지국가는 주로 스웨덴을 비롯한 스칸디나비아 국가들이 추구하고 있다.

4) 논의

앞에서 세 가지 복지국가 유형을 살펴보았다. 이 유형들은 모두 복지국가 성격의 개념적 분석에 따른 유형들이다. 일반적으로 복지국가를 유형화하는 데 사용되는 기준은 첫째, 복지국가가 시장경제에 얼마나 예속되어 있는가 하는 점이다. 둘째, 복지국가의 정책이 조합주의적으로 이루어지는가, 그렇지 않으면 분립 단편적으로 이루어지는가 하는 점이다. 셋째, 노동자 집단의 정치세력화 정도다. 넷째, 복지정책과 경제정책이 얼마나 통합되어 있는가 하는 점이다(김태성·성경륭, 2000: 190-192). 그러나 이상과 같은 기준들을 활용하여 복지국가 유형을 분류하고 있음에도 불구하고 어떤 국가들은 유형화하는 학자들에 따라 차이를 보이고 있다. 예를 들어, 영국을 Furniss와 Tilton은 사회보장국가로 분류하고 있으나 Mishra는 분화적 복지국가로 보고 있다. 또한 Mishra는 오스트리아와 스웨덴을 함께 통합적 복지국가로 분류하였으나 Esping-Andersen은 오스트리아는 보수 조합주의적 복지국가로 보고 스웨덴은 사회민주주의적 복지국가로 분류하였다.

이와 같이 학자에 따라 차이가 있는데 그 이유 중 하나는 복지국가를 유형화하는 데 사용하는 여러 가지 추상적인 개념들을 학자들에 따라 다르게 해석하거나 이러한 개념들을 구체적으로 측정하는 방법이 다를 수 있기 때문이며 또 다른 하나는 복지국가들의 성격이 시대에 따라 변하고 있기 때문이다(김태성·성경륭, 2000: 194-195). 따라서 앞으로 복지국가 유형화 작업은 이러한 두 가지 문제를 극복하여야 하는 과제를 가지고 있다. 즉, 추상적인 개념을 구체적이고 실증적으로 측정하는 방법들에 관한 연구가 필요하고 또한 국가들의 사회복지 프로그램 내용 변화에 대한 보다 깊은 연구가 필요하다.

3. 복지국가의 정당성과 그 상실

서구 복지국가들은 제2차 세계대전 이후 확대일로를 거듭하여 1960년대 말까지 꾸준한 성장을 계속하여 왔다. 그러나 1973년 원유파동을 계기로 선진 복지국가의 확대 경향은 크게 둔화되고 복지국가의 위기 증상이 나타나기 시작하더니 1970년대 말에 이르러 복지국가는 큰 혼란에 빠지게 되었다. 여기서는 주로 Mishra의 견해를 중심으로 전후 복지국가들의 정당성 부여의 원천과 그 상실 현상을 살펴보기로 한다(Mishra, 1985: 1-25).

1) 정당성 부여의 원천

첫째, 복지국가는 자본주의를 완전하게 해 준다. 전후 복지국가는 두 기둥에 기초를 두고 있다. 하나는 케인즈 기둥이며 다른 하나는 비버리지 기둥이다. 케인즈는 고도의 경제성장과 완전고용을 위해서는 경제의 수요부문에 대한 국가의 개입이 필요하다는 것을 강조하였으며 이것을 복지국가의 경제적 요소라 부른다. 한편, 비버리지는 시장경제의 위험에 대비한 사회보험을 강조하였는데 이를 복지국가의 사회적 요소라 부른다. 이상과 같은 케인즈와 비버리지의 국가 개입과 사회적 급여는 자본주의를 근본적으로 변화시키지 않으면서 시장경제를 보완해 주며 자본주의를 완전하게 해 준다는 것이다.

둘째, 전후에 지배적인 사회이론들에 비추어 볼 때 복지국가의 필요성과 필연성이 드러났다. 전후 20년 동안 지배적이었던 사회이론은 기능주의 이론으로 기능주의자들은 복지국가를 산업화의 필연적 산물로 생각하였다. 기능주의 이론 중의 하나인 수렴이론에 따르면, 산업화에 따라 다양한 욕구가 생겨나고 이러한 욕구를 충족시키기 위해서 복지정책들은 필연적으로 생겨난다는 것이다. 즉, 복지국가가 존재함으로써 복지국가의 기술적, 정책적 기능을 통해 사회는 존속, 유지되고 변화하며 발전한다는 것이다.

셋째, 복지를 통한 사회주의 건설이다. 전후 복지국가는 사회주의자들의 지지를 받았다. 왜냐하면 사회주의자들은 복지국가를 사회주의로 나아가는 통로로 간주하였기 때문이다. 복지국가를 통해서 사회주의 목표를 성취할 수 있다는 생각이 사회주의자들로 하여금 복지국가를 찬성하게 만들었다. 특히 페비안주의자들은 자본주의 국가는 점진주의를 통해서 스스로 개혁될 수 있다고 믿었는데 복지국가는 이런 접근의 소산이라고 보았다.

넷째, 사회과학의 약속이다. 자연과학이나 기술분야에 비해 사회분야는 신뢰할 수 있는 지식의 부재를 나타내었으나 케인즈 학파의 영향을 받아 경제학이 하나의 과학으로서 등장하게 되었고 1960년대 초반에는 경제학이 믿을 만한 기술들을 개발시켰다. 또한 사회학, 심리학 등도 경제학과 더불어 과학으로 등장함에 따라 이와 같은 사회과학의 발전은 사회문제의 효과적인 해결을 약속함으로써 경제·사회적인 면에서의 국가개입이 지적으로도 정당성을 갖게 되었다. 즉, 사회는 합리적으로 운영될 수 있다는 확신을 경제학을 비롯한 사회과학들이 제공해 줌으로써 사회문제에 대한 사회공학적 접근을 통한 복지국가의 개입이 정당화되었다.

2) 정당성의 상실

첫째, 자본주의 경제의 퇴조현상이다. 1960년대까지의 경제성장은 1970년대에 이르러 침체되고 인플레이션이 심화되었다. 전반적으로 서구의 경제는 경기 후퇴와 인플레이션이 동시에 일어남으로써 케인즈 경제학은 혼란상태에 빠졌으며 따라서 국가의 복지지출이 경제에 좋지 않은 영향을 미치는 것으로 인식하기 시작하였다.

둘째, 사회이론의 설득력이 상실되었다. 1970년대에 들어오면서 기능주의 사회이론이 쇠퇴하기 시작하였다. 서구 세계 및 미국에서 각종 갈등적 사회문제가 생겨나면서 기능주의 이론은 평가절하되기 시작하였고 결과적으로 마르크스주의 이론이 더 각광을 받으면서 복지국가를 산업화의 필연적 산물로 보지 않게 되었다.

셋째, 1980년대 초부터 사회과학의 약속도 빗나가기 시작하였다. 케인즈 경제학이 퇴조하면서 사회과학으로서 성숙했다고 믿었던 경제학은 믿을 수 없게 되고 전반적으로 사회에 대한 믿을 만한 과학과 기술이 존재하지 않음을 깨닫기 시작하였다. 이로써 사회문제에 대해 사회공학적 접근을 통한 복지국가의 개입이 정당성을 상실하기 시작하였다.

넷째, 복지국가를 통한 사회복지는 계층 간에 자원을 재분배하지 않는다는 것이 밝혀졌으며 마르크스주의자들은 복지국가가 사회주의로 가는 통로가 아님을 인식하였다. 즉, 복지국가의 사회복지는 계층 간에 자원의 재분배가 아니라 계층 내의 수평적 재분배에만 기여하고 있음이 증명되었을 뿐만 아니라 마르크스주의자들은 복지국가는 자본주의의 붕괴를 영구히 지연시키고 불가능하게 만드는 것으로 생각하게 되었다.

4. 복지국가 위기의 내용과 반응

복지국가 위기의 내용으로 자주 언급되는 것은 재정 위기의 문제, 정당성 위기의 문제, 정부의 위기 문제, 사회·문화적 위기의 문제 등이며 복지국가 위기에 대한 반응으로는 신우파의 반응, 신마르크스주의의 반응, 실용주의의 반응 등이 있다. 이에 관해 살펴보면 다음과 같다.

1) 복지국가 위기의 내용

(1) 재정 위기의 문제

프랑스를 제외한 대부분의 복지국가들은 심각한 부채를 안고 있었고 대표적인 복지국가로 불리던 영국은 정부 재무잔고가 특히 심각한 상황에 있었다. 주목할 점은 대부분의 복지국가들에서 이러한 재정적자 누적의 원인으로 국방비와 함께 과잉 팽창한 사회복지비를 제시하였다는 점이다. 하지만 복지국가의 정치구조는 정부의 복지지출 삭감을 통한 재정의 적자해소를 어렵게 했다. 정치적으로 복지혜택 감소에 대한 국민들의 저항이 있었으며 선거 민주주의는 이러한 상황에서 취약성을 드러내곤 하였다. 또한 경제적으로 침체 국면에 들었기 때문에 세수입 증대를 통한 균형재정도 어려운 입장이었다. 결국 많은 국가는 사회복지 예산마련을 위해 적자재정을 편성했으며 이는 재정 위기의 악순환 고리를 만들었다(김태성·성경륭, 1993: 252-253).

(2) 정당성 위기의 문제

앞에서 살펴본 것과 같이 복지국가는 그 정당성 부여의 원천이 상실됨으로써 정당성 위기가 초래되었다. 이 정당성 위기는 재정 위기와 함께 지적되는 복지국가의 대표적 위기다. 이 정당성 위기는 복지국가가 의회주의와 복지정책을 통해 자본주의 폐해를 해소하고 사회적 정의를 달성할 수 있다는 믿음의 상실을 의미한다(감정기·최원규·진재문, 2002: 265). 이러한 정당성 위기는 복지국가에 대한 여론의 악화, 사민당과 노동당 등 좌파 정당에 대한 지지감소, 그리고 조세에 대한 저항으로 나타났다. 물론 여론의 악화는 경기침체, 복지프로그램의 오용과 남용, 경제적 풍요과정에서의 사회적 결속력의 약화 등 다양한 요인에서 비롯된 것으로 볼 수 있으나 여론의 상당부분은 정부의 사회복지 지출확대에 대한 비판에 모아졌다고 할 수 있다. 또한 여론의 악화는 좌파 정당들에 대한 지지의 하락으로 나타났다. 1975~1982년에는 영국, 미국, 서독에서 우파 정당이 집권하고 사회민주주의 정당이 오랫동안 강력한 영향력을 행사해 왔던 덴마크, 노르웨이, 스웨덴에서도 좌파 정당이 선거에서 패배하였다. 그리고 여론의 악화는 세금 증가에 대한 저항으로 나타났다. 경기침체기에 조세부담에 대한 저항으로 나타난 것이다.

(3) 정부의 위기 문제

복지국가의 황금기에 대규모로 팽창한 정부부문은 그 자체가 거대한 관료기구가 됨으로써 유연성과 효율성을 상실하고 말았다. 또한 복지서비스에 대한 정부의 독점성은 경쟁원리의 부재로 합리성과 효율성을 추구할 수 있는 내부 혹은 외부의 자극이 부재한 상태에서 계속해서 관료조직을 비대하게 만들었다. 이러한 비효율성과 경직성은 적재적소에 적정량의 재원을 투입하는 것을 어렵게 만들었고 서비스 영역에 따라 과잉 및 과소 문제를 야기시켰으며 정부의 지출에 비하여 효과는 상대적으로 미흡한 문제점을 노출시켰다. 또한 복지국가의 팽창은 경제와 정부의 과부담으로 나타났다. 경제가 호황일 경우는 이것이 은폐될 수 있는 문제였지만 스태그플레이션이 나타나자 복지국가를 위한 재정의 팽창과 정부의 다양한 개입활동은 경제 및 국가 시스템 전반에 큰 부담으로 작용했다고 볼 수 있다(감정기·최원규·진재문, 2002: 267).

(4) 사회 · 문화적 위기의 문제

사회 · 문화적 위기로서 사회통합의 이완현상이 시작되었다. 이는 복지국가의 중요한 전제인 사회적 연대가 파괴되는 것을 의미한다. 사회통합의 이완현상은 크게 아노미와 에고이즘(egoism)이 확대되는 것, 즉 규범적 불안정과 사회적 유대의 약화가 증가하는 것으로 설명된다. 대표적 예로서 이혼율과 자살률의 증가를 들 수 있다(현외성 외, 1992: 29-30). 물론 이혼율과 자살률 증가 등의 현상이 반드시 위기인 것은 아니며 하나의 사회 · 문화적 변화로서 이해할 수도 있으나 여기서는 복지국가의 여러 프로그램들이 이러한 현상들을 조장한다는 측면에서, 그리고 새로운 변화에 적절히 대응하지 못한다는 측면에서 문제가 제기되었다.

2) 복지국가 위기에 대한 반응

(1) 신우파의 반응

신우파[1]의 반응은 1973년 석유가격 위기 이후의 경제위기가 유가상승이라는 외부적 요인으로 발생한 것이 아니라 근본적으로는 자유시장 경쟁체제의 작동을 왜곡하는 국가의 경제개입과 복지개입이라는 내적 요인에서 비롯되었다고 주장한다. 신우파는 정부의 과도한 개입에 따른 사회복지 지출의 확대가 복지국가 위기의 결정적인 요인이라고 보고 있다(Mishra, 1990: 18). 좀 더 구체적으로는 신우파는 복지국가를 다음과 같이 규정하였다(Pierson, 1991: 48: 감정기 · 최원규 · 진재문, 2002: 269-270 재인용).

첫째, 복지국가는 투자유인과 노동유인을 감소시킴으로써 시장의 질서와 유인을 대체시키는 등 비경제적이다. 둘째, 비생산적인 공공부문이 생산적인 민간부문의 자본과 인적 자본을 박탈하여 총량적으로 비생산성을 낳는다. 셋째, 복지국가는 급여제공을 독점함으로써 소비자보다는 공급자의 이익에 기여하고 정부활동의 영역이 확대되면서 정책실패가 증가하는 등 비효율적이다. 넷째, 사용한 자

---

[1] 신우파에는 신보수주의와 신자유주의라는 두 부류가 있다. 신보수주의는 국가와 가족의 전통적 권위회복과 사회적 규율의 강화를 강조하며, 신자유주의는 보다 자유롭고 개방적인 시장의 원리 회복을 강조한다. 그러나 복지국가 위기의 원인을 국가의 실패로 보고 있다는 점에서는 동일하다.

원에 비하여 빈곤과 박탈을 제거하지 못했으며 전통적 지역사회와 가족에 기반한 원조 형태를 제거하여 빈자의 처지를 악화시키고 의존의 악순환에 집어넣음으로써 비효과적이다. 다섯째, 관료제도가 복지의 실현과정에서 시민들을 통제하고 때에 따라서는 지역사회 전체를 통제함으로써 전제적이다. 여섯째, 강제적인 복지서비스 제공은 개인의 선택의 자유를 박탈하는 것이며 과도한 누진세제는 몰수적인 것으로서 자유를 부정한다.

신우파는 위와 같은 복지국가의 실패를 초래한 정부의 과도한 개입의 원인을 다음과 같이 설명하고 있다(김영순, 1996: 19-20 재인용).

Brittan과 같은 공공선택이론가들은 정치시장의 특성으로부터 그 원인을 도출하였다. 정치시장은 비용절감이나 가격경쟁이 일어나는 사적인 경제시장과는 달리 이익집단이 이기적 이익추구 경쟁을 벌이는 선거 상황에서 재정사정을 초과하는 공약을 제시하고 표를 구매하며, 또한 집권하면 공약 이행을 위해 조세제도를 통해 재원을 확보하고자 하기 때문에 재정은 팽창하고 유권자의 기대수준은 계속 상승하게 된다는 것이다. Friedman 부부는 정부의 과중한 부담의 원인을 관료제에서 찾고 있다. 관료들이 관료기구의 팽창을 통해 권력확대와 임금 및 지위를 상승시키려는 이기적 욕구가 있기 때문에 공공부문의 팽창이 초래된다는 것이다. 또한 Crozier는 경제가 성장하고 복지가 제도화되는 과정에서 '기대상승의 혁명'이 발생하였고 이것이 일상생활에 대한 책임을 국가에 전가하는 풍토를 낳아 이로부터 정부의 과중한 부담이 생겨났다고 주장한다.

복지국가의 실패 및 위기에 대한 신우파의 해결방안은 국가의 개입이 줄어든 자유시장 경쟁체제로 돌아가서 시장의 힘과 자율성을 더 강화시켜야 하며, 제도적 개념이 아닌 보충적 개념에 입각해서 국가개입을 억제하고 가족과 민간부문에서 복지의 상당부분을 제공하여야 할 것으로 보고 있다.

(2) 신마르크스주의의 반응

1970년대에 들어 자본주의 경제가 어려움에 처하자 복지국가에 대한 신마르크스주의자들(neo-marxists)의 비판이 활기를 띠게 되었다. 신마르크스주의자들은 복지국가 위기의 원인을 복지국가의 모순적 성격에서 찾고 있다. 대표적인 신마르크스주의자들로 O'Connor와 Gough를 들 수 있다.

O'Connor에 따르면, 독점자본주의 단계에서 국가는 축적기능과 정당화기능이라는 서로 상충되는 두 가지 기능을 수행하는데[2] 이 두 가지 기능을 수행하기 위하여 국가는 구체적으로 두 가지 성격의 지출을 한다는 것이다. 하나는 축적기능을 위한 사회적 투자를 위한 지출이고 다른 하나는 정당화기능을 위한 사회적 비용을 위한 지출이다.[3]

이와 같이 국가기능을 수행하기 위하여 국가지출은 증대되는데 축적기능 수행의 결과, 즉 이윤이 사적으로 소유되기 때문에 결국 국가의 지출과 수입 사이에 구조적 격차가 발생하고 국가의 재정 위기가 나타나게 된다는 것이다. 이는 바로 자본주의 국가의 모순을 드러낸 것으로 보고 있다(O'Connor, 1973).

Gough에 따르면, 복지국가는 자본주의 사회의 모순적 발전의 산물이며 결국 매일매일 명백해지는 새로운 모순을 만들어 낸다고 말하고 있다. 그는 복지국가의 복지에는 자본가들의 속임수와 노동자 계층의 승리가 동시에 모두 포함되어 있다고 주장한다. 따라서 복지국가 그 자체는 모순적인 개념으로 받아들여진다는 것이다. 즉, 복지국가는 그 모순된 통일체 내에 부정적 특성과 긍정적 특성을 다 가지고 있으며 필연적으로 자본주의 사회의 근원적인 모순, 즉 생산세력과 생산관계 사이의 모순[4]을 반영하고 있다는 것이다. 생산세력과 생산관계 사이의 이러한 모순은 계급투쟁을 야기하고 결국 자본주의 사회질서의 붕괴를 초래한다는 것이다(Gough, 1979).

O'Connor와 Gough뿐만 아니라 복지에 관해 글을 쓴 대부분의 신마르크스주의자들도 복지국가의 모순에 관해 말하고 있는데 이들은 복지국가의 모순을 크게 역설모순과 역효과모순의 두 가지로 구분하여 설명하고 있다. 역설모순이란

---

2 축적기능은 이윤, 투자 그리고 경제적 성장을 확보하는 기능, 즉 경제적 기능을 말한다. 정당화기능은 자본주의 사회가 정당하고 공정하게 보이도록 하며 사회적 조화를 유지하는 기능, 즉 사회적·정치적 기능을 말한다.

3 사회적 투자는 정부가 기술개발을 위해 투자하는 것과 같은 노동 생산성을 증가시키는 투자를 말하며 사회적 비용은 공공부조와 같은 복지비용을 말한다.

4 생산세력과 생산관계 사이의 모순이란 다수의 노동자들이 생산에 참여하나 생산 잉여분은 극히 소수의 자본가 계급의 수중에 들어감을 말한다.

복지국가의 사회정책은 대부분 조직화된 노동운동의 결과로서 확립된 것임에도 노동자 계층의 이익보다는 지배계층(자본가)의 이익에 기여해 왔을 뿐만 아니라 지배계층의 사회통제를 위한 의도적인 음모수단이 되었다는 것이다. 역효과모순이란 복지국가의 사회정책은 가난하고 박탈된 사람에게 도움을 주기 위해 확립된 것임에도 불구하고 그것은 실제 효과에서 수혜자들에게 부담스러운 것이 되었고 심지어는 억압적인 것이 되었다는 것이다(남기민, 1985: 192 재인용).

신마르크스주의자들은 소위 복지국가는 자본주의 체제의 일부일 뿐만 아니라 자본주의 발전단계상 어떤 시점에 이르면 한계에 봉착한다고 본다. 따라서 복지국가 위기에 대한 최후의 해결책은 사회주의 체제로 가는 길밖에 다른 방법이 없다고 주장한다.

(3) 실용주의의 반응

복지국가 옹호론자들의 실용주의의 반응은 앞의 신우파와 신마르크스주의의 두 반응이 복지국가의 위기를 복지국가가 가지고 있는 내재적인 요인에서 찾으려는 것과는 대조적으로 복지국가의 위기를 복지국가 발전과정에서 나타난 시행착오와 상황의 변화로 인한 일시적 현상으로 보고 있다. 따라서 복지국가의 일시적 위기현상은 현재의 경제 · 사회체계 내에서 해결 가능한 것이라고 주장한다.

구체적으로 보면 복지국가의 위기는 석유파동과 그에 따른 세계 자본주의의 전반적 경제위기의 영향이었으며 결코 복지국가체제 자체가 복지국가 위기의 주요인은 아니라는 것이다. 따라서 경제 상황이 호전되면 복지국가의 위기가 사라진다고 보고 있다. 또한 복지국가의 위기는 복지국가 프로그램의 형태나 그것의 운영방법에 오류가 있었기 때문에 위기가 발생하였다고 본다. 즉, 효과성이나 효율성을 떨어뜨리는 프로그램 형태나 운영과정상의 측면들이 존재한다는 것이며 이런 측면에서 특히 중앙집권적 형태나 관료제의 문제에 위기의 초점을 맞추고 있다. 따라서 복지국가 프로그램의 형태나 그것의 운영방법을 지방분권화하고 민영화시키면 복지국가 운영의 효율성을 회복할 수 있다고 주장하고 있다(감정기 · 최원규 · 진재문, 2002: 274-275; 김태성 · 성경륭, 1993: 258).

5. 복지국가의 재편과 복지사회

1) 복지국가의 재편

1970년대 이후 복지국가의 위기상황 속에서도 복지국가의 많은 부분들이 소멸하지 않고 재편되는 과정을 겪어 왔다. Esping-Andersen(1996)에 따르면, 앵글로-색슨 국가들은 자유주의 방식을 채택하여 복지국가 붕괴를 초래하는 데 관련이 있는 임금 및 노동시장에 대한 탈규제 전략을 선호했으며, 독일과 같은 유럽대륙 국가들은 보수주의 방식으로 기존의 사회보장 기준을 기본적으로 유지하면서 노동공급의 감소를 추구하였고, 스칸디나비아 국가들은 사회민주주의 방식으로 고용확대 전략을 선택하였다. 구체적으로 Esping-Andersen은 다음과 같은 주요 국가군의 재편과정을 요약하고 있다.

(1) 자유주의 방식

여기에 속하는 국가들은 미국, 영국, 캐나다, 뉴질랜드, 호주 등과 같은 앵글로-색슨 국가들로, 이 전략은 완전고용과 건전재정을 유지하기 위해 노동시장을 유연화하고 사회복지제도를 후퇴시킨다. 노동시장의 유연화는 저임금을 가능케하는데 이에 따라 고용은 증가된다. 다음으로 사회복지제도의 후퇴 역시 고용의 증가에 기여하게 되는데 왜냐하면 사회보장세 등의 축소를 통해 생산비용을 절감할 수 있기 때문이다(김영범, 2002: 216 재인용). 그러나 자유주의 방식의 재편은 불평등과 빈곤을 증대시켰다. 1980년대를 통해 미국, 영국, 캐나다, 호주와 같은 국가들에서는 임금 유연화의 긍정적 효과로 고용이 다른 OECD 국가들에 비하여 2~3배 증가하였음에도 불구하고 이러한 일자리들은 주로 저임금의 서비스 부문에 집중되었다. 이에 따라 미숙련 노동자들은 전일제 근무로 1년 동안 일해도 빈곤선 이하의 수입만을 얻는 저임금의 불안정한 고용이 증가했고 이는 이른바 '일하는 빈곤층'을 만들어 냈다. 이러한 전략 속에서 저임금 노동시장은 공공부조와 같은 더 높은 소득이전 프로그램을 요구하게 되었고 낮은 임금으로 노동 인센티

브가 약해지는 결과를 보였다. 특히 어린이가 있는 가정, 즉, 미숙련-편부모 가정은 더 큰 어려움을 겪었다(감정기 · 최원규 · 진재문, 2002: 289 재인용).

(2) 보수주의 방식

이와 같은 방식은 독일과 같은 유럽대륙의 복지국가들에서 추구되었다. 이 전략은 건전재정과 소득평등을 유지하기 위해 노동공급의 감소를 추구하는 것으로, 완전고용을 포기하는 것이다. 이 전략에서 노동시장의 유연화와 사회복지제도의 후퇴는 최소화된다. 이 전략은 노동시장의 유연화를 최대한 자제하기 때문에 직종이나 산업과 무관하게 비교적 높은 임금이 유지될 수 있다. 이에 따라 저숙련 저생산성 부분의 임금을 상대적으로 높게 유지할 수 있고 결과적으로 소득불평등의 증가를 방지할 수 있다(김영범, 2002: 217 재인용). 그러나 보수주의 방식의 재편은 조기퇴직 등의 부작용을 발생시켰다. 특히 주된 사회보장 수단인 사회보험의 재정 압박이 심해지는 결과를 낳았다. 왜냐하면 남성 가구주의 조기퇴직 등으로 사회보험 급여수준이 기여금보다 더 높아졌기 때문이다. 사회보험이 조기퇴직 같은 노동력 감축 전략을 보완하고 있으면서 생산성이 비노동 인구를 보호할 만큼 충분치 못할 경우 사회보험을 중심으로 한 사회복지 시스템은 재정 압박을 받게 된다는 것을 보수주의 전략을 추구한 유럽대륙의 복지국가들이 보여주었다(감정기 · 최원규 · 진재문, 2002: 290-291 재인용).

(3) 사회민주주의 방식

이 방식은 스웨덴, 덴마크, 노르웨이와 같은 스칸디나비아 북구 국가들의 재편전략이다. 흔히 스웨덴 모형으로 불리는 이 전략은 완전고용과 소득평등을 유지하기 위해 노동시장을 유연화하는 반면, 복지제도의 후퇴를 최소화한다. 이 전략에서 완전고용은 두 가지 수단을 통해 이루어지는데 우선 노동시장을 유연화하여 민간부문에서의 고용을 극대화한다. 다음으로 민간부문에서 고용될 수 없는 상황에 처한 집단들을 위해 공공부문의 고용을 증가시킨다. 여기서 공공부문의 고용은 주로 복지서비스에 집중하는데 왜냐하면 민간부문에서 고용되기 어려운 저숙련 노동자의 다수가 여성이기 때문이다. 즉, 민간부문은 주로 남성 노동력을 고용하는 반면, 여성 노동력의 경우는 공공부문의 복지서비스 부문으로 흡수되는 것이다. 다른 한편으로는 소득평등은 관대한 사회복지제도와 공공부문의 고용 증가를 통해 보장되는데 전자는 소득을 상실한 실업자들에게 비교적 높은 수혜를 보장함으로써, 그리고 후자는 임금 격차를 축소시킴으로써 소득 불평등의 증가를 억제한다(김영범, 2002: 218-219 재인용).

그러나 이 전략은 공공부문의 저숙련 노동자들에게 시장가격 이상의 임금을 지급한다는 점, 그리고 사회복지제도가 관대하다는 점 때문에 재정적자에 직면할 가능성이 크다. 특히 외적 상황의 변화 등으로 경제상황이 안 좋아지는 경우 재정적자가 급속하게 증가한다는 약점을 갖는다. 한편, 이 전략은 민영화와 지방분권화를 지향하는 경향도 보여 주었으나 이러한 경향은 자유주의 방식과는 구별되는 것이었다. 이는 최소한의 조정이지, 복지국가의 기본원칙을 벗어나고자 하는 변화는 아니었던 것이다. 이 전략은 전통적 복지국가의 원칙, 즉 사회연대와 평등의 지향이 상대적으로 강하게 유지되었다고 볼 수 있다.

2) 복지사회

복지사회의 개념은 복지국가에 대한 불만과 비판의 대안적 산물로서 등장하였다. 복지국가가 국민 모두에게 최저한의 인간다운 생활을 보장해야 할 국가의 책임에 초점을 맞춘 개념이라면 복지사회는 국가와 시민사회 간의 새로운 균형을 강조한다. 복지국가와 복지사회의 구별을 시도한 대표적인 학자로서는 Titmuss와 Robson을 들 수 있다. 두 사람은 복지국가로부터 벗어나서 그것과는 다른 복지사회를 지향하는 것이 현대국가의 사명이라고 주장한 점에서 의견의 일치를 보이고 있지만 구체적으로 어떠한 것이 복지사회인가에 대해서는 견해 차이를 보이고 있다.

Titmuss(1968: 124-137)는 복지사회를 복지국가의 후속적 확대 개념으로 파악하고 있다. 그는 영국의 복지국가를 공공부담의 복지모형에 지나지 않는다고 결론지으면서 보편주의와 예방적 성격을 띤 공공복지 서비스가 확대되는 국가를 복지사회로 보고 있는가 하면, 더 나아가 국제적 시각에서 국가 간의 불평등이 없는 균형적 발전의 개념인 복지세계를 제시하기도 하였다(김상균, 1987: 65-66 재인용).

한편, Robson(1976: 15)은 복지사회를 복지국가의 전제조건으로 파악하고 있다. 즉, 그는 복지국가의 도덕성 결핍현상이 초래된 원인을 복지사회의 기반 없이 맹목적으로 복지국가를 추구하였기 때문이라고 보고 있다(김상균, 1987: 68 재인용). 따라서 이타주의와 같은 도덕성이 충만한 복지사회의 기반이 갖추어질 때 진정한 복지국가가 도래한다는 결론을 도출하고 있다.

복지국가 위기 이후 1980년대 말부터 서구 학자들 사이에서는 복지 다원주의에 입각하여 Robson류의 복지사회론이 본격적으로 등장하기 시작하였다. 복지 다원주의자들에 따르면, 복지국가는 정부의 역할을 지나치게 강조하고 있는데 복지국가의 비대화에 따른 지나친 관료주의와 재정팽창을 극복하기 위해, 그리고 정부의 시장경제에 대한 과도한 개입을 줄이기 위해 정부의 복지기능을 축소하고 비공식적·자발적·상업적 부문의 기능을 강화해야 한다는 것이다. 복지사회는 정부를 포함한 이와 같은 다원적인 복지주체의 협동적인 참여를 통해 최저한의 소득보장뿐 아니라 사회구성원 개개인의 성장을 극대화하며 복지국가의 논리만으로는 충족될 수 없는 '사회의 인간화'를 추구해 나가는 것이다. 복지사회는 일반 시민들의 복지에 대한 권리에 상응하는 책임을 강조하며 범죄 및 환경오염 대책과 같은 비경제적 복지에도 관심을 갖는다. 최근 복지국가의 대안으로 복지사회가 복지관련 문헌에 자주 등장하고 있다.

참·고·문·헌

감정기·최원규·진재문(2002). 사회복지의 역사. 서울: 나남출판.
김상균(1987). 현대사회와 사회정책. 서울: 서울대학교 출판부.
김상균·최일섭·최성재·조흥식·김혜란(2002). 사회복지개론. 서울: 나남출판.
김영범(2002). 경제위기 이후 사회정책의 변화. 김연명 편, 한국 복지국가 성격논쟁Ⅰ. 서울: 인간과 복지.

김영순(1996). 복지국가의 위기와 재편: 영국과 스웨덴의 경험. 서울: 서울대학교 출판부.

김태성 · 성경륭(1993/2000). 복지국가론. 서울: 나남출판.

남기민(1985). 복지국가의 형성과 위기에 관한 연구. 사회과학논총, 3, 청주대학교 사회
        과학연구소.

신섭중(1993). 한국 사회복지 정책론. 서울: 대학출판사.

전재일 · 배일섭 · 정영숙(2000). 사회복지 정책론. 서울: 형설출판사.

현외성 · 박광준 · 박병현 · 황성동 · 김경호 · 박경일(1992). 복지국가의 위기와 신보수주
        의적 재편. 서울: 대학출판사.

Esping-Andersen, G. (1990). *The Three World of Welfare Capitalism*. Cambridge,
        UK: Polity Press.

Furniss, N., & Tilton, T. (1977). *The Case for the Welfare State: From Social Security
        to Social Equality*. Bloomington: Indiana University Press.

Gough, I. (1979). *Political Economy of the Welfare State*. London: Macmillan.

Korpi, W. (1983). *The Democratic Class Struggle*. London: Routledge and KeganPaul.

Mishra, R. (1984). *The Welfare State in Crisis: Social Thought and Social change*.
        Sussex, UK: Wheatsheaf Books Ltd.

Mishra, R. (1990). *The Welfare State in Capitalist Society: Policies of Retrenchment
        and Maintenance in Europe, North America and Australia*. New York:
        Harvester Wheatsheaf.

O'Connor, J. (1973). *The Fiscal Crisis of the State*. New York: St. Marin's.

Pierson, C. (1991). Beyond the Welfare State? *The New York Political Economy of
        Welfare*. Cambridge, UK: Polity Press.

Robson, W. A. (1976). *Welfare State and Welfare Society*. London: George Allen &
        Unwin.

Thoenes, P. (1966). *The Elite in the Welfare State*. London: Faber and Faber.

Titmuss, R. M. (1967). *Welfare State and Welfare Society*. London: George Allen &
        Unwin.

Titmuss, R. M. (1968). *Commitment to Welfare*. London: George Allen & Unwin.

Wilensky, H. (1975). *The Welfare State and Equality: Structural and Ideological Roots
        of Public Expenditures*. Berkeley, Calif: University of California Press.

제10장

사회보험정책

우리나라 사회보장기본법 제3조에서는 사회보험을 '국민에게 발생하는 사회적 위험을 보험방식에 의하여 대처함으로써 국민의 건강과 소득을 보장하는 제도'라고 규정하고 있다. 사회보험이 사보험과 다른 특성으로는 첫째, 강제성을 들 수 있다. 사회보험은 가입을 법률로 강제한다. 둘째, 사회보험은 전 국민을 대상으로 한다. 한꺼번에 전체 국민을 대상으로 할 수는 없다 해도 점차로 확대해 나간다면 전 국민을 대상으로 하는 것이라고 본다. 셋째, 사회보험은 정부가 관장하거나 감독한다. 따라서 최종적인 책임은 정부에게 있다. 넷째, 사회보험은 특별세(보험료)로 운용된다(박석돈, 2002: 123).

이와 같은 사회보험이 추구해야 할 기본적인 원칙들은 다음과 같다(박종삼 외, 2002: 131-132). 첫째, 보편적 적용의 원칙이다. 따라서 법적인 강제성을 가지고 전 국민을 대상으로 하여야 한다. 둘째, 원칙적으로 국민의 최저생활을 보장할 수 있어야 한다. 셋째, 불평등을 완화하고 소득 재분배의 효과를 갖기 위해 급여수준은 기여의 정도에 단순 비례하지 않아야 하며 저소득 피보험자에게 유리하도록 설계되어야 한다. 넷째, 보험료로 대부분의 재원이 조달되기 때문에 어느 정도 기여의 형평성이 보장되어야 한다. 다섯째, 재정운용 방식에서 미래의 피보험자가 현재의 피보험자에 비해 상대적으로 높은 비율의 보험료를 부담하지 않도록 설계되어야 한다.

우리나라는 1960년 공무원연금법을 시작으로 1963년에는 군인연금법, 산업재해보상보험법, 1973년 사립학교교원연금법, 1976년 (개정)의료보험법, 1986년 국민연금법, 1993년 고용보험법, 그리고 2007년 노인장기요양보험법을 제정하였다(제도의 시행연도는 각각의 법에 따라 제정연도와 차이가 나기도 함). 선진국에 비하여 사회보험제도의 도입 시기는 늦었지만 제도 도입과 적용범위의 확대 속도는 빠르게 진행되어 연금보험, 의료보험, 산재보험, 고용보험, 요양보험 등 사회보험의 골격을 갖추게 되었다.

이 장에서는 연금보험 중 가장 대표적인 국민연금, 의료보험 통합과정을 거쳐 명칭이 바뀐 국민건강보험, 산업재해보상보험, 고용보험, 노인장기요양보험 순으로 목표, 적용대상, 급여, 전달체계, 재원 그리고 문제점 및 향후과제를 간략히 살펴보기로 한다.

1. 국민연금제도

우리나라의 국민연금제도는 1973년 12월에 국민복지연금법이 통과되었으나 그 당시 경제적·사회적 여건의 악화로 실시를 연기하여 오다가 1986년 12월 구법을 폐지하고 국민연금법을 제정하여 1988년 1월 1일부터 시행하여 오고 있다. 국민연금제도는 최초 10인 이상 사업장의 피고용자를 대상으로 시작하여 1992년 5인 이상 사업장으로 확대되었고, 1995년 농어촌 지역주민, 1999년 4월에는 도시지역 자영업자로 확대되어 전 국민을 대상으로 하는 국민연금을 실시하기 시작하였으며 2001년에는 5인 미만 사업장에 대해서 임의 적용사업장으로 확대되었고 2003년 7월 1일부터는 5인 미만 사업장도 국민연금 의무가입 사업장이 되었다. 2007년 7월 23일에는 전부개정을 통해 인구구조의 급속한 고령화에 대비하여 세대 간 형평성이 제고되도록 연금급여 수준을 조정하여 장기적인 재정안정화 방안을 마련하였고, 둘째 자녀 이상 출산 시 가입기간의 추가인정, 병역의무를 이행한 기간 중 일부를 노령연금 산정 시 가입기간으로 인정, 그리고 유족연금 수급에서 남녀차별적인 요소를 개선하였다. 2009년 2월에는 국민연금과 직역연금의 연계에 관한 법률이 제정됨에 따른 일부 개정으로 2009년 8월부터 국민연금과 4개 직역연금 가입기간 연계사업을 시행하게 되었고, 2009년 5월 개정에서는 국민연금 보험료 징수업무를 국민건강보험공단에 위탁하였다.

2011년 6월 개정에서는 사업경영자를 사용자의 범위에서 제외하고, 임의계속가입자의 요건을 완화하며 사업장에서 근무하는 기초생활수급자도 사업장 가입자로서 가입할 수 있도록 허용하고, 지역가입자의 소득발생 시점을 알 수 없는 경우에는 자격취득 시점을 소득을 신고한 날로 규정하는 등 제도의 운영과정에서 나타난 일부 미비점을 개선 · 보완하였다. 2012년 10월 개정에서는 국민건강보험공단으로 하여금 고액상습체납자인 사업장 가입자의 인적사항 및 체납액 등을 공개할 수 있도록 함으로써 연금보험료의 성실 납부를 유도하는 한편, 2013년부터 연금지급연령이 상향조정됨에 따라 국민연금 가입자가 60세가 되어 가입자격을 상실하게 된 날부터 지급연령에 도달하는 날까지의 기간에 발생한 질병과 부상이나 사망은 가입기간 중에 발생한 것으로 보도록 하였다. 2013년 7월 개정에서는 국민연금공단을 전라북도로 이전하기로 한 지방이전 계획에 맞추어 국민연금공단의 주된 사무소와 기금이사가 관장하는 부서의 소재지를 전라북도로 명시하였다. 2014년 1월 개정에서는 국가의 책무에 국민연금법에 따른 연금급여가 안정적 · 지속적으로 지급되도록 필요한 시책을 수립하여 시행하도록 규정하였다. 2015년 1월 개정에서는 미성년 근로자의 권익을 보호하기 위해 미성년 근로자도 성인근로자와 마찬가지로 원칙적으로 사용자 동의 없이도 사업장가입자가 될 수 있도록 하고 고용보험상 구직 급여를 수급하는 가입장 등에 대하여 국가에서 보험료의 일부를 지원하는 실업크레딧제도를 도입하였으며 납부자의 연금보험료를 신용카드 등으로 납부할 수 있도록 하였다.

한편, 2014년 12월 국민연금공단에 의하면, 국민연금 수급자 수가 400만 명으로 노령연금 324만 명, 장애연금 14만 명 그리고 유족연금 62만 명이다. 특히 국민연금공단은 2030년에는 수급자 수가 1,000만 명을 넘어설 것으로 예상하고 있다. 우리나라 61세 이상 국민의 36% 이상이 국민연금을 받고 있으며, 이는 100세 시대를 맞아 국민연금제도가 국민의 든든한 사회 안전망으로 성장하고 있음을 보여 주는 것으로 평가된다.

1) 목표

국민연금은 인구 노령화로 노인인구 수는 증대하는 데 반해, 핵가족화·노인부양 의식의 약화 등으로 노인에 대한 가족부양 체계가 점차 쇠퇴하는 상황을 고려하여 사회적 차원에서 대응하는 노후소득보장제도라고 할 수 있다(김태성·김진수, 2001: 205).

국민연금법 제1조에 따르면, 이 법은 국민의 노령, 장애 또는 사망에 대하여 연금급여를 실시함으로써 국민의 생활안정과 복지증진에 이바지하는 것을 목적으로 한다. 즉, 이 국민연금제도는 가입자인 국민이 노령에 이르거나 장애, 사망을 당한 경우 국민연금공단을 통하여 본인이나 그 유족에게 일정액의 연금을 지급함으로써 첫째, 소득능력 상실 시에도 최저생활을 할 수 있도록 그 소득을 보장하고, 둘째, 전 국민을 가입대상으로 하여 보편주의를 실현하며, 셋째, 자본주의 사회의 소득불평등 완화에 기여하는 계층 간의 소득 재분배를 이룩하는 것을 목표로 삼고 있다.

2) 적용대상

국민연금제도는 국내에 거주하는 국민으로서 18세 이상 60세 미만인 자를 가입대상으로 하고 있다. 다만 공무원연금법, 군인연금법 및 사립학교교직원연금법의 적용을 받는 공무원, 군인 및 사립학교 교직원 기타 대통령령으로 정하는 자는 제외한다(국민연금법 제6조). 외국인의 경우는 국민연금법의 적용을 받는 사업장에 사용되고 있는 외국인과 국내에 거주하는 외국인으로서 대통령령(시행령 제111조 참고)으로 정하는 자 외의 외국인은 제6조에도 불구하고 당연히 사업장가입자 또는 지역가입자가 된다. 다만 이 법에 따른 국민연금에 상응하는 연금에 관하여 그 외국인의 본국법이 대한민국 국민에게 적용되지 아니하면 그러하지 아니하다. 이와 같이 외국인에 대해서 우리나라 사회보장제도는 원칙적으로 상호주의를 채택하고 있다. 즉, 외국인 근로자의 본국법이 우리 국민에 대해 어떻게 처우하는가에 따라 우리도 동등하게 처우한다는 것이다. 한편, 사업장 가입자나 지역 가입자로서 연금보험료를 납부할 수 없는 사유가 발생할 경우는 신청을 통해 일정기간 납부 예외자가 될 수 있다. 사업중단, 실직 또는 휴직 중인 경우, 병역의무 수행, 재학, 교도소 수용, 행방불명, 재해 · 사고 등으로 소득이 감소되거나 기타 소득이 있는 업무에 종사하지 않을 경우다.

국민연금법 제7조에 따르면, 국민연금의 가입자 종류에는 사업장가입자, 지역가입자, 임의가입자, 임의계속가입자로 구분되며 그 밖에 상호주의 원칙에 따른 외국인가입자도 있다. 국민연금 적용대상의 구체적인 가입 종류별 가입요건은 〈표 10-1〉과 같으며, 국민연금 연도별 가입자 현황은 전 국민연금을 실시하기 시작한 1999년부터 급격히 증가하기 시작하여 〈표 10-2〉에서 보듯이 2014년 12월 현재 총 가입자 수는 2,112만 5,135명에 이르고 있다.

〈표 10-1〉 국민연금 적용대상의 가입 종류별 가입요건

종별	가입요건	사업장 가입대상에서 제외되는 경우
사업장 가입자	• 1인 이상의 근로자를 사용하는 사업장 • 주한외국기관으로서 1인 이상의 대한민국 국민인 근로자를 사용하는 사업장(당연적용사업장)에 근무하는 사용자와 근로자는 외국인을 포함하여 모두 국민연금에 가입	• 만 18세 미만이거나 만 60세 이상인 사용자 및 근로자. 다만, 18세 미만의 근로자로서 본인이 희망하는 경우 사용자의 동의를 얻어 가입할 수 있음 • 공무원연금, 군인연금, 사립학교교직원연금 가입자 등 타 공적연금 가입자 • 공무원연금법 · 사립학교교직원연금법 또는 별정우체국법에 의한 퇴직연금 · 장해연금 또는 퇴직연금일시금 수급권을 취득하거나 군인연금법에 의한 퇴역연금 · 상이연금 또는 퇴역연금일시금의 수급권을 취득한 자. 다만, 퇴직연금 등 수급권자가 「국민연금과 직원연금의 연계에 관한 법률」 제8조에 따라 연계 신청을 한 경우에는 사업장 가입대상 • 일용근로자나 1개월 미만의 기한을 정하여 사용되는 근로자. 다만, 1개월 이상 계속 사용되는 경우에는 근로자를 포함 • 소재지가 일정하지 아니한 사업장에 종사하는 근로자 • 1개월 동안의 근로시간이 60시간(주당 평균 15시간) 미만인 단시간 근로자. 다만, 해당 단시간 근로자 중 생업을 목적으로 3개월 이상 계속 근로를 제공하는 사람으로서, 다음 중 어느 하나에 해당하는 사람은 가입대상임

		가. 「고등교육법 시행령」 제7조 제3호에 따른 시간강사(대학시간강사) 나. 사용자의 동의를 받아 근로자로 적용되기를 희망하는 사람 • 노령연금수급권을 취득한 자 중 60세 미만의 특수직종근로자 • 조기노령연금 수급권을 취득한 자(다만, 소득 있는 업무에 종사하게 되어 그 지급이 정지 중인 자는 가입대상임)
지역 가입자	• 국내에 거주하는 18 세 이상 60세 미만의 국민으로서 사업장 가입자가 아닌 사람	• 만 18세 미만이거나 만 60세 이상인 경우 • 공무원, 군인, 사립학교교직원연금법의 적용을 받은 공무원, 군인, 사립학교교직원 노령연금수급권을 취득한 자 중 60세 미만의 특수 직종근로자 • 조기노령연금 수급권을 취득한 자(다만, 소득 있는 업무에 종사하게 되어 그 지급이 정지 중인 자는 가입대상임) • 퇴직연금 등 수급권자: 공무원연금법에 의한 퇴역연금·상이연금 또는 퇴역연금일시금의 수급권을 취득한 자(퇴직연금공제일시금 및 조기퇴직연금 수급권자 포함). 다만, 퇴직일시금 및 유족연금 수급 권자와 독립유공자 예우에 관한 법률, 국가유공자 등 예우 및 지원 에 관한 법률, 고엽제 후유증환자 지원 등에 관한 법률 등에 의한 국 가보훈연금수급권자는 해당 없음

종별	종류	가입요건
임의 가입자	임의가입자	• 사업장가입자 및 지역가입자 외의 자로서 18세 이상 60세 미만의 자 는 본인의 신청에 따라서 가능
임의계속 가입자	사업장 임의 계속가입자	• 사업장가입자로 가입 중 60세 이상이 되었는데, 계속 사업장에 종사 하면서 임의계속가입자로 보험료 납부를 희망할 경우
	지역임의계속가입자	• 지역가입자로 가입 중 60세 이상이 되어 임의계속가입자가 된 경우. 계속해서 지역가입자의 기준에 해당하는 소득이 있을 경우
	기타 임의계속가입자	• 임의로 가입 중 60세 이상이 되어 임의계속가입자가 된 경우
외국인 가입자	외국인 사업장가입자	• 국민연금 적용사업장에 종사하는 18세 이상 60세 미만의 외국인인 사용자 또는 근로자
	외국인 지역가입자	• 국내에 거주하는 18세 이상 60세 미만의 외국인으로서 사업장가입 자가 아닌 자

〈표 10-2〉 **국민연금 연도별 가입자 현황**   (단위: 개소, 명)

구분	총가입자	사업장가입자		지역가입자		임의 가입자	임의 계속 가입자
		사업장	가입자	소득신고자	납부예외자		
'08.12	18,335,409	921,597	9,493,444	3,755,980	5,025,503	27,614	32,868
'09.12	18,623,845	979,861	9,866,681	3,627,597	5,052,264	36,368	40,935
'10.12	19,228,875	1,031,358	10,414,780	3,574,709	5,099,783	90,222	49,381
'11.12	19,885,911	1,103,570	10,976,501	3,775,873	4,899,557	171,134	62,846
'12.12	20,329,060	1,196,427	11,464,198	3,903,217	4,665,179	207,890	88,576
'13.12	20,744,780	1,290,557	11,935,759	3,938,993	4,575,441	177,569	117,018
'14.12	21,125,135	1,389,472	12,309,856	3,873,696	4,571,014	202,536	168,033
'15.04	21,299,625	1,436,549	12,309,856			219,994	194,255

자료: 국민연금공단 홈페이지(http://www.nps.or.kr)

3) 급여

국민연금 급여는 노령연금, 장애연금, 유족연금, 반환일시금, 사망일시금으로
구성된다. 노령연금은 가입자의 노후생활을 보장하기 위한 급여로서 일반적으로
60세에 도달했을 때 지급되며 연령 및 가입기간과 소득 있는 업무 종사 여부에 따
라 노령연금, 조기노령연금, 분할연금 등으로 구분된다. 장애연금은 국민연금 가
입 중에 발생한 질병 또는 부상으로 완치 후에도 신체 또는 정신상의 장애가 남은
때 장애 등급에 따라 그 장애가 존속하는 동안 지급된다. 유족연금은 가입자 또는
연금을 받던 자가 사망한 때 그 유족의 생활을 보장하기 위해 지급되는 급여다.
반환일시금은 노령연금의 수급요건을 충족하지 못한 자에 대하여 자신이 납부한
연금 보험료에 대하여 일정한 이자를 가산하여 지급되는 일시금이다. 사망일시금
은 가입자 또는 가입자이었던 자가 사망한 때 유족연금 또는 반환일시금의 급여
를 받을 수 있는 유족이 법적으로 제한되어 있어[1] 이럴 경우 급여를 받지 못하는

---

1 유족연금 또는 반환일시금을 지급받을 수 있는 유족의 범위는 배우자이거나, 부모 및 조부모는 2급
  이상의 장애가 있거나 연령이 60세 이상이어야 하고, 자녀 및 손자녀도 2급 이상의 장애가 있거나
  연령이 19세 미만이어야 한다.

유족에게 장제부조금 성격으로 지급되는 일시금을 말한다. 국민연금의 급여 종류별 수급요건 및 급여수준은 〈표 10-3〉과 같다.

〈표 10-3〉 국민연금 급여 종류별 수급요건 및 급여수준

구분		수급요건	급여수준
노령 연금	노령 연금	가입기간 10년 이상 20년 미만으로 60세에 도달한 자 (65세 미만이면 소득이 없는 경우에 한함)	• 가입기간 10년의 경우 기본연금액의 50%＋부양가족연금액 가입기간 20년 이상 기본연금액 100%＋ 부양가족연금액
		노령연금 수급권자가 65세 이전에 소득이 있는 업무에 종사하는 기간	• 가입기간 10년, 60세인 경우 기본연금액의 50%×50%
	조기 노령 연금	가입기간 10년 이상, 연령 55세 이상인 자가 소득 있는 업무에 종사하지 아니하고, 60세 도달 전에 청구한 경우(65세 이전에 소득 있는 업무에 종사하면 감액된 연금 지급)	• 가입기간 1년 증가 시마다 기본연금의 5%를 증액 • 연령 1세 증가 시마다 연령별 지급율 10%를 증액(연령별 지급율: 60세 50%, 61세 60%, 62세 70%, 63세 80%, 64세 90%, 65세 이후 100%) ＊ 부양가족연금액은 지급되지 않음 • 가입기간 10년, 55세인 경우 기본연금액의 50%×70%＋부양가족연금액 가입기간 1년 증가 시마다 기본연금액의 5%를 증액 수급개시 연령 1세 증가 시마다 연령별 지급율 6% 증액(연령별 지급율: 55세 70%, 56세 76%, 57세 82%, 58세 88%, 59세 94%)
	분할 연금	가입기간 중 혼인기간이 5년 이상인 노령연금 수급권자의 배우자가 60세 이상이 된 경우	• 배우자이었던 자의 노령연금액(부양가족연금액 제외) 중 혼인기간에 해당하는 연금액의 1/2
장애연금		가입 중에 발생한 질병 또는 부상으로 완치 후에도 장애가 있는 자	<table><tr><td>장애 등급</td><td>급여수준</td></tr><tr><td>1급</td><td>기본연금액 100%＋ 부양가족연금액</td></tr><tr><td>2급</td><td>기본연금액 80%＋ 부양가족연금액</td></tr></table>

장애연금	• 초진일로부터 1년 6개월 경과 후에도 완치되지 아니한 경우는 그 1년 6개월이 경과한 날을 기준으로 장애정도 결정. 다만, 1년 6개월 경과일에 장애 등급에 해당되지 아니한 자가 60세(단, 1953~1956년생 61세, 1957~1960년생 62세, 1961~1964년생 63세, 1965~1968년생 64세, 1969년생 이후 65세) 전에 악화된 경우 청구일을 기준으로 장애정도 결정	3급	기본연금액 60%＋부양가족연금액
		4급	기본연금액 225% (일시보상금)

		급여수준	
유족연금	• 가입자가 사망한 때 (단, 가입기간이 1년 미만인 경우 가입 중에 발생한 질병이나 부상으로 사망한 경우에 한함) • 노령연금 수급권자가 사망한 경우 • 장애등급 2급 이상의 장애연금수급권자가 사망한 경우 • 가입기간 10년 미만인 가입자이었던 자로서 가입 중에 발생한 질병, 부상 또는 그 부상으로 인한 질병으로 가입 중 초진일 또는 가입자 자격상실 후 1년 이내의 초진일로부터 2년 이내 사망한 때	가입기간	연금액
		10년 미만	기본연금액 40%＋부양가족연금액
		10년 이상 20년 미만	기본연금액 50%＋부양가족연금액
		20년 이상	기본연금액 60%＋부양가족연금액

반환일시금	• 가입기간이 10년 미만인 자로서 60세에 이른 경우 • 가입자 또는 가입자였던 자가 사망한 경우(단, 유족연금이 지급되지 않는 경우에 한함) • 국적상실, 국외이주한 때 • 공무원, 군인, 사립학교 교직원, 별정우체국 직원이 된 경우	납부한 연금보험료＋이자＋가산이자
사망일시금	• 가입자 또는 가입자였던 자가 사망하였으나 유족연금 또는 반환일시금을 지급받을 자격을 갖춘 유족이 없는 경우	가입자 또는 가입자였던 자의 반환일시금 상당액, 또는 가입 중 평균소득 중 많은 금액의 4배를 초과할 수 없음

자료: 국민연금공단 홈페이지(http://www.nps.or.kr)

4) 전달체계

국민연금은 공무원, 군인, 사립학교 교직원 등과 같이 특수 직역에 종사하는 자를 제외한 모든 국민을 단일한 연금체계에 편입하여 관리하고 있다. 즉, 자영업자와 근로자, 저소득층과 고소득층에 따른 차이에 관계없이 국민이면 누구나 공통적으로 국민연금제도에 적용되도록 중앙 집중관리 방식에 따른 단일체계로 운영하고 있다(김태성 · 김진수, 2001: 232-233). 국민연금제도 운영과 관련하여 정책결정에 대한 책임을 지고 있는 부서는 보건복지부 연금정책국으로 산하 국민연금정책과에서는 연금정책 관련 업무를, 국민연금재정과에서는 재정 관련 업무를 담당하고 있다.

국민연금공단은 보건복지부장관의 위탁을 받아 국민연금사업을 운영하는 집행기관으로 국민연금 가입자에 대한 이력의 관리, 연금보험료의 징수, 연금급여 지급, 기금운용, 가입자 및 수급자를 위한 복지시설의 설치 · 운영 등과 같은 복지증진사업 등 보건복지부장관이 위탁한 사업들을 수행함으로써 직접적으로 국민연금을 관리 · 운영하는 기관이다. 국민연금공단은 1987년 10월 19일 본부 6부 15과 14개 지부에 총 인원 656명으로 설립되어 국민연금제도 시행의 첫발을 내디뎠으며 그 후 전 국민을 대상으로 한 국민연금 업무가 확대되면서 업무량이 대폭 증가하고 전문화됨에 따라 인력 및 조직이 확충되어 2015년 현재 11실 1센터, 1 정보화기획본부, 1 기금운영본부, 1 국민연금연구원, 1 준법감시인, 102개 지사, 1개 장애심사 센터, 1개 국제협력센터로 조직이 확충되었다.

5) 재원

국민연금의 재정부담은 전형적인 사회보험 형태를 보이고 있다. 즉, 사회보험 재정을 위한 재원 충당에서 근로자 계층은 사용자와 근로자가 각각 절반씩 부담하고, 자영자와 농어민은 본인이 전액을 부담하되 농어민의 경우 국고보조가 일부 지원된다. 국가의 재정보조는 원칙적으로 없으며 관리 운영비를 부담하도록 하고 있다. 이러한 형태는 보편주의에 입각한 기초보장 형태의 연금제도에서 제도 도입과 함께 전체 수입의 20~30%를 국가가 부담하도록 설계하는 것과 차이를 나타낸다고 할 수 있다. 국가가 재정적으로 중립하도록 하는 방식은 전통적으로 사회보험에 입각한 체제로서 가입자가 모든 재정을 조달하는 형태라 할 수 있다(김태성·김진수, 2001: 211).

국민연금제도는 연금급여 지급 등에 소요되는 비용을 충당하기 위하여 가입자 및 사용자로부터 받은 연금보험료 및 그 이자를 주요 재원으로 국민연금기금을 조성하여 운용하고 있다. 국민연금의 가입자는 가입기간 중 소득에 비례하여 일정 비율의 연금보험료를 내는데 보험료율은 〈표 10-4〉와 같이 가입 종류별로 다르게 적용하고 있다.

사업장가입자의 연금보험료는 시행 초기에 3%에서 출발하였으나 이를 점차적으로 상향조정하여 1999년 4월 이후 근로자, 사용자 각각 4.5%씩 전체적으로 9%를 부담한다. 지역 및 임의가입자는 전액 본인 부담으로 시행 초기에는 3%로 낮게 출발하였으나 2005년 7월부터 사업장가입자와 같은 9% 비율로 맞추도록 조정하였다. 보험료 부담을 단계적으로 상향조정하는 조치는 초기 가입자에 대

〈표 10-4〉 국민연금 보험료율

구분		1988~1992	1993~1997	1998~1999.3.	1999년 4월 이후
사업장	전체	3.0	6.0	9.0	9.0
	근로자	1.5	2.0	3.0	4.5
	사용자	1.5	2.0	3.0	4.5
	퇴직금전환금	-	2.0	3.0	-
사업장 임의계속가입자		3.0	6.0	9.0	9.0

구분	1995.7.~2000.6.	2000.7.~2001.6.	2001.7.~2002.6.	2002.7.~2003.6.	2003.7.~2004.6.	2004.7.~2005.6.	2005년 7월 이후
지역가입자 임의가입자 기타 임의계속가입자	3.0	4.0	5.0	6.0	7.0	8.0	9.0

주) 연금보험료= 가입자의 기준소득월액 납부요율

한 보험료 부담 충격을 완화하는 효과는 있지만 초기에 가입한 계층에게 부담을 낮게 함으로써 가입 시기에 따른 형평성 문제가 제기될 수 있다.

연금가입자는 기준소득월액을 기준으로 가입자의 기준소득월액에 연금보험료율을 곱한 금액인 연금보험료를 낸다. 기준소득월액은 하한액으로부터 상한액까지의 범위에서 사업장가입자의 경우 사용자가, 지역가입자의 경우 가입자가 신고한 소득월액에서 천 원 미만을 버린 금액으로 한다. 이때 사용자나 가입자가 신고한 소득월액이 하한액보다 적으면 하한액을 기준소득월액으로 하고 상한액보다 많으면 상한액을 기준소득월액으로 한다. 보건복지부장관은 국민연금심의위원회의 심의를 거쳐 하한액과 상한액을 조정할 수 있으며 하한액과 상한액을 매년 3월 31일까지 고시하여야 한다(국민연금법 시행령 제5조).

한편, 우리나라 국민연금의 재정운용방식[2]은 가입자들로부터 보험료를 받아 기금을 형성하고 이를 운용해서 생긴 이익 등을 미래의 연금지급에 사용하지만 미래의 연금지급액을 완전히 적립하지 않기 때문에 '수정적립방식'의 형태를 취하고 있다(박병현, 2003: 207-208). 보건복지부장관은 기금의 장기적인 안정 유지

---

2 공적연금 재정의 운용방식에는 적립방식(funded system)과 부과방식(pay-as you-go system)이 있다. 적립방식은 가입자 세대가 가입 시점으로부터 보험료를 납부한 금액과 기금에서 발생한 이자수입을 합한 총액을 적립하였다가 그 정립된 금액이 모두 미래에 그 세대가 수급하게 되는 연금급여로 충당하도록 하는 재정방식을 말한다. 적립방식은 기금이 안정적으로 형성되기 때문에 갑작스러운 급여 관련 변화에 안정적인 운영이 가능하며 기금을 안정적으로 유지할 경우 국민으로부터 제도에 대한 충분한 신뢰를 구축할 수 있다. 그러나 거대한 기금을 운용하는 데 있어 공공성과 수익성, 그리고 안정성을 동시에 확보하여야 하는 만큼 상당한 노력에도 불구하고 어려움이 발생하며, 특히 급격한 경제 변화에 따른 인플레이션이 발생할 경우 기금의 실질 가치를 크게 손상시킬 위험이 있다. 부과방식은 가입자 세대가 가입시점으로부터 보험료로 납부한 금액을 현 노령세대에게 연금급여로 지급하고, 본인들의 노후보장은 미래의 경제활동 계층이 부담하는 보험료로 재원이 충당되도록 하는 재정방식을 말한다. 부과방식은 제도를 도입함과 동시에 급여를 지급함으로써 노후보장효과를 신속하게 나타낼 수 있고 노인 부양률이 낮을 경우 가입자의 부담이 낮아 제도 도입이나 운영이 손쉬운 장점이 있다. 반면, 지속적인 경기 변화에 따라 안정성을 상실할 위험이 있고, 특히 노령화에 따른 인구구조가 변화될 경우 재정 조달의 어려움으로 제도 존립에 대한 문제가 야기되기도 한다. 이상과 같은 공적연금의 재정운용방식에 대한 결정은 매우 어렵고 복잡한 과정이다. 그런데 재정운용방식의 논의에서 중요하게 고려되어야 할 점은 어떤 재정운용방식이 더 바람직한가의 문제가 아니라 두 개의 재정운용방식의 장단점을 어떻게 노후소득보장체계에서 적절히 조화시킬 수 있는가 하는 점이다(김태성·김진수, 2001: 158-165).

를 위하여 그 수익을 최대로 증진시킬 수 있도록 국민연금 기금운용위원회에서 의결한 바에 따라 기금을 관리 · 운용하되 가입자, 가입자이었던 자 및 수급권자의 복지증진을 위한 사업에 대한 투자는 국민연금재정의 안정을 해치지 아니하는 범위에서 하여야 한다(국민연금법 제102조 제2항).

6) 문제점 및 향후과제

(1) 소득 재분배 문제

우리나라 국민연금제도는 소득이 낮을수록 급여의 비율이 높아지도록 고안되어 있어 고소득층으로부터 저소득층으로 소득 재분배 효과가 가능하게 되어 있다. 즉, 국민연금제도를 통해 자본주의 사회에 내재된 불평등을 완화시킴으로써 국민의 생활안정과 복지증진에 기여하려는 목적을 가지고 있다. 그러나 이와 같은 제도의 본래 취지와는 달리 지역가입자의 소득불성실 신고로 성실 신고자인 사업장 근로자로부터 불성실 신고자인 일부 자영자에게 소득이 이전되는 왜곡현상이 발생한다는 것이다. 즉, 부유한 자영자로부터 가난한 근로자에게로 소득의 역이전 현상이 발생하여 소득 재분배 효과가 약화된다는 점이다. 따라서 지역가입자의 소득불성실 신고를 해결하기 위해서 무엇보다도 조세 및 부과체계의 지속적인 보완 대책을 마련하여 추진하는 것이 요청된다. 또한 국민연금의 보험료를 부과하기 위해 적용하는 가입자의 월소득액인 기준소득월액의 상 · 하한선이 신축성 있게 적절히 조정되어야 한다. 그렇지 않을 경우 고소득층은 상대적으로 보험료 부담이 줄고 저소득층의 경우 부담은 그대로이지만 급여수준은 점차로 하락하게 되어 소득 재분배 효과가 약화되기 때문이다. 2010년 국민연금법 시행령 개정으로 보건복지부장관은 국민연금심의위원회의 심의를 거쳐 기준소득월액의 상한액과 하한액을 조정할 수 있게 하였다.

(2) 납부예외자 및 연금 사각지대의 문제

국민연금의 총 가입자는 〈표 10-2〉에서 보듯이 2014년 12월 현재 2,112만여 명으로 늘어났다. 그러나 이 중에서 지역가입자 중 457만여 명은 납부예외자로 국민연금제도가 전 국민연금이라기보다는 반쪽 연금에 불과하다는 비판이 지속적으로 제기되고 있는 것이다. 납부예외 사유는 가입자로서 소득이 없는 경우인데 입대한 군인이나 학생 등 원천적으로 납부가 불가능한 납부 불능자와 실직, 휴직 등 잠정적으로 납부가 유예되는 납부유예자로 구분할 수 있다. 이와 같이 납부예외자의 과다는 국민연금제도의 고유목적을 달성하기 어렵게 할 뿐만 아니라 장기적으로 연금재정의 부실화를 초래할 위험이 높아졌다. 또한 납부예외자와 함께 미신고자를 포함하여 연금수급 자격을 획득하지 못하고 있는 인구 비율이 가입자 수의 거의 절반에 이르는 것으로 분석되고 있다. 대체로 이들은 영세사업장 근로자, 임시직 및 일용직, 실업자, 영세 자영인 등 가장 취약한 계층일 것이다.

따라서 국민연금 사각지대에 있는 이들을 연금제도 내로 포함시킬 수 있는 제도적 대책이 필요하다. 이러한 국민연금 사각지대를 해소하기 위한 대책으로 기초연금제도가 새로이 도입되었다고 할 수 있다. 또한 국민연금과 기초연금으로 나누어진 현행 체계를 하나의 국민연금 틀 안에 통합해 기초연금과 소득비례연금의 2원형 연금구조로 전환하는 방안이 있을 수 있다.

(3) 연금재정 불안정의 문제

국민연금의 재정이 안정되기 위해서는 가입자가 부담하는 보험료 수입과 연금지출이 장기적으로 균형을 이루어야 한다. 연금 보험료는 사업장가입자의 경우 1988년부터 매 5년 단위로 단계적으로 3%, 6%, 9%로 인상하여 1999년 4월 이후 소득의 9%(사용자 4.5%, 근로자 4.5%)를 부담하고 있다. 지역가입자도 3%에서 시작하여 2000년부터 1년 단위로 1%씩 인상하여 2005년 7월 이후부터 9%를 부담하고 있다. 그러나 국민연금은 보험료 9%를 그대로 유지할 경우 2020년부터 적자가 발생하고 2031년에는 기금이 고갈되어 매년 70조 이상의 적자가 발생하여 연금재정을 유지하는 것이 불가능할 것으로 전망되어 2007년 국민연금개혁으로 보험료율은 9%로 유지하는 대신, 급여율은 2007년 60%에서 2008년에 50%, 2009년부터 매년 0.5%씩 줄어 2028년에는 40%로 낮아진다. 그럼에도 연금재정 불안정의 문제는 계속 문제로 제기되고 있어 보험료율을 상향조정하고 지급개시 연령도 단계적으로 늦추어 65세로 연장할 필요가 있다고 지적되고 있다. 이와 같은 쟁점사항의 실천을 위해서는 국민적 합의 도출이 필요하다. 무엇보다도 기여와 급여 간의 불균형구조를 개선하는 일은 향후 해결해야 할 중요한 과제다.

2. 국민건강보험제도

우리나라는 1963년 최초로 의료보험법이 제정되었다. 이 의료보험법 법률의 제정과정에서 강제적인 성격의 의료보험제도가 임의적 성격으로 바뀌어 시행이 시도되었으나 성공하지 못하다가 1976년 의료보험법의 재제정으로 1977년 피고용자의 강제적용이 본격적으로 시행되었고, 1977년 공무원 및 사립학교교직원의 료보험법이 따로 제정되어 1979년부터 실시되었다. 그리고 1988년에는 농어촌지역의료보험이, 1989년에는 도시지역의료보험이 실시됨으로써 전국민 의료보험 시대를 열게 되었다. 또한 1997년 12월에는 국민의료보험법이 제정되어 1998년에 지역의료보험과 공무원 및 사립학교교직원의료보험이 통합되었고, 1999년에는 국민건강보험법이 제정됨으로써 이 법에 따라서 2000년에는 직장의료보험까지 통합하여 국민건강보험 조직의 통합이 이루어졌고, 2003년에는 지역과 직장 재정의 통합까지 완전히 이루어졌다.

그 후 수차례 개정을 통하여 제도운영상의 미비점을 개선하였는데 그 내용을 보면 다음과 같다. 2006년 12월 개정에서는 국민건강보험재정 건전화 특별법의 유효기간이 2006년 12월 31일로 만료됨에 따라 건강보험재정에 대한 정부지원의 규모와 방식, 건강보험정책심의위원회 등 동법에서 규정하고 있는 주요 사항을 국민건강보험법으로 옮겨 규정하는 한편, 표준소득월액 및 부과 표준소득의 등급제를 폐지하고 취약계층에 대한 보험료 경감을 확대하였다. 2008년 3월 개정에서는 사업장의 건강보험 적용 및 탈퇴신고를 법정화하고 요양기관의 업무정지 처분을 동 처분을 받은 요양기관을 양수한 자에게도 효력이 발생하도록 하였으며 또한 주민등록증·운전면허증 등 다른 신분증을 제시하여도 요양급여를 받을 수 있도록 하였으며, 가산금 부과비율이 금융기관이나 국세에 비하여 높아 이를 개선하고자 최초 납기 경과 후에는 3%, 1월마다 1%씩 가산하나 최대 9%를 넘지 않도록 하였다. 2009년 5월 개정에서는 사회보험 징수업무 처리의 효율성을 높이고 잉여인력을 활용하여 각 사회보험의 신규 서비스를 강화하기 위하여 사회보험료 징수업무를 국민건강보험공단으로 일원화하기 위한 내용 등을 규정하였다. 2011년 12월 31일에는 전부 개정이 이루어졌는데 건강보험제도의 안정적 운영을 위하여 당초 2011년 12월 말까지로 예정되어 있는 건강보험 재정에 대한 정부지원을 2016년 12월 말까지로 연장하고, 직장 가입자에 대하여 보수를 기준으로 산정하는 보수월액보험료 외에 다른 소득을 기준으로 산정하는 소득월액보험료를 징수하는 근거를 마련하였다.

2013년 5월 개정에서는 요양급여비용 계약체결의 시기를 조정하고 요양기관을 개설할 수 없는 자가 명의를 대여하여 요양기관 개설 시 부당이득을 징수할 수 있는 근거를 마련하였다. 2014년 1월 개정에서는 의약품 리베이트 제재수단을 강화함으로서 리베이트 관행을 근절하였고 사립학교 직원을 제외한 교원에게만 국가가 보험료의 일부를 부담하도록 하였다. 2014년 5월 개정에서는 보험료 납부에 있어서 납부자의 편의를 제고함과 동시에 보험재정의 합리화를 도모하기 위해 납부자가 보험료 등을 신용카드로 납부할 수 있는 법적 근거를 마련하고 사무장 병원과 면허대여 약국의 개설·운영을 보다 효과적으로 규제하기 위해 국민건강보험공단이 이들에 대한 요양급여 비용의 지급을 보류할 수 있도록 하였다. 특히 2015년 보건복지부는 맞춤형 복지구현을 실현하기 위하여 2016년까지 4대 중증질환(암, 심장병, 뇌질환, 희귀난치성 질환)에 대한 보장성을 강화하고 건강보험 적용범위 확대, 환자들의 의료비 부담 경감, 그리고 저소득가구의 과도한 중증질환 치료비 지원을 확대하였다.

1) 목표

국민건강보험은 질병, 부상이라는 불확실한 위험의 발생과 분만, 사망 등으로 개별 가계가 일시적으로 과다한 의료비를 지출함에 따라 겪게 되는 경제적 어려움을 덜어 주고 국민건강을 향상시키기 위한 사회보장제도로서 보험원리를 이용하여 보험가입자 전원에게 소득과 재산에 따라 매겨지는 보험료를 갹출하여 보험급여를 하여 주는 의료보장제도다. 국민건강보험법 제1조에 따르면, 이 법은 국민의 질병·부상에 대한 예방·진단·치료·재활과 출산·사망 및 건강증진에 대하여 보험급여를 실시함으로써 국민보건 향상과 사회보장 증진에 이바지함을 목적으로 한다.

사회보험으로서 일반 의료보험의 목표는 첫째, 국가가 개입하여 국민건강과 생활의 안정을 도모한다. 둘째, 전 국민을 대상으로 각각의 국민이 경제적 능력에 따라 보험료를 부담하고 개별 부담에 관계없이 필요에 따라 균등한 급여를 받게 함으로써 소득 재분배를 이룩한다. 셋째, 국민의 의료비용을 사회 연대성 원리에 따라 공동체적으로 해결하는 것이다(김태성·김진수, 2001: 263).

2) 적용대상

국민건강보험의 적용대상(가입자 또는 피부양자)은 원칙적으로 국내에 거주하는 전 국민이다. 국내에 거주하는 국민은 의료급여법에 따라 의료급여를 받는 수급권자와 유공자 등 의료보호 대상자는 제외하고 국민건강보험법에 따른 건강보험의 가입자 또는 피부양자가 된다(국민건강보험법 제5조 제1항).

국민건강보험 가입자는 직장가입자와 지역가입자로 구분한다. 직장가입자는 모든 사업장에 고용된 근로자 및 사용자, 공무원 및 교직원이다. 지역가입자는 가입자 중 직장가입자와 그 피부양자를 제외한 자를 말한다(국민건강보험법 제6조). 직장가입자의 피부양자는 직장가입자에게 주로 생계를 의존하는 사람으로서 보수 또는 소득이 없는 직장가입자의 배우자, 직장가입자의 직계존속(배우자의 직계존속 포함), 직장가입자의 직계비속(배우자의 직계비속포함) 및 그 배우자, 직장가입자의 형제·자매를 말한다. 이와 같은 내용을 정리하면 〈표 10-5〉와 같다.

〈표 10-5〉 **국민건강보험 가입자의 종류와 대상**

구분	지역가입자	직장가입자

가입자
취득/가입
	• 신생아 출생 시(출생일로부터)
	• 국적취득자(국적취득일)
	• 직장가입자의 자격을 상실했을 때
	• 수급권자에서 제외되었을 때
	• 국가유공자/독립유공자가 지역가입자 적용을 신청한 때
	• 국외이주자가 영구 귀국 시
	• 외국인 및 재외국민 취득
	• 임의계속가입자 가입(전 직장에서 1년이상 근무하고 퇴직한 지역가입자 중 직장가입자 자격으로 건강보험을 계속 유지하고자 공단에 가입신청한 자(2009.4.6부터 개정시행)
	• 군입대 및 전역관련
		• 상시 1인 이상의 근로자를 사용하는 사업장에 고용된 근로자와 그 사용자
		• 근로자 없는 사업장은 적용대상이 아님
		• 적용제외 사업장
		  ① 소재지가 일정하지 않은 사업장
		  ② 근로자가 없이 대표자만 있는 개인사업장
		* 법인사업장은 대표자 1인만 있어도 의무가입대상임

피부양자
대상
	• 부양요건에 충족하는 자
	① 피부양자 자격의 인정기준 중 부양요건 참조
	〔국민건강보험법 시행규칙 별표1의2〕
		• 직장가입자에 의하여 주로 생계를 유지하는 자
		① 직장가입자의 배우자
		② 직장가입자의 직계존속
		  (배우자의 직계존속 포함)
		③ 직장가입자의 직계비속
		  (배우자의 직계비속 포함) 및 그 배우자
		④ 직장가입자의 형제·자매

한편, 직장가입자에서 제외되는 자는 ① 고용기간이 1개월 미만인 일용근로자 ② 현역병(지원에 의하지 아니하고 임용된 하사 포함), 전환 복무된 사람 및 무관후보생 ③ 선거에 당선되어 취임하는 공무원으로서 매월 보수 또는 보수에 준하는 급료를 받지 아니하는 자 ④ 그 밖에 사업장의 특성, 고용형태 및 사업의 종류 등을 고려하여 대통령령으로 정하는 사업장의 근로자 및 사용자와 공무원 및 교직원 등이다(국민건강보험법 제6조 제2항).

국민건강보험 연도별 적용인구 현황은 〈표 10-6〉과 같이 매년 조금씩 증가하

⟨표 10-6⟩ **연도별 국민건강보험 적용 인구**   (단위: 천 명, 천 세대, %)

구분		2008년	2009년	2010년	2011년	2012년	2013년	2014년	2015년1/4
의료보장인구 총계		50,001	50,291	50,581	50,909	51,169	51,448	51,757	51,822
건강보험		48,160	48,614	48,907	49,299	49,662	49,990	50,316	50,392
직장	소계	30,417	31,413	32,384	33,257	34,106	35,006	31,434	31,620
	-일반가입자	11,617	12,146	12,764	13,397	13,991	14,606	13,660	13,746
	-피부양자	18,800	19,267	19,620	19,860	20,115	20,400	17,774	17,874
	부양률(명)	1.62	1.59	1.54	1.48	1.44	1.40	1.30	1.30
지역	가입자	17,743	17,201	16,523	16,043	15,556	14,984	14,714	14,611
	세대수	8,058	8,111	7,940	7,902	7,835	7,709	7,749	7,693
	부양률(명)	2.20	2.12	2.08	2.03	1.99	1.94	1.90	1.90
의료급여		1,841	1,677	1,674	1,609	1,507	1,459	1,441	1,430
사업장(개소)		901,643	958,899	1,009,961	1,068,188	1,150,437	1,243,023	1,291,763	

자료: 국민건강보험공단 홈페이지(http://www.nhis.or.kr)

고 있으며 2014년 현재 건강보험을 적용받는 인구는 모두 5,031만 명에 이르고
있다.

3) 급여

국민건강보험에서 보험급여의 원인이 되는 것을 일반적으로 보험사고라고 하
며 이 보험사고에 대하여 급여를 행하는 것을 보험급여라고 한다. 보험급여는 건
강보험의 적용을 받는 가입자 및 피부양자의 질병·부상에 대한 예방·진단·치
료·재활과 출산·사망 및 건강 증진에 대하여 법령이 정하는 대로 공단이 각종
형태로 실시하는 의료서비스를 말한다.

보험급여의 형태는 현물급여와 현금급여로 구분할 수 있다. 현물급여는 요양
기관(병·의원 등) 등으로부터 본인이 직접 제공받는 의료서비스 일체를 말하는
것으로 요양급여와 건강검진이 있다. 요양급여는 가입자 및 피부양자의 질병·
부상·출산 등에 대하여 진찰·검사, 약제·치료 재료의 지급, 처치·수술 기타

의 치료, 예방·재활, 입원, 간호, 이송 등을 제공하는 것을 말한다. 건강검진은 질병의 조기 발견과 그에 따른 요양급여를 하기 위하여 가입자 및 피부양자에 대하여 2년마다 1회 이상 실시하되, 사무직에 종사하지 아니하는 직장가입자에 대해서는 1년에 1회 실시한다. 현금급여는 가입자 및 피부양자의 신청에 따라서 공단에서 현금으로 지급하는 것을 말하는 것으로 요양비, 장애인 보장구 급여비, 임신·출산진료비가 있다. 보험급여의 형태 및 대상은 〈표 10-7〉과 같다.

〈표 10-7〉 국민건강보험의 급여형태 및 대상

급여형태		지급대상	비고
현물급여	요양급여	가입자 및 피부양자	
	건강검진	가입자 및 피부양자	
현금급여	요양비	가입자 및 피부양자	
	장애인 보장구 급여비	장애인복지법에 의해 등록한 장애인인 가입자 및 피부양자	
	임신·출산진료비	가입자 및 피부양자 중 임산부	

자료: 국민건강보험공단 홈페이지(http://www.nhis.or.kr)

한편, 보험급여의 제한은 고의 또는 중대한 과실로 인한 범죄행위에 그 원인이 있거나 고의로 사고를 일으킨 경우, 고의 또는 중대한 과실로 공단이나 요양기관의 요양에 관한 지시에 따르지 아니한 경우, 고의 또는 중대한 과실로 문서 기타물건의 제출을 거부하거나 질문 또는 진단을 기피한 경우, 업무 또는 공무로 생긴질병·부상·재해로 다른 법령에 따른 보험급여나 보상(報償) 또는 보상(補償)을받게 되는 경우 급여를 하지 않고 또한 다른 법령에 따라서 국가 또는 지방자치단체로부터 보험급여에 상당하는 급여를 받거나 보험급여에 상당하는 비용을 지급받게 되는 경우에는 그 한도에서 보험급여를 실시하지 아니한다. 그리고 보험료를 대통령령이 정하는 기간 이상 체납한 경우 그 체납한 보험료를 완납할 때까지 보험급여를 실시하지 아니할 수 있다(국민건강보험법 제53조). 급여의 정지는국외에 여행 중인 경우, 국외에서 업무에 종사하고 있는 경우, 현역병(지원에 의하지 아니하고 임용된 하사 포함), 전환 복무된 사람 및 무관 후보생으로 복무 중인 경우, 교도소 기타 이에 준하는 시설에 수용되어 있는 경우 보험급여는 정지된다(국민건강보험법 제54조). 한편, 보험급여(요양급여) 중에서 본인이 일부 부담하는 비용의 내역은 〈표 10-8〉과 같다.

〈표 10-8〉 요양급여 비용 중 본인이 부담하는 비용의 내역

기관 종류	소재지	환자구분	본인부담액
상급종합병원	모든 지역	일반환자	진찰료 총액＋(요양급여비용 총액−진찰료 총액)×60/100
		의약분업 예외환자	진찰료 총액＋(요양급여비용 총액−약값 총액−진찰료 총액)×60/100＋약값 총액×30/100
종합병원	동 지역	일반환자	요양급여비용 총액×50/100
		의약분업 예외환자	(요양급여비용 총액−약값 총액)×50/100＋약값 총액×30/100
	읍·면 지역	일반환자	요양급여비용 총액×45/100
		의약분업 예외환자	(요양급여비용 총액−약값 총액)×45/100＋약값 총액×30/100
병원, 치과병원, 한방병원, 요양병원	동 지역	일반환자	요양급여비용 총액×40/100
		의약분업 예외환자	(요양급여비용 총액−약값 총액)×40/100＋약값 총액×30/100
	읍·면 지역	일반환자	요양급여비용 총액×35/100
		의약분업 예외환자	(요양급여비용 총액−약값 총액)×35/100＋약값 총액×30/100
의원, 치과의원, 한의원, 보건의료원	모든 지역		요양급여비용 총액×30/100(요양급여를 받는 사람이 65세 이상이면서 해당 요양급여비용 총액이 보건복지부령으로 정하는 금액을 넘지 않으면 보건복지부령으로 정하는 금액)
보건소, 보건지소, 보건진료소	모든 지역		요양급여비용 총액×30/100(요양급여비용 총액이 보건복지부령으로 정하는 금액을 넘지 않으면 보건복지부령으로 정하는 금액)

4) 전달체계

우리나라 국민건강보험은 과거에는 의료보험이라는 이름으로 전 국민을 임금소득자와 비임금소득자로 구별하여 임금소득자 중 공무원 및 사립학교 교직원은 전국 단위의 의료보험 관리공단에서 관리하고 직장근로자들은 직장조합별로 보험자가 구성되어 관리하고 또한 비임금소득자인 농어촌주민 및 도시 자영자는 시·군 지역에서 별도로 보험자를 구성하여 관리하고 있었다. 그러나 1998년 10월 227개의 지역의료보험조합과 공무원 및 사립학교 교직원 의료보험 관리공단을 통합하여 국민의료보험관리공단이 발족되었으며, 2000년 7월에는 사업장의 근로자를 대상으로 하고 있는 직장조합과 국민의료보험 관리공단을 통합하여 국민건강보험공단을 발족시켜 중앙집중관리 방식으로 전환하였다. 한편, 2003년 7월에는 재정까지 완전히 통합하여 4대 사회보험 중 유일하게 분산관리 운영체계를 유지해 왔던 국민건강보험은 완전한 중앙집중관리 운영체계를 갖추게 되었다. 이 과정을 요약하여 제시하면 〈표 10-9〉와 같다.

2015년 현재 국민건강보험공단은 19실 1연구원, 1개발원, 1병원, 1요양원, 6개 지역본부, 178개 지사의 조직을 갖추고 있다. 또한 2000년 국민건강보험공단과 더불어 발족된 건강보험심사평가원에서는 국민건강보험의 요양급여비용에 대한 심사를 담당하고 진료의 의학적 적정성을 평가한다.

한편, 우리나라 건강보험제도의 운영과 관련하여 정책결정에 대한 책임을 지고 있는 부서는 보건복지부 건강보험정책국으로 산하 보험정책과, 보험급여과, 보험약제과, 보험평가과에서 이에 관한 업무를 관장하고 있다.

〈표 10-9〉 국민건강보험 관리통합단계

종류		1998. 10. 1. 이전	1998. 10. 1.	2000. 7. 1.
조직	지역	지역의보조합(227개)	국민의료보험 관리공단(1개)	국민건강 보험공단 (1개)
	공교	공교의보공단(1개)		
	직장	직장의보조합(140개)	직장의보조합(140개)	

주) 2003년 7월 1일에는 보험재정까지 완전히 통합됨.

5) 재원

우리나라 국민건강보험의 재원조달은 소득에 연계된 기여금 방식을 채택하고 있다. 즉, 준조세의 성격을 띠는 보험료로 운영된다. 보험자는 건강보험사업에 소요되는 비용에 충당하기 위하여 보험료의 납부의무자로부터 보험료를 징수한다. 직장가입자의 월별 보험료액은 직장가입자가 지급받는 보수를 기준으로 산정되고 대통령령이 정하는 기준에 따라 상·하한이 정해진 보수월액에 보험료율을 곱하여 얻은 금액으로 한다. 지역가입자의 월별 보험료액은 세대 단위로 지역가입자의 소득·재산·생활수준·경제활동 참가율 등을 고려하여 정하되, 대통령령이 정하는 기준에 따라 상·하한을 정할 수 있도록 한 규정에 따라서 산정된 보험료 부과 점수에 건강보험정책심의위원회의 의결을 거쳐 대통령령으로 정한 보험료 부과 점수당 금액을 곱한 금액으로 한다(국민건강보험법 제6장 제69조~제72조).

직장가입자의 보험료율은 1천분의 80의 범위에서 건강보험정책심의위원회의 의결을 거쳐 대통령령으로 정한다(국민건강보험법 제73조 제1항). 직장가입자의 보수월액보험료는 직장가입자와 사용자가 각각 보험료액의 100분의 50씩 부담한다. 다만, 직장가입자가 교직원으로서 사립학교에 근무하는 교원이면 보험료액은 그 직장가입자가 100분의 50을, 사립학교에 해당하는 사용자가 100분의 30을, 국가가 100분의 20을 각각 부담한다[개정 2014.1.1.]. 지역가입자의 보험료는 그 가입자가 속한 세대의 지역가입자 전원이 연대하여 부담한다(국민건강보험법 제76조 제3항).

6) 문제점 및 향후과제

(1) 보험료 부과의 형평성 문제

국민건강보험은 보험료 부과체계의 형평성이 보장된다는 전제하에서만 정당화될 수 있다. 따라서 보험료를 부과하거나 징수할 경우 피보험자가 이를 수용하게끔 보험료 부과체계의 합리적인 기준이 마련되어야 한다(노시평 외, 2002: 159).

현재 직장가입자의 보험료는 직장의 급여만을 기준으로 하기 때문에 급료 외에
이자소득이나 배당소득, 기타 사업소득이 고려되지 않아 형평성이 없다는 비판
이 제기된다. 한편, 지역가입자의 보험료는 소득, 재산, 생활수준, 경제활동참가
율 등을 고려하여 부과표준소득에 따라 보험료를 부과하고 있으나 자영자 소득
파악의 투명성이 확보되지 않은 상태에서 지역가입자의 보험료 부과방식은 직장
가입자에게 불리하게 작용할 가능성이 있다. 즉, 지역 자영업자들 중 소득이 파
악될 수 있는 인원은 약 40% 정도로 추정되고 있는데 이처럼 소득파악의 미비로
적정한 보험료를 부과할 수 없기 때문에 소득이 노출된 직장인과의 형평성 문제
가 제기된다. 따라서 직장가입자이든 지역가입자이든 보험료 부과의 공평성 확
보가 국민건강보험제도가 해결해야 할 주요과제라고 할 수 있다. 특히 지역가입
자의 소득파악에 좀 더 집중하여 장기적으로는 단일화된 보험료 부과체계를 적
용해야 할 것이다.

(2) 보험관리 및 운영의 문제

의료보장의 세계적인 개혁추세는 경쟁을 통한 효율성 향상이나 국민건강보험
의 통합관리는 상호경쟁을 통한 자율적인 관리운영과 책임경영체계의 확립에 취
약한 것이 단점이다. 따라서 주변 환경변화에 탄력적으로 대처할 수 있는 능력이
결여되고 이것은 결과적으로 조직의 관료화를 초래하며 국가에 의존하는 체계로
고착될 가능성이 있다(노시평 외, 2002: 158). 국민건강보험의 통합이 실질적으로
진보적인 사회통합 효과를 얻기 위해서는 보험료 부담의 형평성 실현, 보험급여
의 포괄성 보장, 제도운영의 효율성과 투명성 확보, 의료자원의 효율적 활용과
의료서비스의 질 향상, 보험재정의 건전성 확보 등이 전제되지 않으면 안 된다(장
인협·이혜경·오정수, 2001: 230). 최근 국민건강보험과 같은 공보험이 국민들의
의료욕구를 충족시키는 데 한계가 있기 때문에 이를 보완할 수 있는 보충적 수단
으로서 민간의료보험이 확대되고 있다. 따라서 장기적으로 볼 때 중상층 이상의
사람들은 민간의료보험에 의존하려는 경향이 커져 건강보험의 확대가 어려울 수
있다. 고소득층은 민간의료보험, 저소득층은 건강보험을 주로 이용하게 되어 사
회복지제도의 주요 목표인 사회통합이 크게 훼손될 수 있다. 따라서 이것을 막기

위해서도 먼저 건강보험을 내실화하여 보장성을 높이고 서비스의 질도 높여 대부분의 국민들이 의료서비스는 건강보험에서 해결하고 나머지는 민간의료보험에서 해결하도록 하는 방향으로 가야 한다(김태성, 2013: 246).

(3) 건강보험의 재정안정화 문제

국민건강보험의 통합과정에서 의약분업에 따른 의약분쟁이 야기되었고 자영업자들의 소득파악의 어려움으로 건강보험 재정에서 수입의 감소와 의료수가의 인상조정에 따른 지출의 증대로 보험재정은 심각한 적자에 직면하게 되었다. 이러한 재정적자에 대한 대책으로 그간 보험료 인상과 함께 보험급여에서 본인 부담을 증대시켜 왔다. 그럼에도 인구의 고령화가 빠른 속도로 진행되고 있고 노인들을 위한 의료비 지출의 문제는 더욱 심각해지고 있어 앞으로도 건강보험료 및 보험급여의 본인 부담금을 인상할 수밖에 없는 실정이다. 따라서 국가가 개입하여 국민건강과 생활 안정을 도모한다는 본래의 목표가 점차 퇴색되어 가고 있다.

의료공급제도의 비효율 제거는 건강보험의 재정안정화에 보험재정 확충 이상으로 중요하다. 지금까지 의료서비스 하나하나에 가격을 매기는 행위별 수가제는 근본적으로 의료서비스 제공량의 증대 요인을 의료기관에 줌으로써 의료비용의 상승을 가속화시키는 요인이 되어 왔다. 따라서 우리나라는 질병을 특성별로 미리 세분화하여 책정한 진료비를 내는 포괄수가제를 진료비 증가의 억제를 위해 7개 질병군에 한해 실시하고 있는데 보험재정의 안정화를 위해 포괄수가제의 확대, 더 나아가서는 총액계약제의 시행 등을 고려해야 한다. 총액계약제는 국가와 의료서비스를 제공하는 집단 간에 사전에 진료비 총액을 합의하여 결정한 후 이 총액 내에서만 의료서비스를 제공하는 것이다. 또한 진료비 심사기능 강화를 통한 급여비의 통제와 효율적 관리운영을 위한 지속적인 노력이 필요할 것이다.

3. 산업재해보상보험제도

우리나라 산재보험제도는 1963년 산업재해보상보험법이 제정되어 1964년 1월부터 실시되었으나 훨씬 뒤에 도입된 의료보험제도나 국민연금제도에 비해 그 운영 및 발전과정에서 소극적이라는 평가를 받고 있다. 산재보험은 제도 시행의 해인 1964년에는 500인 이상인 광업과 제조업 부문에만 적용되었으나 그 후 제한적이나마 적용범위의 점차적 확대를 거쳐 1992년에는 일부 업종을 제외하고 원칙적으로 5인 이상 사업장으로 확대되었다. 또한 1995년에는 산재보험의 관리 운영을 노동부에서 근로복지공단으로 이관하였고 1999년 법 개정을 통해 2000년 7월 드디어 적용대상이 5인 미만 사업장으로 확대되어 단 한 사람의 근로자라도 고용하는 사업장이면 산재보험의 적용을 받게 되었다. 2003년 12월에는 산재보험과 고용보험의 보험료를 통합징수하기 위한 고용보험 및 산업재해보상보험의 보험료 징수 등에 관한 법률이 제정되어 2005년 1월부터 시행되었다. 2007년 12월에는 전부 개정이 되었는데 산재근로자에 대한 의료 · 재활서비스는 확충하되 산재근로자 및 의료기관의 요양관리는 합리화하여 산재근로자의 직업 · 사회복귀를 촉진하고, 저소득 재활근로자에 대한 보호를 강화하되 산재근로자 간 보험급여의 형평성과 합리성을 높이며, 보험급여 결정 등에 관한 심사청구 · 재심사청구의 전문성 · 공정성을 강화하였다.

2010년 1월에는 근로복지공단의 산하 법인인 한국산재의료원을 근로복지공단에 통합하여 산재환자에 대한 요양 및 재활서비스를 종합적으로 제공함으로써 산업재해보상보험 업무의 효율성을 높이고, 산업재해보상보험의 징수업무를 국민건강보험공단에 위탁하여 수행하도록 함에 따른 법의 일부 개정이 있었다. 같은 해 5월에는 진폐근로자에게 요양 여부와 관계없이 기초연금을 포함한 진폐보상연금을 지급하는 것으로 변경하고 산재보험 급여, 진료비 및 약제비를 부당하게 지급받은 자를 신고한 사람에 대한 포상금 지급 근거를 마련하는 개정이 있었다. 2012년 12월 개정에서는 성차별적 요소를 없애기 위하여 유족보상연금 수급자격자의 범위에서 남자 배우자에 대한 연령제한을 삭제하고, 유족의 생활안정을 도모하기 위하여 자녀 또는 손자녀 등에 대한 유족보상연금 수급자격자 연령 범위를 18세 미만에서 19세 미만까지로 연장하였다. 2015년 1월 개정에서는 산재근로자가 요양이 종결된 후 후유증상으로 인해 국민건강보험법에 따라 요양을 받는 경우 건강보험에서 부담한 비용을 2년 이내에 산업재해보상보험에서 지급할 수 있도록 법적 근거를 마련하고 근로복지공단의 사업에 직업병연구, 건강진단 등 예방사업을 추가하였다.

지난해 시행 50주년을 보낸 산재보험의 그동안 발전해 온 핵심적인 내용을 정리하면 첫째, 산재보험은 근로자를 고용하는 사업주가 가입해야 하는 것으로 근로자 1명 이상 고용하는 모든 사업장에 적용하며, 일용직이나 아르바이트라 하더라도 상시 근로자를 1명 이상 고용하는 모든 사업장은 자동적으로 보험관계가 성립되어 해당 사업장에서 업무상 재해를 입은 근로자는 산재보상을 받을 수 있도록 하였고, 둘째, 치료·보상은 물론 직업·사회복귀에 이르는 서비스를 제공하고 있으며, 셋째, 근로자와 유사하게 노무를 제공하면서도 근로기준법을 적용받지 못하는 특수형태근로종사자(보험설계사, 콘크리트믹서트럭 소유 운전기사, 학습지교사, 골프장 캐디, 택배기사, 전속 퀵서비스 기사)등에게 산재보험 적용, 넷째, 근로자를 사용하지 않거나(여객자동차 운송사업자, 화물자동차 운송사업자, 건설기계사업자, 퀵서비스업자·비전속 퀵서비스 기사, 예술인) 근로자 50명 미만인 중소기업 사업주의 산재보험 임의 가입을 통해 혜택을 받을 수 있도록 하였다.

1) 목표

산재보험이란 사업장에 고용되어 근무하던 근로자가 업무상의 재해를 입고 부상 또는 질병에 걸리거나, 신체장애가 남아 불구의 몸이 되거나, 사망하는 경우에 재해근로자와 그 가족이 신속하고 공정하게 보상을 받을 수 있도록 보장해 주기 위하여 국가가 보험기술을 이용해서 모든 사업주에게 연대 책임을 지우는 사회보험제도다(박석돈, 2002: 197). 산업재해보상보험법 제1조에 따르면, 이 법은 산업재해 보상보험사업을 시행하여 근로자의 업무상 재해를 신속하고 공정하게 보상하며, 재해근로자의 재활 및 사회복귀를 촉진하기 위하여 이에 필요한 보험시설을 설치 · 운영하고 재해예방과 그 밖에 근로자의 복지증진을 위한 사업을 시행하여 근로자 보호에 이바지하는 것을 목적으로 한다.

일반적으로 산재보험제도의 목적은 첫째, 산재근로자에 대하여 신속 · 공정한 재해보상을 실시하는 것이다. 둘째, 필요한 보험시설의 설치 · 운영과 재해예방이나 각종 근로복지사업을 추진함으로써 재해를 입은 근로자나 그 가족의 인간다운 생활을 보장하는 데 있다. 셋째, 불의의 재해로 사업주가 과중한 경제적 부담을 지게 되는 위험을 분산 · 경감시켜 안정된 기업활동을 할 수 있도록 도와주는 데 그 목적이 있다(김태성 · 김진수, 2001: 283).

2) 적용대상

우리나라 산재보험의 적용대상은 산업재해보상보험법 제6조에 따라서 근로자를 사용하는 모든 사업 또는 사업장에 적용한다. 다만, 사업의 위험률 · 규모 및 장소 등을 고려하여 대통령령으로 정하는 사업에 대하여는 그 적용이 제외된다.[3] 그러나 적용제외 사업이라 하더라도 적용제외 사업의 사업주는 근로복지공단의 승인을 얻어 임의로 보험에 가입할 수 있다. 산재보험의 가입자는 사업주이며 사업주의 가입의사 여부와 관계없이 당연 적용되는 당연가입자, 사업주의 가입의사에 따라 가입할 수 있는 임의가입자, 그 밖에 특례가입자로 분류된다. 산재보

---

3 산재보험 적용 제외사업은 다음과 같다(산업재해보상보험법 시행령 제2조 제1항).
   1. 공무원연금법 또는 군인연금법에 따라 재해보상이 되는 사업
   2. 선원법, 어선원 및 어선재해보상보험법 또는 사립학교교직원연금법에 따라 재해보상이 되는 사업
   3. 주택법에 따른 주택건설사업자, 건설산업기본법에 따른 건설업자, 전기공사업법에 따른 공사업자, 정보통신공사업법에 따른 정보통신공사업자, 소방시설공사업법에 따른 소방시설업자 또는 문화재수리 등에 관한 법률에 따른 문화재 수리업자가 아닌 자가 시공하는 총 공사금액이 2천만 원 미만인 공사, 또는 연면적이 100제곱미터 이하인 건축물의 건축 또는 연면적이 200제곱미터 이하인 건축물의 대수선에 관한 공사
   4. 가구 내 고용활동
   5. 제1호부터 제4호까지의 사업 외의 사업으로서 상시근로자 수가 1명 미만인 사업
   6. 농업, 임업(벌목업 제외), 어업 및 수렵업 중 법인이 아닌 자의 사업으로서 상시근로자 수가 5명 미만인 사업

험은 사업주가 보험가입자가 되지만 보험급여의 수급자는 업무상의 사유에 의한 부상, 질병, 신체장애 또는 사망 등 업무상 재해를 당한 근로자가 된다.

  산재보험을 처음 시행할 당시인 1964년에는 500인 이상의 광업과 제조업 부문에만 적용되었다. 그 후 수차례 법 개정을 통하여 적용범위를 확대하였고, 1992년에는 일부 업종을 제외하고 원칙적으로 5인 이상을 상시 고용하는 모든 사업장에 당연 적용하도록 하였다. 그 후 2000년 7월 1일부터는 상시근로자 5인 미만, 즉 1인 이상을 고용하는 모든 사업장에 대하여 산재보험이 확대 적용되었다. 산재보험 적용범위 확대과정은 〈표 10-10〉과 같다. 산재보험 적용 사업장 수 및 대상자는 〈표 10-11〉에서 나타나듯이 5인 미만 및 이상 사업장 수와 근로자 수가 매년 증가하는 경향을 보이고 있다.

〈표 10-10〉 **산재보험 적용범위 확대추이**

연도	기업규모	적용업종
1964	500인 이상	광업, 제조업
1965	200인 이상	전기가스업, 운수보관업
1966	150인 이상	
1967	100인 이상	유기사업(연간 25,000인 이상)
1968	50인 이상	유기사업(연간 13,000인 이상)
1969		건설업, 수도업, 위생시설서비스업, 상업, 통신업, 서비스업 추가
1971		금융, 증권, 보험업 제외
1972		유기사업(연간 8,000인 이상)
1973	30인 이상	유기사업(연간 4,000인 이상)
1976	16인 이상	광업, 제조업 중 화학, 석유, 고무, 플라스틱제조업은 5인 이상
1982	16(5)인 이상	
1983	10(5)인 이상	임업 중 벌목업 추가
1986		농산물 위탁판매업 및 중개업 추가
1987	10(5)인 이상	베니어판 제조업 등 14개 업종 5인 이상 추가
1988	10(5)인 이상	목제품 제조업 등 20개 업종 5인 이상 추가
1992	10(5)인 이상	전자제품 제조업 등 16개 업종 5인 이상 추가
1996	5인 이상	교육서비스업, 보건 및 사회복지사업 추가
1998	5인 이상	금융·보험업 추가
2000	1인 이상	

〈표 10-11〉 **산재보험 연도별 규모별 적용현황**   (단위: 개소, 명)

구분	사업장 수			근로자 수		
	계	5인 미만	5인 이상	계	5인 미만	5인 이상
2005	1,175,606	825,960	349,646	12,069,599	1,482,249	10,587,350
2006	1,292,696	926,140	366,556	11,688,797	1,641,119	10,047,678
2007	1,429,885	1,024,692	405,193	12,528,879	1,785,259	10,743,620
2008	1,594,793	1,152,710	442,083	13,489,986	1,950,220	11,539,766
2009	1,560,949	1,095,751	465,198	13,884,927	1,919,024	11,965,903
2010	1,608,361	1,119,899	488,462	14,198,748	1,988,245	12,210,503
2011	1,738,196	1,234,158	504,038	14,362,372	2,054,292	12,308,080
2012	1,825,296	1,286,771	538,525	15,548,423	2,101,428	13,446,995
2013	1,977,057	1,419,989	557,068	15,449,228	2,215,804	13,233,424

자료: 근로복지공단 홈페이지(http://www.kcomwel.or.kr)

3) 급여

산재보험법에 따르면, 보험급여의 종류에는 요양급여, 휴업급여, 장해급여, 간병급여, 유족급여, 상병보상연금, 장의비, 직업재활급여가 있다(제36조 제1항). 다만, 진폐에 따른 보험급여의 종류는 요양급여, 간병급여, 장의비, 직업재활급여, 진폐보상연금 및 진폐유족연금으로 한다(제36조 제1항 단서).

요양급여는 근로자가 업무상의 사유로 부상을 당하거나 또는 질병에 걸린 경우에 그 근로자에게 지급한다. 이 요양급여는 산재보험의료기관에서 요양을 하게 한다. 다만, 부득이한 경우는 요양을 갈음하여 요양비를 지급한다. 휴업급여는 업무상의 사유로 부상을 당하거나 질병에 걸린 근로자에게 요양으로 취업하지 못한 기간에 대하여 지급하되 1일당 지급액은 평균임금의 100분의 70에 상당하는 금액으로 한다. 다만, 취업하지 못한 기간이 3일 이내이면 지급하지 아니한다. 장해급여는 근로자가 업무상의 사유로 부상을 당하거나 질병에 걸려 치유된 후 신체 등에 장해가 있는 경우에 그 근로자에게 지급하며 장해등급에 따라 장해보상연금 또는 장해보상일시금으로 하되 그 장해등급의 기준은 대통령령으로 정한다. 간병급여는 요양급여를 받은 자 중 치유 후 의학적으로 상시 또는 수시로 간병이 필요하여 실제로 간병을 받은 자에게 지급한다. 유족급여는 근로자가 업무상의 사유로 사망한 경우에 유족에게 지급된다. 유족급여는 유족보상연금이나 유족보상일시금으로 하되, 유족보상일시금은 근로자가 사망할 당시 유족보상연금을 받을 수 있는 자격이 있는 자가 없는 경우에 지급한다. 상병보상연금은 요양급여를 받는 근로자가 요양을 시작한 지 2년이 지난 날 이후에 그 부상이나 질병이 치유되지 아니하고 그 부상이나 질명에 따른 폐질의 정도가 대통령령으로 정하는 폐질등급 기준에 해당하며 요양으로 인하여 취업하지 못하는 상태가 계속되면 휴업급여 대신에 상병보상연금을 그 근로자에게 지급한다. 장의비는 근로자가 업무상 사유로 사망한 경우에 지급하되 평균임금의 120일분에 상당하는 금액을 그 장제를 지낸 유족에게 지급한다. 직업재활급여는 장해급여 또는 진폐보상연금을 받은 자나 장해급여를 받을 것이 명백한 자로서 대통령령으로 정하는 자 중 취업을 위하여 직업훈련이 필요한 자에게 실시하는 직업훈련에 드는 비용 및 직업훈련수당과 업무상 재해가 발생 당시의 사업에 복귀한 장해급여자에 대하여 사업주가 고용을 유지하거나 직장적응훈련 또는 재활운동을 실시하는 경우에 각각 지급하는 직장복귀지원금, 직장적응훈련비 및 재활운동비를 말한다. 산재보험 급여 종류별 요건 및 수준은 〈표 10-12〉와 같다.

〈표 10-12〉 산재보험 급여 종류별 요건 및 수준

종류	지급요건	지급수준
요양급여	업무상의 사유로 부상, 질병	요양비 전액
휴업급여	요양으로 취업 못할 때	평균임금 70% 지급
장해급여	부상, 질병의 치유 이후에 장해	장해등급에 따라 지급
간병급여	요양급여 치유 후 간병 필요시	간병료 지급
유족급여	업무상의 사유로 사망	근로자의 평균임금을 고려하여 지급
상병보상연금	요양급여 이후에도 치유가 안 될 때	폐질등급에 따라 지급
장의비	업무상의 사유로 사망	평균임금의 120일분 지급
직업재활급여	직업재활이 필요한 장해급여자	장해정도 및 연령 등을 고려하여 지급

4) 전달체계

산업재해보상보험 사업은 과거 고용노동부 전신인 노동부의 산재보험과에서 직접 관리·운영하다 1995년 7월 1일부터 근로복지공단으로 이관하여 현재는 근로복지공단에서 위탁 관리·운영하고 있다. 근로복지공단은 고용노동부장관의 위탁을 받아 ① 보험가입자 및 수급권자에 관한 기록의 관리·유지 ② 보험료징수법에 따른 보험료와 그 밖의 징수금의 징수 ③ 보험급여의 결정과 지급 ④ 보험급여에 관한 심사청구의 심리·결정 ⑤ 산업재해보상보험시설의 설치·운영 ⑥ 업무상 재해를 입은 근로자 등의 요양 및 재활 ⑦ 재활보조기구의 연구개발 점검 및 보급 ⑧ 근로자의 복지증진을 위한 사업 ⑨ 그 밖에 정부로부터 위탁받은 사업 ⑩ 위 ⑤~⑨호의 사업에 딸린 사업을 수행한다(산업재해보상보험법 제11조 제1항). 근로복지공단은 2015년 현재 본부에는 4이사, 감사, 3본부, 9실·국, 1연구센터, 1연구소, 1위원회, 32부가 있으며 소속기관으로는 6지역본부, 49지사, 6위원회, 1인재개발원, 1고객지원센터, 10병원, 1연구소가 있다.

산업재해보상보험 정책과 관련하여 책임을 지고 있는 부서는 고용노동부 산재예방보상정책국으로 산하에 산재예방정책과, 산재보상정책과, 산업안전과, 산업보건과, 화학사고예방과를 두고 있다. 한편, 산업재해보상보험 및 예방에 관한 중요사항을 심의하게 하기 위하여 고용노동부에 산업재해보상보험 및 예방심의위원회를 둔다. 이 위원회는 근로자를 대표하는 자, 사용자를 대표하는 자 및 공익을 대표하는 자로 구성하되, 그 수는 각각 같은 수로 한다. 위원회는 그 심의사항을 검토하고, 위원회의 심의를 보조하게 하기 위하여 위원회에 전문위원회를 둘 수 있다(산업재해보상보험법 제8조 제1항~제3항).

5) 재원

산재보험의 보험료는 가입자인 사업주가 전액 부담한다. 그 이유는 산재보험이 사용자의 무과실책임원리를 기초로 사업주의 재해보상책임을 사회보험화하여 근로자를 보호하는 것이 목적이기 때문이다.

  우리나라 산재보험 보험료율 부과체계는 업종별 차등요율체계를 기본으로 하고 부분적으로 개별실적요율 체계를 적용하고 있다. 즉, 각 업종 내의 개별사업장은 산재경력에 따라 부분적으로 개별실적요율을 적용받는다. 보험료는 월별로 납부한다. 그러나 건설업(건설장비운영업 제외)과 벌목업은 보험료를 월별로 납부하지 않고 년 또는 분기별로 납부하며 보험료 부과는 선납에 따른 개산보험료[4]를 부과하고 회계연도 이후에 확정보험료[5]와의 차액을 정산하여 재조정하도록 하고 있다.

  산재보험료율은 매년 6월 30일 현재 과거 3년 동안의 보수총액에 대한 산재보험급여 총액의 비율을 기초로 하여 산업재해보상보험법에 따른 연금 등 산재보험급여에 드는 금액, 재해예방 및 재해근로자의 복지증진에 드는 비용 등을 고려하여 사업의 종류별로 구분하여 고용노동부령으로 정한다(고용보험 및 산업재해보상보험의 보험료 징수 등에 관한 법률 제14조 제3항). 산재보험의 보험관계가 성립한 후 3년이 지나지 아니한 사업에 대한 산재보험료율은 고용노동부령이 정하는 바에 따라 산업재해보상보험 및 예방 심의위원회의 심의를 거쳐 고용노동부장관이 사업의 종류별로 따로 정한다(고용보험 및 산업재해보상보험의 보험료 징수 등에 관한 법률 제14조 제4항).

  산재보험 보험료율 변화추이는 1990년대 이후 업종 간 보험료율의 차이가 급격히 커져 왔다. 한편, 〈표 10-13〉에서 보듯이 전반적으로 광업, 어업, 임업이 보험료율이 높은 편이고, 금융 및 보험업, 전문기술서비스업, 보건 및 사회복지사업이 낮은 편이다. 2009년도와 2014년 산재보험료율을 비교한 결과, 금속 및 비금속 광업이 206에서 84로 선박건조 및 수리업이 49에서 26으로 대폭 줄었고, 채석업이 208에서 338로, 소형화물운수업 및 택배업·퀵서비스업이 9에서 25로 증가하였다.

---

4 개산보험료는 연도마다 그 1년간에 사용할 모든 근로자에게 지급할 보수총액의 추정액에 산재보험료율을 곱하여 산정한 금액을 말한다. 다만, 추정액이 전년도 보수총액의 70% 이상 130% 이내인 경우는 전년도 확정 보수액을 당해 연도의 보수총액 추정액으로 한다.
5 확정보험료는 매 연도의 초일부터 말일까지 또는 보험관계가 소멸한 날의 전날까지 지급한 보수총액에 산재보험료율을 곱하여 산정한 금액을 말한다.

〈표 10-13〉 2009/2014년도 사업 종류별 산재보험료율 비교 　　　　　　　　(단위: 천분율)

사업 종류	2009	2014	사업 종류	2009	2014
1. 광업			계량기·광학기계·기타정밀기구 제조업	12	9
석탄광업	360	340	수제품 제조업	18	16
금속 및 비금속 광업	206	84	기타제조업	31	29
채석업	208	338	3. 전기·가스·증기 및 수도사업	10	10
석회석광업	69	83	4. 건설업	34	38
기타광업	70	69	5. 운수·창고 및 통신업		
2. 제조업			철도궤도 및 삭도운수업	9	8
식료품제조업	22	19	여객자동차운수업	22	19
담배제조업	10	8	소형화물운수업 및 택배업·퀵서비스업	9	25
섬유 또는 섬유제품제조업(갑)	14	13	화물자동차운수업	67	69
섬유 또는 섬유제품제조업(을)	24	21	수상운수업, 항만하역 및 화물 취급사업	33	30
목재 및 나무제품 제조업	50	46	항공운수업	8	8
펄프·지류제조업 및 제본 또는 인쇄물 가공업	25	24	운수관련 서비스업	9	9
신문·화폐발행, 출판업 및 인쇄업	9	12	창고업	18	14
화학제품 제조업	18	17	통신업	11	12
의약품 및 화장품 향료 제조업	10	9	6. 임업	62	89
코크스, 연탄 및 석유정제품 제조업	33	13	7. 어업		
고무제품 제조업	28	22	어업	249	162
유리 제조업	23	15	양식어업 및 어업관련 서비스업	11	25
도자기 및 기타 요업제품 제조업	31	30	8. 농업	26	27
시멘트 제조업	27	29	9. 기타의 사업		
비금속광물제품 및 금속제품 제조업 또는 금속가공업	49	39	건물등의 종합관리사업	21	17
			위생 및 유사서비스업	33	32
금속제련업	12	10	기타의 각종사업	10	10
금속재료품 제조업	37	33	전문기술서비스업	7	7
도금업	23	19	보건 및 사회복지사업	7	7
기계기구 제조업	26	20	교육서비스업	9	7
전기기계기구 제조업	13	11	도·소매 및 소비자용품수리업		9
전자제품 제조업	8	7	부동산업 및 임대업		9
선박건조 및 수리업	49	26	오락·문화 및 운동관련 사업		11
수송용기계기구 제조업	29	16	국가 및 지방자치단체의 행정		9
자동차 및 모터사이클 수리업	29	17	10. 금융 및 보험업		7
			* 해외파견자 : 17/1,000		

자료: 노동부 고시 제2014-58호(2014.12.31.)

6) 문제점 및 향후과제

(1) 적용범위와 장해등급 판정의 한계

2000년 7월 1일부터 1인 이상을 고용하는 모든 사업장은 의무적으로 가입하도록 되어 있어 산재사고가 많은 소규모 영세업체 근로자들도 산재보험에 따른 보상을 받을 수 있게 되었으나 보상의 대상이 되는 업무상 재해의 인정범위가 지나치게 엄격하다는 지적을 받고 있어 이의 개선이 요구된다. 또한 장해등급 판정은 장해정도에 따라 14등급으로 분류하여 급여수준을 정하고 있으나 이는 소득손실에 대한 보장의 기능을 수행하는 기준으로서 한계가 있을 수밖에 없다. 따라서 현재의 신체장해에 따른 장해등급 판정과 함께 각 근로자의 직업적 특성을 고려한 소득손실을 추정하는 방식을 병행하는 것이 바람직할 것이다.

(2) 급여내용의 편협성

현행 산재보험의 급여체계는 치료를 위한 의료재활 외에는 단순한 현금급여가 중심이 되고 있어 산재근로자에게 더욱 중요한 산재발생 예방사업 및 사회재활, 그리고 직업재활이 오히려 소홀하게 취급되고 있다. 이러한 문제점을 해결하기 위해서는 적극적인 예방사업이나 다양한 재활서비스 등을 제공하는 등 산재보험 급여내용을 좀 더 다양화할 필요가 있다. 적극적인 산재예방사업은 결국 기업의 산재보험에 대한 부담을 경감시키고 생산적인 인력손실을 방지한다는 측면에서 볼 때, 산재보험의 모든 서비스나 사업에 우선한다. 또한 산재발생 이후 체계적이고 다양한 재활서비스는 생산성 있는 노동력의 손실을 최소화한다는 경제적인 측면 외에도 산재근로자의 사회통합을 촉진시킬 수 있다는 점에서 의의가 크다(한국복지연구원, 2000: 123). 또한 급여 수급자 간에 수급액의 편차가 심하다는 지적이 계속되고 있어 이를 해결하기 위한 제도적인 노력이 요청된다.

(3) 산재보험료율 체계의 문제

우리나라 보험료의 부과방식은 업종별 차등요율 체계를 기본으로 하고 부분적인 개별실적요율 체계를 적용한다. 현재 산재보험료율 체계에서 문제는 업종별 요율의 차이가 너무 크고 세분화되어 있다는 점이다. 2006년도의 경우 최저 5/1000, 최고 611/1000로 업종별 차이가 120배에 이르고, 2009년도에는 최저 7/1000, 최고 360/1000으로 업종별 차이가 51배를 보였고, 2014년의 경우도 최저 7/1000, 최고 340/1000으로 업종별 차이가 49배에 이르고 있다. 이러한 요율의 현격한 차이는 자기의 업종이 어디에 속하는가에 따라 보험료율이 완전히 달라진다는 것을 의미한다. 따라서 이것을 둘러싼 갈등이 끊임없이 제기되고 있다. 더욱이 한 사업장에서 2개 이상 업종의 최종 생산물이 생산되는 경우, 이 사업장은 어느 업종에 속하며 어떤 요율 체계를 적용해야 하는지를 판단하는 작업에 많은 인력이 투입되기 때문에 업무량도 상당히 늘어나고 있는 실정이다. 이러한 문제 해결을 위해서는 업종별 보험료 비율체계의 합리적 개선과 업종별 분류체계의 간소한 작업을 병행하여 실시해야 할 것이다(노시평 외, 2002: 187).

(4) 산재보험급여의 연금화에 따른 재정문제

우리나라 산재보험의 재정운영방식은 일정 규모의 책임준비금만 적립하면 되는 수정부과 방식이다. 현재 법정 책임준비금은 전년도 1년치 보험급여 총액에 불과하다. 우리나라는 장해급여의 연금화에 따라 수급권자가 연금급여를 선호하는 경향이 나타나고 있고, 이러한 연금급여가 지속적으로 증가할 경우 현 세대가 다음 세대에 재정부담을 전가시켜 세대 간에 문제가 될 수도 있다. 따라서 산재보험 적립기준을 변경하거나 재정운영방식을 전환할 필요가 있다.

4. 고용보험제도

우리나라의 고용보험제도는 1993년 12월에 고용보험법이 제정되고 1995년 7월부터 법을 시행함으로써 4대 사회보험 기틀을 구축하게 되었다. 1995년 법 시행 당시에는 상시근로자 30인 이상 사업장에 적용되기 시작하였으나 그 이후 IMF의 영향으로 실업이 급증함에 따라 1998년 1월 1일부터는 상시근로자 10인 이상 사업장으로, 동년 3월 1일부터는 상시근로자 5인 이상 사업장으로, 그리고

10월 1일부터는 상시근로자 4인 이하의 농업·임업·수렵업 등 일부 업종을 제외하고는 근로자 1인 이상을 고용하는 전 사업장으로 적용범위를 확대하여, 제도를 도입한 지 몇 년만에 전체 근로자를 대상으로 그 범위를 확대하였다. 또한 2001년 7월 법 개정에서는 육아휴직급여 및 산전후휴가급여가 신설되었고 2002년 5월 법 개정에서는 산전후휴가급여의 자격요건을 완화하였으며, 2002년 12월에는 일용근로자도 고용보험의 혜택을 받을 수 있도록 하였다. 2003년 12월에는 고용보험 및 산업재해보상보험의 보험료 징수 등에 관한 법률이 제정되어 고용보험과 산재보험의 보험료를 통합징수하게 되었다. 2005년 5월에는 피보험자가 산전후휴가를 받은 경우뿐만 아니라 유산·사산휴가를 받은 경우도 급여를 지급하도록 하였고 2005년 12월에는 고용안정사업과 직업능력 개발사업을 통합·운영하고 그 지원대상 및 사업범위의 확대, 고용보험의 가입범위를 확대하였으며 2007년 5월에는 구직급여의 수급자격 제한에 관한 규정을 법률로 정하도록 하였다.

2010년 1월에는 고용보험 및 산업재해보상보험의 보험료 징수업무를 국민건강보험공단에서 수행하게 함으로써 각기 상이한 보험료의 부과·징수체계로 인한 4대 사회보험(국민건강보험·국민연금·고용보험 및 산업재해보상보험) 가입자의 불편을 해소하였고, 사회보험업무 처리의 효율성을 높이기 위하여 고용보험 및 산업재해보상보험의 보험료 산정기준을 임금에서 다른 사회보험과 같이 소득세 과세대상 근로소득으로 통일함에 따라 정의규정 중 임금을 소득세 과세대상 근로소득으로 변경하였다. 2011년 7월 개정에서는 자영업자도 고용보험 실업급여의 혜택을 받을 수 있도록 하고 육아기 근로시간 단축 급여제도를 신설하여 자활급여의 수급자도 고용보험의 급여를 받을 수 있도록 하였다. 2013년 6월 개정에서는 65세 이후에 새롭게 고용되거나 자영업을 개시한 자만 실업급여 적용을 제외함으로써 고용보험에 가입되어 있던 피보험자가 65세 이후에 이직한 경우에도 실업급여를 지급하도록 하였다. 2014년 1월 개정에서는 다태아 임산부는 2명 이상 동시 출산, 난산, 높은 조산율 등에 따라 산후 회복에 더 많은 시간이 필요하고 육아부담 또한 일반 임산부보다 큰 점을 고려하여 다태아 임산부의 출산전후 휴가를 현행 90일에서 120일로 확대하도록 근로기준법이 개정됨에 따라 이에 맞추어 다태아 임산부에 대한 출산전후 휴가급여 지급기간도 조정하였다. 2015년 5월 개정에서는 실업급여는 수급자격자가 신청하는 경우 실업급여만 입금되도록 개설한 전용계좌에 지급하고 해당계좌의 예금에 관한 채권 중 일정액은 압류할 수 없도록 규정하였고 근로자가 이직 시 퇴직금을 포함한 고액금품 수령 시 구직급여의 지급을 유예하는 규제를 폐지하였다.

1) 목표

고용보험이란 실직근로자에게 실업급여를 지급하는 전통적 의미의 실업보험사업 외에 적극적인 취업알선을 통한 재취업의 촉진과 근로자의 직업안정 및 고용구조 개선을 위한 고용안정사업, 근로자의 능력개발사업 등을 상호 연계하여 실시하는 사회보험제도다(박석돈, 2002: 234).

고용보험법 제1조에 따르면, 고용보험법은 고용보험의 시행을 통하여 실업의 예방, 고용의 촉진 및 근로자의 직무능력의 개발과 향상을 꾀하고 국가의 직업지도와 직업소개기능을 강화하며, 근로자가 실업한 경우에 생활에 필요한 급여를 실시하여 근로자의 생활의 안정과 구직활동을 촉진함으로써 경제·사회 발전에 이바지하는 것을 목적으로 한다.

일반적으로 고용보험제도의 목표는 첫째, 산업구조 조정에 따른 잉여인력이 새로운 산업으로 신속히 이동할 수 있도록 지원함으로써 산업구조조정을 촉진한다. 둘째, 고용보험제도의 시행으로 국가의 직업안정 기능이 체계화되고 고용정보가 정확히 파악됨으로써 구조적인 인력수급의 불균형에 대응한다. 셋째, 기업의 필요에 따른 자율적인 훈련실시를 유도하여 산업수요에 부응하는 근로자의 직업능력을 개발·지원함으로써 기업경쟁력을 강화한다. 넷째, 고용보험제도는 실직근로자의 생계를 제도적으로 보장함으로써 생활안정을 도모하고 각종 고용정보 제공 및 직업상담 등을 통해 재취업을 촉진한다(노시평 외, 2002: 164).

2) 적용대상

고용보험법의 적용대상은 근로자를 사용하는 모든 사업 또는 사업장이다(고용
보험법 제7조). 다만, 산업별 특성 및 규모 등을 고려하여 대통령령으로 정하는 사
업[6]에 대하여는 적용하지 아니한다(고용보험법 제8조). 여기서 이 법이 적용되는
사업을 당연적용사업이라 하고 예외적으로 이 법이 적용되지 않는 사업을 적용
제외사업이라고 한다. 고용보험 적용제외사업의 경우 근로자(적용제외 근로자 제
외) 과반수 동의를 얻어 공단의 승인을 얻은 때는 그 사업의 사업주 및 근로자는
고용보험사업에 가입할 수 있는데 이러한 경우를 임의적용사업이라고 한다. 당
연적용사업이든 임의적용사업이든 사업자와 근로자가 고용보험의 가입자가 되
지만 실제로 피보험자로서 다양한 급여혜택을 받는 자는 근로자만이 될 수 있다.

고용보험의 적용범위는 제도 도입 당시 실업급여와 고용안정사업·직업능력
개발사업으로 이원화하여 전자의 실업급여는 상시근로자 30인 이상의 사업 또는
사업장에 적용되었고, 후자의 고용안정사업·직업능력개발사업은 상시 70인 이
상의 사업 또는 사업장에 적용되었다. 그러나 IMF 이후 실직자들이 급격히 늘어
나자 1998년 1월부터 실업급여는 10인 이상의 사업 또는 사업장으로, 10월에는
1인 이상 사업 또는 사업장으로 확대 적용되었다. 고용안정사업·직업능력개발
사업 역시 1998년 1월 50인 이상으로 확대되었고, 10월에는 1인 이상까지 확대
적용되었다. 그리고 임시·단시간 근로자들에 대해서도 적용하게 되었다. 고용
보험에서 적용제외 근로자는 65세 이후에 고용되거나 자영업을 개시한 자, 소정
근로시간이 대통령령으로 정하는 시간 미만인 자, 국가공무원법 및 지방공무원
법에 따른 공무원(다만, 대통령령으로 정하는 바에 따라 별정직 공무원, 국가공무원법
제26조의 5 및 지방공무원법 제25조의 5에 따른 임기제 공무원의 경우는 본인의 의사에
따라 고용보험법에 가입할 수 있다), 사립학교교직원연금법의 적용을 받는 자, 그

---

6 ① 농업·임업 및 어업 중 법인이 아닌 자가 상시 4명 이하의 근로자를 사용하는 사업
　② 총공사금액이 2천만 원 미만인 공사, 그리고 연면적이 100제곱미터 이하인 건축물의 건축 또는
　　연면적이 200제곱미터 이하인 건축물의 대수선에 관한 공사
　③ 가구 내 고용활동 및 달리 분류되지 아니한 자가소비 생산활동

〈표 10-14〉 고용보험 연도별 적용현황 (단위: 개소, 명)

구분	사업장			피보험자		
	전체	5인 미만	5인 이상	전체	5인 미만	5인 이상
2008	1,424,330	1,044,346	379,984	9,385,239	1,490,414	7,894,825
2009	1,385,298	983,965	401,333	9,759,848	1,531,990	8,227,858
2010	1,408,061	999,591	408,470	10,131,058	1,588,891	8,542,167
2011	1,508,669	1,085,336	423,333	10,675,437	1,756,068	8,919,369
2012	1,610,713	1,156,461	454,252	11,152,354	1,714,144	9,438,210
2013	1,747,928	1,281,094	466,834	11,571,213	1,778,569	9,792,644

자료: 근로복지공단 홈페이지(http://www.kcomwel.or.kr)

밖에 대통령령으로 정하는 자다(고용보험법 제10조).

고용보험 연도별 적용현황은 〈표 10-14〉에서 보는 것과 같이 적용대상 확대정책에 따라 매년 사업장 수와 피보험자 수가 증가하는 경향을 보이고 있다. 2013년 현재 사업장은 174만 7,928개소이고 피보험자수는 1,157만 1,213명이다.

3) 급여

고용보험에서 제공되는 급여는 고용안정·직업능력개발사업, 실업급여, 육아휴직급여 및 산전후휴가급여 등으로 분류된다.

고용노동부장관은 피보험자 및 피보험자였던 자, 그 밖에 취업할 의사를 가진 자에 대한 실업의 예방, 취업의 촉진, 고용기회의 확대, 직업능력개발·향상의 기회 제공 및 지원, 그 밖에 고용안정과 사업주에 대한 인력확보를 지원하기 위하여 고용안정·직업능력개발사업을 실시한다. 그리고 이 사업을 실시할 때는 근로자의 수, 고용안정·직업능력개발을 위하여 취한 조치 및 실적 등 대통령령으로 정하는 기준에 해당하는 기업을 우선적으로 고려하여야 한다(고용보험법 제19조).

실업급여는 고용안정·직업능력개발사업과는 달리 기본적으로 실업으로 발생한 근로자의 소득상실을 실질적으로 보전해 주는 것이 목적이다. 실업급여는 구직급여와 취업촉진 수당으로 구분한다. 구직급여는 피보험자가 이직한 경우에 지급하며 취업촉진수당은 현재 구직급여를 받고 있는 사람이 가급적 빠른 시일 안에 직장을 잡는 데 도움을 주기 위해 지급되는 급여다. 취업촉진수당은 조기재취업수당, 직업능력개발수당, 광역구직활동비, 이주비 등으로 구성되어 있다.

구직급여는 임금일액을 기초로 하여 산정되며 수급기간과 일수는 제한된다. 즉, 구직급여는 수급자격과 관련된 이직일의 다음날부터 기산하여 12개월 내에 소정급여일수를 한도로 하여 지급한다(고용보험법 제48조 제1항). 다만, 실업 신고일부터 기산하여 7일간은 대기기간으로 하여 구직급여를 지급하지 아니한다(고용보험법 제49조). 구직급여는 근로자의 보험가입기간과 연령에 따라 〈표 10-15〉에서 보는 것과 같이 최저 90일에서 최고 240일까지 받을 수 있다(고용보험법 제50조 제1항).

또한 구직급여는 본인의 부득이한 사유가 있거나 근로자의 재취업 또는 사회적 안정을 위해서 예외규정을 두어 급여를 연장할 수 있다. 연장급여에는 훈련연장급여, 개별연장급여, 특별연장급여가 인정된다.

한편, 취업촉진수당의 수급요건을 보면 조기재취업수당은 수급자격자가 안정된 직업에 재취직하거나 스스로 영리를 목적으로 하는 사업을 영위하는 경우이며, 직업능력개발수당은 수급자격자가 직업안정기관의 장이 지시한 직업능력 개발훈련 등을 받는 경우이고, 광역구직활동비는 수급자격자가 직업안정기관의 소개에 따라 광범위한 지역에 걸쳐 구직활동을 하는 경우이며, 이주비는 수급자격

〈표 10-15〉 구직급여의 소정급여일수   (단위: 개소, 명)

구분		피보험기간				
		1년 미만	1년 이상 3년 미만	3년 이상 5년 미만	5년 이상 10년 미만	10년 이상
이직일 현재연령	30세 미만	90일	90일	120일	150일	180일
	30세 이상~50세 미만	90일	120일	150일	180일	210일
	50세 이상 및 장애인	90일	150일	180일	210일	240일

주) 장애인이란 장애인고용촉진 및 직업재활법에 따른 장애인을 말한다.
자료: 고용보험업법 별표(제50조 제1항 관련)

자가 취업하거나 직업안정기관의 장이 지시한 직업능력 개발훈련 등을 받기 위하여 그 주거를 이전하는 경우다.

마지막으로 고용노동부장관은 육아휴직을 30일 이상 부여받은 피보험자 중 일정한 요건을 모두 갖춘 경우 육아휴직급여를 지급하며(고용보험법 제70조) 피보험자가 출산전후휴가 또는 유산·사산휴가를 부여받은 경우 일정한 요건을 모두 갖추면 출산전후휴가급여 등을 지급한다.

4) 전달체계

고용보험제도 및 운영에 관한 주요 사항의 결정이나 기획에 관한 업무는 고용노동부 본부에서 수행하고 있으며 집행업무는 지방노동 관서 및 근로복지공단에서 수행하고 있다. 고용노동부에서 고용보험과 밀접한 관련이 있는 부서는 고용정책실이다. 고용정책실은 산하에 노동시장정책관, 고용서비스정책관, 청년여성고용정책관, 고령사회인력정책관을 두고 있다. 특히 고용정책실에는 고용보험과 관련된 14과 1팀을 운용하고 있다. 고용보험의 구체적 집행업무는 6개의 지방고용노동청(서울, 중부, 부산, 대구, 대전, 광주)과 40개의 지청 및 1개 출장소 등에서 행하고 있으며 근로복지공단은 일부 업무를 위탁받아 하고 있다. 한편, 고용보험 피보험자의 권리구제를 위하여 고용보험 심사관(지방고용노동관서)과 고용보험심사위원회(고용노동부 본부)를 두고 이의신청에 대한 권리구제제도를 운용하고 있다.

5) 재원

고용보험사업의 재원조달은 사업의 종류에 따라 다르다. 고용안정·직업능력개발사업은 사업주만 부담하고 있으며 실업급여사업은 사업주와 근로자가 각자 반씩 부담하고 있다. 보험료 부담비율은 〈표 10-16〉에서 보는 것과 같이 법적으로 규정되어 있다(고용보험 및 산업재해보상보험의 보험료 징수 등에 관한 법률 시행령 제12조 제1항).

〈표 10-16〉 **고용보험의 보험료율(개정 2013.6.28.)**

구분		보험료	부담금
고용안정 · 직업능력 개발사업	상시근로자 수 150인 미만인 사업주의 사업	0.25%	사업주 전액부담
	상시근로자 수 150인 이상인 사업주의 사업으로서 우선 지원대상 기업의 사업	0.45%	사업주 전액부담
	상시근로자 수 150인 이상~1000인 미만인 사업주의 사업	0.65%	사업주 전액부담
	상시근로자 수 1000인 이상인 사업주의 사업 또는 국가 및 지자체가 직접 행하는 사업	0.85%	사업주 전액부담
실업급여		1.3%	사업주, 근로자 각각 0.65% 부담

자료: 고용보험 및 산업재해보상보험의 보험료 징수 등에 관한 법률 시행령(제12조 제1항 관련)

사업주가 부담하는 고용보험료는 적용사업의 피보험자 임금총액에 보험사업별 보험료율을 곱하여 산정한다. 피보험자인 근로자가 부담하여야 하는 보험료는 자기임금총액에 실업급여 보험료율의 1/2을 곱한 금액으로 한다. 고용안정 · 직업능력개발사업의 보험료 및 실업급여의 보험료는 각각 그 사업에 드는 비용에 충당한다. 다만, 실업급여의 보험료는 육아휴직급여 및 출산전후휴가급여 등에 드는 비용에 충당할 수 있다(고용보험법 제6조 제2항).

한편, 보험사업에 필요한 재원에 충당하기 위하여 고용노동부장관은 고용보험 기금을 설치한다. 기금은 보험료와 이 법에 따른 징수금 · 적립금 · 기금운용수익금, 그 밖의 수입으로 조성한다(고용보험법 제78조). 고용노동부 장관은 기금을 금융기관에의 예탁, 재정자금에의 예탁, 국가 · 지방자치단체 또는 금융기관에서 직접 발행하거나 채무이행을 보증하는 유가증권의 매입, 보험사업의 수행 또는 기금증식을 위한 부동산의 취득 및 처분, 그 밖에 대통령령이 정하는 기금증식방법 등으로 관리 · 운용한다(고용보험법 제79조 제3항).

우리나라 근로자와 사업주가 부담하는 보험료율은 0.25~1.3%로 선진국가들과 비교해 보면 낮은 편이다. 일반적으로 보험료율의 수준은 그 나라의 실업률과 밀접한 관련이 있다. 고용보험의 역사가 오래된 유럽 선진국들의 보험료율은 높은 실업률과 급여수준 때문에 우리나라의 보험료율보다 훨씬 높은 편이다.

6) 문제점 및 향후과제

(1) 적용범위 확대

고용보험은 1998년 10월 1일부터 일부 적용제외 근로자를 제외하면 사업규모와 관계없이 모든 사업에 적용되고 있으며 매년 피보험자 수가 증가하는 경향이 있다. 그러나 고용보험은 아직도 적용대상 근로자의 상당수가 고용보험의 보호를 실제로 받지 못하고 있다. 따라서 영세사업장 근로자와 임시일용 근로자에 대한 고용보험의 적용을 내실화할 방안을 모색하고 향후 비정규직 근로자의 가입 제고를 위한 대책을 마련함으로써 적용범위를 더 확대해 나가야 할 것이다.

(2) 고용보험 사업장 규모별 역진성의 문제

고용안정사업의 경우 대규모 사업장이 영세 사업장에 비하여 급여수급 실적이 높아 영세 사업장이 대규모 사업장에 재정 이전현상이 발생하고 있음이 지적되고 있고, 직업능력개발사업의 경우도 사업 규모별 보험료율의 차등화에도 불구하고 사업규모가 클수록 납부한 보험료에 비하여 사업주가 지원받은 금액 비율이 훨씬 높게 나타나고 있는 점이 지적되고 있다. 실업급여에서도 이러한 현상이 나타나고 있어 30인 미만의 영세 사업장에서 납부한 보험료 대비 지급된 실업급여 비율이 훨씬 낮은 것으로 분석되어 역진성의 문제를 보여 주고 있다(김태성·김진수, 2001: 358). 따라서 고용보험사업의 수혜의 형평을 위해 소규모 영세 사업장에 대한 정책적 지원이 요청된다.

(3) 노동시장 인프라 미흡

고용보험사업의 효율적인 추진을 위해서는 공공직업안정기관의 구축, 전문인력의 양성 및 확보, 노동시장정보체계의 구축, 공공직업안정기관의 활용 가능한 구직활동지원 프로그램의 개발 등이 선행되어야 한다.

　　이러한 인프라의 구축은 외환위기 이후 지속적인 실업대책으로 많이 개선되었음에도 불구하고 여전히 문제점을 드러내고 있다. 고용안정센터, 인력은행, 일일취업센터와 같은 직업안정기관은 양적으로 어느 정도 확대가 이루어지고 있는 것으로 평가되고 있으나 직업안정기관 종사자의 전문성 미흡, 노동시장정보시스템인 work-net이 제공하는 정보내용의 미흡, 활용 가능한 구직활동 지원 프로그램 개발의 미흡 등이 문제점으로 지적되고 있어 이와 같은 인프라 구축에 좀 더 체계적인 정부지원이 요청되며 특히 전문인력에 대한 교육훈련체계 확립이 중요한 과제가 되고 있다.

(4) 공급자 중심의 서비스 전달체계

　　고용보험제도 도입 이후 고용지원센터 등의 설립을 통한 고용관련 원스톱(one-stop) 서비스 체계의 구축 등 서비스 전달에서 상당한 성과를 거두었다고 평가되고 있으나 아직도 고용보험서비스 제공 방식이 수요자의 편의보다는 서비스 제공자의 편의에 치우쳐 있는 부분이 남아 있다(노시평 외, 2002: 174-175). 특히 고용보험관계의 성립 · 소멸 · 변경신고, 고용안정 · 직업능력개발사업의 각종 지원금의 신청 및 관련서류의 제출, 실업급여의 신청 및 실업의 인정과 관련된 서류 등이 복잡하고 직접 방문하도록 하고 있는 경우가 대부분이다. 따라서 이러한 고용보험 관련 서비스 제공방식을 수요자 중심의 서비스 전달체계로 단계적으로 전환해 나가는 것이 필요하다.

5. 노인장기요양보험제도

　　노인장기요양보험제도는 2001년 8월 15일 대통령 경축사에서 노인장기요양보장제도의 도입이 공개적으로 제시되면서 시작되었다. 2002년 대통령 선거 때는 공적노인요양보장제도의 도입이 공약사항으로 표명되었으며, 2003년 참여정부에서는 2007년부터 공적노인요양보장제도를 실시하는 방침을 정하고 이 제도의 틀을 마련하기 위하여 2003년 3월 공적노인요양보장추진기획단을 자문기구로 설치하였다. 2004년 3월에는 공적노인요양보장제도 실행위원회를 구성하였다. 2005년 7월부터 6개 시 · 군 · 구를 선정하여 1차 시범사업을 실시하였고 9월에는 제도 명칭을 노인수발보장법으로 개칭하고 10월에는 노인수발보장법안이 입법예고되었다. 이후 2006년 2월 정부에서는 노인수발보험법으로 명칭을 변경하여 국회에 제출하였고 4월 국회를 통과하여 2007년 4월 노인장기요양보험법이 법률 제8403호로 공포되었다. 한편, 정부에서는 2006년 4월부터 시범지역 두 곳을 추가하여 8개 지역에 2차 시범사업을 실시하였으며 그 후 2007년 4월부터 13개 지역에서 3차 시범사업을 실시하였고 2008년 7월 1일부터 노인장기요양보험법이 전국적으로 시행되었다.

2009년 3월 개정에서는 장기요양보험료만 내고 현실적으로 수급대상자가 되기 어려운 외국인 근로자에 대하여는 현행 외국인의 자격제도 틀은 그대로 유지하되 제외신청을 할 경우 예외적으로 장기요양보험가입자에서 제외할 수 있도록 하여 외국인 근로자의 보험료 부담을 완화하였다. 같은 해 5월 개정에서는 도서 · 벽지 · 농어촌 등 일정지역에 거주하는 자에 대하여 장기요양급여 본인일부부담금의 100분의 50을 감경할 수 있는 법적 근거를 마련함으로써 농어촌지역에 거주하는 수급자의 경제적 부담을 완화하였다. 2013년 8월 개정에서는 장기요양기관의 운영질서를 확립하고 장기요양기관에 대한 관리를 강화하기 위하여 장기요양기관 등이 본인일부부담금을 면제 · 할인하는 행위 등을 금지하고 장기요양

〈표 10-17〉 노인장기요양보험제도와 기존 노인복지서비스체계 비교

구분	노인장기요양보험제도	기존 노인복지서비스
제도 및 법	노인장기요양보험법 보편적 제도	노인복지법 선택적 제도
서비스 대상	노인장기요양 등급판정을 받은 자	특정대상 국민기초생활수급자 저소득층(차상위세층)
서비스 선택	수급자 및 부양가족의 선택	지자체 단체장의 판단
재원	노인장기요양보험료＋국가 및 지자체 부담 ＋이용자본인부담금	정부 및 지자체의 부담

기관이 거짓으로 급여비용을 청구한 경우에 위반사실 등을 공표할 수 있도록 하는 등 현행 제도의 운영상 나타난 미비점을 개선·보완하였다. 〈표 10-17〉에서처럼 노인장기요양보험제도와 기존 노인복지서비스 체계와의 차이는 법, 서비스 대상, 재원 등에 있어서 큰 차이를 보이고 있다.

1) 목표

노인장기요양보험이란 고령이나 노인성 질병으로 목욕이나 집안일 등 일상생활을 혼자 수행하기 어렵고 장기요양보호가 필요한 노인에게 신체활동 또는 가사지원 등의 수발급여를 사회적 연대원리에 따라 제공하는 사회보험제도다. 노인장기요양보험법 제1조에 따르면, 이 법은 고령이나 노인성 질병 등의 사유로 일상생활을 혼자서 수행하기 어려운 노인 등에게 제공하는 신체활동 또는 가사활동 지원 등의 장기요양급여에 관한 사항을 규정하여 노후의 건강증진 및 생활안정을 도모하고 그 가족의 부담을 덜어 줌으로써 국민의 삶의 질을 향상하도록 함을 목적으로 한다.

일반적으로 노인장기요양보험제도의 목표는 다음과 같다. 첫째, 계획적인 전문적 요양 및 간호서비스를 제공함으로써 노인의 삶의 질을 향상시킨다. 둘째, 가족의 부양부담을 덜어 준다. 셋째, 요양 및 간호의 자격을 갖춘 전문인들의 사회, 경제적 활동을 활성화시킨다. 넷째, 사회서비스 일자리 확대를 통하여 지역경제를 활성화시킨다. 다섯째, 노인의료 및 요양서비스 전달체계의 효율화를 가져온다.

2) 적용대상

노인장기요양보험의 가입대상자는 국민건강보험 가입자와 의료급여 수급권자 모두를 포함하는 전 국민을 대상으로 하고 있다. 이와 같이 노인장기요양보험제도는 가입대상을 전 국민으로 확대적용함으로써 분산효과를 통한 재정부담을 완화하는 성격과 사회적 연대의 원리를 강화한 특징을 보이고 있다(남기민·홍성로, 2008).

〈표 10-18〉 장기요양등급 판정기준(시행일 2014. 7. 1. 기준)

등급구간(점수구간)	판정기준	급여
1등급(95점 이상)	심신의 기능상태 장애로 일상생활에서 전적으로 다른 사람의 도움이 필요한 자	시설급여 재가급여
2등급(75점 이상~95점 미만)	심신의 기능상태 장애로 일상생활에서 상당 부분 다른 사람의 도움이 필요한 자	
3등급(60점 이상~75점 미만)	심신의 기능상태 장애로 일상생활에서 부분적으로 다른 사람의 도움이 필요한 자	등급판정위원회에서 다음 사유 중 1개에 해당할 경우 시설급여 • 동일세대 가족구성원으로부터 수발이 곤란한 경우 • 주거환경이 열악하여 시설입소 불가피한 경우 • 심신상태가 재가급여를 이용할 수 없는 경우
4등급(51점 이상~60점 미만)	심신의 기능상태 장애로 일상생활에서 일정부분 다른 사람의 도움이 필요한 자	
5등급(45점 이상~51점 미만)	치매(제2조에 따른 노인성 질병에 해당하는 치매로 한정한다)환자	등급판정위원회에서 다음 사유 중 1개에 해당하고 의사소견서 치매관련 보완서류 영역이 일정점수 이상인 경우 시설급여 • 동일세대 가족구성원으로부터 수발이 곤란한 경우 • 주거환경이 열악하여 시설입소 불가피한 경우

자료: 노인장기요양보험법 시행령 제7조 1항

한편, 가입대상자는 전 국민이지만 노인장기요양보험의 수급권자는 65세 이상 노인, 또는 65세 미만으로 치매·뇌혈관질환 등 대통령령으로 정하는 노인성질병을 가진 자다(노인장기요양보험법 제2조 제1호). 등급판정위원회에서는 심신상태 및 요양이 필요한 정도에 따라 장기요양등급을 판정한다. 2014년 7월 1일부터 노인장기요양등급체계가 〈표 10-18〉과 같이 변하였다. 기존 3등급을 보다 세분화하여 5등급으로 등급점수 구간을 세분화하였다.

〈표 10-19〉에서 보는 것과 같이 2014년 11월말을 기준으로 노인장기요양보험 등급판정자 전국 현황을 보면, 신청자 73만 4,120명 중 1등급 3만 7,955명(9.0%), 2등급 7만 2,483명(17.2%), 3등급 17만 70명(40.3%), 4등급 13만 1,697명(31.2%), 5등급 9,320명(2.21%), 등급외 16만 488명(38.1%)으로 신청자 대비 등급 내 판정

〈표 10-19〉 **연도별 노인장기요양보험 등급판정자 전국 현황**   (단위: 명, %)

기준일자	신청자	판정 현황						등외
		계	1등급	2등급	3등급			
2008.12.31	316,262	265,371	57,396	58,387	98,697			50,891
			21.6%	22.0%	37.2%			19.2%
2009.12.31	494,153	390,530	54,368	71,093	161,446			103,623
			13.9%	18.2%	41.3%			26.5%
2010.12.31	615,560	465,777	46,994	73,833	195,167			149,783
			10.1%	15.9%	41.9%			32.2%
2011.12.31	478,446	324,412	41,326	72,640	210,446			154,034
			12.7%	22.4%	64.9%			47.5%
2012.12.31	495,445	341,788	38,262	70,619	232,907			153,657
			11.2%	20.7%	68.1%			45.0%
2013.10.31	530,035	374,225	37,464	71,968	264,793			155,810
			10.0%	19.2%	70.8%			41.6%
					3등급	4등급	5등급	
2014.11.30	734,120	421,525	37,955	72,483	170,070	131,697	9,320	160,488
			9.0%	17.2%	40.3%	31.2%	2.21%	38.1%
2015.5.31	756,522	442,095	36,668	70,422	172,835	146,747	15,423	160,302
			8.3%	15.9%	39.1%	33.2%	3.45%	36.3%

주) 2014년 7월 1일부터 4등급, 5등급을 신설하여 운영
자료: 노인장기요양보험 홈페이지(http://www.longtermcare.or.kr)

비율은 61.9%였다. 이 표에서 특이할 만한 점은 매년 1등급 수급자 수가 감소하고 3등급 이상 수급자 수가 전체 등급비율 중 70%를 넘어서고 있다는 점이다. 낮은 등급에 따라 수급자 비용은 줄어들 수 있으나 노인장기요양서비스를 제공하는 질적인 측면에서 많은 부작용을 초래할 가능성이 높다.

3) 급여

노인장기요양보험은 보험급여 수급권자 선정을 위한 등급판정 절차를 거쳐 요

양을 필요로 하는 수급권자로 결정되면 서비스 계획 작성을 위한 일정조사를 거쳐 재가급여, 시설급여, 특별현금급여를 받을 수 있다. 이 급여는 첫째, 노인 등의 심신상태·생활환경과 노인 등 및 그 가족의 욕구·선택을 종합적으로 고려하여 필요한 범위 안에서 이를 적정하게 제공하여야 한다. 둘째, 노인 등이 가족과 함께 생활하면서 가정에서 장기요양을 받는 재가급여를 우선적으로 제공하여야 한다. 셋째, 노인 등의 심신상태나 건강 등이 악화되지 아니하도록 의료서비스와 연계하여 이를 제공하여야 한다는 기본원칙에 따라서 제공되며 구체적인 급여 종류를 살펴보면 〈표 10-20〉과 같다(노인장기요양보험법 제23조).

〈표 10-20〉 장기요양급여의 종류

급여		내용
재가 급여	방문요양	장기요양요원이 수급자의 가정 등을 방문하여 신체활동 및 가사활동 등을 지원하는 장기요양급여
	방문목욕	장기요양요원이 목욕설비를 갖춘 장비를 이용하여 수급자의 가정 등을 방문하여 목욕을 제공하는 장기요양급여
	방문간호	장기요양요원인 간호사 등이 의사, 한의사 또는 치과의사의 지시서에 따라 수급자의 가정 등을 방문하여 간호, 진료의 보조, 요양에 관한 상담 또는 구강위생 등을 제공하는 장기요양급여
	주·야간보호	수급자를 하루 중 일정한 시간 동안 장기요양기관에 보호하여 신체활동 지원 및 심신기능의 유지·향상을 위한 교육·훈련 등을 제공하는 장기요양급여
	단기보호	수급자를 보건복지부령으로 정하는 범위 안에서 일정기간 동안 장기요양기관에 보호하여 신체활동 지원 및 심신기능의 유지·향상을 위한 교육·훈련 등을 제공하는 장기요양급여
	기타 재가급여	수급자의 일상생활·신체활동 지원에 필요한 용구를 제공하거나 가정을 방문하여 재활에 관한 지원 등을 제공하는 장기요양급여로서 대통령령으로 정하는 것
시설 급여		장기요양기관이 운영하는 노인복지법상 노인의료복지시설 등에 장기간 동안 입소하여 신체활동 지원 및 심신기능의 유지·향상을 위한 교육·훈련 등을 제공하는 장기요양급여
특별 현금 급여	가족요양비	가족장기요양급여
	특례요양비	특례장기요양급여
	요양병원간병비	요양병원장기요양급여

4) 전달체계

국민건강보험공단은 노인장기요양보험사업의 보험자이며 관리운영기관이 된다. 공단은 장기요양보험가입자 및 그 피부양자와 의료수급권자의 자격관리, 장기요양보험료의 부과·징수, 신청인에 대한 조사, 등급판정위원회의 운영 및 장기요양등급판정, 장기요양인정서의 작성 및 표준장기요양이용계획서의 제공, 장기요양급여의 관리 및 평가, 수급자에 대한 정보제공·안내·상담 등 장기요양급여 관련 이용지원에 관한 사항, 재가 및 시설 급여비용의 심사 및 지급과 특별현금급여의 지급, 장기요양급여 제공내용확인, 장기요양사업에 관한 조사·연구 및 홍보, 노인성질환예방사업, 이 법에 따른 부당이득금의 부과·징수 등, 장기요양급여의 제공기준을 개발하고 장기요양급여비용의 적정성을 검토하기 위한 장기요양기관의 설치 및 운영, 그 밖에 장기요양사업과 관련하여 보건복지부장관이 위탁한 업무를 관장한다(노인장기요양보험법 제48조 제2항). 한편, 장기요양인정 및 장기요양등급판정 등을 심의하기 위하여 공단에 장기요양등급판정위원회를 둔다. 등급판정위원회는 특별자치시·특별자치도·시·군·구 단위로 설치한다. 다만, 인구 수 등을 고려하여 하나의 특별자치시·특별자치도·시·군·구에 둘 이상의 등급판정위원회를 설치하거나 둘 이상의 특별자치시·특별자치도·시·군·구를 통합하여 하나의 등급판정위원회를 설치할 수 있다.

한편, 노인장기요양보험과 관련하여 정책결정에 대한 책임을 지고 있는 부서는 보건복지부 인구정책실 노인정책관이다. 노인정책관 산하 노인정책과, 노인지원과, 요양보험제도과, 요양보험운영과에서 이에 관한 업무를 관장하고 있다.

5) 재원

노인장기요양보험의 요양급여 및 운영에 소요되는 비용은 가입자가 부담하는 장기요양보험료, 국고부담(조세) 및 본인부담금으로 충당하도록 되어 있다.

국민건강보험공단은 장기요양사업에 사용되는 비용에 충당하기 위하여 장기요양보험료를 징수한다. 장기요양보험료는 건강보험료와 통합하여 징수한다. 이 경우 공단은 장기요양 보험료와 건강보험료를 각각의 독립회계로 관리하여야 한다(노인장기요양보험법 제8조). 가입자의 장기요양보험료는 건강보험료액 6.55%로 산정된다(노인장기요양보험법 시행령 제4조). 국고부담은 매년 예산의 범위 안에서 당해년도 장기요양보험료 예상수입액의 100분의 20에 상당하는 금액을 공단에 지원한다(노인장기요양보험법 제58조 제1항). 또한 노인장기요양보험법상 재가급여의 경우 당해 장기요양급여비용의 100분의 15, 시설급여의 경우는 당해 장기요양급여 비용의 100분의 20을 수급자가 부담하도록 하고 있다. 다만, 수급자 중 국민기초생활보장법에 따른 수급권자는 그러하지 아니하며 의료급여 수급권자, 소득·재산 등이 일정 금액 이하인 자, 천재지변 등의 사유로 생계가 곤란한 자는 본인 일부부담금의 100분의 50을 감경한다(노인장기요양보험법 제40조 제1항 및 제3항).

6) 문제점 및 향후과제

(1) 수급대상자의 범위확대

가입자는 전 국민인데 그 수급대상자는 65세 이상의 노인 및 64세 이하의 노인성 질병자로 되어 있어 64세 이하의 비노인성 장애인이 제외되고 있고 요양보험 재정의 장기적 운용을 위해 심신기능 상태가 중증 이상의 노인을 수급대상으로 적용함에 따라 수급자의 수가 크게 제한될 수밖에 없다. 또한 가입자와 수급자가 일치하지 않는 문제가 존재하고, 노인인구 중 일부 대상자를 위하여 모든 국민이 보험료를 부담하는 것이 사회보험원리에 맞는가 하는 기본적인 문제가 제기될 수 있다. 가입자와 수급대상자의 범위는 정부재정 및 부담주체의 부담능력, 시행의 순응성, 현행 노인 및 장애인의 요양보호실태 등을 종합적으로 감안하여 결정하여야 할 사안이다. 그러나 정부는 장애인에 대한 대책을 강구하도록 신설된 법조항(제5조) 및 이 법안을 국회에서 의결할 때 부대결의한 사항에 따라 적용대상을 장애인에게 확대하는 문제 등 장기적인 목표 및 우선순위를 정하여 수급대상을 단계적으로 확대해 나가는 전략이 필요할 것이며 단계적 확대 방안에 대한 청사진을 국민들에게 가시적으로 보여 주어야 할 것이다.

(2) 장기요양서비스의 질 확보

시행 초기에는 노인장기요양보험제도 시행의 연착륙 및 조기정착이 우선시되어야 하겠지만 요양서비스의 권리성 및 노인들의 요양서비스 욕구의 다양화 등 요양서비스의 질적 확보문제는 일본, 독일 등의 예로 보아도 머지않은 장래에 큰 쟁점사항으로 부상될 것으로 전망된다.

국민건강보험공단은 장기요양기관이 제공하는 장기요양급여 내용을 지속적으로 관리 · 평가하여 장기요양급여의 수준이 향상되도록 노력하여야 하고(노인장기요양보험법 제54조 제1항), 장기요양기관이 장기요양급여의 제공 기준 · 절차 · 방법 등에 따라 적정하게 급여를 제공하였는지를 평가한 후 그 결과를 공개하는 등 필요한 조치를 할 수 있다(노인장기요양보험법 제54조 제2항). 또한 평가 결과에 따라 급여비용을 가감 지급할 수 있는(노인장기요양보험법 제38조 제3항 및 제4항) 만큼 요양서비스의 질 확보를 위한 법적 근거하에 하위법령을 입법함에 있어 요양서비스의 수준 향상과 이용자 중심의 서비스지원체계를 위해 서비스의 질 평가 및 관리방안을 구체적으로 마련하여 시행해야 할 것이다.

무엇보다도 수급자 수 조정 실패로 인한 공실률의 문제, 등급이 낮은 수급자 비율의 증가로 인한 경영자율성 침해, 지나친 저비용 정책에 따른 전문성과 이익 극대화에 대한 괴리 등은 장기요양서비스 발전에 저해요소인 것이다(권태엽, 2015). 따라서 급격히 늘어 가는 시설들의 효율적 운영을 통한 장기요양서비스 질 확보가 절실하다.

(3) 전달체계의 문제

우리나라의 노인장기요양보험제도는 관리 · 운영에 따른 비용의 억제 등의 이유로 관리 · 운영 주체를 국민건강보험공단으로 하였다. 그리고 노인요양사업을 효율적으로 실시하기 위하여 가입자의 자격관리 · 보험료 부과징수 · 장기요양 인정조사 및 요양등급 판정 등의 업무에 국민건강보험공단의 전산망과 전국 조직 등 기존 인프라를 활용하도록 하였다.

그러나 서비스체계 면에서 다양성과 지역성에 기초한 요양서비스의 특성을 살리지 못하고 요양서비스가 관료화되고 수직적으로 일방적으로 만들어질 가능성에 대한 우려와, 또한 기존의 노인복지서비스 업무는 지방자치단체의 책임으로 되어 있고 지역사회의 다양한 노인복지기관 참여로 일이 수행되고 있는데 기존의 노인복지서비스 업무와 거리가 먼 국민건강보험공단이 어떻게 기존의 노인복지서비스 시스템과 연관되어 일을 잘 수행할 수 있을지에 대한 우려가 대두된다(차흥봉, 2006).

따라서 국민건강보험공단은 서비스 이용자에 대한 밀착형 이용지원체계의 장점과 거대조직의 행정지향적인 서비스 제공 우려의 단점 등 장단점을 모두 수렴·보완하여 국민을 위한 명실상부한 제도가 될 수 있는 시행방안을 다각적으로 모색하여야 할 것이다.

또한 노인장기요양 서비스 제공에서 전문인력 및 전문성이 부족하다. 따라서 서비스 제공 주체인 다양한 전문인력을 확보하기 위해서 전문인력의 자격제도를 보완하고, 체계적인 교육훈련 체계가 필요하며 케어매니저(care manager)제도를 도입해야 한다. 이를 위해 교육기관에 대한 행정 및 법적 조치를 강력하게 취할 수 있도록 해야 하며, 케어매니저로서 전문인력 사회복지사(석사 이상)의 배치가 요구된다. 또한 장기요양기관에서 근무하는 관계자들의 수준과 능력에 맞는 급여체계를 도입하고, 정규직·임금 가이드라인을 설정해야 한다. 방문요양기관의 경우에 시설장과 관리책임자의 자격을 제한하고 요양관리를 위한 사회복지사 1인을 필수인력으로 배치함과 동시에 사회복지사의 인건비를 충당할 수 있는 정부지원 또는 수가 인상이 요구된다. 그리고 재가보호의 경우 시설보호에 비해 인력기준이 낮게 설정되어 있는데 방문요양의 경우 수급자의 등급에 관계없이 수가가 동일하다. 따라서 재가보호와 시설보호의 인력기준을 조정할 필요가 있으며 방문요양의 경우 수급자의 등급에 따라 수가를 차등 적용하여야 한다. 방문간호의 경우는 상해보험료가 보험수가에 반영되어야 하며, 단기 보호의 경우는 시설서비스와 동일한 기능정립을 통해 서비스가 제공될 수 있도록 하여야 한다(이서자, 2009).

(4) 재원의 문제

노인장기요양보험 서비스는 대상자 증가에 따른 재정고갈의 우려가 있으며 정부의 재원조달이 너무 적다. 일본의 개호보험제도에서의 정부 부담률은 50%이고, 독일은 보험료 100%, 우리나라는 보험료 80%, 국고부담 20%로 구성되어 있다. 따라서 우리나라의 경우도 국가의 부담비중을 늘리고 중증자를 대상으로 한 부담을 최소화하는 방안을 강구해야 할 것이다. 그리고 현재의 장기요양서비스를 이원화하여 등급 외 노인에 대한 예방사업도 함께 진행시켜 나가야 한다. 한편, 수급권이 없는 사람에게 보험료를 부과하는 것이 문제로 지적되고 있다. 20세 이상 건강보험 가입자가 모두 보험 가입대상인 데 반해, 실제 수혜는 65세 이상의 노인이 주요한 대상이 되므로 수급권이 없는 20세 이상 65세 미만의 자에게 보험료를 부과하는 것이 보험원리에 맞는지 검토가 요청된다(이서자, 2009). 특히 본인부담금에 있어서 시설 20%, 재가 15%를 시설 15%, 재가 10% 수준으로 내림으로써 수급자 및 보호자의 부담을 최소화할 수 있도록 해야 한다.

참 · 고 · 문 · 헌

권태엽(2015). 노인요양시설의 효율성에 관한 연구: DEA-Tier 분석을 중심으로. 청주대학교 대학원 박사학위논문.
김태성(2013). 한국사회복지정책론. 서울: 청목출판사.
김태성 · 김진수(2001). 사회보장론. 서울: 청목출판사.
남기민 · 홍성로(2008). 사회복지법제론. 파주: 공동체.
남기민 · 홍성로(2014). 사회복지법제론(제5판). 파주: 공동체.
노시평 · 서휘석 · 송재복 · 장덕제(2002). 사회복지정책론. 서울: 도서출판 대경.
박병현(2003). 사회복지정책론. 서울: 현학사.
박석돈(2002). 사회보장론. 서울: 양서원.
박종삼 · 유수현 · 노혜련 · 배임호 · 박태영 · 허준수 · 김교성 · 김규수 · 김인 · 노혁 · 손광훈 · 송성자 · 이영실 · 전석균 · 정무성 · 정은 · 조휘일(2002). 사회복지학개론. 서울: 학지사.

이광재(2007). 노인요양보험제도의 이해. 파주: 공동체.

이서자(2009). 노인장기요양보험제도의 현황 및 발전방향. 충청노인복지연구, 9, 사단법인 충청노인복지개발회 노인복지연구소.

장인협·이혜경·오정수(2001). 사회복지학. 서울: 서울대학교 출판부.

차홍봉(2006). 노인수발보험제도의 쟁점과 과제. 노인복지시설단체연합 전국대회.

한국복지연구원(2000). 한국사회복지연감. 서울: 유풍출판사.

노동부. 노동부고시 제2014-58호.

법제처. 고용보험법 및 고용보험법 시행령.

법제처. 고용보험 및 산업재해보상보험의 보험료 징수에 관한 법률 및 그 시행령

법제처. 국민건강보험법 및 국민건강보험법 시행령.

법제처. 국민연금법 및 국민연금법 시행령.

법제처. 노인장기요양보험법 및 노인장기요양보험법 시행령.

법제처. 사회보장기본법.

법제처. 산업재해보상보험법 및 산업재해보상보험법 시행령.

http://www.nhis.or.kr(국민건강보험공단 홈페이지)

http://www.nps.or.kr(국민연금공단 홈페이지)

http://www.kcomwel.or.kr(근로복지공단 홈페이지)

http://www.longtermcare.or.kr(노인장기요양보험 홈페이지)

제11장

공공부조정책

우리나라 사회보장기본법 제3조에서는 공공부조를 국가 및 지방자치단체의 책임하에 생활유지능력이 없거나 생활이 어려운 국민의 최저생활을 보장하고 자립을 지원하는 제도라고 규정하고 있다.

공공부조제도는 국민의 최저생활을 보장하는 데 기본목표를 두고 있으며, 생활의 불안과 위험을 해소하려는 사회보험과 함께 사회보장제도의 주요한 구성요소가 된다. 공공부조의 일반적 특징은 첫째, 공공부조는 규정된 최저소득 이하의 자들에게만 적용된다. 둘째, 공공부조는 조세를 재원으로 한다. 셋째, 공공부조 수급자에 대한 자산조사가 행하여진다. 넷째, 공공부조는 사회적 취약계층에 대한 최종적인 소득보장제도다.

이와 같은 공공부조의 기본원리를 살펴보면 첫째, 국가책임의 원리다. 이는 공공부조를 통하여 생활이 어려운 국민의 생존권을 실현하는 것을 국가의 책임으로 하는 원리다. 둘째, 생존권 보장의 원리다. 이는 모든 국민은 누구나 생활이 어려운 때는 국가에 대하여 보호를 청구할 권리가 있고 국가는 국민의 이러한 요구를 들어줄 의무가 있다는 원리다. 셋째, 최저생활보장의 원리다. 이는 공공부조의 보호수준은 건강하고 문화적인 생활수준을 유지할 수 있는 최저한도의 생활이 보장되어야 한다는 원리다. 넷째, 무차별 평등의 원리다. 이는 급부내용에서 수급자의 인종, 성별, 종교 및 사회적 신분에 차별 없이 평등하게 보호를 받을 권리가 있음을 말한다. 다섯째, 보충성의 원리다. 이는 수급자가 가지고 있고 이용할 수 있는 자산·능력 및 그 밖의 모든 것을 최대한 활용하고 그렇게 하고도 최저생활을 유지할 수 없을 때 최종적으로 그 부족분을 보충하여 준다는 원리다. 여섯째, 자립조장의 원리다. 이는 수급자의 잠재능력을 개발 육성하여 자력으로 사회생활에 적응하게 하는 원리다(노시평 외, 2002: 212-215; 박송규, 2003: 222-226; 박종삼 외, 2002: 154-155).

한편, 이상의 원리를 기초로 하여 공공부조 원칙이 파생되는데 이를 살펴보면 첫째, 선 신청보호 및 후 직권보호의 원칙이다. 이는 국가에 대해 먼저 신청에 따라서 보호를 개시하는 것을 원칙으로 하며 그러나 수급권자가 신청수속을 모르거나 독거노인의 경우는 직권보호를 보충적으로 적용한다는 원칙이다. 둘째, 급여기준과 정도의 원칙이다. 이는 대상자의 연령, 세대구성, 소득관계 및 자산조사를 통하여 최저한도의 생활의 부족분을 보충해 주는 정도의 것이어야 하며 이를 초과하여서는 안 된다는 원칙이다. 셋째, 필요즉응의 원칙이다. 이는 수급자의 연령, 성별, 건강상태, 기타 생활여건 등을 고려하여 개인 또는 세대에 실제로 필요한 급여를 즉시 행하여야 한다는 원칙이다. 넷째, 세대단위의 원칙이다. 이는 공공부조는 세대를 단위로 하여 그 보호의 필요 여부 및 정도를 정하는 것을 원칙으로 하지만 특별한 경우는 개인을 단위로 하여 서비스가 제공되는 것도 배제하지 않는다. 다섯째, 현금부조의 원칙이다. 이는 수급자의 낙인감과 오명을 최소화하는 금전 급여를 우선적인 원칙으로 하고 예외적으로 현물급여를 행할 수 있다는 원칙이다. 여섯째, 거택보호의 원칙이다. 이는 보호의 방법에서 공공부조는 수급자가 거주하는 가정에서 제공되는 것을 원칙으로 한다는 것이다(박송규, 2003: 226-229; 박종삼 외, 2002: 155).

우리나라 공공부조제도의 역사는 1961년 생활보호법, 군사원호보상법, 1962년 재해구호법 제정으로 시작된다. 1977년에는 의료보호법이 제정되어 의료보호제도가 공공부조의 일부로서 자리 잡았고, 1999년 12월에는 생활보호법을 폐지하고 국민기초생활보장법을 제정하였으며, 2001년 5월에는 의료보호법을 전부 개정하고 명칭을 의료급여법으로 변경하였다. 이 장에서는 2000년 10월 1일부터 시행된 대표적인 공공부조제도인 국민기초생활보장제도를 중심으로 목표, 적용대상, 급여, 전달체계, 재원 그리고 문제점 및 향후과제를 살펴보기로 한다.

1. 목 표

국민기초생활보장제도는 국가의 보호를 필요로 하는 저소득 빈곤층의 기초생활을 보장함으로써 우리나라의 빈곤을 극복하려는 제도다. 그간 우리나라는 1961년 제정된 생활보호법에 따라 오랫동안 저소득층에 대한 생활보호가 실시되어 왔으나 생활보호법이 저소득층 지원제도로서 한계가 있다는 비판이 줄곧 제기되어 왔고 이러한 비판 속에서 생활보호법은 IMF체제하의 대량 실업사태를 맞아 그 한계성이 단번에 노출되고 말았다. 경기 침체와 장기적인 실업으로 생존의 위협을 느끼면서도 공공부조제도로부터 도움을 받지 못하는 광범위한 절대 빈곤층의 문제에 국가가 적극적으로 대응할 수 있는 제도의 도입이 필요하다는 여론이 확산되면서 시민단체, 정당, 학계의 노력 등으로 1999년 국민기초생활보장법이 제정되어 2000년 10월 1일부터 시행에 들어갔으며 오랜 전통의 생활보호법은 폐지되었다.

국민기초생활보장제도는 그간 수차례에 걸쳐 개정이 이루어졌는데 2004년 3월 개정에서는 최저생계비 공표시한을 종전 매년 12월 1일에서 9월 1일로 변경했으며 최저생계비 계측조사 주기도 종전 5년에서 3년으로 단축하였다. 2005년 12월 개정에서는 부양의무자의 범위를 1촌의 직계혈족 및 그 배우자로 축소하여 수급대상을 확대하였으며, 2006년 12월 개정에서는 차상위계층에 대하여 주거, 교육, 의료, 장제 및 자활급여 등 부분 급여를 지급할 수 있도록 하는 한편, 자활사업의 전문성 및 효율성을 높이기 위해 중앙자활센터를 설치할 수 있도록 하였다. 또한 2007년 10월 개정에서는 수급자의 선정과 수급권 확인조사 시 금융정보 조회의 절차를 간소화하고 기초생활보장사업에 드는 비용에 대한 국가, 시·도 및 시·군·구 간 분담 비율을 서로 다르게 할 수 있도록 하였고, 2009년 4월 개정에서는 법 문장을 원칙적으로 한글로 적고 어려운 용어를 쉬운 용어로 바꾸고 길고 복잡한 문장을 정비하였다. 2011년 3월 개정에서는 외국인에 대한 특례범위를 확대하였고, 2011년 6월 개정에서는 수급자의 가구별 특성을 감안하여 고용지원서비스를 연계할 수 있도록 하고, 수급자의 취업활동으로 인하여 필요하게 된 아동·노인 등에 대한 사회서비스를 지원하며, 수급자가 자활에 필요한 자산을 형성할 수 있도록 수급자의 자활을 촉진하는 한편, 급여를 수급권자 명의의 지정된 계좌에 입금하도록 하였다. 2014년 12월 개정에서는 절대적 빈곤선인 최저생계비 기준을 폐지하고 상대적 빈곤선인 기준 중위소득에 의한 보장대상자 선정기준에 따라 급여 종류별로 다층화한 맞춤형 급여체계를 도입하였다. 또 부양의무자 기준을 보다 합리적인 수준으로 완화하고, 수급자가 일할수록 유리한 급여체계를 마련함으로써 탈수급 유인을 촉진하고 빈곤예방 기능을 강화하였다.

국민기초생활보장법은 헌법 제34조 제5항의 "생활능력이 없는 국민은 법률이 정하는 바에 의하여 국가의 보호를 받는다."는 규정에 근거하여 생활이 어려운 사람에게 필요한 급여를 실시하여 이들의 최저생활을 보장하고 자활을 돕는 것을 목적으로 한다(국민기초생활보장법 제1조). 이러한 목적은 기존의 생활보호법에 따른 국가재량으로 자선적 생활보호급여에서 법적인 보장을 받는 권리성 급여로 전환하는 의미를 가지고 있다. 좀 더 구체적으로 국민기초생활보장법이 추구하는 목표는 다음과 같다(박송규, 2003: 277-278).

첫째, 최저생활을 보장받는 헌법상의 권리를 실체적으로 규정한다는 점이다. 과거 생활보호법하에서는 복지를 어려운 사람을 도와주는 시혜적 보호를 생각하였으나 이 법이 제정되면서 복지는 국민의 권리이며 국가의 의무로 보는 복지철학의 대전환을 가져온 것이다.

둘째, 빈곤선 이하의 모든 국민의 기초생활은 국가가 보장한다는 점이다. 종전의 생활보호법하에서는 근로능력이 있는 자에게는 생계비를 지원하지 않았으나 이 법에서는 근로능력의 유무에 관계없이 국가의 보호를 필요로 하는 빈곤선 이하의 국민은 최저생활을 보장받게 되었다.

셋째, 근로능력이 있는 국민에게는 체계적인 자활지원서비스를 제공하여 일할

〈표 11-1〉 국민기초생활보장제도와 생활보호제도의 비교

구분	국민기초생활보장제도	생활보호제도
법적 용어	저소득층의 권리적 성격 (보장, 수급자)	국가에 의한 보호적 성격(보호, 피보호자)
대상자 구분	대상자 구분폐지 (단, 조건부 생계급여자는 예외)	인구학적 기준에 의한 대상자 구분
대상자 자격	소득인정액이 기준 중위소득 50% 이하 인 자	소득과 재산이 기준 이하인 자
급여 내용	생계급여, 주거급여(신설), 긴급급여 (신설), 의료급여, 교육급여, 해산급여, 장제급여, 자활급여	생계보호, 의료보호, 자활보호, 교육보호, 장제보호, 해산보호
자활지원계획	근로능력자 가구별 자활지원을 계획· 수립하여 자활을 촉진시킴	—

수 있도록 하는 생산적 복지를 구현한다는 점이다. 기초생활을 권리로서 보장하되 근로능력이 있는 사람에게 노동의 기회를 부여함으로써 개인의 능력을 최대한 발휘하게 하여 개인의 행복추구는 물론 이웃과 사회 그리고 국가에 이바지하는 사회통합을 지향하고 있다.

국민기초생활보장제도는 기존의 생활보호제도와 차이가 많이 나는데 개괄적으로 비교하면 〈표 11-1〉과 같다.

2. 적용대상

1) 수급권자와 수급자

국민기초생활보장법의 적용대상은 수급권자와 수급자다. 수급권자란 이 법에 따른 급여를 받을 수 있는 자격을 가진 사람을 말하고 수급자란 이 법에 따른 급여를 받는 사람을 말한다(국민기초생활보장법 제2조).

2) 수급자 선정기준

소득인정액 도입에 따라 2002년까지는 수급자 선정기준이 소득평가액 기준, 재산기준, 부양의무자 기준이었는데 2003년부터 소득인정액 기준, 부양의무자 기준의 2개 기준으로 통합되었다.

(1) 소득인정액 기준

소득인정액은 개별가구의 소득평가액과 재산의 소득환산액을 합산한 금액을 말한다. 소득인정액 기준이란 보장 가구의 소득인정액이 기준 중위소득[1] 50% 이하가 되어야 한다는 것이다. 이때 소득인정액 기준은 가구규모별, 급여 종류별로 다르다.

소득평가액은 개별가구의 실제 소득에서 가구 특성별 지출비용[2]과 근로소득공제를 뺀 소득금액을 말한다. 실제소득은 근로소득, 사업소득, 재산소득 및 기타 소득을 합한 금액에서 퇴직금, 현상금, 보상금 등 정기적으로 지급되는 것으로 볼 수 없는 금품과 보육, 교육 기타 이와 유사한 금품 등을 제외한 금액이다. 여기서 기타 소득은 사적이전소득, 공적이전소득, 부양의무자가 지원하는 부양비, 보장기관[3] 확인소득을 말한다.

재산의 소득환산액은 개별가구의 재산가액에서 기본재산액(기초공제액)과 부채를 뺀 수치에 재산의 종류별 소득환산율을 곱한 값이다. 개별가구의 재산은 개별가구 구성원이 소유하고 있는 건축물 · 토지 · 자동차 · 임차보증금 · 현금과 저축성 예금 등이다. 2003년부터 재산의 소득환산제를 시행하고 있는데 이는 재산을 소득으로 환산하여 수급자의 소득에 합산하는 제도다. 이와 같이 재산의 소득

---

1 기준 중위소득이란 맞춤형 급여 도입 이전의 최저생계비에 해당하는 개념으로 보건복지부장관이 급여의 기준 등에 활용하기 위하여 중앙생활보장위원회의 심의 · 의결을 거쳐 고시하는 국민가구소득의 중위값을 말한다. 기준 중위소득은 급여 종류별 선정기준과 생계급여 지급액을 정하는 기준이고, 부양의무자의 부양능력을 판단하는 기준이 된다.

2 가구 특성에 따른 지출비용에 해당하는 것으로는 장애인연금, 장애수당, 한부모가정 아동양육비, 만성질환 등 6개월 이상 지속지출 의료비, 소년소녀가장 부가급여 등이 있다.

3 보장기관이란 국민기초생활보장법에 따른 급여를 행하는 국가 또는 지방자치단체를 말한다.

환산액과 수급자의 실제 소득을 합산한 소득인정액이 수급자 선정기준이 된다. 재산의 가액은 조사일 현재의 시가에 따라 산정하되 기초 생활의 유지에 필요한 기본 재산, 즉 냉장고, TV 등 생활 필수품은 재산에서 제외된다.

(2) 부양의무자 기준

부양의무자 기준은 부양의무자가 없는 경우, 부양의무자가 있어도 부양능력이 없는 경우, 부양의무자가 부양능력이 미약한 경우로서 수급(권)자에 대한 부양비 지원을 전제로 부양능력이 없는 것으로 인정하는 경우, 부양의무자가 있어도 부양을 받을 수 없는 경우다. 부양의무자가 없는 경우는 수급(권)자의 1촌의 직계혈족(부모, 아들, 딸 등), 수급(권)자의 1촌의 직계혈족의 배우자(며느리, 사위 등)가 없는 경우다. 단, 사망한 1촌의 직계혈족의 배우자는 부양의무자에서 제외된다. 부양의무자가 있어도 부양능력이 없는 경우나 없는 것으로 인정하는 경우는 부양의무자의 부양능력 판별기준에 따라 부양능력 여부를 결정한다. 부양의무자가 있어도 부양을 받을 수 없는 경우는 부양의무자가 부양불능 상태인 경우, 부양의무자가 부양을 거부하거나 기피하는 경우, 수급(권)자가 부양을 받을 수 없다고 보장기관이 확인한 경우다. 부양의무자 기준은 생계급여 · 의료급여 · 주거급여 수급자에게 적용되고 교육급여 수급자에게는 적용되지 않는다.

한편, 수급자의 수는 국민기초생활보장제도의 도입으로 급격히 증가하고 있다. 2014년 보건복지부 통계연보(제60호)에 따르면, 2013년말 총 수급자 수는 135만 1천여 명이었으며 이 중 일반수급자는 125만 9천여 명, 시설수급자는 9만 2천여 명이었다.

3. 급 여

국민기초생활보장법 제7조에 따른 급여의 종류는 7종으로 ① 생계급여 ② 주거급여 ③ 의료급여 ④ 교육급여 ⑤ 해산급여 ⑥ 장제급여 ⑦ 자활급여로 구분된다. 수급권자에 대한 급여는 수급자의 필요에 따라 생계급여, 주거급여, 의료급여, 교육급여, 해산급여, 장제급여, 자활급여의 전부 또는 일부를 실시한다. 차상위계층에 대한 급여는 가구별 생활여건을 고려하여 주거급여, 의료급여, 교육급여, 장제급여, 자활급여의 전부 또는 일부를 실시할 수 있다. 주거급여 및 의료급여는 따로 법률이 정하는 바(주거급여법, 의료급여법)에 따른다.

2014년 2월 송파 세모녀 사건 이후 정부는 2014년 12월 법을 개정하고 2015년 7월 1일부터 기초생활수급자에게 맞춤형 급여체계로 지원방식을 개편하였다. 지금까지 최저생계비라고 불리는 최저 생활에 필요한 비용을 정하고 소득이 이것보다 적은 수급자에게만 생계, 의료, 주거, 교육 등에 필요한 비용을 지원하고 이 기준에서 조금만 벗어나도 모든 지원을 중단하였던 단순지원방식에서 탈피하여 개인의 상황에 맞춰 형편이 최저 생활보다 조금 나아졌다 하여도 필요한 부분은 동일하게 또는 확대해서 계속 지원한다는 것이다. 새롭게 변화된 맞춤형 급여의 지원기준은 부양의무자 기준의 완화와 더불어 지원이 필요한 기준선이 '최저 생활'에서 '향상된 국민생활 수준이 반영된 생활'로 바뀐 점과 월세 등 주거비 지원을 현실화한 것이다.

1) 생계급여

생계급여는 수급자에게 의복, 음식물 및 연료비와 그 밖에 일상생활에 기본적으로 필요한 금품을 지급하여 그 생계를 유지하게 하는 것으로 한다. 생계급여 수급권자는 부양의무자가 없거나, 부양의무자가 있어도 부양능력이 없거나, 부양을 받을 수 없는 사람으로서 그 소득인정액이 중앙생활보장위원회의 심의, 의결을 거쳐 결정하는 금액(생계급여 선정기준) 이하인 사람으로 한다. 이 경우 생계급여 선정기준은 2017년부터 100분의 30 이상으로 한다(단, 2015년에는 100분의 28, 2016년에는 100분의 29). 생계급여는 금전을 지급하는 것으로 한다. 다만, 금전으로 지급할 수 없거나 금전으로 지급하는 것이 적당하지 아니하다고 인정하는 경우에는 물품을 지급할 수 있다. 지급일은 매월 20일에 정기 지급하되, 수급자 명의의 지정된 계좌에 입금하여야 한다. 특별한 사정이 있는 경우 대통령령으로 정하는 바에 따라 수급자의 배우자, 직계혈족 또는 3촌 이내의 방계혈족 명의 계좌에 입금할 수 있다. 또한 부득이한 사유가 있는 경우는 해당 금전을 수급자 또는 수급자의 배우자, 직계혈족 또는 3촌 이내의 방계혈족에게 직접 지급할 수 있다. 생계급여의 지급장소는 수급자의 주거에서 실시한다. 다만, 수급자가 주거가 없거나 주거가 있어도 그곳에서는 급여의 목적을 달성할 수 없는 경우, 또는 수급자가 희망하는 경우는 수급자를 보장시설이나 타인의 가정에 위탁하여 급여를 실시할 수 있다. 생계급여는 보건복지부장관이 정하는 바에 따라 수급자의 소득인정액을 고려하여 차등지급할 수 있다.

생계급여에는 일반수급자에 대한 생계급여(일반생계급여), 긴급생계급여, 조건부생계급여가 있다. 첫째, 일반생계급여는 가구의 소득인정액이 생계급여 선정기준 이하로서 생계급여 수급자로 결정된 수급자에게 제공된다. 일반생계급여의 내용은 수급자에게 의복·음식물 및 연료비, 기타 일상생활에 기본적으로 필요한 금품을 지급한다. 생계급여액은 생계급여 산정기준(급여기준)에서 가구의 소득인정액을 차감한 금액이며 생계급여는 십원 단위로 지급한다. 둘째, 긴급생계급여는 급여실시여부 결정 전에 긴급히 생계급여를 하여야 할 필요가 있는 경우 시장·군수·구청장의 직권에 의해 생계급여를 실시하는 것을 의미한다. 긴급생계급여 대상자는 주소득원의 사망, 질병, 부상, 사고, 사업부도·파산 등으로 갑자기 생계유지가 어려운 경우, 부 또는 모의 가출, 행방불명 등으로 갑자기 생계유지가 어려운 경우, 천재지변이나 화재 등으로 재산·소득상의 손실이 발생하여 갑자기 생계유지가 어려운 경우, 거주지 외의 지역에서 거주하고 있으나 소득이 없어 생계유지가 어려운 경우, 그리고 기타 시장·군수·구청장이 긴급생계급여가 필요하다고 인정하는 경우 등이 해당된다. 셋째, 조건부 생계급여는 조건부 수급자로 결정된 자에게는 자활지원계획에 따라 자활에 필요한 사업에 참가할 것을 조건으로 생계급여를 실시하는 것이다. 조건부 수급자가 자활사업에 참가한 달의 다음 달부터 매 3개월마다 조건이행여부를 정기적으로 확인하여 생계급여 지급여부를 결정한다.

2) 주거급여

주거급여는 수급자에게 주거안정에 필요한 임차료, 수선유지비, 그 밖의 수급 품을 지급하는 것으로 한다. 주거급여에 관하여 필요한 사항은 따로 주거급여법 에서 정한다. 주거급여법은 생활이 어려운 사람에게 주거급여를 실시하여 국민 의 주거안정과 주거수준 향상에 이바지함을 목적으로 한다(주거급여법 제1조).

주거급여에서 임차료는 타인의 주택 등에 거주하는 사람으로서 국토교통부 장 관이 정하는 사람에게 지급한다. 임차료의 지급기준은 국토교통부 장관이 수급 자의 가구규모, 소득인정액, 거주형태, 임차료 부담수준 및 지역별 기준임대료 등을 고려하여 정한다. 수선유지비는 주택 등을 소유하고 그 주택 등에 거주하는 사람에게 지급한다. 수선유지비의 지급기준은 국토교통부 장관이 수급자의 가구 규모, 소득인정액, 수선유지비 소유액, 주택의 노후도 등을 고려하여 정한다. 주 거급여에서 수급권자는 부양의무자가 없거나 부양의무자가 있어도 부양능력이 없거나 부양을 받을 수 없는 사람으로서 소득인정액이 중앙생활보장위원회의 심 의 · 의결을 거쳐 결정한 금액(주거급여 선정기준) 이하인 사람으로 한다. 이 경우 주거급여 선정기준은 기준 중위소득의 100분의 43 이상으로 한다.

3) 교육급여

교육급여는 저소득층 자녀에 대하여 적정한 교육기회를 제공함으로써 자립능 력을 배양함과 동시에 빈곤의 세대전승을 차단하기 위한 제도다. 교육급여는 수 급자에게 입학금, 수업료, 학용품비, 그 밖의 수급품을 지급하는 것으로 하되, 학 교의 종류 · 범위 등에 관하여 필요한 사항은 대통령령으로 정한다. 교육급여는 과거와는 달리 2015년 7월 1일부터 소관부처가 보건복지부에서 교육부로, 보장 기관은 지방자치단체 시 · 도 및 시 · 군 · 구에서 시 · 도 및 시 · 군 · 구 교육청으 로 변경되었으며 부양의무자 기준이 폐지되었고, 그 소득인정액이 중앙생활보장 위원회의 심의 · 의결을 거쳐 결정하는 금액(교육급여 선정기준) 이하인 사람으로 한다. 이 경우 교육급여 선정기준은 기준 중위소득의 100분의 50 이상으로 한다.

4) 해산급여

해산급여는 생계급여, 주거급여, 의료급여 중 하나 이상의 급여를 받는 수급자에게 조산, 분만 전과 분만 후의 필요한 조치와 보호를 위하여 행하는 급여로서 수급자나 그 세대주 또는 세대주에 준하는 사람에게 지급한다. 해산급여는 보장기관이 지정하는 의료기관에 위탁하여 행할 수 있으며, 이 경우 수급품을 그 의료기관에 지급할 수 있다.

5) 장제급여

장제급여는 생계급여, 주거급여, 의료급여 중 하나 이상의 급여를 받는 수급자가 사망한 경우 사체의 검안·운반·화장 또는 매장 기타 장제조치를 행하는 사람에게 장제에 필요한 비용을 지급함으로써 행한다. 다만, 그 비용을 지급할 수 없거나 비용을 지급하는 것이 적당하지 아니하다고 인정하는 경우에는 물품을 지급할 수 있다. 시장·군수·구청장은 단독가구주의 사망 등 불가피한 경우에는 직접 장제를 실시할 수 있는 사람을 지정하여 장제급여를 할 수 있다.

6) 자활급여

자활급여는 수급자의 자활을 돕기 위하여 자활에 필요한 근로능력의 향상 및 기능 습득의 지원, 취업알선 등 정보의 제공, 자활을 위한 근로기회의 제공, 자활에 필요한 시설 및 장비의 대여, 창업교육, 기능훈련 및 기술경영 지도 등 창업지원, 자활에 필요한 자산형성 지원, 그 밖에 대통령령이 정하는 자활 조성을 위한 각종 지원 등의 급여를 실시하는 것으로 한다. 자활급여는 관련 공공기관·비영리법인·시설, 그 밖에 대통령령이 정하는 기관에 위탁하여 실시할 수 있다. 이 경우 그에 소요되는 비용은 보장기관이 이를 부담한다.

수급자 및 차상위자의 자활촉진에 필요한 지원을 위한 조사·연구·교육 및 홍보사업, 자활지원을 위한 사업의 개발 및 평가, 광역자활센터, 지역자활센터 및 자활기업의 기술·경영지도 및 평가, 자활관련 기관 간의 협력체계 및 정보 네트워크 구축·운영, 취업·창업을 위한 자활촉진 프로그램 개발 및 지원, 고용 지원서비스 및 사회복지서비스의 대상자 관리, 그 밖에 자활촉진에 필요한 사업으로서 보건복지부장관이 정하는 사업을 수행하기 위하여 중앙자활센터를 둘 수 있으며 이는 법인으로 한다.

보장기관은 수급자 및 차상위자의 자활촉진에 필요한 사업을 수행하게 하기 위하여 사회복지법인, 사회적 협동조합 등 비영리 법인과 단체를 법인 등의 신청을 받아 광역자활센터로 지정할 수 있다. 또한 보장기관은 수급자 및 차상위자의 자활촉진에 필요한 사업을 수행하게 하기 위하여 사회복지법인, 사회적 협동조합 등 비영리 법인과 단체를 법인 등의 신청을 받아 지역자활센터로 지정할 수 있다. 그리고 시장·군수·구청장은 자활지원사업의 효율적인 추진을 위하여 지역자활센터, 직업안정기관, 사회복지시설의 장 등과 상시적인 협의체계인 자활기관협의체를 구축하여야 한다. 그 밖에 수급자 및 차상위자는 상호 협력하여 자활기업을 설립·운영할 수 있다.

7) 의료급여

의료급여는 수급자에게 건강한 생활을 유지하는 데 필요한 각종 검사 및 치료 등을 지급하는 것으로 한다. 의료급여에 필요한 사항은 따로 의료급여법[4]에서 정

---

4 의료급여법은 국민기초생활보장법과 함께 공공부조제도를 구성하는 양대 지주의 하나다. 의료급여법은 1977년 제정된 의료보호법을 현실에 맞게 전부 개정하여 2001년 5월 그 명칭을 변경한 것이다. 의료급여법에 따르면(제3조), 의료급여의 수급권자는 ① 국민기초생활보장법에 따른 의료급여 수급자 ② 재해구호법에 따른 이재민으로서 보건복지부장관이 의료급여가 필요하다고 인정한 사람 ③ 의사상자 등 예우 및 지원에 관한 법률에 따라 의료급여를 받는 사람 ④ 입양특례법에 따라 국내에 입양된 18세 미만의 아동 ⑤ 독립유공자 예우에 관한 법률, 국가유공자 등 예우 및 지원에 관한 법률, 보훈보상대상자 지원에 관한 법률의 적용을 받고 있는 사람과 그 가족으로서 국가보훈처장이 의료급여가 필요하다고 추천한 사람 중에서 보건복지부장관이 의료급여가 필요하다고 인정한 사람 ⑥ 문화재보호법에 따라 지정된 중요무형문화재의 보유자와 그 가족으로서 문화재청장이 의료급여가 필요하다고 추천한 사람 중에서 보건복지부장관이 의료급여가 필요하다고 인정한 사람 ⑦ 북한이탈주민의 보호 및 정착지원에 관한 법률의 적용을 받고 있는 사람과 그 가족으로서 보건복지부장관이 의료급여가 필요하다고 인정한 사람 ⑧ 5·18민주화운동 관련자 보상 등에 관한 법률에 따라

한다. 의료급여법은 생활이 어려운 자에게 의료급여를 실시함으로써 국민보건의 향상과 사회복지의 증진에 이바지함을 목적으로 한다(의료급여법 제1조). 의료급여 수급권자는 부양의무자가 없거나, 부양의무자가 있어도 부양능력이 없거나, 부양을 받을 수 없는 사람으로서 그 소득인정액이 중앙생활보장위원회의 심의·의결을 거쳐 결정하는 금액(의료급여 선정기준) 이하인 사람으로 한다. 이 경우 의료급여 선정기준은 기준 중위소득의 100분의 40 이상으로 한다. 수급권자가 다른 법령에 따라 의료급여를 받고 있는 경우에는 의료급여법에 따른 의료급여를 하지 아니한다. 의료급여법에 따른 수급권자의 질병·부상·출생 등에 대한 의료급여 내용은 진찰·검사, 약재·치료재의 지급, 처치·수술과 그 밖의 치료, 예방·재활, 입원, 간호, 이송과 그 밖의 의료목적 달성을 위한 조치다.

4. 전달체계

국민기초생활보장제도의 주무부처는 보건복지부이며 보건복지부가 정책을 수립하면 행정자치부 산하의 시·도와 시·군·구를 통해서 읍·면·동으로 시달된다. 국민기초생활보장제도는 보건복지부 사회복지정책실 내 복지정책관이 중심이 되어 운영되고 있다. 조직체계를 보면 보건복지부 사회복지정책실 내 복지

보상금 등을 받은 사람과 그 가족으로서 보건복지부장관이 의료급여가 필요하다고 인정한 사람 ⑨ 노숙인 등의 복지 및 자립지원에 관한 법률에 따른 노숙인 등으로서 보건복지부장관이 의료급여가 필요하다고 인정한 사람 ⑩ 그 밖에 생활유지의 능력이 없거나 생활이 어려운 사람으로서 대통령령이 정하는 사람이다.

수급권자가 의료급여를 받고자 하는 경우는 제1차 의료급여기관에 의료급여를 신청하여야 한다. 다만 ① 응급환자인 경우 ② 분만의 경우 ③ 희귀난치성질환 또는 중증질환을 가진 사람이 의료급여를 받고자 하는 경우 ④ 제2차 의료급여기관 또는 제3차 의료급여기관에서 근무하는 수급권자가 그 근무하는 의료급여기관에서 의료급여를 받고자 하는 경우 ⑤ 등록한 장애인이 장애인 보장구를 지급받고자 하는 경우 ⑥ 감염병의 확산 등 긴급한 사유가 있어 보건복지부장관이 고시하는 기준에 따라 의료급여를 받고자 하는 경우는 제2차 의료급여기관 또는 제3차 의료급여기관에 의료급여를 신청할 수 있다. 한편, 의료급여 비용의 재원에 충당하기 위하여 시·도에 의료급여 기금을 설치한다. 기금은 국고보조금, 지방자치단체의 출연금, 상환 받은 대지급금, 징수한 부당 이득금, 징수한 과징금, 기금의 결산상 잉여금 및 그 밖의 수입금으로 조성한다.

정책관은 복지정책과, 사회보장제도과, 기초생활보장과, 자립지원과, 기초의료
보장과를 총괄한다.

국민기초생활보장제도의 직접적인 시행주체는 지방자치단체다. 지방자치단
체는 시·군·구(자치구)와 같이 주민들과 직접 접촉하는 가장 작은 소구역인 기
초지방자치단체와, 시·도와 같이 중앙정부와 기초지방자치단체의 중간에 위치
하는 광역지방자치단체가 있다. 지방자치단체는 보건복지부 또는 국토교통부,
교육부가 기획하여 시달하는 기초생활보장사업을 일선에서 집행함으로써 전국
적으로 생활이 어려운 국민들의 생활을 균등하게 보장할 수 있다. 단, 교육급여는
시·도 및 시·군·구 지방자치단체에서 시·도 및 시·군·구 교육청으로
2015년 7월 1일부터 소관 부서가 변경되었다.

한편, 보건복지부와 시·도 및 시·군·구에는 각각 생활보장위원회가 있어
생활보장사업의 기획·조사·실시 등에 관한 사항을 심의·의결한다. 보건복지
부에 두는 생활보장위원회(중앙생활보장위원회)는 기초생활보장 종합계획의 수
립, 소득인정액 산정방식과 기준 중위소득의 결정, 급여의 종류별 수급자 선정기
준과 최저 보장수준의 결정, 급여기준의 적정성 등 평가 및 실태조사에 관한 사
항, 급여 종류별 누락·중복, 차상위계층의 지원사업 등에 대한 조정, 자활기금
의 적립·관리 및 사용에 관한 지침의 수립, 그 밖에 위원장이 회의에 부치는 사
항을 심의·의결한다. 시·도 생활보장위원회는 시·도의 생활보장사업 기본 방
향 및 시행계획의 수립에 관한 사항, 시·도 자활지원계획에 관한 사항, 해당
시·도가 실시하는 급여에 관한 사항, 자활기금의 설치·운용에 관한 사항, 자활
지원계획에 관한 사항, 그 밖에 시·도지사가 회의에 부치는 사항을 심의·의결
한다. 시·군·구 생활보장위원회는 시·군·구의 생활보장사업 기본방향 및 시
행계획의 수립에 관한 사항, 급여를 받을 자격이 있는 수급권자에 해당하지 아니
하여도 생활이 어려운 사람의 보호를 위하여 보건복지부장관 또는 소관 중앙행
정기관의 장이 정하는 급여의 결정에 관한 사항, 연간조사계획에 관한 사항, 해
당 시·군·구가 실시하는 급여에 관한 사항, 자활기금의 설치·운용에 관한 사
항, 자활지원계획에 관한 사항, 보장비용 징수 제외 및 결정, 금품의 반환·징
수·감면 관련 사항 및 결손처분 관련 사항, 그 밖에 시장·군수·구청장이 회의

에 부치는 사항을 심의 · 의결한다.

그리고 중앙생활보장위원회는 위원장을 포함하여 16인 이내의 위원으로 구성하고 위원은 보건복지부장관이 공공부조 또는 사회복지와 관련된 학문을 전공한 전문가로서 대학의 조교수 이상인 사람 또는 연구기관의 연구원으로 재직 중인 사람 5명 이내, 공익을 대표하는 사람 5명 이내, 관계행정기관 소속 3급 이상 공무원 또는 고위 공무원단에 속하는 일반직 공무원 5명 이내에 해당하는 사람 중에서 위촉 · 지명하며 위원장은 보건복지부장관으로 한다. 시 · 도 및 시 · 군 · 구 생활보장위원회의 위원은 시 · 도지사 또는 시장 · 군수 · 구청장이 사회보장에 관한 학식과 경험이 있는 사람, 공익을 대표하는 사람, 관계 행정기관 소속의 공무원 중에서 위촉 · 지명하며 위원장은 해당 시 · 도지사 또는 시장 · 군수 · 구청장으로 한다.

또한 시 · 군 · 구와 산하 읍 · 면 · 동에는 사회복지 전담 공무원이 배치되어 수급권자, 수급자, 차상위계층에 대한 조사와 수급자 결정 및 급여의 실시 등 국민기초생활보장법에 따른 보장업무를 수행한다.

5. 재 원

국민기초생활보장제도 급여의 재정은 전액 국고에서 조달된다. 보건복지부 보도자료에 따르면, 최근의 기초생활보장제도의 재정상의 변화는 〈표 11-2〉와 같다.

한편, 국민기초생활보장법에 따르면, 인건비와 사무비를 포함한 보장비용은

〈표 11-2〉 **기초생활보장제도의 재정변화**

구분	연도	2002년	2006년	2008	2014	2015
예산 (억 원)	전체 (국고기준)	33,819	52,691	67,484	88,245	94,557
	자활예산	1,479	2,656	2,933	4,124	3,162

국가와 지방자치단체가 함께 부담하는데 국가는 시·군·구 보장비용의 총액 중 100분의 40 이상 100분의 90 이하를 부담한다. 시·도는 시·군·구 보장비용의 총액에서 국가부담분을 뺀 금액 중 100분의 30 이상 100분의 70 이하를 부담하고, 시·군·구는 시·군·구 보장비용의 총액 중에서 국가와 시·도가 부담하는 금액을 뺀 금액을 부담한다. 다만, 특별자치시·특별자치도는 시·군·구 보장비용의 총액 중에서 국가가 부담하는 금액을 뺀 금액을 부담한다(국민기초생활보장법 제43조).

국가는 매년 국민기초생활보장법에 따른 보장비용 중 국가부담예정 합계액을 각각 보조금으로 교부하고 그 과부족 금액은 정산하여 추가로 지급하거나 반납하게 한다. 시·도는 매년 시·군·구에 대하여 국가의 보조금에 시·도의 부담예정액을 합하여 보조금으로 지급하고 그 과부족 금액은 정산하여 추가로 지급하거나 반납하게 한다. 그리고 보조금의 산출 및 정산방법 등에 관하여 필요한 사항은 대통령령으로 정한다. 다만, 지방자치단체의 조례에 따라 이 법에 따른 급여 범위 및 수준을 초과하여 급여를 실시하는 경우 그 초과 보장비용은 해당 지방자치단체가 부담한다.

6. 문제점 및 향후과제

1) 수급자 선정과정과 선정기준의 문제

수급자 선정과정에서 신청자 및 부양의무자들의 소득 및 재산 파악이 용이하지 않다는 것이 문제로 지적되고 있다. 실제로 수급자 중 본인 또는 부양의무자의 소득 및 재산이 발견되는 사례가 많이 발생하고 있는 것이 현실이다. 그동안 수급자 등의 금융정보 등을 확인하는 절차 등이 간소화되는 등 제도가 보완되었으나, 앞으로 꼭 도움이 절실한 자들이 보호를 받을 수 있도록 하기 위하여 이러한 위장빈곤자에 대한 철저한 예방이 필요하다. 도움이 절실한 자들이 보호를 받지 못하고 상대적으로 부유한 이들의 욕심 때문에 보호받을 권리가 뒤바뀌는 것은 공공부조의 의미에 부합되지 않기 때문이다. 이와 같은 문제점을 보완하기 위하여 자영업자의 소득 및 재산 등을 정확하게 파악하기 위한 제도개선을 꾸준히 해 나가야 할 것이며, 부양의무자에 대한 조사도 제대로 이루어져야 한다. 또한 최근 법 개정으로 수급자 선정기준인 소득인정액 기준과 부양의무자 기준이 개편되었으나 개편된 상대적 빈곤선인 급여별 법정 중위소득 기준이 적절한지 좀 더 세밀한 검토가 필요하며 교육급여에만 적용된 부양의무자 기준 폐지를 점차로 확대시켜 나가야 할 것이다.

2) 급여상의 문제

국민기초생활보장의 급여 내용은 무엇보다도 수급자들의 기본적인 욕구를 충족하여 그들로 하여금 건강하고 문화적인 기초 생활을 유지할 수 있는 방향으로 주어져야 하나 물질적 급여가 중심이 되고 있고 비물질적 급여는 매우 제한적이다. 따라서 앞으로는 수급자들에 대한 금품부조 외에 상담을 받는 것을 포함한 전문적 서비스를 수시로 또는 의무적으로 받도록 제도개선이 이루어져야 한다.

또한 급여방식에서 법 개정에 따라 과거의 최저생계비를 정하고 그 수준 이하에 대하여 보충하도록 지급하는 방식으로부터 대상자의 가구 특성과 욕구 특성에 맞게 급여 종류별로 다층화하여 급여수준을 적정화한 맞춤형 급여체계를 도입하였다. 문제는 맞춤형 급여체계가 선정기준과 급여수준을 빈곤층의 욕구에 맞게 설정한 강점을 갖고 있지만 빈곤율 감소나 급여 형평성 보장 등의 성과를 위해서는 급여 종류별로 각각의 급여를 조율해야 하는 어려움 또한 안고 있어 이에 대한 적절한 대책이 요구된다.

또한 근로빈곤층을 위한 고용 · 복지 연계제도의 도입이 필요하다. 대부분의 서구 복지국가가 그러하듯이 공공부조제도는 빈곤층의 특성에 따라 소득보장과 취업촉진 중 어느 하나를 강조하게 된다. 하지만 근로빈곤층에 대해서는 이 두 가지 기능을 결합한 새로운 지원제도가 필요하다. 근로빈곤층 대상 생계급여제도를 근로장려세제(Earned Income Tax Credit: EITC) 및 취업지원제도와 결합시켜 종합적인 지원제도를 구성하는 것이다. 이는 최근 각국의 근로빈곤층 지원정책이 취하고 있는 방식이기도 하다(노대명, 2015). 우리나라에서도 2009년부터 시작된 근로장려세제를 발전적으로 확대할 필요가 있다.

3) 전달체계상의 문제

국민기초생활보장제도가 성공하기 위해서는 무엇보다도 수급자 선정과 관리를 위한 전문인력이 충분히 확보되어야 한다. 그러나 하부 행정기관인 읍·면·동에는 아직도 사회복지전담공무원이 다른 업무와 겸하여 과중한 업무를 담당하고 있어 수급자의 관리에 어려움을 겪고 있다. 또한 도 및 시·군·구 단위의 생활보장업무 부서의 경우에 일선업무 집행의 적정을 기하는 지도·감독의 기능을 원활히 수행하기 위한 기획조정 기능이 미약하다.

이와 같은 문제점을 해결하기 위한 과제로서 단기적으로는 기존의 행정체계를 유지하면서 단점을 보완하고 전문인력을 투입하는 방법이 있다. 장기적으로는 서비스의 통합성, 전문성 및 접근 용이성을 위하여 행정단위별로 특별 및 광역시는 각 구에 1개소, 그리고 구 없는 시와 군에 1개소씩 사회복지사무소를 설치하고 시장·군수·구청장의 직속하에 운영되는 것이 바람직하다고 생각된다.

4) 재원조달상의 문제

우리나라의 사회보장예산은 그동안 많이 개선되었다고 하나 서구 복지국가들의 사회보장예산과 비교하면 우리나라 사회보장 재정규모는 국민생활을 안정시키기에는 매우 미흡한 수준이다. 국민기초생활보장제도의 재원은 제도개혁 이후 많이 증가하였으나 우리나라와 같이 국방비 등의 경직성 경비가 큰 나라에서는 상당한 한계를 갖는다. 따라서 재원조달의 방안으로 부유층에 소위 부유세 등을 부과하거나 특정 사치품에 대하여 목적세를 신설하여 국민기초생활보장의 재원조달에 도움을 줄 수 있는 방안을 강구해 나가야 할 것이다(박송규, 2003: 297). 에콰도르, 이란과 같은 나라에서는 호텔, 카바레 계산서, 석유, 사치품 등에 공공부조를 위한 일종의 목적세를 부과하고 있으며, 필리핀의 경우 기업 이윤의 1%를 자발적으로 기부하도록 유도하고 있다.

참 · 고 · 문 · 헌

김태성 · 김진수(2001). 사회보장론. 서울: 청목출판사.

남기민 · 홍성로(2014). 사회복지법제론(제5판). 파주: 공동체.

노대명(2015). 기초생활보장제도의 현황과 과제. 보건복지포럼, 219, 26-35.

노시평 · 서휘석 · 송재복 · 장덕제(2002). 사회복지정책론. 서울: 도서출판 대경.

박병현(2003). 사회복지정책론. 서울: 현학사.

박송규(2003). 사회복지법제론. 서울: 법문사.

박종삼 · 유수현 · 노혜련 · 배임호 · 박태영 · 허준수 · 김교성 · 김규수 · 김인 · 노혁 · 손광훈 · 송성자 · 이영실 · 전석균 · 정무성 · 정은 · 조휘일(2002). 사회복지학개론. 서울: 학지사.

보건복지부(2015). 국민기초생활보장사업안내.

법제처. 국민기초생활보장법 및 국민기초생활보장법 시행령.

법제처. 사회보장기본법

법제처. 의료급여법 및 의료급여법 시행령.

제12장

사회서비스정책

사회서비스는 사회보험, 공공부조와 더불어 사회복지정책 영역의 핵심을 이루고 있는 것으로 우리나라 사회보장기본법 제3조에서는 국가·지방자치단체 및 민간부문의 도움이 필요한 모든 국민에게 복지, 보건의료, 교육, 고용, 주거, 문화, 환경 등의 분야에서 인간다운 생활을 보장하고 상담, 재활, 돌봄, 정보의 제공, 관련 시설의 이용, 역량개발, 사회참여 지원 등을 통하여 국민의 삶의 질이 향상되도록 지원하는 제도라고 규정하고 있다. 한편, 사회서비스는 우리나라 사회복지사업법의 사회복지사업과도 유사한 개념으로 볼 수 있는데, 이 법에 따르면 사회복지사업이라 함은 국민기초생활보장법, 아동복지법, 노인복지법, 장애인복지법 등 26가지 각 법률에 따른 보호·선도 또는 복지에 관한 사업과 사회복지상담, 직업지원, 무료숙박, 지역사회복지, 의료복지, 재가복지, 사회복지관 운영, 정신질환자 및 한센병력자의 사회복귀에 관한 사업 등 각종 복지사업과 이와 관련된 자원봉사활동 및 복지시설의 운영 또는 지원을 목적으로 하는 사업을 말한다. 우리 사회는 산업화, 민주화, 정보화 등의 급격한 사회적 변화를 겪으면서 가족제도가 핵가족으로 변하게 되고 사회적 사고의 증대 등으로 사회문제가 가속화되어 사회서비스에 대한 수요를 급증시키고 있다.

우리나라의 경우 사회서비스 영역의 프로그램은 1961년에 아동복리법과 윤락
행위 등 방지법의 제정을 시작으로 1970년에 사회복지사업법 제정을 거쳐 1980년
대부터 본격적인 제도정비가 이루어지고 있으나 사회보험이나 공공부조에 비하
면 상대적으로 약세에 있다. 내용에서 시설보호 및 이용 차원의 프로그램이 주를
이루어 왔으나 2007년도에 보건복지부가 사회서비스 전자바우처제도를 실시하고
대상자의 폭을 확대하면서 사회서비스에 대한 관심과 정책이 지속되고 있다.
2012년 사회보장기본법 개정에서는 기존의 사회복지서비스와 관련 복지제도라는
용어를 삭제하고 이들을 합하여 사회서비스라는 용어를 도입하였다.

이 장에서는 사회서비스정책을 노인복지제도, 아동복지제도, 장애인복지제도,
한부모가족지원제도 순으로 목표, 적용대상, 급여(프로그램), 전달체계, 재원 그
리고 문제점 및 향후과제를 살펴보기로 한다. 각각의 대상별 제도는 실제에서 사
회서비스에만 한정되지 않고 사회보험이나 공공부조의 성격을 띤 제도가 많이
가미되어 있다.

1. 노인복지제도

우리나라에서 노인문제에 대한 제도적 대책이 마련되기 시작한 것은 1981년
의 노인복지법 제정 이후이며 그 후 사회경제적 변화에 따라 발생하는 제반 노인
복지욕구를 해결하기 위하여 여러 차례에 걸쳐 노인복지법이 부분 또는 전부 개
정되었다. 특히 1997년의 노인복지법 개정은 전부 개정으로서 경로연금 지급 등
의 소득보장, 의료보장, 노인복지서비스의 공급을 확충하였다. 그리고 2004년에
는 노인학대 예방과 학대받는 노인보호를 위한 제도적 장치를 강화하는 방향으
로 개정이 이루어졌다. 2007년 4월에는 기초노령연금법이 제정되어 경로연금에
관한 부분은 기초노령연금법에 따라 규정되었고 2007년 8월에는 2008년 8월부
터 시행되는 노인장기요양보험에 대비하여 노인복지시설의 무료·실비 및 유료
구분을 없애고 요양보호사 자격제도를 도입하는 한편, 홀로 사는 노인을 지원하
도록 하고, 실종노인을 보호할 경우 신고하도록 하였다. 2010년 1월 개정에서는

요양보호사 자격제도를 도입하고 요양보호사 교육기관 운영제도를 신고제에서 지정제로 변경하였다. 2011년 6월에는 노인전문병원을 의료법상의 요양병원으로 일원화하고 노인휴양소의 폐지와 노인학대 신고의무자 범위를 확대하였다. 2012년 10월 개정에서는 노인학대 신고의무를 위반하는 경우 이를 처벌할 수 있는 근거규정을 마련하였다. 2013년 6월 개정에서는 노인 일자리 지원기관을 노인복지시설의 한 종류로 규정하였고 치매로 인한 실종 부분을 삭제하였다. 2015년 1월 개정에서는 노인복지주택 입소자의 범위를 노인이 부양책임을 지고 있는 미성년자녀·손자녀까지로 확대하였고 노인복지주택을 임대형으로만 설치·운영하도록 하였다. 또한 노인학대 현장 출동 시 현장 출동자에게 현장출입 및 관계인에 대한 조사·질문권을 부여하였으며 노인대상 건강진단 및 보건교육에 성별 다빈도 질환이 반영되도록 하였다.

1) 목표

노인복지는 한마디로 노인의 복리적인 상태를 유지하도록 하는 사회적 활동으로, 더 구체적으로 정의하면 노인복지란 노인이 인간다운 생활을 유지하면서 자기가 속한 가족과 사회에 적응하고 통합될 수 있도록 필요한 자원과 서비스를 제공하는 데 관련된 공적·사적 차원에서의 계획과 서비스 제공활동이다(최성재·장인협, 2012). 현행 노인복지법 제1조에서는, 이 법은 노인의 질환을 사전예방 또는 조기발견하고 질환상태에 따른 적절한 치료·요양으로 심신의 건강을 유지하고, 노후의 생활안정을 위하여 필요한 조치를 강구함으로써 노인의 보건복지 증진에 기여함을 목적으로 한다고 규정하고 있으며, 제2조에서는 첫째, 노인은 후손의 양육과 국가 및 사회의 발전에 기여하여 온 자로서 존경받으며 건전하고 안정된 생활을 보장받으며, 둘째, 노인은 그 능력에 따라 적당한 일에 종사하고 사회적 활동에 참여할 기회를 보장받으며, 셋째, 노인은 노령에 따르는 심신의 변화를 자각하여 항상 심신의 건강을 유지하고 그 지식과 경험을 활용하여 사회의 발전에 기여하도록 노력하여야 한다고 기본 이념을 제시하고 있다.

한편, 노인복지제도는 적어도 다음과 같은 원칙들이 고려되어야 할 것이다(김해동 · 정홍익, 1985: 198-200).

첫째, 존엄성, 독립성, 안정성을 유지하는 것이어야 한다. 둘째, 선택의 자유를 제공하여야 한다. 셋째, 사회참여를 중진하도록 하여야 한다. 넷째, 노령에 따른 부정적 충격을 감소하도록 하여야 한다. 다섯째, 개인적인 활동을 권장하여야 한다. 여섯째, 정부가 책임을 인식하여야 한다. 일곱째, 모든 노인에게 동등하게 지원한다. 여덟째, 어떤 특수집단에 앞서 전체 국민의 복리를 고려하도록 한다. 아홉째, 변화해 나가는 욕구에 보조를 맞춰야 한다. 열째, 새로운 지식의 획득, 보급 및 적용이 필요하다. 열한 번째, 노인복지의 목표나 목적을 우선순위에 따라서 발전시켜야 한다.

2) 적용대상

우리나라에서 진전되어 온 인구 고령화 속도는 선진국에서 유례를 찾아보기 어려울 정도로 빨랐고 앞으로는 더욱 빠르게 진전될 것으로 예측된다. 프랑스의 경우는 65세 이상 노인인구가 7%에서 14%에 이르는 데 115년이 걸렸고, 스웨덴은 85년, 미국은 72년, 일본은 24년이 걸렸으나 우리나라는 17년 정도 걸릴 것으로 예상된다. 또한 노인인구가 14%에서 20%에 이르는 데 프랑스와 스웨덴은 40년, 미국은 16년, 일본은 12년이지만 우리나라는 9년밖에 걸리지 않을 것으로 예상된다(권중돈, 2012).

우리나라는 위와 같은 고령화 추세에 따라 평균수명과 노인인구가 급속히 성장하여 왔고, 앞으로도 급속히 성장할 것으로 예상되고 있다. 〈표 12-1〉에서 보는 것과 같이 2000년에 남자 72.25세, 여자 79.60세의 기대수명이 2010년 남자의 기대수명 77.20세, 여자 84.07세로, 2020년에는 남자 79.31세, 여자 85.67세가 될 것으로 예상된다. 특히 65세 이상 인구는 1970년에 99만 1천 명으로 전체 인구 대비 3.1%에 불과하였는데, 2000년에 7.2%가 되어 고령화사회에 진입하였고, 2030년에는 24.3%, 2060년에는 40.1%가 될 것으로 예상된다. 또한 노년부양비도 2010년 15.2%에서 점증하여 2030년에는 38.6%, 2060년에는 80.6%에 이를 것으로 예상되어 5명의 생산가능인구가 4명의 노인을 부양해야 하는 심각한 부

〈표 12-1〉 연령 계층별 고령인구 구성비, 부양비, 노령화지수, 기대수명

구분	총인구 (천 명)	구성비				부양비 및 노령화지수(중위가정)					
		65세+	65~ 74세	75~ 84세	85세+	총 부양비	유소년 부양비	노년 부양비	노령화 지수	기대수명	
										남	여
2000	47,008	7.2	4.9	2.0	0.4	39.5	29.4	10.1	34.3	72.25	79.60
2010	49,410	11.0	6.9	3.4	0.7	37.3	22.2	15.2	68.4	77.20	84.07
2020	51,435	15.7	9.1	5.1	1.6	40.7	18.6	22.1	119.1	79.31	85.67
2030	52,160	24.3	14.6	7.2	2.5	58.6	20.0	38.6	193.0	81.44	86.98
2040	51,091	32.3	15.8	12.5	4.1	77.0	19.8	57.2	288.6	83.42	88.21
2050	48,121	37.4	15.3	14.4	7.7	89.8	18.9	71.0	376.1	85.09	89.28
2060	43,959	40.1	15.1	14.8	10.2	101.0	20.5	80.6	394.0	86.59	90.30

총부양비 = (0~14세 인구 + 65세 이상 인구)/15~64세 인구 × 100
유소년 부양비 = (0~14 세 인구/15~64세 인구) × 100
노년부양비 = (65세 이상 인구/15~64세 인구) × 100
노령화 지수 = (65세 이상 인구/0~14세 인구) × 100
자료: 통계청(2011).

양부담의 문제에 직면할 것으로 전망된다.

이와 같이 우리 사회가 고령화됨에 따라 빈곤, 질병, 역할상실, 고독, 부양부담과 같은 노인문제가 심각한 사회문제로 대두되고 있다. 우리 사회에서의 노인문제는 이제 일부 노인에게만 국한된 것이 아니라 전체 노인들에게 다양하게 나타나고 있다. 따라서 노인복지제도의 적용대상은 전체 노인이라고 할 수 있다. 그러나 경제적으로 빈곤한 노인, 치매중증 질환의 노인, 역할이 상실되어 무료하게 노후를 보내는 노인, 사회적으로 고립된 고독한 노인 등이 1차적으로 노인복지제도의 대상이 됨은 물론이다.

3) 급여(프로그램)

(1) 노인소득보장

노인의 빈곤문제를 해결하고 예방하기 위한 소득보장 프로그램으로는 직접적 소득보장과 간접적 소득보장으로 구분된다. 직접적 소득보장에는 연금보험, 국

민기초생활보장, 기초연금 등이 있으며 간접적 소득보장에는 경로우대, 고용촉진, 각종 세제혜택 등이 있다.

① 직접적 소득보장

연금보험에는 특수직 연금인 공무원연금, 군인연금, 사립학교교직원연금과 국민연금 등이 있다. 2007년까지는 소수의 노인(65세 이상 노인들의 2.7%)만이 특수직 연금의 급여를 받았으나 2008년부터 국민연금의 지급이 본격적으로 시작되면서 연금보험의 수급자가 점차 늘어나고 있다. 한편, 국민기초생활보장과 기초연금은 공공부조에 따라서 행해지는 노후소득보장의 주요한 방법이다.

우리나라에서는 1989년 노인복지법의 개정으로 노령수당의 지급근거를 마련하였으며 1997년 노인복지법 개정으로 무갹출 경로연금제도를 도입하였고 1998년부터 경로연금 지급을 실시하였으나, 2007년 기초노령연금법 제정으로 종래 노인복지법상의 경로연금제도는 폐지되었다. 이후 2014년 5월 기초연금법이 다시 제정되어 7월부터 시행됨으로써 종래의 기초노령연금법에 따른 기초노령연금을 기초연금법에 따른 기초연금으로 변경하였다. 기초연금법상 급여대상은 65세 이상 노인으로서 소득인정액이 선정기준액 이하인 자로 한다. 선정기준액을 정하는 경우 65세 노인 중 수급자가 70% 수준이 되도록 한다. 2015년 현재 연금액은 1인 수급 최고 20만 원, 부부가구 최고 32만 원을 지급받는다.

② 간접적 소득보장

경로우대제도는 노인복지법 제26조에 근거하여 65세 이상 노인이 수도권전철, 도시철도, 고궁, 능원, 국·공립박물관, 국·공립공원 및 국·공립미술관을 이용할 경우는 무료이고, 국·공립국악원 입장료는 50% 이상 할인, 철도의 경우 새마을호, 무궁화호는 운임의 30%, 통근 열차는 운임의 50% 할인을 적용한다.

고용촉진의 경우 노인복지법 제23조와 고용상 연령차별금지 및 고령자 고용촉진에 관한 법률에 근거하여 노인일자리 전담기관, 고령자인재은행, 중견전문인력 고령자지원센터, 노인취업지원센터 등의 운영을 통하여 고령자의 취업을 촉진하고 특히 대통령령으로 정하는 사업장에 대하여 55세 이상의 자를 2~6% 범위 내에서 고용하도록 노력하여야 한다고 규정하고 있다.

각종 세제혜택의 경우 가정에서 노인봉양의식을 제고하고 부모와 동거하는 자녀의 경제적 부담을 덜어 주고자 하는 취지에서 노부모동거가족에 대해 주택상속세 공제, 상속세 인적공제, 부양가족공제, 경로우대공제, 양도소득세 면제 등의 혜택이 제공되고 있다.

(2) 노인의료보장

노인의 질병문제를 해결하고 예방하기 위한 의료보장 프로그램에는 국민건강보험, 노인장기요양보험, 의료급여, 건강진단, 치매관리 등이 있다. 우리나라는 노인을 위한 건강보험제도가 따로 존재하는 것이 아니고 대부분의 노인들은 자녀들이 국민건강보험에 가입되어 있어서 동일한 혜택을 받고 있다. 노인으로서 국민건강보험 수혜는 본인부담금에 대한 경감과 1년 365일 의료서비스를 받을 수 있다. 노인장기요양급여는 65세 이상의 노인 및 65세 이하의 노인성 질환을 가진 6개월 이상 도움이 필요한 자에게 재가급여(방문요양, 방문목욕, 방문간호, 주야간보호, 단기보호, 기타), 시설급여(요양시설입소보호, 소규모공동생활시설보호), 특별현금급여 등을 제공한다. 그리고 저소득층 노인들은 공공부조로서 의료급여를 받고 있다. 또한 노인복지법 제27조에 근거하여 노인건강진단은 65세 이상 노인을 대상으로 2년에 1회 이상 실시한다. 1차 검진을 실시하고 1차 검진에서 이상이 발견된 노인에 대하여는 2차 검진을 실시하여 필요한 경우 보건교육을 실시하고 치료를 받을 수 있도록 하고 있다.

최근 노인인구의 급증으로 치매노인이 늘어나면서 2011년 8월 치매관리법이 제정되어 2012년 2월부터 시행되었는데 이에 따라 노인복지법 제29조 및 제 29조의 2 치매관련 조항은 삭제되었다. 치매관리법 제3조에서 국가와 지방자치단체는 치매관리에 관한 사업을 시행하고 지원함으로써 치매를 예방하고 치매환자에게 적절한 의료서비스가 제공될 수 있도록 적극 노력하여야 한다고 규정하고 있다.

(3) 노인복지시설의 설치 · 운영사업

노인복지법 제31조에서는 노인복지시설의 종류를 노인주거복지시설, 노인의료복지시설, 노인여가복지시설, 재가노인복지시설, 노인보호전문기관, 노인일자리지원기관으로 구분하고 있다.

① 노인주거복지시설

노인복지법 제32조에 규정되어 있는 노인주거복지시설의 유형 및 그 성격과 기능은 다음과 같다.

　가. 양로시설: 노인을 입소시켜 급식과 그 밖에 일상생활에 필요한 편의를 제공함을 목적으로 하는 시설

　나. 노인공동생활가정: 노인들에게 가정과 같은 주거여건과 급식, 그 밖에 일상생활에 필요한 편의를 제공함을 목적으로 하는 시설

　다. 노인복지주택: 노인에게 주거시설을 임대하여 주거의 편의 · 생활지도 · 상담 및 안전관리 등 일상생활에 필요한 편의를 제공함을 목적으로 하는 시설

② 노인의료복지시설

노인복지법 제34조에 규정되어 있는 노인의료복지시설의 유형 및 그 성격과 기능은 다음과 같다.

　가. 노인요양시설: 치매 · 중풍 등 노인성 질환 등으로 심신에 상당한 장애가 발생하여 도움을 필요로 하는 노인을 입소시켜 급식 · 요양과 그 밖에 일상생활에 필요한 편의를 제공함을 목적으로 하는 시설

　나. 노인요양공동생활가정: 치매 · 중풍 등 노인성 질환 등으로 심신에 상당한 장애가 발생하여 도움을 필요로 하는 노인에게 가정과 같은 주거여건과 급식 · 요양, 그 밖에 일상생활에 필요한 편의를 제공함을 목적으로 하는 시설

③ 노인여가복지시설

노인복지법 제36조에 규정되어 있는 노인여가복지시설 등의 유형 및 그 성격과 가능은 다음과 같다.

가. 노인복지관: 노인의 교양·취미생활 및 사회참여활동 등에 대한 각종 정보와 서비스를 제공하고, 건강증진 및 질병예방과 소득보장·재가복지, 그 밖에 노인의 복지증진에 필요한 서비스를 제공함을 목적으로 하는 시설

나. 경로당: 지역 노인들이 자율적으로 친목도모·취미활동·공동작업장 운영 및 각종 정보교환과 기타 여가활동을 할 수 있도록 하는 장소를 제공함을 목적으로 하는 시설

다. 노인교실: 노인들에 대하여 사회활동 참여욕구를 충족시키기 위하여 건전한 취미생활·노인건강유지·소득보장, 기타 일상생활과 관련한 학습프로그램을 제공함을 목적으로 하는 시설

④ 재가노인복지시설

노인복지법 제38조에 의하면 재가노인복지시설은 아래 각 호의 어느 하나 이상의 서비스를 제공함을 목적으로 하는 시설을 말한다.

가. 방문요양서비스: 가정에서 일상생활을 영위하고 있는 노인(이하 재가노인이라 한다)으로서 신체적·정신적 장애로 어려움을 겪고 있는 노인에게 필요한 각종 편의를 제공하여 지역사회 안에서 건전하고 안정된 노후를 영위하도록 하는 서비스

나. 주·야간보호서비스: 부득이한 사유로 가족의 보호를 받을 수 없는 심신이 허약한 노인과 장애노인을 주간 또는 야간 동안 보호시설에 입소시켜 필요한 각종 편의를 제공하여 이들의 생활안정과 심신기능의 유지·향상을 도모하고, 그 가족의 신체적·정신적 부담을 덜어 주기 위한 서비스

다. 단기보호서비스: 부득이한 사유로 가족의 보호를 받을 수 없어 일시적으로 보호가 필요한 심신이 허약한 노인과 장애노인을 보호시설에 단기간 입소시켜 보호함으로써 노인 및 노인가정의 복지증진을 도모하기 위한 서비스

라. 방문목욕서비스: 목욕장비를 갖추고 재가노인을 방문하여 목욕을 제공하는 서비스

마. 그 밖의 서비스: 그 밖에 재가노인에게 제공하는 서비스로서 보건복지부령이 정하는 서비스

⑤ 노인보호전문기관

노인복지법 제39조의 5 제1항에 따라 국가는 지역 간의 연계체계를 구축하고 노인학대를 예방하기 위하여 중앙노인보호전문기관을 설치·운영해야 한다. 또한 학대받는 노인의 발견·보호·치료 등을 신속히 처리하고 노인학대를 예방하기 위해 지역노인보호전문기관을 특별시·광역시·도·특별자치도에 둔다.

⑥ 노인일자리지원기관

노인일자리지원기관은 지역사회 등에서 노인일자리의 개발·지원, 창업·육성 및 노인에 의한 재화의 생산·판매 등을 직접 담당하는 기관이다(노인복지법 제23조의 2 제1항). 한편, 그간 보건복지부에서 추진해 온 일자리지원사업은 2015년

〈표 12-2〉 노인복지시설 현황

구분		시설 수(개소)		입소정원(명)	
		2008	2014	2008	2014
노인주거복지시설	양로시설	306	272	11,520	13,903
	노인공동생활가정	21	142	177	1,173
	소계	327	414	11,697	15,076
노인의료복지시설	노인요양시설	1,332	2,707	82,271	132,387
	노인요양공동생활가정	1,009	2,134	8,504	18,813
	소계	2,341	4,841	90,775	151,200
노인여가복지시설	노인복지관	228	344	–	–
재가노인복지시설	방문요양서비스	1,111	992	–	–
	주·야간보호서비스	621	913	10,627	18,008
	단기보호서비스	217	96	2,833	844
	방문목욕서비스	349	588	–	–
	방문간호서비스	–	208	–	–
	소계	2,298	2,797		
노인보호전문기관	노인보호전문기관	20	28	–	–
합계	–	5,214	8,424	115,932	185,128

주) 노인복지법상의 일부 노인복지시설의 현황은 제시되지 않았음.
자료: 보건복지부(2015a).

부터 사회활동지원사업으로 명칭이 변경되어 추진되고 있다.

이상의 노인복지시설의 현황은 〈표 12-2〉와 같다.

4) 전달체계

노인복지제도의 주무부처는 보건복지부이며 보건복지부가 정책을 수립하면 행정자치부 산하의 시 · 도와 시 · 군 · 구를 통해서 읍 · 면 · 동으로 시달된다. 노인복지정책 수립에는 보건복지부 인구정책실 내 노인정책관이 그 핵심적 역할을 수행한다. 노인정책관은 노인정책과, 노인지원과, 요양보험제도과, 요양보험운영과 등 4개과를 총괄한다. 노인복지정책의 직접적인 집행은 시 · 도의 보건복지국(사회복지국) 노인복지과(노인장애인과 또는 노인보육정책과)를 거쳐 시 · 군 · 구의 노인복지과(노인장애인과 또는 노인보육정책과)에서 다시 읍 · 면 · 동 사회복지전담공무원을 통해 급여전달이 이루어진다. 그 밖에 고령자 고용촉진 등의 일부 정책업무는 고용노동부에서 수행한다. 한편, 이와 같은 공공전달체계와 함께 노인주거복지시설, 노인의료복지시설, 노인여가복지시설, 재가노인복지시설, 노인보호전문기관, 노인일자리지원기관은 직접 노인복지서비스를 전달하는 핵심적인 민간전달체계다. 이상의 민간전달체계는 사회복지법인, 재단법인, 사단법인, 종교단체, 각종 사회단체, 민간기업 또는 개인이 운영주체가 되어 노인복지서비스를 전달하는 것이다. 특히 사단법인 대한노인회 중앙조직과 시 · 도 연합회, 시 · 군 · 구 지회 및 읍 · 면 · 동 분회 조직은 경로당을 통하여 또는 노인복지관, 노인교실, 노인취업지원센터 등을 정부로부터 위탁받아 각종 노인복지서비스를 전달하고 있다. 민간전달체계는 일부 민간기업과 개인이 운영하는 유료시설을 제외하고는 대부분 정부로부터 보조금을 받아 운영되고 있다.

5) 재원

노인복지제도에 소요되는 재원 중 노인소득보장과 노인의료보장은 주로 사회보험제도, 국민기초생활보장제도 및 의료급여제도의 재원으로 부담하므로 논외로 하고, 노인장기요양보험지원, 기초연금, 노인일자리지원, 노인복지서비스에 한정시키면 이에 소요되는 재원의 종류는 크게 노인장기요양보험지원, 기초연금, 노인일자리 전담기관의 설치 · 운영 또는 위탁에 소요되는 비용, 노인건강진단 등과 상담 · 입소 등의 조치비용, 노인복지시설의 설치 · 운영에 소요되는 비용 등으로 구분된다. 기초연금의 경우 국가는 지방자치단체의 노인인구 비율 및 재정여건 등을 고려하여 100분의 40 이상, 100분의 90 이하의 범위 안에서 대통령령으로 정하는 비율에 해당하는 비용을 부담한다. 국가가 부담하는 비용을 뺀 비용은 특별시 · 광역시 · 특별자치시 · 도 · 특별자치도와 시 · 군 · 구가 상호 분담하되 그 부담비율은 노인인구비율 및 재정여건 등을 고려하여 보건복지부장관과 협의하여 시 · 도의 조례 및 시 · 군 · 구의 조례로 정한다(기초연금법 제 25조). 또한 노인일자리 전담기관의 설치 · 운영 또는 위탁에 소요되는 비용, 건강진단 등과 상담 · 입소 등의 조치에 소용되는 비용, 노인복지시설의 설치 · 운영에 소요되는 비용은 대통령령이 정하는 바에 따라 국가 또는 지방자치단체가 부담한다(노인복지법 제45조).

〈표 12-3〉 2015년 노인정책관실 주요사업 일반예산 현황   (단위: 백만 원)

구분		2014예산 (A)	2015예산 (B)	증감	
				(B-A)	(%)
총계		1,207,434	1,268,772	61,338	5.1
[일반회계]		1,168,542	1,230,385	61,843	5.3
노인생활안정	노인복지지원	1,220	219	△1,001	△82.0
	사할린한인지원	5,025	6,328	1,303	25.9
	노인관련기관지원	50,330	50,583	253	0.5
	노인돌봄서비스	144,582	132,647	△11,935	△8.3
	노인일자리지원	305,190	344,247	39,057	12.8
노인의료보장	노인장기요양보험지원	584,883	597,164	12,281	2.1
	노인요양시설 확충	33,878	32,471	△1,407	△4.2
장사시설 확충	장사시설	41,069	28,971	△12,098	△29.5
저출산대응 및 인구정책지원	고령친화산업육성 및 100세 사회대응 고령친화제품 연구개발	2,365	5,465	3,100	131

주) △는 감소를 의미
자료: 보건복지부(2015a).

2015년 노인정책관실 주요사업 일반예산 현황(보건복지부, 2015a)을 살펴보면 〈표 12-3〉에서 보듯이 2015년도 총예산은 2014년도에 비해 증가하였는데 양로시설운영지원, 노인일자리지원, 노인장기요양보험지원, 고령친화산업육성 등의 지원, 노인건강관리지원이 증가하였기 때문이다.

6) 문제점 및 향후과제

(1) 목표 및 적용대상의 문제

우리나라는 그간 여러 차례에 걸친 법 개정을 통해 어느 정도 노인복지의 제도적인 틀을 갖추고 있기는 하나 실제 내용에서는 아직도 소극적인 정책을 전개하고 있다. 그러나 우리 사회가 곧 고령화사회로부터 고령사회에 이를 것으로 전망되고 있는 상황에서 노인복지정책의 대상을 전체 노인으로 확대하고 노인복지정책의 목표설정도 적극적이고 발전적인 제도적 모형으로 개선해 나가는 것이 중요한 과제로 생각된다.

(2) 급여(프로그램)의 문제

현재 우리나라는 65세 이상 전체 노인의 상당수가 경제적으로 빈곤상태에 있어 OECD 국가 중 노인빈곤율이 1위로 나타나고 있다. 따라서 저소득층 노인에 대해서는 국가 책임하에 새롭게 도입된 기초생활보장 맞춤형 급여체계에 따른 부조 및 기초연금의 수급이 우선적으로 보장되어야 하며 중산층 이상의 노인에 대해서는 수익자부담 원칙에 따라 일정한 범위 안에서 욕구에 따른 유료서비스가 활성화되어야 한다.

노인소득보장의 경우 근로능력을 상실한 고령 노인층이나 저소득 노인층의 경우는 기초연금과 함께 맞춤형 기초생활보장의 수급범위를 확대하고, 건강하고 젊은 노인층은 근로를 통해 소득보장이 될 수 있도록 더 적극적인 취업기회를 제공해야 한다. 노인소득보장의 간접적 방법인 노인취업은 각종 노인욕구 및 의식조사 결과를 보면 노인취업욕구가 높게 나타나고 있으나 충분히 활성화되지 못하고 있다. 이를 위해 정부의 행·재정적인 지원이 필요하며 민간기업체와의 유기적 연계를 통해 노인들에게 알맞은 일거리를 마련해 주어야 한다. 또한 노인취 업에서 중요한 과제는 현재 노인취업에 대해 권장사항으로 되어 있는 고령자고 용촉진 규정을 의무규정화하는 동시에 고령자에게 알맞은 노인 적합직종을 개발 하고 고령자 직업훈련 프로그램을 개발하며 노인을 위한 취업정보체계를 활성화 하는 것이다.

노인의료비는 노인들의 잦은 질병으로 노인 개인이나 가족에게 큰 부담이 되 고 있다. 특히 경제적으로 어려운 노인은 적절한 건강보호나 치료를 받기 어렵다. 그리고 급증하고 있는 노인치매 및 노인성 질환에 대해 등급 외 판정을 받은 상당 수의 노인 및 그 가족이 고통을 겪고 있어 이에 대한 대책이 강구되어야 한다. 노 인의료보장의 경우 건강보험 및 의료급여 적용 시 노인성 질환의 특성을 고려해 야 한다.

노인단독가구의 증대와 더불어 65세 이상 노인의 약 3분의 1이 제3자의 도움 없이는 일상생활이 곤란할 정도로 재가노인복지서비스의 수요는 급증하고 있는 데 이에 대한 대책이 미흡하다. 특히 노인장기요양보험의 시행과 더불어 요양보 호사제도가 생겨나면서 등급 외 판정을 받은 노인들이 사각지대에 놓이게 되었 다. 따라서 취약한 노인단독가구 및 홀로 사는 노인들을 위해 체계적인 제도적 지 원이 이루어져야 한다.

시설 노인복지서비스의 경우 21세기에는 적어도 전체 노인의 3%가 입소시설 에서 적절한 보호를 받을 수 있도록 시설복지서비스가 양적 · 질적으로 확충되어 야 한다. 또한 유료 노인복지서비스는 계층 간의 위화감 조성 등 파생될 부작용을 예방할 수 있는 엄격한 지도 · 감독의 법적 규제가 강화되어야 한다.

(3) 전달체계의 문제

지방분권화와 노인인구의 급증에 따른 지방자치단체의 노인복지업무의 확대 와 21세기 노인복지정책의 중요성에 비추어 볼 때, 일부 지방자치단체를 제외한 많은 시 · 도 및 시 · 군 · 구의 노인복지 부서의 규모가 너무 제한적이고, 전문적 인 노인복지 상담업무가 효율적으로 이루어지지 않고 있다. 또한 공공 전달체계 와 민간 전달체계 간에, 그리고 민간 전달체계 상호 간에 협조체계가 확립되지 않아 서비스 중복 등 비효율성이 발생하여 노인들의 서비스 욕구를 충족시키지 못하고 있다. 이와 같은 문제에 대한 대책으로 시·도 및 시·군·구에 별도의 노인복지 부서를 설치하여 노인복지업무를 강화하는 것이 필요하며, 전문적인 노인상담기관을 설치하여 상담서비스를 제공하는 것이 중요하다. 또한 공공 전달체계와 민간 전달체계 간에 상호 유기적인 협조관계를 유지하고 민간 전달체계 상호 간에 협조를 위해 노인복지협의회를 조직할 필요가 있다. 그리고 노인복지 서비스의 질적 수준을 높이기 위해 열악한 대우를 받고 있는 노인복지시설 직원들의 대우를 향상시키는 것이 시급한 과제가 되고 있다.

(4) 재원의 문제

노인복지예산은 과거에 비해 많이 증가한 편이나 노인의 소득보장과 의료보장 및 노인복지서비스를 적절히 제공할 수 있는 사회적 안전망을 구축하기 위해서는 여전히 부족한 수준이다. 곧 고령사회에 진입하게 될 우리나라 노인복지예산은 더욱 확대되어야 한다. 특히 정부보조금이 부담금의 성격으로 강화되고 노인복지법의 임의규정이 강제규정으로 전환되어야 한다. 그러나 국가의 재정능력을 고려하여 단계적으로 확대하며 적정한 범위 안에서 민간자원을 동원하여야 한다.

2. 아동복지제도

아동복지에 관한 최초의 법으로서 1961년 아동복리법이 제정되었다. 요보호 아동만을 대상으로 한 제한적인 아동복리법은 요보호아동의 보호법으로서 큰 역할을 수행하였으나 모든 아동의 건전한 육성이란 차원에서 1981년 아동복지법으로 개칭하고 내용도 대폭 보완하여 1차 개정되었고 그 후 수차례에 걸쳐 일부 또는 전부 개정되었다. 특히 2000년 전부 개정에서는 아동학대에 관련된 조항이 체계적으로 정리되었고 2005년 개정에서는 보호를 필요로 하는 아동에 대한 가정위탁지원센터 등을 두고 아동학대를 근절하기 위한 조치를 규정하였다. 그리고 2006년 개정을 통해서는 아동을 대상으로 성폭력 예방교육을 실시하도록 하였고

2008년 개정에서는 국가나 지방자치단체가 실종·유괴 예방교육을 실시하고 아동보호구역에 폐쇄회로 텔레비전을 설치하거나 그 밖의 필요한 조치를 할 수 있도록 하였다. 2011년 8월 전부 개정에서는 5년마다 아동종합실태조사를 시행하여 그 결과를 바탕으로 아동정책기본계획을 수립·시행하고, 아동학대의 예방과 방지, 아동학대행위자의 계도를 위한 교육 등에 관한 홍보영상을 방송할 수 있도록 하며 아동복지서비스의 안정적 추진을 위한 근거와 아동정책을 효과적으로 추진하기 위한 정책적 기반을 마련하였다. 2012년 10월 개정에서는 모든 아동보호구역에 영상정보 처리기기를 의무적으로 설치하도록 하였고 아동학대 신고의무자의 신고의무 위반 시 과태료를 현행 100만 원에서 300만 원으로 상향 조정하였다. 2014년 1월 개정에서는 아동학대범죄의 처벌 등에 관한 특례법 제정에 따라 관련 조문을 정리하고 아동학대의 예방 및 피해자 지원에 관한 내용을 정하였다. 또한 1991년에는 영유아보육법이 제정되었고 그 후 수차례의 개정을 거쳐 오늘에 이르고 있다.

1) 목표

아동복지란 사회구성원으로서 아동의 기본적인 욕구를 충족시키고 건전한 성장과 발달을 도모하기 위하여 여러 가지 활동을 가능케 하는 공식적인 방법과 절차다(장인협·이혜경·오정수, 2001: 251). 현행 아동복지법은 제1조에서 이 법은 아동이 건강하게 출생하여 행복하고 안전하게 자랄 수 있도록 아동의 복지를 보장함을 목적으로 한다고 규정하고 있으며, 제2조에서 기본이념을 제시하고 있는데 첫째, 아동은 자신 또는 부모의 성별, 연령, 종교, 사회적 신분, 재산, 장애유무, 출생지역, 인종 등에 따른 어떠한 종류의 차별도 받지 않고 자라나야 하며, 둘째, 아동은 완전하고 조화로운 인격발달을 위하여 안정된 가정환경에서 행복하게 자라나야 하며, 셋째, 아동에 관한 모든 활동에 있어서 아동의 이익이 최우선적으로 고려되어야 하고, 넷째, 아동은 아동의 권리보장과 복지증진을 위하여 이 법에 따른 보호와 지원을 받을 권리를 가진다는 것이다.

아동복지제도는 아동의 보호, 변화, 발달 및 사회화, 생활의 질의 네 가지 욕구에 대한 대응으로서의 목표를 갖고 있다(김현용, 1994). 첫째, 보호차원의 목표는 사회적 도움 없이는 생존에 위협을 받는 아동들을 보호하기 위한 목표다. 보호목표를 수행하기 위한 프로그램으로는 시설보호, 입양, 위탁보호, 거택보호, 영유아보육사업 등이 있다. 둘째, 변화차원의 목표는 행동과 태도, 그리고 사고를 고치거나 각자가 가지고 있는 현재의 능력을 보다 더 강화시키는 것이 요구되는 아동들을 위한 목표다. 변화목표를 수행하기 위한 프로그램은 아동상담, 부녀아동상담, 청소년상담, 아동학대예방, 집단치료, 학교사회사업, 보호관찰, 갱생보호 등이다. 셋째, 사회화와 발달차원의 목표는 아동들이 건전한 심신의 발달과 올바른 사회화를 이룰 수 있도록 아동과 가정을 지원해 주는 목표다. 이와 같은 목표를 수행하기 위한 프로그램에는 영유아보육사업, 청소년집단사회사업, 캠프, 청소년 수련프로그램, 청소년회관 및 아동회관 프로그램 등이 있다. 넷째, 생활의 질 차원의 목표는 아동들이 안락감과 즐거움을 느끼게 하는 데 초점을 둔 목표다. 이와 같은 목표를 수행하기 위한 프로그램에는 레크리에이션프로그램, 휴양프로그램, 운동프로그램, 취미프로그램, 어린이공원 이용, 어린이놀이터 이용 등이 있다.

2) 적용대상

아동복지법 제3조에서는 아동을 18세 미만의 사람으로 규정하고 있고 입양 특례법에서도 18세 미만인 사람으로 규정하고 있다. 그러나 민법에서는 19세 미만을 미성년자로 규정하고 있고 소년법에서는 19세 미만의 자를 소년이라고 규정하

〈표 12-4〉 연령계층별 유소년 인구(0~21세) 및 구성비

구분 \ 연도		2000	2010	2020	2030	2040	2050	2060
총 인구(천 명)		47,008	49,410	51,435	52,160	51,091	48,121	43,959
유소년인구 (천 명)	(0~14세)	9,911	7,975	6,788	6,575	5,718	4,783	4,473
	(6~21세)	11,383	10,012	7,757	7,116	6,698	5,618	4,884
구성비(%)	(0~14세)	21.1	16.1	13.2	12.6	11.2	9.9	10.2
	(6~21세)	24.2	20.3	15.2	12.1	10.5	9.6	8.6

자료: 통계청(2011).

고 있다. 한편, 아동복지제도의 대상은 보편주의 원리를 따를 것인가, 선별주의 원리를 따를 것인가에 따라 전체 아동이 되기도 하고 요보호아동이 되기도 한다.

우리나라 유소년 인구의 전망을 보면, 과거의 인구 억제정책과 의식구조의 변화 등으로 〈표 12-4〉에서 보는 것과 같이 유소년(0~21세) 인구수가 점차 감소하고 있으며 전체 인구 대비 유소년 인구의 비율도 급격히 감소되고 있는 추세다. 2000년 유소년 인구는 0~14세는 21.1%, 6~21세는 24.2%이었으나 2010년에는 각각 16.1%, 20.3%로 감소하였고 2060년에는 각각 10.2%, 8.6%로 감소할 것으로 전망된다.

한편, 요보호아동의 발생현황을 보면(보건복지부, 2015b) 〈표 12-5〉에서 보는 것과 같이 2008년에 총 9,284명이던 것이 2014년에는 4,994명으로 지속적으로 줄어들고 있다. 그 원인으로는 빈곤·실직·학대가 줄어들고 있기 때문이다.

〈표 12-5〉 요보호아동 발생현황 (단위: 명)

연도	계	발생유형						
		미아	기아	미혼모	비행·가출·부랑	빈곤·실직	학대	부모 질병·사망·이혼
2014	4,994	13	282	1,226	508	308	1,105	1,552
2013	6,020	21	285	1,534	512	338	1,117	2,213
2012	6,926	50	235	1,989	708	448	1,122	2,374
2011	7,483	81	218	2,515	741	418	1,125	2,385
2010	8,590	210	191	2,804	772	586	1,037	2,990
2009	9,028	35	222	3,070	707	710	1,051	3,233
2008	9,284	151	202	2,349	706	1,036	891	3,949

자료: 보건복지부(http://www.mw.go.kr)

3) 급여(프로그램)

(1) 소득 및 의료보장

아동에 대한 소득보장은 아동이 있는 가정의 소득을 유지시켜 주기 위해 국가가 직접적인 소득이전 프로그램을 통해 소득을 보장해 주는 것으로서 아동수당,

사회보험, 공공부조의 형태로 실시된다. 아동수당은 소득보장의 대표적인 프로그램으로서 미래의 소중한 인적 자원인 아동에 대한 경제적 부양책임을 국가가 진다는 점에서 그 중요성이 인정되고 있다. 그러나 우리나라에는 아직 아동수당제가 없으며 다만 연말정산 시에 아동이 있을 경우 부양가족으로 등록하여 세금 면제를 받는 제도가 있다. 사회보험에 따른 아동의 소득지원은 아동을 직접 대상으로 하기보다는 가정의 소득을 지원함으로써 간접적으로 이루어진다고 할 수 있다. 즉, 부모의 퇴직, 장애, 사망 등에 따른 사회보험 급여의 제공은 그 가구의 아동이 정상적으로 성장할 수 있도록 돕는 기능을 한다. 그리고 공공부조에 따른 아동의 소득지원은 국민기초생활보장제도에 따라 이루어진다. 국민기초생활보장제도의 핵심 대상이 되는 아동은 시설에 입소·보호되어 있는 아동과 소년소녀가장 세대이며 이외에 빈곤한 부모 가정의 아동들도 소득지원 서비스를 받고 있다(박병현, 2003: 375).

또한 대부분의 아동은 국민건강보험에 따른 의료서비스를 받고 있다. 국민건강보험에 따라 의료보장을 받을 수 없는 빈곤층은 의료급여제도에 따라 의료서비스를 받을 수 있다.

(2) 보육사업

영유아보육사업은 하루 중 일정시간 동안 가정의 아동양육기능을 보완하기 위해 제공되는 서비스다. 보육사업은 일차적으로는 어머니가 직장에 나가기 때문에 일시적으로 아동양육을 책임질 사람이 가정에 부재할 때 아동양육을 지원하기 위해 제공되지만 아동이 특별한 도움을 필요로 하는 장애아일 경우나 가정이 질병 등의 이유로 위기에 처해 있을 때는 부모 또는 가정의 아동양육기능을 보충하기 위해 제공된다. 우리나라에서 보육사업이 법적으로 실시된 것은 1961년 아동복리법이 제정되면서 보육시설을 아동복지시설 중의 하나로 규정하면서부터다. 현행 제도는 1991년에 영유아보육법이 제정·시행되면서 종전의 단순 탁아 개념에서 탈피하여 보다 질 높은 보호와 유아교육의 기능을 포함한 보육사업으로 발전적으로 전환하였다.

그러나 2004년 여성부로 보육사업이 이관되면서 2005년부터 여성부를 여성가족부로 개칭하여 보육사업을 주관하였으나 2008년 보건복지부를 보건복지가족부로 개칭하면서 다시 보건복지가족부가 보육사업을 주관해 왔는데, 2010년 3월부터는 다시 여성부가 여성가족부로, 보건복지가족부는 보건복지부로 조직 개편되었고, 현재 보육사업과 관련된 정책에는 보건복지부 인구정책실 보육정책관이 핵심 역할을 하고 있다. 보육정책관은 보육정책과, 보육사업기획과, 보육기반과를 총괄하고 있다. 한편, 어린이집의 종류에는 국공립어린이집, 사회복지법인 어린이집, 법인·단체등 어린이집, 직장어린이집, 가정어린이집, 부모협동어린이집, 민간어린이집 등이 있다(영유아보육법 제10조). 2013년부터 0~5세의 모든 영유아를 대상으로 무상보육제도가 실시되었는데 그 내용과 범위는 대통령령으로 정하고 있다.

(3) 시설보호사업

시설보호사업은 아동의 부모가 그 자녀를 양육할 의사나 충분한 능력이 없을 때 혈연관계가 없는 타인이 부모역할을 대리하여 일정한 시설에서 일시적 또는 장기적으로 집단보호하는 사업을 말한다. 과거에는 시설보호사업이 주로 고아들을 집단으로 모아 장기간 보호하되 단순히 수용하고 보호하는 수준에 그쳤으나 오늘날의 세계적 경향을 보면 시설보호는 단순보호에서 더 나아가 아동의 문제를 분석하고 적절한 해결책을 찾아 치료를 하여 아동문제를 근본적으로 해결하려는 목적으로 전환되고 있다. 최근에는 문제아동과 청소년이 늘어나면서 이들을 단기간 또는 중·장기간 보호하면서 치료하는 아동보호치료시설, 아동단기보호시설이 설치되거나 지정되고 있다.

아동복지법 제52조 제1항에 따르면 아동복지시설의 종류는 다음과 같다.

① 아동양육시설: 보호대상 아동을 입소시켜 보호, 양육 및 취업훈련, 자립지원서비스 등을 제공하는 것을 목적으로 하는 시설
② 아동일시보호시설: 보호대상 아동을 일시보호하고 아동에 대한 향후의 양육대책수립 및 보호조치를 행하는 것을 목적으로 하는 시설
③ 아동보호치료시설: 아동에게 보호 및 치료서비스를 제공하는 다음 각 목의

시설

가. 불량행위를 하거나 불량행위를 할 우려가 있는 아동으로서 보호자가 없거나 친권자나 후견인이 입소를 신청한 아동 또는 가정법원, 지방법원 소년지원부에서 보호위탁된 19세 미만인 사람을 입소시켜 치료와 선도를 통하여 건전한 사회인으로 육성하는 것을 목적으로 하는 시설

나. 정서적·행동적 장애로 인하여 어려움을 겪고 있는 아동 또는 학대로 인하여 부모로부터 일시 격리되어 치료받을 필요가 있는 아동을 보호·치료하는 시설

④ 공동생활가정: 보호대상 아동에게 가정과 같은 주거여건과 보호, 양육, 자립지원서비스를 제공하는 것을 목적으로 하는 시설

⑤ 자립지원시설: 아동복지시설에서 퇴소한 사람에게 취업준비기간 또는 취업 후 일정기간 보호함으로써 자립을 지원하는 것을 목적으로 하는 시설

⑥ 아동상담소: 아동과 그 가족의 문제에 관한 상담, 치료, 예방 및 연구 등을 목적으로 하는 시설

⑦ 아동전용시설: 어린이공원, 어린이놀이터, 아동회관, 체육, 연극, 영화, 과학실험전시시설, 아동휴게숙박시설, 야영장 등 아동에게 건전한 놀이·오락, 그 밖의 각종 편의를 제공하여 심신의 건강유지와 복지증진에 필요한 서비스를 제공하는 것을 목적으로 하는 시설

⑧ 지역아동센터: 지역사회 아동의 보호·교육, 건전한 놀이와 오락의 제공, 보호자와 지역사회의 연계 등 아동의 건전육성을 위하여 종합적인 아동복지서비스를 제공하는 시설

위의 아동복지법상의 아동복지시설 중 이용시설인 아동상담소, 아동전용시설, 지역아동센터 등을 제외한 나머지 아동복지시설을 중심으로 시설보호사업이 이루어지고 있다. 한편, 위의 아동복지시설은 각 시설의 고유의 목적 사업을 해치지 아니하고 각 시설별 설치기준 및 운영기준을 충족하는 경우, 아동가정지원사업, 아동주간보호사업, 아동전문상담사업, 학대아동보호사업, 공동생활가정사업, 방과후 아동지도사업 각각을 추가로 실시할 수 있다(아동복지법 제52조 제3항).

(4) 아동학대 예방 및 아동보호사업

아동복지법에서는 아동학대의 개념과 범위가 명확히 정의되었다. 아동복지법 제3조에 따르면, 아동학대라 함은 보호자를 포함한 성인이 아동의 건강 또는 복지를 해치거나 정상적 발달을 저해할 수 있는 신체적·정신적·성적 폭력이나 가혹행위를 하는 것과 아동의 보호자가 아동을 유기하거나 방임하는 것을 말한다. 또한 아동복지법에서는 아동학대에 대한 예방과 방지의 의무, 긴급전화와 아동보호전문기관 설치, 처벌조항 명시 등 학대아동의 보호체계를 마련하여 현재 시행하고 있다. 아동학대예방센터로 설치되어 명칭이 변경된 아동보호전문기관은 2015년 현재 전국에 중앙아동보호전문기관 1개소와 54개소의 지역아동보호전문기관이 설치·운영되고 있다.

(5) 소년소녀가정지원 및 가정위탁보호

소년소녀가정의 지원 대상은 국민기초생활보장법에 따른 수급자(가구) 중 18세 미만의 아동이 실질적으로 가정을 이끌어 가고 있는 세대다. 지원내역은 생계급여, 교육급여, 의료급여 및 별도의 부가급여 등이다. 한편, 15세 미만의 아동으로만 세대를 구성해야 할 경우 가능하면 소년소녀가정 지정을 제한하고 가정위탁이나 시설입소를 강구하고 친인척이나 이웃과 함께 살고 있는 경우는 가정위탁보호를 지정하여 지원하도록 하고 있다. 소년소녀가정들은 정서·심리적인 문제, 주거환경의 문제, 경제 및 건강관리의 문제, 학업의 문제 등 많은 심각한 문제를 경험하고 있음이 밝혀지고 있다.

가정위탁보호사업은 아동복지법 제15조(보호조치)에 근거하여 이루어지고 있는데 가정위탁이란 보호대상자 아동의 보호를 위하여 성범죄, 가정폭력, 아동학대, 정신질환 등의 전력이 없는 보건복지부령으로 정하는 기준에 적합한 가정에 보호대상 아동을 일정기간 위탁하는 것을 말한다(아동복지법 제3조의 6). 국가는 가정위탁사업을 활성화하고 지역 간 연계체계를 구축하기 위하여 중앙가정위탁지원센터를 두며, 지방자치단체는 보호대상 아동에 대한 가정위탁사업을 활성화하기 위하여 시·도 및 시·군·구에 지역가정위탁지원센터를 둔다. 보건복지부장관, 시·도지사 및 시장·군수·구청장은 가정위탁지원을 목적으로 하는 비영리 법인을 지정하여 중앙가정위탁지원센터 및 지역가정위탁지원센터의 운영을 위탁할 수 있다(아동복지법 제48조). 2015년 현재 중앙가정위탁지원센터 1개소와 전국 16개 시·도에 17개소의 지역가정위탁지원센터가 설치·운영되고 있다.

(6) 입양사업

입양은 성인에게 다른 아동을 법적인 절차를 밟아서 자신의 자녀로 삼는 것을 의미하며 입양된 아동과 친부모와 동등한 친자관계를 맺는 것을 의미한다. 보건복지부 2015년도 내부자료에 따르면, 2014년 국내외 입양아동 수 총 1,172명 중 국외입양은 535명(54.4%), 국내입양은 637명(45.6%)으로 10년 전인 2005년 3,231명이었던 입양아동 수는 점차로 감소하는 추세다. 그러나 국외입양을 줄이려는 정부의 노력에도 불구하고 여전히 국외입양이 상당부분을 차지하고 있다.

2015년 현재 입양기관 현황은 4개의 국내외 입양기관과 16개의 국내 입양기관이 있다. 정부에서는 입양대책으로 입양가정에 대한 지원강화와 함께 국내 입양기관을 입양전문기관으로 육성하고 있다.

4) 전달체계

아동복지제도의 주무부처는 보건복지부이며 보건복지부가 정책을 수립하면 이것에 기초해서 행정자치부 산하의 시·도에서는 이에 따른 자체 시행계획이 수립되고 이를 시·군·구에 시달하면 시·군·구에서는 또 자체 시행계획을 수립하여 읍·면·동으로 시달한다. 아동복지정책 수립에는 보건복지부 인구정책실 인구아동정책관이 핵심적 역할을 수행한다. 인구아동정책관은 인구정책과, 출산정책과, 아동복지정책과, 아동권리과 등 4개과를 총괄한다. 아동복지정책의 직접적인 시행은 시·도의 보건복지국(사회복지국) 복지정책과(사회복지과)를 거쳐 시·군·구의 사회복지과(여성가족과)에서 다시 읍·면·동 사회복지전담공무원을 통해 급여전달이 이루어진다. 그 밖에 아동복지정책을 넓게 볼 때 그와 관련된 부처로는 행정자치부, 법무부, 교육부, 여성가족부, 그리고 고용노동부 등이 있다. 한편, 아동의 권리증진과 건강한 출생 및 성장을 위하여 종합적인 아동

정책을 수립하고 관계부처의 의견을 조정하며 그 정책의 이행을 감독하고 평가
하기 위하여 국무총리 소속하에 아동정책조정위원회를 둔다(아동복지법 제10조).

위와 같은 공공 전달체계와 함께 아동복지법상의 아동복지시설, 즉 아동양육
시설, 아동일시보호시설, 아동보호치료시설, 공동생활가정, 자립지원시설, 아동
상담소, 아동전용시설, 지역아동센터 등은 보육시설, 아동보호전문기관, 가정위
탁지원센터, 입양기관과 함께 직접 아동복지서비스를 전달하는 핵심적인 전달체
계인데 이들은 주로 민간 전달체계로서 사회복지법인, 재단법인, 사단법인, 종교
단체, 각종 사회단체가 주체가 되어 운영하고 있고 재원의 상당부분을 정부의 지
원에 의존하고 있다.

5) 재원

2015년 보건복지부 소관 예산 및 기금운용계획 개요(보건복지부, 2015c)에 따르
면 우리나라 아동복지 예산은 장애아가족지원, 지역아동센터지원, 취약계층 아
동 등 사례관리, 요보호아동 및 기초수급아동 발달지원, 아동학대 관련 예산 등
주로 취약계층 아동에 지원하고 있음을 알 수 있다. 아동복지는 노인복지나 장애
인복지와 같은 다른 사회복지분야가 발전되면서 비중이 약화되었고 이에 투입되
는 정부예산도 대폭 감소되었다. 그러나 저출산 대책으로 아동복지에서 분리된
보육사업에 투입되는 정부예산은 크게 증가하였다.

6) 문제점 및 향후과제

(1) 목표 및 적용대상

최근 여러 차례에 걸쳐 아동복지법 개정 등을 통하여 아동복지사업에 대한 제
도적 변화를 시도하고는 있지만 실제 내용에서는 미비한 점이 많다. 한편, 최근
아동인구의 추이는 의식구조의 변화 등으로 급격한 감소추세에 있으나 미혼모,
빈곤, 실직, 학대 등에 따른 요보호아동은 증가하고 있어 사회문제화되고 있다.
향후 아동복지제도의 목표는 요보호아동을 대상으로 한 실질적 복지욕구의 충족

과 더불어 일반아동을 대상으로 그들의 건전한 성장·발달과 건전 가정의 유지를 도모하는 데 두고 다양한 아동복지프로그램을 개발하는 것이 중요한 과제라 생각된다. 무엇보다도 아동복지정책의 목표는 아동과 가정이 합쳐진 통합적인 개념에서 도출되어야 하고 아동의 보호, 변화, 발달 및 사회화, 생활의 질이라는 네 가지 목표를 충족시키도록 적극적으로 설정하는 것이 중요하다.

(2) 급여(프로그램)의 문제

우리나라는 아동을 위한 소득보장이 이미 아동이 가정에서 이탈된 후나 가정이 와해된 후에 공공부조의 형태로 이루어지고 있는데 이러한 사후 보완적 서비스는 오히려 가족해체를 부추기는 역기능적인 현상을 초래하며, 이를 미연에 방지하기 위해서는 아동이 있는 일정소득 이하의 가구에, 그리고 궁극적으로는 모든 아동이 있는 가구에 양육비용을 보조하는 아동수당을 지급하는 방안이 검토되어야 한다. 전 세계적으로 많은 나라에서 다양한 형태의 아동수당(혹은 가족수당)을 도입하여 실시하고 있다(박종삼 외, 2002: 192).

시설보호사업의 경우 우리나라 아동은 오랜 기간을 시설에서 보내고 있다. 시설보호는 불가피한 경우에 아동을 일시적으로 보호한다는 입장에서 제공되어야하며 가정의 경험을 잃지 않고 가정에서와 같은 경험을 할 수 있도록 하는 방향으로 나아가야 한다. 그러므로 가능하면 작은 체제로 전환해 가야 한다. 또한 아동이 사회적·심리적·인지적으로 성장·발달하여 사회에 적응하는 독립된 인간이 되도록 전문적 서비스를 제공하는 것이 과제가 되고 있다. 이를 위해 무엇보다 전문적 서비스를 제공할 수 있는 직원의 확보가 중요하다.

아동학대예방 및 보호사업은 그간 지적되었던 시설 및 전문인력의 부족에 대해서 문제점이 보완되고 아동보호전문기관의 기능을 강화하기 위한 아동복지법의 개정이 수차례에 걸쳐 추진되어 왔으며 아동학대 범죄의 처벌 등에 관한 특례법까지 제정되었다. 그러나 이러한 노력에도 불구하고 친권을 제한하기 힘든 현재의 법체계, 교육, 의료, 경·검찰, 복지의 밀접한 연계망 구축을 통한 종합적 사례관리 등이 여전히 과제로 남아 있다.

소년소녀가정지원은 소년소녀 가장세대를 독립된 가정으로 간주하고 경제적

원조에만 치중하고 있는데 이에 대한 재검토가 있어야 한다. 이들이 경험하고 있는 다양하고 심각한 문제에 대처하고 이들을 적절히 보호하고 지도할 수 있는 대책들이 강구되어야 한다. 또한 최근 입양이 어렵거나 적당치 않은 아동의 사회적 보호로 가정위탁보호가 크게 증가하고 있다. 가정위탁보호 아동의 상당수가 외조부모, 친인척에게 대리양육 또는 친인척 위탁 양육되고 있고 일반위탁은 소수에 불과한데 이와 같은 현상은 미국이나 영국, 호주 등의 경우 일반가정위탁이 거의 50%에 이르는 것에 비해 대조적이다. 일반가정위탁이 잘 발달되어야 위기상황에 처한 많은 아동이 시설이 아닌 가정위탁보호를 받을 수 있는 기회가 높아지므로 일반위탁가정의 발굴과 훈련 및 보수체계의 현실화 등이 심각히 고려되어야 한다(윤혜미, 2005).

마지막으로 입양사업의 경우 우리나라는 출산율이 감소되면서 전반적으로 입양아동 수가 점차 감소되고 있으며 그간 정부에서는 국외입양보다는 국내입양을 활성화하려고 노력하였다. 그러나 많이 개선되었음에도 불구하고 아직도 국외입양이 상당부분을 차지하고 있다. 국내입양 기피의 원인으로는 혈연중심의 가족제도, 주거공간의 부족, 가족이기주의, 입양에 대한 사회적 인식 부족 등을 들 수 있다. 따라서 입양을 기피하는 국민의식을 개선하기 위해 입양에 대한 대국민홍보를 지속적으로 전개해 나가는 것이 중요하다.

(3) 전달체계의 문제

아동복지제도의 공공 전달체계는 업무의 전문성 결여와 담당직원의 잦은 변동, 아동복지정책이 국가정책의 우선순위에서 밀려남에 따라 발전하지 못하고 있다. 민간 전달체계 역시 사회변화와 이에 따른 새로운 아동복지 수요의 발생에 맞는 구조변화의 필요성 속에서 아직 변화의 정도가 미진하며 직원들의 대우가 적절히 이루어지지 않고 질적인 서비스 제공도 미흡하여 앞으로 과감히 변화되어야 할 과제를 안고 있다. 앞으로 수행해야 할 제도상의 과제를 제시하면 다음과 같다(양정하 외, 2008).

첫째, 아동복지정책을 수립하는 부서가 부처 간에 분산되어 있어 인력과 예산이 과도하게 들고 업무추진에 비효율적인 측면이 있다. 사실상 아동과 청소년은 연령상 중복된 부분이 많은 개념이다. 또한 아동과 청소년의 문제를 다루는 데 가정을 분리하여 생각할 수 없음은 의심의 여지가 없다. 따라서 아동, 청소년, 가정을 다루는 부서를 통합할 필요가 있다. 둘째, 아동복지서비스의 전달방법에서 과학화, 정보화의 시대적 요구사항을 수용하여 발전시켜야 한다. 전국적인 전산망을 통하여 요보호아동의 발생과 조치상황, 개별 아동복지시설의 수용능력과 현재 인원, 아동과 그의 가족에 대한 정보가 신속히 모아져서 아동에 대한 적절한 조치를 취할 수 있어야 할 것이다. 셋째, 아동복지서비스의 실천 결과를 모니터할 새로운 제도의 도입이 필요하다. 그래서 실천 결과에 대한 책임성의 수행이 심사되고 평가되어서 빠른 피드백이 이루어져야 한다. 이 기능은 최종적으로 공공 전달체계의 책임이지만 일차적으로는 아동복지 수행의 중간 기관인 연합회, 협회 등이 자율적으로 수행하는 것이 바람직하다. 이러한 중간 기관에 정부의 기능 중 일부를 과감히 위임하는 것을 고려해야 하며 이 중간 기관을 통하여 아동복지서비스의 표준화를 이루는 노력이 필요하다. 넷째, 아동복지서비스가 성공하기 위해서는 최일선에서 일하는 종사인력의 자질과 사기가 매우 중요하다. 그러므로 이들을 위한 처우향상이 요구되며, 종사인력도 담당하는 기능별로 세분화가 이루어져야 할 것이다.

(4) 재원의 문제

우리나라는 그간 노인복지나 장애인복지와 같은 다른 사회복지분야가 발전되면서, 그리고 영유아 보육사업이 아동복지로부터 분리되면서 아동복지에 투입되는 정부예산도 상대적으로 감소되었다. 이에 따라 전체 아동을 대상으로 아동의 삶의 질을 높이는 목표를 설정하고 이를 추진하는 데 제약을 받게 되고 요보호아동을 대상으로 욕구를 충족시키는 데 치중하고 있는 실정이다.

아동수당의 도입과 같은 소득보장의 문제를 해결하기 위해서는 선진국에 비해 많이 뒤떨어져 있는 우리나라 아동복지 예산을 점차적으로 개선해 나가야 한다. 또한 국민기초생활보장과 같은 맥락에서 부유세 등 목적세를 신설하여 아동복지를 위한 재원조달에 도움을 줄 수 있는 방안을 강구해 나가야 할 것이다.

3. 장애인복지제도

우리나라 장애인복지제도는 UN이 정한 세계 장애인의 해인 1981년에 심신장애자복지법의 제정·공포를 계기로 하나의 큰 기틀이 마련되었다. 또한 1988년 서울에서 제8회 장애인올림픽이 개최됨에 따라 국민의 장애인에 대한 인식이 변화되기 시작하였으며 1989년 심신장애자복지법이 장애인복지법으로 전부 개정되었다. 그리고 1990년 장애인고용촉진 등에 관한 법률이 제정·공포되고 또한 동법이 1999년 장애인고용촉진 및 직업재활법으로 개정됨에 따라서 장애인의 직업욕구를 보다 포괄적으로 충족시켜 줄 수 있는 제도적인 기반이 마련되었다. 또한 1997년 보건복지부 장애인복지 대책위원회에서는 장애인복지 5개년 계획을 확정·발표하여 장애범주를 점차적으로 확대하였고 빠른 시일 안에 선진국 수준에 도달하도록 하였다. 1999년에는 장애인복지법 전부 개정을 통해서 장애인복지정책을 종합적으로 수립하고, 관계부처 간의 의견을 조정하기 위해 국무총리 소속하에 장애인복지조정위원회를 두었으며, 장애인의 범주가 정신장애와 신장과 심장의 내부장애 등에까지 확대됨에 따라 장애인복지의 영역확대에 따른 장애인 복지정책의 중요성이 높아지게 되었다.

그리고 2003년 개정에서는 장애수당 지급을 규정하였고, 같은 해에 관계부처 합동으로 제2차 장애인복지 발전 5개년 계획을 확정·발표하여 추진하였으며, 2004년 개정에서는 지방자치단체에서도 지방장애인복지위원회를 설치하는 규정을 마련하였다. 2007년 4월 전부 개정에서는 장애인의 권익을 신장하고, 중증장애인 및 여성장애인을 포함한 장애인의 자립생활 등을 실현하기 위해 각종 제도를 도입하였으며 장애인복지조정위원회가 장애인정책조정위원회로 명칭이 변경되었다. 2008년에는 관계부처 합동으로 제3차 장애인정책 발전 5개년 계획을 확정·발표하여 추진하였으며, 2010년 5월 개정에서는 장애정도에 관한 심사기관을 국민연금공단으로 명시하였다. 2011년 3월 개정에서는 장애인생활시설을 포함한 장애인복지시설의 개념과 기능을 재정립하고 장애인 거주시설의 정원은 30명을 초과할 수 없도록 하였으며 장애인복지시설 이용자 중심의 서비스 체계를 구축하고자 하였다. 2012년 1월 개정에서는 다문화·국제화 시대에 재외동포 및 외국인의 장애인 등록을 허용하고 자녀교육비 및 장애수당 등의 지급대상자를 선정할 때 신청인과 그 가구원의 금융재산을 조사할 수 있도록 하였다. 또한 장애인복지시설 종사자 등의 신고의무를 일반적인 신고의무로 확대하고 종사자 등에게 성범죄 예방 및 신고에 대한 교육을 의무화함으로써, 장애인의 인권보호를 강화하였다. 또한 같은 해 10월 개정에서는 장애인복지시설의 운영자 및 종사자로 하여금 직무상 알게 된 장애인학대 사실을 수사기관에 신고하도록 의무화하고 신고의무 위반 시 과태료를 부과하도록 하였다. 한편, 2012년 12월에는 관계부처 합동으로 제4차 장애인정책 종합계획(2013~2017)을 확정·발표하여 추진하고 있다. 2013년 7월 개정에서는 현행법상 실시하고 있는 장애인생산품 인증제에 대한 거짓 인증 금지 규정을 명시하고 거짓 인증 표시에 대한 벌칙규정을 신설하였다. 2015년 6월 개정에서는 장애인복지서비스의 전 과정이 유기적으로 연결된 수요자 중심의 장애인복지서비스 전달체계를 구축하고자 하였다. 또한 장애인학대에 대한 예방 및 피해자 장애인에 대한 체계적인 관리를 위해 시·도에 지역장애인 권익옹호기관을 두도록 하였다.

1) 목표

장애인복지는 장애인이 장애로 갖는 핸디캡을 인적·물적·사회적 자원을 활용하여 장애를 경감·해소시키고 다른 사람과 동등한 조건하에서 생활할 수 있도록 하는 활동이다(한국복지연구원, 2000: 181). 현행 장애인복지법은 제1조에서 이 법은 장애인의 인간다운 삶과 권리보장을 위한 국가와 지방자치단체 등의 책임을 명백히 하고, 장애발생 예방과 장애인의 의료·교육·직업재활·생활환경 개선 등에 관한 사업을 정하여 장애인복지대책을 종합적으로 추진하며, 장애인의 자립생활·보호 및 수당지급 등에 관하여 필요한 사항을 정하여 장애인의 생활안정에 기여하는 등 장애인의 복지와 사회활동 참여 증진을 통하여 사회통합에 이바지함을 목적으로 한다고 규정하고 있다. 또한 법 제3조 규정에 따르면, 장애인복지의 기본이념은 장애인의 완전한 사회참여와 평등을 통하여 사회통합을 이루는 데 있다. 그리고 제4차 장애인정책 종합계획(2013~2017)에 따르면, 그 비전을 장애인과 비장애인이 더불어 행복한 사회에 두고 있고 그 목표로서 ① 장애인복지·건강서비스 확대 ② 장애인 생애주기별 교육강화 및 문화·체육 향유 확대 ③ 장애인 경제자립 기반강화 ④ 장애인의 사회참여 및 권익증진을 설정하고 있다.

한편, 장애인복지의 대표적 기본이념은 다음과 같다(양정하 외, 2008).

첫째, 정상화다. 정상화란 장애인들도 사회의 다른 구성원들과 함께 같은 교육을 받아야 하며, 비장애인과 동일한 작업환경 내에서 일할 수 있어야 하고, 사회구성원들의 일반적인 활동에 속하는 종교, 여가, 체육활동 등에 적극적으로 참여할 수 있어야 한다는 것을 의미한다. 둘째, 사회통합이다. 장애인의 사회통합은 장애를 가진 사람이 가치 있는 방법에 의해 정상적 지역사회 안에서 인격적 개인으로서 성공적으로 참여하게 하는 것을 의미한다. 셋째, 자립이다. 장애인의 자립이란 장애인들이 자신의 삶을 스스로 선택하고 조정하고 자신의 삶의 전부를 관리하는 일로서 장애인들이 언제 어디서나 자신들이 영위할 수 있는 자유를 누릴 수 있음을 의미한다.

2) 적용대상

우리나라 장애인복지법 제2조에 따르면, 장애인이란 신체적·정신적 장애로 오랫동안 일상생활이나 사회생활에서 상당한 제약을 받는 자를 말한다. 여기서 신체적 장애라 함은 주요 외부 신체기능의 장애, 내부기관의 장애 등을 말하고, 정신적 장애라 함은 발달장애 또는 정신적 질환으로 발생하는 장애를 말한다. 우리나라는 장애를 15가지 유형으로 구분하며 장애 종류별 장애등급은 장애정도에 따라 1급에서 6급까지 다양하게 구분된다.

2014년에 실시한 조사에 따르면, 우리나라 전국의 장애인은 273만 명으로 추정되어 2005년의 214만 명에 비해 약 59만 명이 증가하였다. 장애출현율(인구 100명당 장애인 수의 비율)은 5.59%로서 인구 10,000명 중 559명이 장애인인 것으로 나타났다(보건복지부·한국보건사회연구원, 2014). 이는 선진국에 비해 현저히 낮은 수치다. WHO가 권고하는 수준은 전체 인구의 10%다.

또한 추정 장애인구 중 등록 장애인구는 약 250만 명(2013년 12월 기준)으로 장애인 등록율은 91.7%로 2011년 93.8%에 비해 소폭 감소한 것으로 나타났다(보건복지부·한국보건사회연구원, 2014). 한편, 장애유형별 등록장애인 현황은 〈표 12-6〉과 같다. 장애유형별로 보면 지체장애인 비율이 가장 높고, 그다음이 뇌병변장애인, 시각장애인, 청각장애인, 지적장애인 등으로 나타나고 있다.

〈표 12-6〉 장애유형별 등록장애인 현황(2013년 12월말)   (단위: 명)

등록장애인 수	장애종별			
	지체	뇌병변	시각	청각
	1,309,285	253,493	253,095	255,399
	언어	지적	자폐	정신
	17,830	178,866	18,133	95,675
2,501,112	장애종별			
	신장	심장	호흡기	간
	66,551	6,928	13,150	9,194
	안면	장루·요루	간질	
	2,696	13,546	7,271	

자료: 보건복지부(2014).

3) 급여(프로그램)

(1) 소득보장

장애인에 대한 소득보장은 직접적 소득보장과 간접적 소득보장으로 나눌 수 있다. 직접적 소득보장으로는 사회보험, 공공부조, 장애수당 등이 있다. 사회보험으로서 산재보험법에 따라 장해급여가 제공되고 있으며 공무원연금법, 군인연금법, 사립학교교직원연금법, 국민연금법에 따라 장애연금이 제공되고 있다. 공공부조로서는 장애인 중 생활능력이 없는 자에게 국민기초생활보장법에 따라 맞춤형 급여가 제공되고 있으며 장애인연금법에 따라 생활이 어려운 중증장애인에게 매월 기초급여와 부가급여를 지급하고 있다. 또한 장애인복지법 제49조에 근거하여 국가와 지방자치단체는 장애인의 장애정도와 경제적 수준을 고려하여 장애수당을 지급할 수 있다. 다만, 국민기초생활보장법에 따른 생계급여를 받는 장애인에게는 장애수당을 반드시 지급하여야 한다. 그러나 장애인연금법에 따라 연금을 받는 장애인에게는 장애수당을 지급하지 아니한다.

간접적 소득보장으로는 소득세 및 상속세 공제, 증여세 감면, 의료비 공제, 승용차에 대한 특별소비세 감면, 자동차세 감면, 교육세 감면, 주차료 할인, 장애인용 수입물품 관세 감면, 보장구에 대한 부가가치세 감면, 철도요금 할인, 도시철도요금 면제, 공영버스 면제, 국공립 공연장 할인, 공공체육시설 할인, 전화료 할인, 고궁, 능원, 국·공립박물관 및 미술관, 국공립공원 등의 입장료 면제 등이 실시되고 있다.

(2) 의료보장

장애인은 일반인에 비하여 장기간의 치료와 재활을 필요로 한다. 장애인 의료보장으로는 사회보험제도인 국민건강보험과 공공부조제도인 의료급여, 저소득 장애인에 대한 의료비 지원과 보장구 무료 교부사업 등이 있다.

현재 장애인을 위한 의료급여 및 건강보험 급여기간은 365일로 확대되었다. 장애인 의료비 지원제도는 장애인복지법 제36조에 근거하여 현재 의료급여 2종 대상자인 장애인들을 대상으로 1차 의료급여기관의 진료 시 본인부담금 1,500원 중 750원 지원, 2차 의료급여기관 진료 시 의료급여수가적용 본인부담진료비 15% 전액, 그리고 의료급여적용 보장구 구입 시 상한액 범위 내에서 본인부담금 (15%) 전액을 지원해 주고 있다(보건복지부, 2015d).

(3) 장애인복지시설의 설치·운영

장애인복지서비스를 위한 접근방법은 입소시설 중심에서 이용시설 중심의 서비스로 발전하고 있다. 입소시설보호는 운영비용의 증가, 폐쇄성, 개인의 사생활 침해 등의 여러 가지 문제점이 나타나 그 대안으로 이용시설 중심의 서비스가 발전하게 되었다. 장애인복지서비스를 제공하는 장애인복지시설의 종류는 다음과 같다(장애인복지법 제58조 제1항).

① 장애인 거주시설: 거주공간을 활용하여 일반가정에서 생활하기 어려운 장애인에게 일정기간 동안 거주·요양·지원 등의 서비스를 제공하는 동시에 지역사회생활을 지원하는 시설

② 장애인 지역사회재활시설: 장애인을 전문적으로 상담·치료·훈련하거나 장애인의 일상생활, 여가활동 및 사회참여활동 등을 지원하는 시설

③ 장애인 직업재활시설: 일반 작업환경에서는 일하기 어려운 장애인이 특별히 준비된 작업환경에서 직업훈련을 받거나 직업생활을 할 수 있도록 하는 시설

④ 장애인 의료재활시설: 장애인을 입원 또는 통원하게 하여 상담, 진단·판정, 치료 등 의료재활서비스를 제공하는 시설

⑤ 그 밖에 대통령령으로 정하는 시설

(4) 장애인 고용촉진 및 직업재활

장애인이 그 능력에 맞는 직업생활을 통하여 인간다운 생활을 할 수 있도록 장애인의 고용촉진과 직업재활 및 직업안정을 도모하기 위하여 1990년 장애인 고용촉진 등에 관한 법률이 제정되어 일정 규모 이상의 사업주에 대한 할당제 의무고용정책을 마련함으로써 장애인 고용촉진의 전기를 마련하였다. 그리고 2000년 장애인 고용촉진 등에 관한 법률을 장애인 고용촉진 및 직업재활법으로 개정하여 국가 및 지방자치단체의 장애인 고용을 권장사항에서 의무사항으로 변경하는 등 정부주도하에 장애인의 직업욕구를 충족시켜 줄 수 있는 법적인 기반이 마련되었다.

장애인 고용은 위와 같은 일반고용과 또 다른 형태인 보호고용이 있다. 보호고용은 장애인복지법에 의거하여 설치된 직업재활시설인 보호작업장과 근로사업장에서 중증장애인들이 근로활동에 종사할 수 있도록 하는 고용을 말한다. 장애인복지법 제21조 제1항에 따르면, 국가와 지방자치단체는 장애인이 적성과 능력에 맞는 직업에 종사할 수 있도록 직업지도, 직업능력평가, 직업적응훈련, 직업훈련, 취업알선, 고용 및 취업 후 지도 등 필요한 정책을 강구하여야 한다고 규정하고 있고, 제2항에서는 국가와 지방자치단체는 장애인 직업훈련이 원활히 이루

어질 수 있도록 장애인에게 적합한 직종과 재활사업에 관한 조사·연구를 촉진하여야 한다고 규정하고 있다.

(5) 장애인교육

장애인복지법 제20조에 따르면, 국가와 지방자치단체는 사회통합의 이념에 따라 장애인이 연령·능력·장애의 종류 및 정도에 따라 충분히 교육을 받을 수 있도록 교육 내용과 방법을 개선하는 등 필요한 정책을 강구하여야 하고 장애인의 교육에 관한 조사·연구를 촉진하여야 하며 장애인에게 전문 진로교육을 실시하는 제도를 강구하여야 한다. 또 각급 학교의 장은 교육을 필요로 하는 장애인이 그 학교에 입학하려는 경우 장애를 이유로 입학 지원을 거부하거나 입학시험 합격자의 입학을 거부하는 등의 불리한 조치를 하여서는 아니 되며, 모든 교육기관은 교육대상인 장애인의 입학과 수학 등에 편리하도록 장애의 종류와 정도에 맞추어 시설을 정비하거나 그 밖에 필요한 조치를 강구하여야 한다.

(6) 재활상담 및 입소 등의 조치

장애인 복지향상을 위한 상담 및 지원 업무를 맡기기 위하여 시·군·구(자치구)에 장애인복지 상담원을 둔다. 장애인복지 상담원은 그 업무를 할 때 개인의 인격을 존중하고, 업무상 알게 된 개인의 신상에 관한 비밀을 누설하여서는 아니 된다(장애인복지법 제33조 제1항~제2항).

또한 보건복지부장관, 특별시장·광역시장·도지사·특별자치도지사 또는 시장·군수·구청장(장애인복지 실시기관)은 장애인에 대한 검진 및 재활상담을 하고 필요하다고 인정되면 다음 각 호의 조치를 하여야 한다(장애인복지법 제34조 제1항).

① 국·공립 병원, 보건소, 보건지소, 그 밖의 의료기관에 의뢰하여 의료 및 보건지도를 받게 하는 것
② 국가 또는 지방자치단체가 설치한 장애인복지시설에서 주거편의·상담·치료·훈련 등의 필요한 서비스를 받도록 하는 것

③ 장애인복지법상의 장애인복지시설에 위탁하여 그 시설에서 주거편의·상 담·치료·훈련 등의 필요한 서비스를 받도록 하는 것
④ 공공직업 능력개발 훈련시설 또는 사업장 내 직업훈련시설에서 하는 직업 훈련 또는 취업알선을 필요로 하는 자를 관련시설이나 직업안정 업무기관 에 소개하는 것

장애인복지 실시기관은 위의 재활상담을 하는 데에 필요하다고 인정되면 장애 인 복지 상담원을 해당 장애인의 가정 또는 장애인이 주거편의·상담·치료·훈 련 등의 필요한 서비스를 받는 시설이나 의료기관을 방문하여 상담하게 하거나 필요한 지도를 하게 할 수 있다(장애인복지법 제34조 제2항).

(7) 장애인 사회활동 참여기반 조성

정부는 1989년 이후 장애인도 일반인과 같이 이동을 자유스럽게 하여 사회참 여와 활동을 확대하기 위하여 경사로 설치, 횡단보도 턱 낮추기, 승강기 등 장애 인 편의시설을 확충해 왔으며 1997년엔 장애인·노인·임산부 등의 편의 증진 보장에 관한 법률을 제정하여 장애인 등의 사회활동을 제약하는 법령 등을 일소 에 제거하였는데 1998년부터 시행되고 있는 이 법률의 주요내용을 보면 다음과 같다.

① 장애인 등의 시설, 설비 및 정보에 대한 정보 접근권 인정
② 편의시설을 설치하여야 하는 대상 시설의 범위
③ 시설 주관 기관의 편의시설 실태조사 및 편의시설 설치계획 수립·시행
④ 민간의 편의시설 설치지원을 위한 금융·기술지원 및 조세감면
⑤ 편의시설 설치 촉진기금의 조성
⑥ 이 법 위반에 대한 벌금 또는 과태료 부과

한편, 정부는 매년 4월 20일을 장애인의 날로 하고 그날부터 1주간을 장애인 주간으로 하여 각종 체육행사, 문화행사를 개최하여 장애인에 대한 일반인의 인

식을 바꿔 나가도록 하고 있다. 또한 국가와 지방자치단체는 장애인의 복지를 향
상하고 자립을 돕기 위하여 장애인복지단체를 보호·육성하도록 노력하여야 한
다(장애인복지법 제63조 제1항). 그리고 장애인복지단체의 활동을 지원하고 장애
인의 복지를 향상하기 위하여 장애인복지단체 협의회를 설립할 수 있다(장애인복
지법 제64조 제1항).

(8) 장애발생 예방 프로그램

장애발생을 예방하는 프로그램은 장애인 문제를 해결하기 위한 가장 최선의
프로그램이라고 할 수 있다. 우리나라에서는 이를 위하여 모자보건, 산업안전,
교통안전의 측면에서 정책적인 접근을 하고 있다. 국가와 지방자치단체는 장애
의 발생원인과 그 예방에 관한 조사연구를 촉진하여야 하며, 모자보건사업의 강
화, 장애의 원인이 되는 질병의 조기발견과 조기치료, 그 밖에 필요한 정책을 강
구하여야 하고 교통사고·산업재해·약물중독 및 환경오염 등에 의한 장애발생
을 예방하기 위하여 필요한 조치를 강구하여야 한다(장애인복지법 제17조 제1항~
제2항).

4) 전달체계

장애인복지제도의 주무부처는 보건복지부이며 보건복지부가 정책을 수립하여
행정자치부 산하의 시·도와 시·군·구를 통해서 읍·면·동으로 시달한다. 장
애인복지정책의 수립은 보건복지부 장애인정책국에서 그 핵심적 역할을 수행한
다. 장애인정책국은 장애인정책과, 장애인권익지원과, 장애인자립지원과, 장애
인서비스과를 총괄한다. 장애인복지정책의 집행은 시·도의 보건복지국(사회복
지국) 장애인복지과(노인장애인복지과)를 거쳐 시·군·구의 장애인복지과(노인장
애인과)에서 읍·면·동 사회복지전담공무원을 통해 급여전달이 이루어진다. 그
밖에 일부 장애인복지정책은 교육부, 행정자치부, 고용노동부, 여성가족부, 국토
교통부 등으로 분산되어 정책이 수립되고 집행되어 통합성과 효율성의 문제가
제기되고 있다.

이와 같은 문제에 대처하여 장애인복지 종합정책을 수립하고 관계부처 간의 의견을 조정하며 그 정책의 이행을 감독하고 평가하기 위해 국무총리 소속하에 장애인정책 조정위원회를 둔다. 장애인정책 조정위원회는 다음 각 호의 사항을 심의 · 조정한다(장애인복지법 제11조 제1항~제2항).

① 장애인 복지정책의 기본방향에 관한 사항
② 장애인 복지증진을 위한 제도개선과 예산지원에 관한 사항
③ 중요한 특수교육정책의 조정에 관한 사항
④ 장애인 고용촉진 정책의 중요한 조정에 관한 사항
⑤ 장애인 이동보장 정책조정에 관한 사항
⑥ 장애인 정책추진과 관련한 재원조달에 관한 사항
⑦ 장애인복지에 관한 관련부처의 협조에 관한 사항
⑧ 그 밖에 장애인복지와 관련하여 대통령령으로 정하는 사항

한편, 장애인 거주시설, 장애인 지역사회재활시설, 장애인 직업재활시설, 장애인 의료재활시설 등과 같은 장애인복지시설들은 대부분 직접 장애인복지서비스를 전달하는 핵심적인 민간 전달체계다. 이상의 민간 전달체계는 사회복지법인, 재단법인, 사단법인, 종교단체, 각종 사회단체, 민간기업 또는 개인이 운영주체가 되어 장애인복지서비스를 전달하며 유료시설을 제외하고는 대부분 중앙 또는 지방 정부로부터 보조금을 받아 운영되고 있다. 그 밖에 한국장애인재활협회, 한국장애인복지시설협회, 한국장애인복지관협회, 한국장애인단체총연맹과 같은 장애인복지 관련 협회 및 단체들도 중요한 민간 전달체계로 볼 수 있다. 민간 전달체계의 근무자를 중심으로 한 인력체계는 사회복지사업법이나 장애인복지법 등에서 규정하고 있는 유자격자와 관련자를 배치하고 있다.

5) 재원

우리나라 정부의 일반예산 중 사회복지예산이 차지하는 비율은 크게 증가하였

으나 장애인복지예산은 사회복지예산의 2~3% 수준에 불과하다(정일교 · 김만호, 2014). 2015년 장애인복지예산을 살펴보면 장애인연금, 장애인활동지원, 장애인 거주시설 운영지원 예산이 가장 큰 비중을 차지하고 있고 그 밖에 장애수당, 장애 아동가족지원, 장애등급심사제도 운영에 소요되고 있다(보건복지부, 2015d). 그리 고 장애인복지법에 근거하여 지급되는 장애수당 등의 생계 보조수당의 재원별 부담률은 서울은 국비 50%, 지방비 50%, 지방은 국비 70%, 지방비 30%로 충당 된다.

한편, 장애인 고용보장과 관련하여 장애인 고용촉진기금을 설치 · 운영하고 있 는데 여기에서의 기금은 장애인 고용의무 대상사업체가 장애인을 의무고용하지 않았을 경우, 의무고용 미달인원 1인당 당해 연도 최저임금의 60%에 해당하는 부담금을 납부하도록 하고 있는데 이와 같은 부담금과 정부출연금을 재원으로 장애인 고용촉진기금이 운영되고 있다.

6) 문제점 및 향후과제

(1) 목표 및 적용대상의 문제

우리나라 장애인복지제도는 그간의 제도개선을 통해 어느 정도의 기본적인 틀 이 마련되었다고 볼 수 있지만 장애인의 완전한 사회참여와 평등을 실현하기 위 한 제도적인 목표설정이 미흡하다. 따라서 장애인복지의 대표적인 기본이념인 정상화, 사회통합, 자립을 구체화한 목표체계의 확립이 요구된다. 또한 적용대상 으로서 우리나라 장애인 수는 WHO가 권고하는 수준인 전체 인구의 10%보다 상 당히 적은 수치다. 우리나라 2014년 장애 출현율은 5.59%로서 아직도 선진국에 비해 장애의 범주 및 정의를 좁게 규정하고 있다. 우리나라의 경우 1999년 장애 인복지법 개정으로 기존의 5종에서 10종으로 확대되었고 다시 2003년에 5종이 추가되어 15가지 유형으로 장애를 규정하고 있다. 선진국에서는 내부 장애와 정 신장애의 범위를 더 넓게 규정하고 있다. 향후 우리나라도 선진국의 수준으로 장 애인의 범주를 점차로 넓혀 나가는 것이 중요한 과제라 생각된다.

(2) 급여(프로그램)의 문제

우리나라는 그간 장애인연금제도, 장애수당제도 등과 같은 직접적인 장애인소득보장제도가 마련되어 과거보다는 많이 좋아지긴 하였으나 이러한 급여프로그램이 장애인 가족의 소득기준이나 장애등급 기준으로 제공되기 때문에 장애인의 자립생활을 보장하기에는 매우 부족한 상황으로 여전히 많은 장애인이 소득보장에 어려움을 겪고 있다. 또한 간접적 소득보장으로서 각종 조세 감면제도는 그 공제 수준이 낮아 소득보장으로서의 실효가 낮고 접근권 관련 비용 감면의 경우도 그 유형은 다양해 보이나 전체 장애인 중에서 이를 이용하는 장애인은 많지 않기 때문에 감면의 실질적 효과는 미흡하다. 따라서 이의 개선이 필요하고 개개 장애인과 가족의 소득수준을 정확히 파악하여 이를 충족시키는 맞춤형 소득보장제도를 구축하여야 한다.

장애인 의료보장의 경우 장애인의 다수가 저소득층으로 지속적인 의료비를 지불해야 하는 부담이 있으므로 의료급여 진료체계의 개선과 급여항목의 확대가 필요하다. 그리고 기존의 지나친 약물치료에 의존하는 치료중심의 체제에서 탈피하여 장애의 예방과 국민건강증진 중심의 건강관리체제로 전환하는 것이 필요하다. 또한 모든 장애인이 적절한 의료서비스를 받을 수 있도록 일정 규모 이상의 종합병원에 재활의학과를 설치하고 재활관련 전문인을 양성하여 의료재활서비스 이용 기회를 넓혀 주는 것이 필요하다. 그 밖에 장애로 인한 기능손상을 최소화할 수 있는 과학적인 보장구 개발과 이에 대한 국가적 지원이 필요하다(정일교·김만호, 2014).

장애인복지시설의 경우 대규모 입소시설은 폐쇄성, 개인의 사생활 침해 등 여러 가지 문제가 있으므로 소규모 공동가정의 형태로 전환되는 것이 바람직하다. 이용시설의 경우 도시에 편중되어 농촌, 도서·산간벽지는 장애인복지의 사각지대로 남아 있다. 따라서 이와 같은 시설의 확대설치가 요망되며 가정방문 서비스의 활성화 및 그 밖에 장애인을 부양하는 가족의 부담을 덜어 주기 위한 지원책 확대가 요구된다. 또한 시설기능의 강화, 시설 운영비의 지원확대 그리고 장애인 시설 전문인력의 양성 등이 중요한 과제라 생각된다.

장애인 고용의 경우 장애인 고용촉진 및 직업재활법 제27조 제1항에서 "국가 및 지방자치단체의 장은 장애인을 소속 공무원 정원의 100분의 3 이상 고용하여야 한다.”고 명시하였음에도 불구하고 민간기업과 같은 불이행 시의 제재조치를 명시하지 않고 있어 실제적인 의무조항이 되기 위해서는 민간기업과 같은 제재조항을 신설하는 것이 바람직하다고 볼 수 있다. 그리고 단계적으로 의무고용사업장의 범위 및 의무고용률을 확대해 나가야 할 것이다. 장애인 직업재활은 정부의 지원으로 그간 직업재활시설도 증설되고 직업재활과 관련된 다양한 서비스가 제공되어 왔으나 여전히 재활 전문인력이 부족하고 직업재활훈련과 장애인 고용이 순조롭게 연계되지 않아 문제로 지적되고 있다. 따라서 장애인 직업재활의 핵심적 과제는 체계적인 직업재활훈련 시스템의 확립과 함께 장애인을 적재적소에 고용시키는 것이다.

장애인교육의 최근 동향은 격리된 환경의 교육에서 탈피하여 통합교육을 실현하는 방향으로 나아가고 있으나 일반학교 교사나 학생의 인식 부족, 장애인 편의시설의 미비, 특수교육인력의 부족 등 현실적인 저해요소가 존재하고 있다. 따라서 이러한 문제를 해결할 수 있는 보완책의 마련과 함께 그들이 졸업 후 자립·자활할 수 있도록 취업처와의 상호 연계체계를 구축하는 방안이 마련되어야 한다.

장애인 사회활동 참여기반을 조성하기 위해 정부에서는 법을 제정하여 장애인 사회활동을 제약하는 제반법규를 정비하고 장애인의 날 제정 등 장애인 복지 증진을 위한 사회적 분위기 조성에 노력해 왔으나 아직도 우리 사회에는 장애인 편의시설이 많이 부족하고 일반 주민들의 장애인에 대한 편견과 인습적인 차별은 그대로다. 따라서 도로, 교통, 건축물 등에 대한 편의시설을 지속적으로 확충해 나가도록 하는 한편, 장애인에 대한 국민의식의 개선을 위해 지속적인 교육과 홍보를 전개해 나가야 한다. 또한 정부에서는 장애예방의 중요성을 인식하고 모자보건, 산업안전, 교통안전의 측면에서 대책을 강구하고 있으나 장애를 조기에 발견하고 예방하기 위한 과학적인 관리체계가 미비하며 응급환자에 대한 효과적인 관리가 이루어지지 못하여 이송과정에서 오히려 장애를 유발하는 경우가 종종 있다. 따라서 이러한 문제점 해결을 위한 근본적인 관리체계의 강화가 요청된다.

(3) 전달체계의 문제

장애인복지를 위한 공공 전달체계나 민간 전달체계는 복잡하다. 장애인은 인생의 주기상 아동이나 노인과 같이 어느 일정한 시기에 있는 것이 아니라 전 생애를 걸쳐서 대상이 될 수 있으며 그에 따른 서비스 욕구도 다양하고 또 장애인 유형도 각각 다르기 때문이다. 따라서 현재 장애인복지정책의 주무부처인 보건복지부에 독립된 장애인 정책국이 설치되어 있다. 그러나 현행 장애인복지 공공 전달체계는 보건복지부 외에도 교육부, 행정자치부, 고용노동부, 여성가족부, 국토교통부 등에 분산되어 정책이 수립되고 행정자치부 지방행정기관을 중심으로 집행되고 있어 통합성과 효율성의 문제가 제기되고 있다. 물론 장애인복지법에 따라서 국무총리 소속하에 장애인정책조정위원회가 설치되어 부처 간의 의견을 조정하고 있지만 충분치 못한 실정이다. 따라서 장애인과 관련된 제반 정책 및 행정기능이 효율적으로 통합될 수 있도록 상호 유기적인 전달체계가 구축되어야 한다. 그리고 민간 전달체계로서 장애인복지시설에 전문인력의 확대배치가 이루어져야 하며 무엇보다도 장애인복지시설 직원들의 대우향상이 요구된다. 또한 공공 전달체계와 민간 전달체계 간에, 그리고 민간 전달체계 상호 간에 유기적인 협조관계를 유지하기 위해 분립, 운영되고 있는 장애인복지 관련 협회 및 단체활동이 조정·통합되는 기능이 강화되어야 한다.

(4) 재원의 문제

현재 장애인복지에 대한 국가 및 지방자치단체의 재정지원은 충분치 못해 많은 장애인들이 소득보장에 어려움을 겪고 있다. 근본적으로 장애인복지의 발전을 저해하는 가장 큰 요인은 복지재정의 취약성이라고 할 수 있다. 그간 우리나라 정부의 일반예산 중 복지예산이 차지하는 비율은 많은 증가 추세를 보여 왔으나 복지예산 중 장애인복지예산이 차지하는 비율은 2~3% 수준에 머무르고 있다. 따라서 선진국 수준에 크게 미달하고 있는 중앙정부의 장애인복지예산의 점진적인 개선과 더불어 지방정부 차원에서 재원조달방법의 다양화를 모색하는 방안도 강구해 나가야 할 것이다.

4. 한부모가족지원제도

1989년 모자복지법의 제정 이전 모자가족에 대한 복지는 아동복지법과 생활보호법에 따라 이루어졌다. 1980년대 들어서 모자복지를 위한 독자적인 입법제정에 대한 논의가 학자들과 여성단체를 중심으로 이루어지면서 1988년 모자복지법이 제안되었고 1989년 4월 모자복지법이 제정되었다. 그 후 여러 차례 개정이 이루어지다가 부자가족에 대한 역차별 등의 이유로 2002년 12월 부자가족의 보호를 포함하는 모 · 부자복지법으로 개정되었으며, 2007년 10월에 모 · 부자복지법에서 한부모가족지원법으로 법명이 변경되면서 조손가족도 지원할 수 있게 되었다. 2011년 4월 개정에서는 실제 설치 · 운영되지 않고 존치 필요성이 낮은 한부모가족복지상담소에 대한 규정을 정비하고 한부모가족복지시설의 종류가 지나치게 세분화되어 있는 등 문제점이 있으므로 유사한 기능을 수행하고 있는 한부모가족복지시설을 그 지원대상을 기준으로 재분류하여 한 종류의 복지시설에서 여러 가지 지원을 함께 제공할 수 있도록 하였다. 2012년 2월 개정에서는 법원이 이혼판결 시 활용할 수 있도록 자녀양육비 산정을 위한 자녀양육비 가이드라인을 마련하고 복지급여 사유의 발생 · 변경 또는 상실을 확인하기 위하여 조사 및 관계 기관에 대한 자료 요청의 근거를 신설하였다. 2013년 3월 개정은 국가와 지방자치단체로 하여금 한부모가족에 대한 사회적 편견과 차별을 예방하고 사회구성원이 한부모가족을 이해하고 존중할 수 있도록 교육 및 홍보 등 필요한 조치를 하도록 함으로써 한부모가족의 권익을 증진하고 한부모가족에 대한 사회의 관심과 이해를 높이기 위함이었다. 2014년 1월 개정에서는 최근 이혼, 사별, 미혼부모, 별거 등으로 인한 급속한 가족환경의 변화로 한부모가족이 급증하는 추세에 따라 한부모가족에 대한 지원을 강화하였다.

1) 목표

한부모가족이란 부모 중 한쪽이 사망, 이혼, 유기, 별거 및 미혼모(미혼부)로 인하여 한쪽 부모가 없거나 법적으로 또는 현실적으로 한쪽 부모역할을 할 수 없는 한부, 한모로 이루어진 가족을 의미한다(김혜경 외, 2010). 한부모가족은 부부가 함께 살아가는 가정에 비해 경제적 어려움, 가족이나 이웃과의 관계망의 단절, 자녀교육 등 여러 가지 문제에 노출되기 쉽다(남기민·홍성로, 2014). 현행 한부모가족지원법은 제1조에서 이 법은 한부모가족이 건강하고 문화적인 생활을 영위할 수 있도록 함으로써 한부모가족의 생활안정과 복지증진에 이바지함을 목적으로 한다고 규정하고 있다.

또한 여성가족부의 2015년 한부모가족지원사업은 저소득 한부모가족, 미혼모·부자가족, 조손가족 등 취약가족이 가족기능을 유지하고 건전한 생활을 영위할 수 있도록 다양한 지원사업을 수행함으로써 한부모가족의 생활안정과 자립기반 조성 및 복지증진에 기여함을 목적으로 하고 있다. 구체적으로 ① 한부모가족자녀 양육비 등 지원 ② 청소년한부모 자립지원 ③ 권역별 미혼모·부자 지원기관 운영 ④ 한부모가족복지시설 지원 등을 사업추진방향으로 설정하고 있다(여성가족부, 2015).

2) 적용대상

한부모가족지원제도의 지원대상 가구는 한부모가족(모자가족 및 부자가족), 조손가족, 청소년한부모가족(모 또는 부의 연령이 만 24세 이하인 한부모가족)이며 지원대상 가구원은 한부모가족 및 청소년한부모가족의 모 또는 부와 만 18세 미만(취학시 만 22세 미만)의 자녀다. 조손가족의 경우 (외)조부 또는 (외)조모와 만 18세 미만(취학 시 만 22세 미만)의 손자녀다(여성가족부, 2015).

우리나라 한부모가구 추이를 살펴보면, 〈표 12-7〉과 같이 2000년 총 가구 수의 7.9%인 1,124천 가구에서 2014년 총 가구 수의 9.4%인 1,749천 가구로 그 비율과 가구 수는 점차 늘어나고 있는 추세다.

〈표 12-7〉 **한부모가구 추이**   (단위: 1,000가구, %)

연도	총 가구 수	한부모가구		
		계	모자가구	부자가구
2000	14,312	1,124(7.9)	904	220
2005	15,887	1,370(8.6)	1,083	287
2010	17,339	1,594(9.2)	1,247	347
2011	17,687	1,639(9.3)	1,278	361
2012	17,951	1,677(9.3)	1,304	373
2013	18,206	1,714(9.4)	1,329	385
2014	18,457	1,749(9.4)	1,352	397

주) 전체 가구 대비 한부모가구 비율임
자료: 여성가족부(2015).

〈표 12-8〉 **한부모가족 형성요인별 현황**   (단위: 1,000가구, %)

연도	총 가구 수	한부모가구					한부모 가구 비율
		사별	이혼	미혼	유배우	계	
1995	12,958	526(54.8)	124(12.9)	94(9.8)	216(225)	960(100)	7.4
2000	14,312	502(44.7)	246(21.9)	123(10.9)	253(22.5)	1,124(100)	7.9
2005	15,887	501(36.6)	399(29.1)	142(10.4)	328(23.9)	1,370(100)	8.6
2010	17,339	474(29.7)	523(32.8)	185(11.6)	413(25.9)	1,594(100)	9.2

주) 전체 가구 대비 한부모가구 비율임
자료: 여성가족부(2015).

한편, 한부모가족의 형성요인별 현황을 살펴보면 〈표 12-8〉에서 보는 것과 같이 과거에는 한부모가족의 형성요인이 주로 사별이었으나 최근 들어 이혼, 유배우, 미혼에 따른 비율이 증가추세임에 비추어 한부모가족의 증가가 지속될 것으로 전망된다. 이와 같은 추세에 따라 가족정책의 방향도 이들에 대한 지원정책에 초점을 맞출 필요가 있다고 보인다. 또한 한부모가족지원법의 대상인 저소득 한부모가족의 현황을 살펴보면 〈표 12-9〉와 같이 점차 그 수가 증가하고 있으며 부자가족에 비해 모자가족이 그 수가 월등한 것으로 나타났다.

〈표 12-9〉 저소득 한부모가족 현황(한부모가족지원법 대상)　　(단위: 세대, 명)

연도별	계		모자가족		부자가족		조손가족	
	세대	세대원	세대	세대원	세대	세대원	세대	세대원
2009	94,487	245,793	70,572	183,021	22,265	59,214	180	471
2010	107,775	277,577	81,299	208,100	26,112	68,537	364	904
2011	115,382	297,019	86,809	222,181	28,167	73,766	406	1,072
2012	130,509	341,651	98,209	256,096	31,781	84,154	519	1,401
2013	140,015	367,571	104,915	274,716	34,518	91,326	582	1,529
2014	142,069	373,258	106,598	279,427	34,884	92,262	587	1,569

주) 전체 가구 대비 한부모가구 비율임
자료: 여성가족부(2015).

3) 급여(프로그램)

(1) 소득 및 의료보장

한부모가족에 대한 소득보장은 한부모가족의 소득을 유지시켜 주기 위해 국가
가 직접적인 소득이전 프로그램을 통해 소득을 보장해 주는 것을 말한다. 일반 한
부모가족은 유가족을 위한 연금방식의 사회보험인 국민연금법, 공무원연금법,
군인연금법, 사립학교교직원연금법, 산업재해보상법을 통해 경제적 지원을 받을
수 있으며, 저소득 한부모가족의 경우는 국민기초생활보장법에 따라 생계급여
등을 지원받을 수 있다. 또한 저소득 한부모가족의 경우는 한부모가족지원법에
따라서 생계 및 주거를 지원받을 수 있으며, 퇴소 시 자립정착금, 시설거주자 창
업 준비, 복지자금 융자 등의 서비스가 지원되고 있다. 의료보장 부분에서는 일
반 한부모가족의 경우 국민건강보험법에 따라, 저소득 한부모가족의 경우 의료
급여법에 따라 의료혜택을 받을 수 있다.

(2) 시설운영 및 주거지원사업
① 시설운영사업

한부모가족은 한부모가족지원법에 따라 한부모가족복지시설을 이용할 수 있
는데, 이 한부모가족복지시설은 사회복지시설의 하나로서 한부모가족의 모 또는

부와 아동이 가진 욕구와 문제를 해결하기 위한 급여와 서비스를 제공한다. 한부모가족복지시설은 한부모가족지원법 제19조 제1항에 따라서 다음과 같이 구분된다.

1. 모자가족복지시설: 모자가족에게 다음 각 목의 어느 하나 이상의 편의를 제공하는 시설

   가. 기본생활지원: 생계가 어려운 모자가족에게 일정기간 동안 주거와 생계를 지원

   나. 공동생활지원: 독립적인 생활이 어려운 모자가족에게 일정기간 동안 공동생활을 통하여 자립을 준비할 수 있도록 주거 등을 지원

   다. 자립생활지원: 자립욕구가 강한 모자가족에게 일정기간 동안 주거를 지원

2. 부자가족복지시설: 부자가족에게 다음 각 목의 어느 하나 이상의 편의를 제공하는 시설

   가. 기본생활지원: 생계가 어려운 부자가족에게 일정기간 동안 주거와 생계를 지원

   나. 공동생활지원: 독립적인 생활이 어려운 부자가족에게 일정기간 동안 공동생활을 통하여 자립을 준비할 수 있도록 주거 등을 지원

   다. 자립생활지원: 자립욕구가 강한 부자가족에게 일정기간 동안 주거를 지원

3. 미혼모자가족복지시설: 미혼모자가족과 출산미혼모 등에게 다음 각 목의 어느 하나 이상의 편의를 제공하는 시설

   가. 기본생활지원: 미혼여성의 임신·출산 시 안전분만 및 심신의 건강회복과 출산 후 아동의 양육지원을 위하여 일정기간 동안 주거와 생계를 지원

   나. 공동생활지원: 출산 후 해당 아동을 양육하지 아니하는 미혼모 또는 미혼모와 그 출산아동으로 구성된 미혼모자가족에게 일정기간 동안 공동생활을 통하여 자립을 준비할 수 있도록 주거 등을 지원

4. 일시지원복지시설: 배우자(사실혼관계에 있는 사람을 포함한다)가 있으나 배우자의 물리적·정신적 학대로 아동의 건전한 양육이나 모의 건강에 지장

을 초래할 우려가 있을 경우 일시적 또는 일정기간 동안 모와 아동 또는 모에게 주거와 생계를 지원하는 시설

5. 한부모가족복지상담소: 한부모가족에 대한 위기 · 자립상담 또는 문제해결 지원 등을 목적으로 하는 시설

2014년 12월 현재 전국에 한부모가족복지시설 총 124개소(모자가족복지시설 47개소, 부자가족복지시설 4개소, 미혼모자가족복지시설 58개소, 일시지원복지시설 12개소, 한부모가족복지상담소 3개소)가 운영되고 있는데 입소시설이 121개소이고 이용시설은 3개소다(여성가족부, 2015). 이상의 한부모가족복지시설 중 이용시설인 한부모가족복지상담소를 제외한 나머지 한부모가족복지시설을 중심으로 시설보호사업이 이루어지고 있다.

② 주거지원사업

저소득 한부모가족은 주거급여법에 따라 주거안정에 필요한 임차료, 수선유지비 등을 지원해 주는 주거급여를 받을 수 있으며, 한부모가족지원법에 따라 주택자금 대여를 받을 수 있고 국가 및 지방자치단체는 국민주택의 분양 및 임대 시 한부모가족에게 일정 비율 이상이 우선 분양될 수 있도록 노력해야 한다.

(3) 고용지원

저소득 한부모가족은 국민기초생활보장법에 따라서 자활급여를 받을 수 있다. 국가 또는 지방자치단체는 한부모가족의 모 또는 부와 아동의 직업능력을 개발하기 위하여 능력 및 적성 등을 고려한 직업능력 개발 훈련을 실시하여야 한다. 또한 국가 및 지방자치단체는 한부모가족의 모 또는 부와 아동의 고용창출을 촉진하기 위하여 적합한 직업을 알선하고, 각종 사업장에 모 또는 부와 아동이 우선 고용되도록 노력하여야 한다(한부모가족지원법 제14조). 그리고 국가 및 지방자치단체는 한부모가족의 모 또는 부와 아동의 취업기회를 확대하기 위하여 한부모가족 관련 시설 및 기관과 직업안정기관 간 효율적인 연계를 도모해야 하며, 고용노동부 장관은 한부모가족의 모 또는 부와 아동을 위한 취업지원사업 등이 효율

적으로 추진될 수 있도록 여성가족부 장관과 긴밀히 협조하여야 한다(한부모가족
지원법 제14조의 2).

(4) 보호 및 양육

한부모가족은 구성 자체가 1명의 부모만으로 되어 있기 때문에 한 부모가 아버
지와 어머니로서의 역할을 모두 수행하여야 하므로, 일반가족들보다 자녀양육에
서 많은 어려움에 부딪힐 수 있다. 특히 저소득 한부모가족의 경우 자녀양육과 관
련하여 경제적 부담이 가장 큰 문제로 대두되고 있다. 이에 한부모가족지원법에
따라 저소득 한부모가족으로 선정된 자녀에 대하여 자녀학비와 아동양육비를 지
원하여 한부모가족의 경제적 부담을 덜어 주고, 자활·자립을 지원하고 있다. 또
한 국민기초생활보장법에 따라 수급자는 교육급여(입학금과 수업료 지원), 해산급
여, 장제급여를 받을 수 있도록 되어 있다. 그 밖에도 시설거주자들의 경우 방과
후지도와 아동급식비 추가지원을 받고 있으며, 그들을 위해 자녀양육비 청구소
송 지원, 미혼부 상대 자녀 인지청구 소송지원, 자녀양육비 이행확보 지원을 하
는 자녀양육비확보 무료법률구조사업 등 다양한 사업이 실시되고 있다.

(5) 심리정서지원사업

① 한부모가족복지상담사업

한부모가족복지상담사업은 한부모가족복지에 관한 사항의 상담 및 지도를 수
행하는 사업으로 한부모가족지원법 제19조(한부모가족복지상담소)에 근거하여 실
시되고 있다. 그러나 현재 한부모가족복지상담소는 전국에 3개소만 운영될 뿐 대
부분 지역에서는 운영되지 않고, 지역 내 건강가정지원센터, 여성복지센터 등에
서 한부모가족상담 서비스를 제공하고 있다. 이 한부모가족상담은 한부모가족에
대한 위기·자립상담 또는 문제해결 등을 지원하고 있다.

② 미혼모·부자 거점기관의 운영

우리나라는 성의식 개방화 및 성경험 저연령화로 인해 예상치 못한 미혼모·
부의 발생 가능성이 증대되는 데 비해 임신한 미혼여성 등이 상담 및 양육교육,

미혼모 시설 입소, 정부지원 등을 쉽게 접할 수 있는 종합적인 서비스 제공기능이 미흡하므로 미혼모·부가 아기를 스스로 양육코자 할 경우 초기 위기에 대처할 수 있도록 서비스를 제공하여 양육은 물론 자립에 이르도록 지원하기 위해 건강 가정지원센터, 미혼모자시설 등을 운영하는 법인, 사회복지관 등을 대상으로 시 도별로 1개(서울 2개)씩 권역별 미혼모·부자 거점기관을 공모선정하여 상담경력 자 등 전담인력 1명을 배치해서 사업을 수행하고 있다(사업위탁기간 2년 이내). 권 역별 미혼모·부자 거점기관은 임신·출산에 대한 정서적 불안감 해소, 부모역 할에 대한 부담감 해소, 사회편견으로 위축된 자존감 향상, 자립심 강화 등을 위 한 상담과 온·오프라인 상담, 미혼모·부의 부모상담, 준비되지 않은 임신에 대 한 정서지원, 주거양육 등 미혼모·부의 생활상담 등 심리정서적 지원서비스를 제공하고 있다.

4) 전달체계

한부모가족지원제도의 주무부처는 2010년 정부조직개편에 따라 보건복지부 에서 여성가족부로 이관되었다. 여성가족부가 정책을 수립하면 이것에 기초해서 행정자치부 산하의 시·도에서는 이에 따른 자체 시행계획이 수립되고 이를 시·군·구에 시달하면 시·군·구에서 또 자체 시행계획을 수립하여 읍·면· 동으로 시달한다.

한부모가족지원정책 수립의 주무부서는 여성가족부 청소년가족정책실 내 가 족정책관이며, 가족정책관은 산하에 가족정책과, 가족지원과, 다문화가족정책 과, 다문화가족지원과를 총괄하고 있다. 직접적인 시행은 시·도의 여성가족정 책관(실) 또는 여성가족과를 거쳐 시·군·구의 여성가족과에서 다시 읍·면· 동 사회복지전담공무원을 통해 급여전달이 이루어진다. 그 밖에 한부모가족지원 정책을 넓게 볼 때 그와 관련된 부처는 법무부, 교육부, 여성가족부 그리고 고용 노동부 등이다.

한편, 위와 같은 공공 전달체계와 함께 한부모가족지원법상의 한부모가족복지 시설, 즉 모자가족복지시설, 부자가족복지시설, 미혼모자가족복지시설, 일시지원복지시설, 한부모가족복지상담소 등은 건강가정지원센터등과 함께 직접 한부모가족지원 서비스를 전달하는 핵심적인 전달체계들이다. 이들은 주로 민간 전달체계로서 사회복지법인, 재단법인, 사단법인, 종교단체, 각종 사회단체가 주체가 되어 운영하고 있고 재원의 상당부분이 정부의 지원에 의존하고 있다.

5) 재원

우리나라는 그동안 사회서비스 예산이 증가하면서 한부모가족지원정책에 소요되는 예산도 다소 증가되었다. 2015년도 한부모가족지원사업 예산(국비)은 〈표 12-10〉과 같다. 예산은 주로 한부모가족자녀 양육비 등 지원, 청소년한부모 자립지원, 아동양육비, 한부모가족복지시설 지원에 사용되고 있다.

〈표 12-10〉 **2015년도 한부모가족 지원사업 예산(국비)** (단위: 백만 원)

세부사업명	사업량 단위	2014년도		2015년도	
		사업량	예산	사업량	예산
합계		181,271	61,111		
• 한부모가족자녀 양육비 등 지원		178,648	51,564	190,690	72,442
– 아동양육비	명	74,434	46,715	75,000	66,960
– 추가 아동양육비	명	1,850	807	2,400	1,080
– 아동교육지원비(학용품비)	명	102,089	3,817	113,000	4,175
– 생활보조금	가구	275	125	290	132
– 명의인 우편통보 요금	–	–	100	–	95
• 청소년한부모 자립지원		2,345	2,287	2,589	2,303
– 저소득 청소년한부모 지원	명/가구	2,328	1,749	2,572	2.303
• 아동양육비	명	1,900	1,396	2,200	1,211
• 검정고시 학습비(교육비 포함)	가구	175	131	175	131
• 자산형성계좌지원	가구	93	83	93	83
• 자립촉진수당	가구	160	139	104	104
– 권역별 미혼모·부자 지원기관 운영 지원	개소	17	423	17	423

– 한부모가족 실태조사		–	–	–	250
– 홈페이지 운영		–	–	63	–	50
– 사업 홍보비		–	–	46	–	46
– 국내여비 및 업무추진비		–	–	6	–	5
• 한부모가족복지시설 지원			264	3,460	318	3,697
– 한부모가족복지시설 기능보강	개소	47	2,456	46	2,703
• 입양기관 미혼모자 대체시설 설치 등	개소	2	682	13	2,205
• 증 · 개축	개소	–	–	5	42
• 개보수	개소	35	1,607	20	227
• 기자재 구입 등	개소	10	167	7	56
– 한부모가족복지단체 지원		5	54	5	54
– 입소자 상담치료 지원 등		121	367	121	367
– 공동생활가정형(매입임대) 주거 지원	호	44	507	101	507

자료: 여성가족부(2015).

한편, 한부모가족지원법에 따라 지급되는 생계비, 아동양육비의 재원별 부담률은 서울은 국비 50%, 지방비 50%, 지방은 국비 80%, 지방비 20%로 충당되며, 한부모가족복지시설의 기능보강비나 미혼모 · 부자 거점기관운영지원비 등은 모두 국비 50%, 지방비 50%로 충당된다.

6) 문제점 및 향후과제

(1) 적용대상의 문제

한부모가족지원법은 1989년 모자가족만을 적용대상으로 한 모자복지법에서 시작하여, 2002년 역차별을 제거하기 위해 모 · 부자복지법으로 변경하여 부자가족까지 적용대상을 확대하였고, 이어 2007년에는 법명을 한부모가족지원법으로 변경하고 적용대상을 조부모가족까지 확대하였다. 또한 한부모가족지원법의 적용대상인 저소득한부모가족 선정기준에서 2003년에는 기존의 소득 및 재산 기준에서 국민기초생활보장사업상의 소득인정액 기준으로 변경하였고 2011년에는 청소년한부모 및 모 또는 부의 직계존속 등에 추가 복지급여를 실시하고 복지급여를 의무화함과 더불어 청소년한부모가 학업을 계속할 수 있도록 교육비 지원을 함으로써 저소득 한부모가족에 대한 정부의 지원은 강화되었다. 하지만 사회구조적 변화 및 이혼율의 증가로 한부모가족이 계속 증가하고 있는 현실을 감안할 때 대상자 선정기준이 여전히 까다롭고 현실성이 부족한 부분이 많다. 현재 저소득 한부모가정의 60%만 정책대상이 되고 있어 적지 않은 한부모가족이 사각지대에 놓여 있다. 따라서 한부모가족지원법 제5조의 2에 지원대상의 범위에 대한 특례가 확대되어야 하고 정책대상이 되는 한부모가족의 자녀 연령을 아동으로 규정하고 있는데(18세 미만 또는 취학의 경우 22세 미만) 우리나라 현실은 18세가 되어도, 그리고 취학 시 22세가 되어도 경제적으로 자립하지 못하는 경우가 대부분이므로 이와 같은 자녀 연령을 제한하는 비현실적인 규정은 개선되어야 한다. 또한 비정규직 노동자의 경우 실질적인 소득이 매우 열악하고 고용상태가 불안정함에도 불구하고 직장을 다닌다는 이유로 수급권자 자격에서 제외가 되는 경우가 많아 이에 대한 정부의 적극적인 정책적 지원이 필요하다.

(2) 급여(프로그램)의 문제

현재 저소득 한부모가족에게 지원되는 생계비 지원은 매우 열악한 수준이다. 자녀학비 및 아동양육비 지원에서도 그 지원 금액이 낮은 문제점이 있다. 자녀학비의 경우, 현재 초중고 자녀에 대한 입학료 및 수업료와 학용품비 연 5만 원을 지원해 주고 있지만 아동의 사설학원이나 과외, 예능학원 등 다양한 자녀들의 개인적 욕구를 충족시켜 주기에는 턱없이 모자란 수준이다. 아동양육비 또한 저소득 한부모가정의 만 12세 미만의 아동에게 1인당 10만 원이 지급되는데 이는 아동이 필요로 하는 식료품이나 용품을 구매하기에는 불충분한 수준이다. 이에 현재 저소득 한부모가족의 자녀를 위한 교육지원체계를 강화하기 위하여 자녀교육비를 입학료 및 수업료 수준에서 교재비까지 포함하여 지원·확대하여야 하며, 아동양육비 수준을 현실 수준에 맞게 상향조정하거나 혹은 아동수당을 비롯한 양육을 지원하는 금전적 지원대책의 마련을 고려해 보아야 할 것이다.

한부모가족을 위한 주거지원정책을 살펴보면, 우선 시설보호의 경우 입소기간인 3년은 대부분의 한부모가족이 자립하기에는 매우 부족한 기간이라는 것이다. 또한 모자가족복지시설이 전국에 47개소이지만 부자가족의 경우는 부자가족복 지시설이 전국에 4개소에 불과하고 미혼부자가족복지시설은 전국에 1개소도 없 는데 이는 미혼모자가족복지시설 58개소와 비교된다. 따라서 한부모가족이 충분 히 자립할 때까지 입소기간을 연장하고 특히 부자가족복지시설 및 미혼부자가족 복지시설의 확대가 시급하다. 한부모가족에게 가장 취약한 부분은 주거문제다. 해체되고 남은 가족을 유지하기 위해서라도 주거공간의 확보가 필요하다. 이 부 분에 대한 급여나 서비스를 강화해 한부모가족의 삶의 질을 높여야 한다.

한부모가족의 자립의욕을 성취시키기 위한 근본적인 지원책인 직업훈련 및 취 업알선의 부족 문제가 있는데, 이는 직업훈련기간 동안에 지급되는 생계비 수준 이 너무 낮아 생계가 어려워 직업훈련을 포기하는 경우가 발생하고 있으며, 직종 이 대부분 단순한 것들이어서 직업훈련 만족도가 높지 않고, 취업이 잘 되지 않는 직종이 많은 것으로 나타났다. 이에 저소득 한부모가족의 취업 및 자립자활의 고 취를 위해서는 한부모가족의 개인별 특성과 상황에 맞는 직업훈련과 취업알선, 이들이 직업훈련을 받고 있는 동안 가정의 생계를 보조해 줄 직업훈련수당 등이 충분히 제공되어야 할 것이다.

마지막으로, 모자가정과 부자가정의 생활환경이나 조건의 상이함으로 발생하 는 문제, 요구되는 서비스나 욕구가 다름에도 불구하고 제공되는 서비스는 일률 적이라는 한계를 지니고 있다. 이는 지속적인 조사와 연구를 통하여 차별화된 전 문적 서비스가 제공되도록 법적 보완이 이루어져야 할 것이다(남기민·홍성로, 2008).

(3) 전달체계의 문제

한부모가족을 위한 사회서비스는 서비스 대상자의 개별성을 고려하여 지역실 정에 맞는 정책의 수립과 집행이 요구된다. 현행 전달체계는 중앙부서의 사업지 침 시달 및 예산배정에 맞춰 지방자치단체가 사업을 계획하고 추진하는 데 지역 의 특수성과 자율성이 결여되어 있다. 또한 현행 한부모가족지원서비스의 전달 체계에서 최일선의 기능을 담당하고 있는 읍·면·동 담당공무원의 업무과다 등으로 서비스 제공이 효율적으로 이루어지지 못하고 있다. 또한 공공 전달체계와 민간 전달체계 간에, 그리고 민간 전달체계 상호 간에 협조체제가 확립되어 있지 않아 서비스 중복 등 비효율성이 발생할 뿐만 아니라, 민간 전달체계의 경우 정부 보조금의 수준이 미흡하여 한부모가족을 위한 자활지도와 전문적인 서비스를 제공하는 기능을 수행하지 못하고 최저수준의 보호가 이루어지고 있는 실정이다. 게다가 부자가족복지시설은 전국에 4개소에 불과하며, 현재 운영되고 있는 모자가족복지시설 또한 점점 증가하고 있는 한부모가족의 가구 수에 비해 부족한 실정이다.

한부모가족에 대한 위기·자립상담 또는 문제해결 지원 등을 목적으로 하는 이용시설인 한부모가족복지상담소는 전국에 3개소만 운영될 뿐 활성화되지 않고 있다. 한부모가족상담은 건강가정지원센터 및 여성복지센터에서 일부 수행하고 있으나, 서비스 내용이 한부모가족복지 지원에 관한 안내 수준에 머무르고 있다.

이와 같은 문제에 대한 대책으로 한부모가정지원 전문기관 또는 협의회 등을 설립하여 지방자치단체와 민간복지기관 간 연계 및 협력기구로서 지역사회복지 증진을 위해 민간의 참여기반을 마련하고 지역사회 네트워크를 통해 한부모가족이 필요로 하는 서비스를 원스톱(one-stop)으로 제공하고, 지역사회복지 자원과 서비스를 연계, 조정하는 역할을 수행토록 하여야 한다. 이를 위해 한부모가정을 체계적으로 도울 수 있는 한부모가정지도사와 같은 전문가를 양성할 필요가 있다. 그리고 부족한 한부모가족복지시설을 확충하고 열악한 대우를 받고 있는 시설직원들의 대우를 향상시켜야 할 것이다.

(4) 재원의 문제

저소득 한부모가족의 기초생활을 보장해 주기 위해서는 이를 위한 재정적 뒷받침이 있어야 한다. 추가 재정이 다른 공공부조 예산의 전용을 통해 이루어진다면 저소득 한부모가족의 삶의 질 향상에 크게 도움을 주지 못할 것이다. 따라서 별도의 추가 재정지원이 요청된다.

현재 한부모가족복지시설의 경우 2005년부터 시설운영비 지원업무가 지방 이양되어 지방자치단체별로 지원하고 있으나 지방자치단체 재정여건 등에 따라 지역 간 지원규모가 상이하여 시설운영의 어려움과 이에 따라 입소자 간 형평성 문제 등이 발생하고 있다. 지방자치단체의 예산부담, 시설운영의 활성화 및 입소자의 삶의 질 등을 고려하여 합리적이고 적정한 수준으로 시설운영 지원이 이루어질 수 있도록 최소한의 시설운영비 지원 기준 가이드라인을 마련하여 제시하는 것이 필요하다.

참 · 고 · 문 · 헌

강욱모 · 김영란 · 김진수 · 박승희 · 서용석 · 안치민 · 엄명용 · 이성기 · 이정우 · 이준영 · 이혜경 · 최경구 · 최현숙 · 한동우 · 한형수(2002). 21세기 사회복지정책. 서울: 청목출판사.

관계부처합동(2012). 제4차 장애인정책종합계획(2013~2017).

권중돈(2012). 노인복지론. 서울: 학지사.

김해동 · 정홍익(1985). 사회행정. 서울: 한국방송통신대학 출판부.

김현용(1994). 사회복지서비스정책방향. 한국사회복지의 현재와 미래. 한림과학원.

김현용 · 윤현숙 · 노혜련 · 김연옥 · 최균 · 이배근(2001). 현대사회와 아동: 아동복지의 시각에서. 서울: 소화출판사.

김혜경 · 도미향 · 문혜숙 · 박충선 · 손홍숙 · 오정옥 · 홍달아기(2010). 가족복지론(제 4판). 파주: 공동체.

남기민 · 조명희 · 한규량 · 조추용(2003). 현대노인교육론. 서울: 현학사.

남기민 · 홍성로(2008). 사회복지법제론(제2판). 파주: 공동체.

남기민 · 홍성로(2014). 사회복지법제론(제5판). 파주: 공동체.

노혜련 · 장정순(1998). 육아시설 아동의 심리사회적 문제에 관한 연구. 한국사회복지학, 34.

박병현(2003). 사회복지정책론. 서울: 현학사.

박종삼 · 유수현 · 노혜련 · 배임호 · 박태영 · 허준수 · 김교성 · 김규수 · 김인 · 노혁 · 손광훈 · 송성자 · 이영실 · 전석균 · 정무성 · 정은 · 조휘일(2002). 사회복지학개론. 서울: 학지사.

보건복지부(2014). 장애인등록 현황.

보건복지부(2015a). 2015년 노인보건복지사업안내.

보건복지부(2015b). 2014년 요보호아동발생 및 조치현황.

보건복지부(2015c). 2015년 보건복지부 소관 예산 및 기금운용계획 개요.

보건복지부(2015d). 2015년 장애인복지사업안내(1).

보건복지부 · 한국보건사회연구원(2014). 2014년 장애인 실태조사 결과.

양정하 · 임광수 · 황인옥 · 신현석 · 박미정 · 윤성호(2008). 사회복지정책론. 서울: 양서원.

여성가족부(2015). 2015년 한부모가족지원사업안내.

윤혜미(2005). 아동 · 청소년복지. 충청북도사회복지5개년종합계획. 충청북도사회복지협의회.

장인협 · 이혜경 · 오정수(2001). 사회복지학. 서울: 서울대학교 출판부.

정일교 · 김만호(2014). 장애인복지론(제4판). 파주: 양서원.

정지훈(2005). 저소득 한부모가족을 위한 지원정책에 관한 연구. 대구대학교 대학원 석사학위논문.

최선화 · 오영란(2009). 여성복지론. 파주: 공동체.

최성재 · 장인협(2012). 고령화사회의 노인복지학. 서울: 서울대학교 출판문화원.

통계청(2011). 장래인구추계: 2010~2060년.

한국복지연구원(2000). 한국사회복지연감. 서울: 유풍출판사.

한국복지연구원(2006). 한국의 사회복지. 서울: 유풍출판사.

법제처. 노인복지법 및 노인복지법 시행령.

법제처. 사회보장기본법.

법제처. 아동복지법 및 아동복지법 시행령.

법제처. 장애인복지법 및 장애인복지법 시행령.

법제처. 한부모가족지원법 및 한부모가족지원법 시행령.

http://www.mw.go.kr(보건복지부 홈페이지)

제13장

사회복지정책의 동향과 과제

　우리나라는 서구의 사회복지제도를 받아들인 지 반세기도 되기 전에 선진국형 사회복지제도의 기틀을 갖추고 20세기를 넘어 21세기에 진입하였다. 특히 우리나라는 외환위기로부터 파생된 빈곤과 실업문제에 대처하기 위해 1999년부터 국민의 정부는 생산적 복지의 이념하에 사회복지제도의 확대에 적극적으로 나서기 시작하였고 2003년 출범한 참여정부는 국민의 정부의 생산적 복지와 맥을 같이 하면서 사회복지정책의 기본노선으로서 참여복지를 천명하였다. 2008년 출범한 이명박 정부는 2009년에 발표한 '제3차 사회보장 장기발전방향'에서 그 정책 비전으로 '사회통합과 경제성장을 함께 이루어 가는 능동적 복지구현'을 내세웠다. 또한 2013년 출범한 박근혜 정부는 2014년 8월에 발표한 제1차 사회보장기본계획에서 그 비전을 '더 나은 내일, 국민 모두가 행복한 사회'로 정하고 핵심 가치를 '맞춤형 고용-복지'로 설정하였다.

　이 장에서는 먼저 사회복지정책의 흐름으로 신자유주의 등장, 영국과 제3의 길, 국민의 정부와 생산적 복지, 참여정부와 참여복지, 이명박 정부와 능동적 복지를 살펴보고, 그다음에 최근 한국사회복지정책의 동향으로서 박근혜 정부의 제1차 사회보장기본계획을 소개하고, 마지막으로 한국사회복지정책의 과제를 제시해 보기로 한다.

1. 사회복지정책의 흐름

1) 신자유주의 등장

신자유주의 등장은 케인즈 주의가 서구경제의 지속적인 성장과 복지국가 발전의 견인차 역할에 실패하고 급격히 늘어나는 재정위기에 직면하면서 나타났다. 제2차 세계대전 후 서구 선진 국가들은 케인즈 주의적 국가개입을 통해 자본주의의 본질적인 문제인 공황과 경기변동을 조절할 수 있다는 자신감을 가지고 정치적 안정과 완전고용을 달성하면서 복지국가로의 발전을 지향해 왔다. 그러나 1970년대 오일쇼크 이후 저성장·고실업이 장기화되고 케인지언 경제정책의 실효성이 상실되어 가자 국가개입의 축소와 시장의 복귀를 주장하는 신자유주의 사조가 세계의 경제·사회정책의 조류를 변화시키기 시작하였다(정무권, 2002: 31).

신자유주의의 복지국가 비판은 기존의 국가중심의 복지공급체계의 변화를 가져오는 계기가 되었다. 1980년대에 등장한 대처 정부와 레이건 정부는 복지국가의 이름하에서 이루어진 국가개입주의 노선을 과감히 개혁하여 공공부문에 시장주의 요소를 강력하게 접목시키려 하였다. 두 정부는 시장주의로의 구조조정과 감세정책을 통하여 작은 정부를 지향하는 강력한 제도개혁을 단행하였다. 정부차원에서 행정의 비효율을 제거하기 위한 공공부문의 개혁, 구조조정, 규제완화를 실시하였고, 국영기업의 민영화, 시장의 개방화를 추진하였다. 복지부문도 과거와 같이 국가가 사회복지영역을 전적으로 책임지기보다 기업(시장)과 자원봉사조직이 일정한 부문을 담당하는 형태로 복지공급체계를 전환시켰다. 복지에서 개인의 선택과 시장기능을 강조하고 복지의 민영화와 시장화를 추진하였다. 대처와 레이건 정부의 이러한 조치는 결국 작고 효율적인 정부를 추구하는 것을 통하여 강한 국가를 만들려는 의도였다(노시평 외, 2002: 90). 신자유주의에 입각한 이러한 복지제도의 개혁은 곧 복지창출과 전달이 국가영역 외에도 시장, 시민단체, 가족단위가 주체가 되는 소위 복지다원주의(welfare pluralism)를 가져왔다.

2) 영국과 제3의 길

신자유주의를 기반으로 사회복지제도의 대폭적인 개혁을 단행했던 대처의 보수당 정부는 1997년 블레어(Tony Blair)를 당수로 하는 노동당 정부에 정권을 이양한다. 블레어는 그의 브레인 역할을 한 기든스(Anthony Giddens)가 이론적으로 체계화한 제3의 길(The Third Way)을 슬로건으로 내걸고 사회복지정책을 추진하였다. 제3의 길은 과거 사회민주주의적 복지정책의 노선(제1의 길)과 신자유주의적 복지정책의 노선(제2의 길)을 통합한 새로운 정책노선이다.

제3의 길은 정책적 측면에서 살펴보면, 시장의 효율과 사회복지의 형평을 동시에 추구하면서 경제성장과 사회복지를 동시에 유지 · 발전시키는 것을 기본 정책노선으로 설정하고 추구해 나가고 있다. 복지정책적 측면에서 살펴보면, 한편으로는 국민들이 단순히 복지의 수급자만이 아니라 노동시장에서 생산적인 활동에 참여할 의무를 가진 개체라는 개인주의(individualism)를 추구하면서, 즉 상품화(commodification)를 추구하면서 다른 한편에서는 공정한 기회균등과 분배적 정의를 실현함으로써 공동체적 사회연대를 달성하려는 집합주의(collectivism)를, 즉 탈상품화(decommodification)를 자본주의 시장경제체제 내에서 동시에 추구한다. 이러한 측면에서 제3의 길은 인간의 얼굴을 한 시장경제를 추구하고 있다(김기원, 2000: 258-276). 또한 제3의 길은 사회보장과 재분배에 관심을 기울이는 동시에 경제적인 부를 산출하는 주도적인 주체로서의 복지수혜 계층의 역할을 강조하고 있다. 즉, 비버리지 시대의 소극적 복지수급자와는 대조적으로 적극적 복지시민의 위상정립에 정책의 초점을 맞추고 있다(Williams, 1990: 670-675: 김기원, 2003: 177 재인용).

제3의 길에서 내세우는 적극적 복지전략은 사회투자전략이다. 사회투자전략의 대표적 예가 노령인구대책과 실업대책이다. 노령인구대책에서는 고정된 정년퇴직 연령을 폐지하고 노령인구를 문제가 아닌 자원으로 인식해야 한다고 주장

한다. 실업대책에서도 정부는 기업의 일자리 창출노력을 적극 지원해야 하며 평
생교육을 강조하고 직업변경에 필요한 교육도 지원해야 한다는 것이다. 또한 제
3의 길에서 주장하는 적극적인 복지전략은 비버리지가 제기한 각각의 소극적 요
소들을 적극적인 것으로 대체시킬 수 있다는 것이다. 궁핍 대신에 자율성으로,
질병이 아니라 활력적인 건강으로, 무지 대신에 교육으로, 불결보다는 안녕으로,
그리고 나태 대신에 진취성으로 대체시킬 수 있다. 블레어의 복지개혁의 핵심은
일하는 복지(welfare to work)다. 이는 '의존형 복지'로부터 '자립형 복지'로의
전환이며 누구에게든 일할 수 있는 존엄성을 회복해 주고 취업 이후 가계수입이
사회보장 수당보다 줄어드는 일은 없도록 하겠다는 것이다.

3) 국민의 정부와 생산적 복지

1998년부터 집권한 김대중 대통령의 국민의 정부는 민주주의와 시장경제를
국정이념으로 삼고 출발하였다. 그러나 외환위기로부터 파생된 빈곤과 실업의
문제에 대하여 우리나라의 사회안전망이 너무 허술하여 대처하기 어렵다는 점을
인식하고 1999년부터는 생산적 복지를 제3의 국정이념으로 제시하였으며 복지
제도의 확대에 적극적으로 나서기 시작하였다.

생산적 복지라는 개념은 본래 스웨덴에서의 적극적 노동시장정책을 지칭하는
용어로 쓰였다. 그 뜻은 완전고용을 위하여 적극적으로 취업교육을 실시하고 취
업알선을 통하여 언제든지 노동자가 원하면 취직하여 생산에 종사할 수 있도록
연결하는 정책을 말한다. 그러나 1970년대 중반 이후 신자유주의가 영국과 미국
을 중심으로 근로연계복지(workfare)라는 개념을 세계적으로 확산시키자 생산적
복지도 그 영향을 받게 된 것으로 보인다(김기원, 2000: 최경구, 2002: 5 재인용).

생산적 복지(productive welfare)란 '생산에 기여하는 복지' 혹은 '생산에의 참
여를 통한 복지'로 해석할 수 있다. 즉, 국가는 시장경제의 활성화에 기여하는 방
향으로 복지정책을 추진하며, 개인은 능력 닿는 대로 노동시장에 참여하여 자신
과 가족의 복지를 향상시켜야 한다는 것이다(조영훈, 2002: 83). 즉, 생산적 복지
는 복지대상자들의 노동생산성을 향상시키거나, 근로를 조건으로 복지혜택을 제

공하거나, 직업훈련 또는 교육과 연계하여 복지혜택을 제공하거나, 이들에 대한 노동수요를 유인 또는 강제하거나, 창업을 지원하거나 또는 자활공동체를 조성하는 등 복지제도를 통해서 국가적 부를 산출하는 데 직접 기여하고 빈곤의 발생과 악순환을 사전에 방지하려는 적극적인 복지 패러다임을 의미한다(김기원, 2003: 174).

생산적 복지는 제3의 길을 이념적 배경으로 삼고 있다. 그러나 우리나라의 경우 사회민주주의나 신자유주의, 즉 좌파나 우파 같은 정책노선을 제대로 경험하지 못하였고, 제3의 길을 채택하는 국가들의 공통적인 경험인 복지종속이 존재할 정도로 복지종속을 수행한 경험도 없으며, 국가의 과잉복지 개입이나 지나친 복지재정 지출도 없다는 점에서 제3의 길이 탄생된 정치적 배경과 차이가 있다. 이러한 차이에도 불구하고 생산적 복지는 서구의 문제를 간접 경험하고 받아들인 복지정책의 기본노선이다(김기원, 2003: 177).

국민의 정부가 제시한 생산적 복지정책의 주요 내용은 크게 세 가지로 분류된다(삶의 질 향상기획단, 1999: 조영훈, 2002: 85-86 재인용).

첫째, 모든 국민이 빈곤선 이하에서 생활하지 않도록 기초생활을 보장하는 것이다. 이를 위해 정부는 국민기초생활보장법을 제정하였는데 이에 따르면 이 제도가 시행되는 2000년 10월부터는 소득이 최저생계비에 미치지 못하는 모든 가구는 최저생계비에서 부족한 만큼의 생계급여를 정부로부터 지급받는다. 이에 덧붙여 주거급여가 신설되어 저소득층에 대한 지원이 강화된다. 다른 한편, 근로능력이 있는 저소득자에 대해서는 자립할 수 있도록 근로와 연계된 복지프로그램이 제공되는데 이 경우 생계급여를 받는 동시에 직업훈련에 참가하거나 공공근로사업처럼 공익성이 있는 사업에 참가해야 하는 것이다.

둘째, 사회보험제도를 확충·내실화하여 모든 국민을 질병, 노령, 재해 등 각종 사회적 위험으로부터 제도적으로 보장하는 것이다. 이것은 한편으로는 사회보험제도의 적용범위를 전 국민으로 확대하고, 다른 한편으로는 사회보장제도의 급부와 서비스 수준을 향상시킴으로써 가능하다. 이에 따라 앞으로 의료보험의 적정보험료·적정급여 체계로의 전환, 의료서비스의 질 향상, 실업보험과 산재보험 적용대상 확대, 노인·장애인·아동·여성 등 사회 취약계층에 대한 사회복지서비스의 확대가 기대되며 정부는 전체 예산에서 차지하는 사회복지 관련 예산의 비중을 지속적으로 높여 나갈 계획이라는 것이다.

셋째, 저소득층을 비롯한 사회 취약계층의 자활을 돕기 위하여 다양한 취업방안을 마련하는 것이다. 이를 위해 정부는 보건·복지·환경·교육 등의 공공분야에서 새롭게 일자리를 마련할 것이며, 중소벤처기업과 지식기반 산업을 육성하여 2002년까지 200만 개의 일자리를 창출한다는 것이다. 여기에서 중요한 것은 저소득층을 임금이 낮은 육체노동 직종으로 내모는 것이 아니라 직업훈련을 통해 정보분야 등에서 고급기술을 습득하도록 하여 고소득 직업을 가질 수 있도록 장려한다는 것이다.

이상과 같은 생산적 복지정책의 핵심은 국가가 근로능력이 없는 저소득층에게는 최저생활을 보장하고, 근로능력이 있는 저소득층에게는 노동시장 참여를 전제로 하여 최저생활을 보장한다는 것이며, 최종목표는 모든 시민이 국가로부터의 복지혜택을 받을 필요가 없도록 노동시장에 참여하게 하는 것이다(조영훈, 2002: 90). 이와 같은 생산적 복지정책의 복지국가적 성격에 관해 학자들 간에 다양한 논쟁이 제기되고 있으나 다수의 학자들이 보수주의와 자유주의의 혼합형으로 보고 있다.

4) 참여정부와 참여복지

2003년에 집권한 노무현 대통령은 국정방향으로 참여정부를 제창하였다. 참여정부는 국정목표로서 국민과 함께하는 민주주의, 더불어 사는 균형발전사회, 평화와 번영의 동북아시대로 설정하고 국정 원리로서 원칙과 신뢰, 공정과 투명, 대화와 타협, 분권과 자율을 천명하였으며 사회복지정책의 기본노선으로서 참여복지를 내세웠다.

참여복지는 국민의 정부의 생산적 복지를 대체하는 복지이념이기보다는 이를 계승·발전시키는 복지이념으로 보인다. 대선과정에서 나타난 노무현 대통령후보의 공약내용을 토대로 한 참여복지정책의 기본노선을 제시하면 다음과 같다(민주당대통령후보 정책자문단, 2002: 17-97: 김기원, 2003: 186-187 재인용).

첫째, 자립과 사회연대가 조화를 이루는 복지체계를 추구한다. 복지는 사회통합과 안정을 위한 가장 효율적인 장치이며 국가 정당성의 원천임을 인식하고, 동시에 인적자본에 대한 투자를 통해 자립자활을 추구한다. 사회 연대적 복지를 실시하면서 자립을 추구한다는 측면에서 국민의 정부의 생산적 복지와 맥을 같이하고 있다.

둘째, 참여정부는 성장과 분배의 조화를 통해 중산층과 서민이 잘 사는 시장경제를 추구한다. 중산층과 서민이 잘 사는 시장경제는 성장과 분배가 조화를 이루는 가운데 실현된다. 이를 위하여 일자리를 창출하는 소위 '일자리 경제'를 구축함으로써, 빈부격차를 줄이고 중산층과 서민의 생활을 안정시키는 경제정책을 실시한다. 지식정보산업이나 사회복지사업을 중심으로 일자리를 창출하는 경제정책을 강조한다. 일자리 나누기나 민간기업이 저소득층 채용 시 정부가 보조금을 지급하는 임금보조정책도 적극적으로 고려한다. 참여정부의 성장·분배관은 zero-sum 게임논리가 아닌 non-zero sum 게임논리를 따르고 있다. non-zero sum 게임논리 가운데 positive sum 게임논리를 취하고 있다. 즉, 성장과 분배는 상호보완적인 관계로서 상호 간에 선순환(善循環)을 형성하여 지속 가능한 발전을 도모한다. 성장은 분배의 여지를 넓히고, 분배를 통한 불평등의 완화는 성장의 안정적 기반을 마련한다.

셋째, 사회적 약자를 존중하는 복지사회를 건설한다. 모든 국민의 기초생활을 보장하며, 영유아 양육과 노인부양의 책임은 사회가 나누어질 것이고, 장애인의 인권은 적극적으로 보호될 것이다. 특히 비정규직, 여성, 장애인, 노인, 외국인노동자 등 약자집단에 대한 보호가 더욱 강화될 것이다. 이는 시장의 효율성보다는 사회연대를 강조하는 복지노선으로 노동시장을 통해 삶의 문제를 해결하기 어려운 취약계층들을 국가가 직접 보호하려는 정책이다.

넷째, 빈부격차를 해소하고 분배구조를 개선한다. 이를 위해 첫 번째로, 자산재분배 정책을 추구한다. 종업원지주제 및 집단적 성과급제도를 확대하여 서민의 자산을 늘려 주고 중산층을 육성하며, 정보격차에 따른 불평등요인을 완화시킨다. 두 번째로, 소득분배를 개선한다. 분배를 위해서도 성장 동력을 유지하는 것은 반드시 필요하다. 왜냐하면 소득분배가 악화되고 빈곤계층이 늘어나는 상황을 해결하는 가장 기본적인 대책은 일자리를 충분히 만들어 내는 것이기 때문이다. 이를 위한 정책으로 완전고용을 위한 '적극적 노동시장 정책'과 성차별, 지방차별, 비정규직차별의 시정에 주력한다. 이는 복지와 노동을 결합하고 완전고용을 추구하는 사회민주주의 복지국가 모형을 추구하는 계기가 될 수도 있다. 사회민주주의 복지국가에서 일할 권리는 재산권과 유사한 지위를 가지며 완전고용은 사실상 고도의 복지수준을 유지할 수 있는 배경으로 작용한다. 왜냐하면 사회연대적인 복지정책을 수행하는 데 소요되는 비용은 일하는 대다수 사람들이 납부하는 세금에 의존해야 하기 때문이다. 세 번째로, 소득 재분배 정책을 추구한다. 소득 재분배에서 가장 중요한 것은 조세를 통한 재분배다. 그러나 민주노동당이 주장하는 부유세의 도입에 대해서는 보다 신중한 검토를 필요로 하며 이보다는 상속세나 증여세를 강화한다. 동시에 저임금 노동자들에게 근로유인을 주는 근로소득세 공제제도는 노동빈민을 감소시키는 데 효과가 있기 때문에 적극 검토한다. 또한 노동시장에 진입하지 못하는 빈곤계층과 취약계층에 대해서는 국민기초생활보장제도의 급여수준을 인상하여 적정 수준의 생계급여를 제공한다. 네 번째로, 항구적인 사회안전망을 확충한다. 영국의 블레어리즘(Blairism)하에서의 일하는 복지(welfare to work)의 정책을 답습하여 '일할 수 있는 사람에게는 일자리를, 일할 수 없는 사람에게는 복지를'이라는 방향으로 복지개혁을 추진하고 현재 근로유인을 저해하는 우리나라 국민기초생활보장제도의 획일적 보충급여방식을 근로유인을 할 수 있는 제도로 전환시킨다. 이는 복지의 적극적 확대를 주장하는 과거의 사회민주주의 노선과 시장경제의 활성화를 주장하는 신자유주의 노선을 통합적으로 극복하기 위한 기든스의 제3의 길 복지정책 노선과 유사한 것으로 사회복지와 시장기능의 균형을 이루기 위한 노력이다. 또한 이는 기든스가 주장하는 '좋은 사회(good society)'를 이루기 위한 전제조건이기도 하다. 기든스는 좋은 사회란 국가와 정부, 시민사회, 시장경제가 균형을 이루는 사회라고 주장한다.

5) 이명박 정부와 능동적 복지

2008년 출범한 이명박 정부는 5대 국정지표를 섬기는 정부, 활기찬 시장경제, 능동적 복지, 인재대국, 성숙한 세계국가로 설정하고 국가비전을 창조적 실용주의를 통한 선진일류국가로 천명하였다. 이와 같이 이명박 정부는 사회복지정책의 기본노선을 능동적 복지로 표방하고 있다(대한민국정부, 2008).

이와 같은 능동적 복지의 개념은 다음과 같은 네 가지 요소로 구성된다(관계부처합동, 2009). 첫째, 복지국가체제의 유지다. 실업, 질병, 노령 등 각종 사회적 위험으로부터 국민을 보호하기 위해 사회안전망 등 각종 제도적 장치를 내실화하는 종전의 노력을 지속한다. 둘째, 능동적 국민(active people)이다. 국민을 복지정책의 수혜자로 보호하는 것에 만족하지 않고 사회·경제생활에 주도적으로 참여하도록 역량개발 및 기회를 확대한다. 즉, 교육·직업훈련 등을 통해 일생 동안 자신이 가진 잠재능력을 충분히 개발하고 발휘할 수 있도록 지원한다. 셋째, 능동적 공동체(active community)다. 개인기부·자원봉사 및 기업의 사회공헌 등을 통해 민간의 복지역량을 효과적으로 활용하고, 서비스 전달에서도 민간과 협력함으로써 복지재정의 지속가능성을 확보하고 사회적 신뢰축적을 통한 사회적 자본 확충으로 국가경쟁력 제고에 기여한다. 넷째, 지적 능력을 갖춘 능동적 국가(intelligently active state)다. 정책의 적용대상 집단과 목표를 명확히 하고 개인별 특성에 적합한 정책설계를 통해 복지정책의 효과성을 높여 가는 국가를 지향하여 제한된 자원을 최대한 효율적으로 활용하고 복지지출의 확대에 대한 국민적 공감대와 지지를 확보한다.

한편, 능동적 복지의 정책적 지향은 다음과 같이 세 가지 형태의 복지로 요약된다(관계부처합동, 2009). 첫째, 위험에 미리 대비하는 예방형 복지다. 미래에 예상되는 저출산·고령화의 위험을 극복하기 위해 아동, 건강 등에 대한 사전 예방적 복지에 투자하며 빈곤 등에 대한 사후적·소극적 보장뿐만 아니라 빈곤에 처하지 않도록 예방하고 빈곤 탈출을 돕는 사전적·적극적 보장을 강화한다. 둘째, 국민의 복지욕구에 폭넓게 대응하는 보편형 복지다. 노령·실업·질병 등 구 사회적 위험뿐만 아니라 기술 및 능력 부족, 낮은 소득의 일자리, 다문화·한부모가족의 증가 등과 같은 신사회적 위험에도 적극적으로 대응하며 사회서비스 분야 지원확대 등을 통해 종전에 잔여적으로 취급되던 아동, 여성, 가족의 복지욕구에 적극적으로 대응한다. 셋째, 생애주기별 맞춤형 복지다. 임신부터 노후까지 생애주기에 따라 필요한 복지서비스를 적절하게 제공받을 수 있는 촘촘한 복지의 틀을 구축하고 필요한 서비스를 적재적소에 제공함으로써 사각지대를 해소하며, 비효율적 · 중복적 · 낭비적 요인을 제거한다.

이명박 정부는 2009년 12월, 2009년도부터 2013년도까지의 '제3차 사회보장 장기발전방향'을 수립 · 발표하였다. 이 계획은 분야별 민간전문가와 보건복지가족부, 교육과학기술부, 문화관광체육부, 농림수산식품부, 지식경제부, 노동부, 여성부, 국토해양부 등 8개 부처가 공동으로 참여한 가운데 범정부적인 차원에서 수립되었는데 이명박 정부는 '사회통합과 경제성장을 함께 이루어 가는 능동적 복지 구현'을 정책비전으로 설정하고 이를 달성하기 위한 5대 정책방향과 세부 추진과제들을 제시하였다(보건복지가족부, 2009).

5대 정책방향은 다음과 같다. 첫째, 영유아 · 아동 · 청소년 등 미래 세대의 역량강화 지원으로 영유아 보육비 지원의 단계적 확대, 저소득층 · 위기아동의 통합지원, 방과후 활동지원, 취업후 학자금 상환제 도입 등을 추진한다. 둘째, 장애인 · 노인 · 다문화가족 · 농어업인 등 사회적 약자에 대한 보호 강화로 중증장애인 기초 장애연금 도입, 치매예방 및 관리강화, 다문화가족의 경제 · 사회적 자립역량 제고, 농지연금 시범도입 등을 추진한다. 셋째, 취업취약계층 · 근로빈곤층에 대한 일자리 및 자립지원 강화로 각종 일자리 지원확대, 무보증 소액신용대출 확대시행, 저소득층 자립여건 조성 및 자립능력 강화, 근로자 능력개발 지원강화 등을 추진한다. 넷째, 소득 · 의료 · 주거 등 분야에서의 촘촘한 사회안전망 구축으로 소득보장 사각지대 축소, 의료보장성 강화, 보금자리 주택 지속 공급, 저소득층 에너지 비용부담 완화, 취약계층 문화 · 관광 · 체육 지원 등을 추진한다. 다섯째, 공공 · 민간분야 복지 역량강화 등을 통한 복지 집행의 효율성 · 지속가능성 제고로 공공 · 민간 사회복지서비스 전달체계 개편 및 사회복지 통합 관리망 구축, 부처 간 복지정보 연계, 유사중복사업 심사 · 조정 및 부정 · 부적정 급여 사후관리 강화, 기업의 복지참여 확대 등을 중점 추진한다.

2. 최근 한국사회복지정책의 동향

2013년 출범한 박근혜 정부는 '국민행복, 희망의 새 시대'라는 국정비전과 함께 5대 국정목표와 21개 국정전략, 140개 국정과제를 선정하여 발표하였다. 국정비전을 달성하기 위한 5대국정목표로는 ① 일자리 중심의 창조경제 ② 맞춤형 고용·복지 ③ 창의교육과 문화가 있는 삶 ④ 안전과 통합의 사회 ⑤ 행복한 통일시대의 기반구축을 내세웠으며 이 중 맞춤형 고용·복지의 세부전략으로는 ① 생애주기별 맞춤형 복지 제공 ② 자립을 지원하는 복지체계 구축 ③ 저출산 극복과 여성 경제활동의 확대를 설정하였다.

한편, 2014년 8월 박근혜 정부에서는 제1차 사회보장기본계획(2014~2018)을 확정 발표하였는데 그 비전을 '더 나은 내일, 국민 모두가 행복한 사회'로 정하고, 생애주기별 사회적 위험에 대한 안전망을 구축하고 고용-복지 연계를 통해 자립을 지원하여 자아실현을 유도하는 '맞춤형 고용-복지'를 핵심가치로 설정하고, 비전과 핵심가치를 구현하고 현실적 여건에 대응하기 위한 ① 생애주기별 맞춤형 사회안전망 구축 ② 일을 통한 자립지원 ③ 지속가능한 사회보장 기반구축이라는 세 가지 정책목표를 제시하였다. 이에 대한 구체적인 내용은 다음과 같다(관계부처합동, 2014).

첫째, 생애주기별 맞춤형 사회안전망 구축이다. 이는 삶의 기본이 되는 안전이 보장되고 튼튼한 사회안전망 구축으로 구성원 모두가 안심할 수 있는 사회를 구현하며, 생활영역별 위험을 예방하고 극복할 수 있도록 기본욕구와 특수욕구를 고려하여 개인별 맞춤형으로 소득과 사회서비스를 균형 있게 보장한다는 것이다. 둘째, 일을 통한 자립지원이다. 이는 국민 모두가 희망을 가질 수 있도록 능력과 의욕을 가진 사람이라면 누구에게나 균등한 기회를 제공하고, 복합적 문제가 있는 모든 국민이 복지급여에 의존하지 않고 스스로 역량을 키워 일을 통해 자립할 수 있도록 맞춤형 통합서비스를 제공하며, 아동에 대한 투자, 경력단절방지, 취약계층 고용안정 등과 더불어 중산층의 자아실현 경로로서 소질과 잠재력을 발휘할 수 있도록 인적자본의 투자를 강화한다는 것이다. 셋째, 지속가능한 사회보장 기반구축이다. 이는 우리 경제에 맞는 사회보장제도의 틀을 갖추되, 혜택과 부담의 균형으로 미래세대까지 지속가능한 사회보장체계를 구축하고, 통합적 전달체계 구축, 민관협력 활성화 등을 통해 모든 국민이 일상생활에서 체감할 수 있고, 국민에게 실질적으로 도움이 되는 사회보장체계를 구축한다는 것이다.

또한 박근혜 정부가 제1차 사회보장기본계획에서 제시한 사회보장체계의 운영원칙은 다음과 같다(관계부처합동, 2014).

첫째, 소득보장과 사회서비스의 균형적 지원이다. 소극적인 소득보장 중심에서 벗어나 현금급여와 예방적·적극적인 사회서비스 양자 간의 조화와 균형을 추구한다. 이를 통해 모든 국민이 생애주기별·생활영역별 위험을 예방하고 극복할 수 있는 평생사회안전망 구축을 지향한다. 둘째, 대상자 선정 및 급여 기준의 공정성이다. 복지급여 지급대상 선정에 있어 기본적 욕구에 대해서는 보편주의를 지향하되, 취약계층의 특수욕구 등을 우선적으로 지원한다. 그리고 사회보장제도의 사회적·재정적 지속가능성 확보를 위해 부정수급, 과잉급여 등을 줄이기 위한 공정하고 합리적인 제도를 설계하고 운영한다. 셋째, 세대 간, 계층 간 부담의 형평성 확보다. 한 세대 내에서 함께 내고 함께 받는 복지를 지향하되, 합리적인 선에서 소득수준이 높은 계층이 부담을 더 지는 방식으로 계층 간 공평성을 확보한다. 또한 장기적으로 지속가능한 고용-복지 전략을 위해 차세대에 비용을 전가하지 않기 위한 세대 간 공평하고 합리적인 부담방안을 마련한다. 넷째, 공공과 민간의 협력 강화다. 국민 개개인의 일상생활을 위협하는 사회적 위험을 예방하고 해결하기 위해 국가의 역할을 강화하되, 개인 및 사회가 적극적으로 협력한다. 또한 민간분야의 다양한 서비스 공급주체들이 확산될 수 있도록 법적·제도적 지원체계를 구축한다.

그러나 이상과 같은 박근혜 정부의 맞춤형 고용-복지의 기본노선도 이명박 정부의 능동적 복지와 크게 다르지 않다는 것이다. 과거 이명박 정부의 능동적 복지에 대해 복지는 성장에 걸림돌이 된다는 성장 중심의 국정철학의 산물이라는 비판이 제기되었듯이 박근혜 정부의 맞춤형 고용-복지 역시 이와 같은 비판으로부터 자유롭지 못하다. 복지와 성장은 서로 상충관계에 있는 것이 아니라 성장에 필요한 인적자본의 육성이 복지 없이는 불가능하며 따라서 성장과 복지는 선순환

관계로 보아야 하는데 맞춤형 고용-복지는 성장 중심의 복지라는 것이다. 점점 더 격차가 벌어지고 있는 우리 사회의 양극화 문제, 실업문제, 저출산·고령화의 문제에 대한 적극적 대책 없이는 경제성장을 기약할 수 없으며 따라서 복지를 성장의 종속관계가 아니라 동반자 관계로 설정하고 복지를 통해 성장 기반을 다지는 관점이 요청된다. 물론 박근혜 정부는 대선 공약에 따라 무상보육과 기초연금과 같은 보편주의 지향의 정책을 추진하고 있지만 재원조달의 어려움에 직면하고 있어, 증세 없는 복지공약이 상당이 후퇴한 가운데 재원조달을 위한 특단의 대책이 요구된다. 또한 최근 청년실업문제에 대한 대책으로 임금피크제 도입을 추진하고 있는데 이의 성공여부는 노동계의 협조에 달려 있다.

3. 한국사회복지정책의 과제

1) 목표체계의 확립과 대상범위의 확대

경제성장이 없으면 분배도 없다는 성장위주의 국정 운영방향은 경제성장과 복지를 동반자 관계로 보기보다는 경제정책과 사회복지정책을 분리시키고 있다. 두 정책의 양분법적 구도는 오늘날 맞지 않는다. 오늘날 세계적인 대세는 두 정책이 하나가 되어 가고 있는 것이다. 한마디로 말하면, 사회복지정책은 경제정책과 선순환 관계이자 동반자 관계에 있다. 먼저 이와 같은 관점에서 사회복지정책의 목표체계를 확립해 나가야 한다. 다음으로 사회복지정책 목표설정에서 해결되어야 할 과제는 사회보험, 공공부조 및 사회(복지)서비스에 통용될 수 있는 공통의 목표와 기본원리의 정립 문제다(나병균, 2002: 315). 지난 50여 년 동안 그때그때 필요에 따라 분립적으로 발전되어 온 사회복지제도는 이제 어느 정도 제도로서의 골격을 갖추었으며 따라서 지금은 총괄적 목표와 원칙에 대한 정책적 차원의 논의가 필요한 시기라고 생각된다. 공공부조가 국민기초생활보장을 책임진다면 사회보험의 목표는 어떤 방향으로 정립해야 하는지 판단해야 한다. 21세기에 들어와 우리 사회는 사회의 양극화문제, 실업문제, 저출산·고령화의 문제가 가장 심각한 사회문제로 부각되고 있으며 이는 사회복지정책을 통해 가장 먼저 해결되어야 할 과제다.

공공부조는 절대적 빈곤의 해소나 완화에 목적이 있기 때문에 급여수준의 개선 또는 대상자 범위의 확대에 한계가 있다. 또한 사회보험 급여에 비해서 권리의 확실성 보장이 어려운 것이 사실이다. 우리나라 국민기초생활보장법에 따른 맞춤형 급여는 복지사각지대 해소에 기여할 것으로 예상되지만 사회보장 권리로서 여전히 여러 가지 문제점을 가지고 있다. 실업자는 공공부조의 급여대상자인 전통적 빈곤층과는 차이가 있다. 이들에게 절실한 것은 노동자 권리로서 제공되는 기초생활보장 급여다. 사회보험 급여는 노동자로서의 권리이기 때문에 실업자의 빈곤문제도 공공부조 급여보다는 고용보험 급여 등 사회보험 급여의 확대를 통하여 해결하고 고령노동자의 노후 기초생활보장도 공적 연금의 기초생활보장 기능의 강화를 통하여 해결하는 것이 바람직하다(나병균, 2002: 321-322). 이와 같이 점차 사회보험 급여들의 기초생활보장 기능을 발전시켜 국민 최저수준을 사회보험 급여를 통하여 해결하고 이를 보완하는 급여로서 공공부조를 존속시켜 나가도록 사회복지정책의 목표와 방향을 설정하는 것이 중요한 과제라 생각된다.

또한 우리나라 사회복지정책의 적용대상으로서 강조되어야 할 점은 비정규 근로자 집단을 포함한 근로자 집단 전체를 사회보험 당연 적용대상으로 포함시키는 과업이다. 대상범위 면에서 볼 때 우리나라 개별 사회보험의 도입 초기에 존재하던 제한들이 이제는 거의 제거되어 보편주의 이상에 크게 다가왔으나 고용의 불안정성이 극도로 높은 약 600만 명에 달하는 임시직·일용직과 같은 비정규직 근로자들이 사회보험 사각지대에 처해 있는 경우가 많아 이들에게 어떻게 사회보험제도들을 적용할 것인가가 문제다. 최근 기업들은 구조조정을 통하여 상근 근로자의 수를 줄이고 임시직, 일용직의 근로자로 노동의 수요를 충당하고 있으며 이와 같은 고용구조의 변화는 계속될 것으로 전망된다. 따라서 이 비상근 근로자들에게 사각지대 없이 사회보험이 적용될 수 있도록 이들의 불안정한 고용경력을 관리할 수 있는 효율적인 정보체계와 행정체계가 수립되어야만 할 것이다.

2) 급여체계의 적절성

그간 우리나라의 사회복지제도는 1960년대 이후 최근에 이르기까지 필요할 때마다 분립적으로 발전되어 제도로서의 틀을 갖추게 되었다. 사회안전망은 사후적 안전망보다는 예방위주의 사전적 안전망이 더 효율적이다. 이런 점에서 사회보험제도와 같은 1차 안전망을 최대한 튼튼히 하여 가급적 초기에 많은 부분이 해소될 수 있도록 해야 한다. 1차 안전망으로 해결되지 못하는 경우 공공부조 및 사회서비스와 같은 2차 안전망을 가동하게 된다.

사회보장기본법에 의하면 우리나라 사회보장 급여수준은 모든 국민이 건강하고 문화적인 생활을 유지할 수 있도록 국가에서 매년 공표하는 최저생계비와 최저임금 등을 고려하여 결정하여야 한다고 규정하고 있다. 그러나 기존의 국민기초생활보장법에서는 소득인정액이 최저생계비 이하인 경우에는 각종 급여가 지급되는 반면, 탈수급의 경우 지원이 전무한 상황이 발생하는 등 제도에 문제점이 있어서 최근 개정된 국민기초생활보장법에서는 그간 기초생활보장의 기준으로 활용해 온 절대빈곤선인 최저생계비 기준을 상대빈곤선인 기준 중위소득 기준으로 개정하였고 수급권자가 되면 모든 급여를 수급하는 통합급여방식에서 급여 종류별로 다층화한 맞춤형 급여체계를 도입하였다. 문제는 맞춤형 급여체계가 선정기준과 급여수준을 빈곤층의 욕구에 맞게 설정한 강점을 갖고 있지만 빈곤율 감소나 급여형평성 보장 등의 성과를 위해서는 급여 종류별로 각각의 급여를 조율해야 하는 어려움 또한 안고 있어 이에 대한 적절한 대책이 요구된다.

사회보험과 관련한 급여체계는 다른 기준이 적용되어야 한다. 가입자의 기여금, 가입기간, 사회경제적 수준과 사회적 가치 등을 고려하여 결정하여야 한다. 국민연금 급여수준과 관련하여 소득대체율을 어느 정도로 할 것인지는 국민적 합의가 필요하다. 물론 중장기적인 연금재정도 고려하여야 하겠지만, 기본선에 대한 보장은 반드시 확보되어야 할 것이다. 국민건강보험의 급여수준이 지나치게 낮아 본인부담금에 대한 부담이 크다든지, 비급여부문이 지나치게 확대되어 있는 등의 문제는 해결하여야 할 과제다. 실업급여의 경우 그 수준이나 지급기간의 문제와 실업급여 수급 기한이 끝난 후의 보장문제는 급여체계와 관련하여 지속적인 문제점으로 제기되고 있는 사항으로 이 또한 해결하여야 할 과제다(권기창, 2014).

3) 전달체계의 개선

사회보험은 중앙정부가 지방정부의 조직을 거치지 않고 현재와 같이 국민들에게 급여를 전달하는 것이 바람직하기 때문에 사회복지 전달체계의 개선에서 크게 문제가 되지 않고 있다. 문제는 중앙정부와 지방정부가 관여하는 공공부조와 사회서비스다. 그간 동사무소의 동 주민센터로의 변화를 계기로 사회복지전달체계는 큰 도전을 받고 있다. 국민의 사회복지에 대한 욕구는 커 가고 실제로 사회복지제도 내용도 다양해지고 복잡해지고 있다. 최근 맞춤형 기초생활보장 급여체계의 도입으로 인한 업무부담과 사회양극화, 저출산·고령화, 핵가족화, 실업현상과 더불어 다양한 복지 욕구가 발생하고 있지만 공공 전달체계가 이에 효과적으로 대처하지 못하고 있다. 정부는 사회복지전담 공무원을 부분적으로 충원함으로써 이 문제를 해결하려고 하고 있으나 근본적인 해결방안이 되지 못하고 있다.

공공사회복지 전달체계의 개선모형은 크게 두 가지로 나눌 수 있다. 한 모형은 시·도의 지방 일반 행정기관에서 사회복지업무를 분리시켜 보건복지부 직속 하부 집행기관인 사회복지청으로 만드는 중앙집권분리형이고, 다른 한 모형은 행정자치부의 집행기관으로서 시·도의 지방자치단체로부터 직접적으로 지시·감독을 받으며 보건복지부로부터는 간접적으로 통제를 받는 지방분권분리형이다. 중앙집권분리형은 사회복지의 지방적 특성을 무시하고 사회복지에서의 지방정부 기능을 약화 내지는 소멸시킬 가능성이 크므로 바람직하지 못하다. 지방분권분리형은 시·군·구 단체장 직속으로 사회복지사무소를 두고 사회복지업무를 통합하여 수행하는 모형으로서(최성재·남기민, 2014: 123-124) 지금까지 학계 및 실무계의 논의 결과에 따르면 바람직한 것으로 평가되고 있다.

보건복지부에서는 2004년 7월부터 2006년 6월까지 사회복지사무소 시범사업을 시행하여 그 결과 긍정적 평가가 많았으나 보건복지부 주도의 사회복지사무소 시범사업의 평가를 제대로 반영하지 못한 채 행정자치부 주도로 2006년 7월부터 시·군·구에 주민생활지원국을 설치하는 공공사회복지 전달체계 개편을 시행하기에 이르렀다. 이와 같은 전달체계 개편은 사회복지 전문성을 제대로 살리지 못하였을 뿐만 아니라 사회복지를 주민생활지원이라는 명칭 속에 매몰시킴으로써 사회복지의 범위와 전문적 영역을 혼란시키는 결과를 초래하였다. 이후 2009년 6월 시·군·구 사회복지 전달체계 개선책이 제시되어 주민생활지원국 체계에 상당히 변화가 생겼고 2010년부터 사회복지통합관리망(행복e음)이 운영되기 시작하였으며, 2012년 5월부터는 시·군·구 단위에 희망복지지원단이 출범하여 공공사회복지 전달체계 내 통합사례관리업무를 수행하게 됨으로써 사례관리가 더욱 강화되는 방향으로 변화되었다. 사회복지통합관리망은 2013년에 사회보장기본법을 개정하면서 사회보장정보시스템으로 명명되어 오늘에 이르고 있다. 그러나 사회복지 전달체계는 여전히 많은 문제점을 가지고 있으며 근본적으로 수요자 중심의 통합적이고 효율적인 전달체계를 구축하는 방향으로, 그리고 특히 사회서비스의 경우 민관협력체계를 구축하는 방향으로 개선해 나가야 할 것이다.

4) 재원의 조달

그동안 우리나라의 복지예산은 국가 전체 예산의 평균 증가율보다 빠른 속도로 증가해 왔다. 정부가 발표한 2015년 국가예산 중에서 보건·복지·고용 분야의 예산규모는 전체 예산의 30.8%에 이르고 있다. 그러나 선진국들에 비하면 우리의 복지예산은 여전히 낮은 수준에 있다. 2015년 OECD 보고에 따른 정부 발표에 의하면 GDP 대비 사회복지지출 비율은 2000년 4.8%에서 2010년 9%, 2013년 10.2%로 올라갔고 2014년 기준 10.4%에 도달했으나 이는 OECD 28개 조사대상국 가운데 28위이며 OECD 평균인 21.6%의 절반에도 미치지 못한 것으로 나타났다.

이와 같이 우리나라 복지예산이 선진국에 비하여 낮은 이유로는 국민연금 등 사회보험제도의 도입 시점이 상대적으로 늦어 아직 본격적인 지출이 이루어지지 않고 있으며, 선진국에 비하여 아직은 국민소득도 낮고 고령화 수준도 낮으며 국민부담률 수준도 낮기 때문이다(권기창, 2014). 그러나 우리나라는 고령화 속도가 세계에서 제일 빠르고, 이에 따른 국민연금 수급자의 증가, 장기요양보험 대상의 확대 및 노인의료비 지출 등으로 복지지출은 일정부분 자연증가현상을 보일 것이며 다양한 신사회적 욕구를 충족시키기 위해서는 복지재원의 확대는 불가피할 것으로 보인다. 복지예산을 늘리기 위해서는 기존 재정지출의 구성을 바꾸거나 증세 또는 새로운 조세의 신설 등을 해야 한다. 따라서 이에 대한, 그리고 복지예산을 어느 정도까지 늘릴 것인가에 관한 국민적 합의가 있어야 한다. 일반적으로 사회복지관련 재원의 확보를 위해 선결되어야 할 과제는 다음과 같다.

첫째, 사회복지관련 재원의 규모는 국민경제의 부담능력을 감안하여 합리적인 수준에서 결정되어야 하고 또 여러 가지 재원조달 방안들을 마련함에 소득 재분배 효과가 높은 방안들이 선택될 수 있도록 하여야 한다.

둘째, 사회복지관련 재원은 기본적으로 조세를 통해 조달된다. 따라서 소득이 있는 곳에는 적절한 과세가 이루어져야 하며 성실 신고자인 봉급생활자로부터 불성실 신고자인 일부 기업가 및 자영업자들에게 소득이 이전되는 현상이 발생하지 않도록 이들의 소득을 정확히 파악함으로써 조세제도의 형평을 기해야 한다.

셋째, 사회보험은 공공부조와 함께 사회복지정책의 가장 근간이 되는 부분이다. 따라서 사회보험 재원의 조달과 대상자 급여에서 효율성을 높이고 사회보험 관리 운영체계의 개선을 통해 사회보험 재정의 안정화가 이루어져야 한다(강욱모 외, 2002: 181).

넷째, 우리나라의 사회복지정책 기본노선 중의 하나는 복지다원주의와 민관파트너십이다. 최근 민간부문의 참여확대는 뒤처진 사회서비스 분야의 발전에 크게 기여할 것으로 전망되는데 사회서비스에 필요한 민간 재원을 동원하기 위한 효과적인 방안들이 마련되어야 한다.

참·고·문·헌

강욱모·김영란·김진수·박승희·서용석·안치민·엄명용·이성기·이정우·이준영·이혜경·최경구·최현숙·한동우·한형수(2002). 21세기 사회복지정책. 서울: 청목출판사.

관계부처합동(2009). 제3차 사회보장 장기발전방향

관계부처합동(2014). 제1차 사회보장기본계획(2014~2018).

권기창(2014). 사회복지정책론. 서울: 창지사.

김기원(2000). 제3의 길 복지정책에 관한 소고. 서울장신논단, 8, 258-276.

김기원(2003). 한국 사회복지정책론. 서울: 나눔의 집.

나병균(2002). 사회보장론. 서울: 나눔의 집.

노시평·서휘석·송재복·장덕제(2002). 사회복지정책론. 서울: 도서출판 대경.

대한민국정부(2008). 이명박 정부 100대 국정과제. 국무총리실·문화체육관광부.

민주당 대통령후보 정책자문단(2002). 미래를 향한 희망과 도전. 새천년민주당.

보건복지부(2015). 보도자료.

보건복지가족부(2009). 보도자료.

삶의 질 향상기획단(1999). 새천년을 향한 생산적 복지의 길: 국민의 정부 사회정책 청사진. 서울: 퇴설당.

정무권(2002). 국민의 정부의 사회정책. 김연명 편, 한국 복지국가 성격논쟁 I. 서울: 인간과 복지.

조영훈(2002). 생산적 복지론과 한국 복지국가의 미래. 김연명 편, 한국 복지국가 성격논쟁 I. 서울: 인간과 복지.

최경구(2002). 생산적 복지에 관한 고찰: 한국적 복지체제의 전망. 한국복지연구원 편, 한국의 사회복지. 서울: 유풍출판사.

최성재·남기민(2014). 사회복지행정론. 서울: 나남출판.

Williams, F. (1990). Good-enough Principles for Welfare. *Journal of Social Policy*, *28*, 670-675.

부 록

사회보장기본법
국민기초생활보장법
사회복지사업법

사회보장기본법

[시행 2016.1.25.] [법률 제13426호, 2015.7.24., 타법개정]

제1장 총칙

제1조(목적) 이 법은 사회보장에 관한 국민의 권리와 국가 및 지방자치단체의 책임을 정하고 사회보장정책의 수립·추진과 관련 제도에 관한 기본적인 사항을 규정함으로써 국민의 복지증진에 이바지하는 것을 목적으로 한다.

제2조(기본 이념) 사회보장은 모든 국민이 다양한 사회적 위험으로부터 벗어나 행복하고 인간다운 생활을 향유할 수 있도록 자립을 지원하며, 사회참여·자아실현에 필요한 제도와 여건을 조성하여 사회통합과 행복한 복지사회를 실현하는 것을 기본 이념으로 한다.

제3조(정의) 이 법에서 사용하는 용어의 뜻은 다음과 같다.
   1. "사회보장"이란 출산, 양육, 실업, 노령, 장애, 질병, 빈곤 및 사망 등의 사회적 위험으로부터 모든 국민을 보호하고 국민 삶의 질을 향상시키는 데 필요한 소득·서비스를 보장하는 사회보험, 공공부조, 사회서비스를 말한다.
   2. "사회보험"이란 국민에게 발생하는 사회적 위험을 보험의 방식으로 대처함으로써 국민의 건강과 소득을 보장하는 제도를 말한다.
   3. "공공부조"(公共扶助)란 국가와 지방자치단체의 책임 하에 생활 유지 능력이 없거나 생활이 어려운 국민의 최저생활을 보장하고 자립을 지원하는 제도를 말한다.
   4. "사회서비스"란 국가·지방자치단체 및 민간부문의 도움이 필요한 모든 국민에게 복지, 보건의료, 교육, 고용, 주거, 문화, 환경 등의 분야에서 인간다운 생활을 보장하고 상담, 재활, 돌봄, 정보의 제공, 관련 시설의 이용, 역량 개발, 사회참여 지원 등을 통하여 국민의 삶의 질이 향상되도록 지원하는 제도를 말한다.
   5. "평생사회안전망"이란 생애주기에 걸쳐 보편적으로 충족되어야 하는 기본욕구와 특정한 사회위험에 의하여 발생하는 특수

욕구를 동시에 고려하여 소득·서비스를 보장하는 맞춤형 사회보장제도를 말한다.

제4조(다른 법률과의 관계) 사회보장에 관한 다른 법률을 제정하거나 개정하는 경우에는 이 법에 부합되도록 하여야 한다.

제5조(국가와 지방자치단체의 책임) ① 국가와 지방자치단체는 모든 국민의 인간다운 생활을 유지·증진하는 책임을 가진다.
② 국가와 지방자치단체는 사회보장에 관한 책임과 역할을 합리적으로 분담하여야 한다.
③ 국가와 지방자치단체는 국가 발전수준에 부응하고 사회환경의 변화에 선제적으로 대응하며 지속가능한 사회보장제도를 확립하고 매년 이에 필요한 재원을 조달하여야 한다.
④ 국가는 사회보장제도의 안정적인 운영을 위하여 중장기 사회보장 재정추계를 격년으로 실시하고 이를 공표하여야 한다.

제6조(국가 등과 가정) ① 국가와 지방자치단체는 가정이 건전하게 유지되고 그 기능이 향상되도록 노력하여야 한다.
② 국가와 지방자치단체는 사회보장제도를 시행할 때에 가정과 지역공동체의 자발적인 복지활동을 촉진하여야 한다.

제7조(국민의 책임) ① 모든 국민은 자신의 능력을 최대한 발휘하여 자립·자활(自活)할 수 있도록 노력하여야 한다.
② 모든 국민은 경제적·사회적·문화적·정신적·신체적으로 보호가 필요하다고 인정되는 사람에게 지속적인 관심을 가지고 이들이 보다 나은 삶을 누릴 수 있는 사회환경 조성에 서로 협력하고 노력하여야 한다.

③ 모든 국민은 관계 법령에서 정하는 바에 따라 사회보장급여에 필요한 비용의 부담, 정보의 제공 등 국가의 사회보장정책에 협력하여야 한다.

제8조(외국인에 대한 적용) 국내에 거주하는 외국인에게 사회보장제도를 적용할 때에는 상호주의의 원칙에 따르되, 관계 법령에서 정하는 바에 따른다.

제2장 사회보장에 관한 국민의 권리

제9조(사회보장을 받을 권리) 모든 국민은 사회보장 관계 법령에서 정하는 바에 따라 사회보장급여를 받을 권리(이하 "사회보장수급권"이라 한다)를 가진다.

제10조(사회보장급여의 수준) ① 국가와 지방자치단체는 모든 국민이 건강하고 문화적인 생활을 유지할 수 있도록 사회보장급여의 수준 향상을 위하여 노력하여야 한다.
② 국가는 관계 법령에서 정하는 바에 따라 최저생계비와 최저임금을 매년 공표하여야 한다.
③ 국가와 지방자치단체는 제2항에 따른 최저생계비와 최저임금 등을 고려하여 사회보장급여의 수준을 결정하여야 한다.

제11조(사회보장급여의 신청) ① 사회보장급여를 받으려는 사람은 관계 법령에서 정하는 바에 따라 국가나 지방자치단체에 신청하여야 한다. 다만, 관계 법령에서 따로 정하는 경우에는 국가나 지방자치단체가 신청을 대신할 수 있다.
② 사회보장급여를 신청하는 사람이 다른 기관에 신청한 경우에는 그 기관은 지체 없

이 이를 정당한 권한이 있는 기관에 이송하여야 한다. 이 경우 정당한 권한이 있는 기관에 이송된 날을 사회보장급여의 신청일로 본다.

제12조(사회보장수급권의 보호) 사회보장수급권은 관계 법령에서 정하는 바에 따라 다른 사람에게 양도하거나 담보로 제공할 수 없으며, 이를 압류할 수 없다.

제13조(사회보장수급권의 제한 등) ① 사회보장수급권은 제한되거나 정지될 수 없다. 다만, 관계 법령에서 따로 정하고 있는 경우에는 그러하지 아니하다.
② 제1항 단서에 따라 사회보장수급권이 제한되거나 정지되는 경우에는 제한 또는 정지하는 목적에 필요한 최소한의 범위에 그쳐야 한다.

제14조(사회보장수급권의 포기) ① 사회보장수급권은 정당한 권한이 있는 기관에 서면으로 통지하여 포기할 수 있다.
② 사회보장수급권의 포기는 취소할 수 있다.
③ 제1항에도 불구하고 사회보장수급권을 포기하는 것이 다른 사람에게 피해를 주거나 사회보장에 관한 관계 법령에 위반되는 경우에는 사회보장수급권을 포기할 수 없다.

제15조(불법행위에 대한 구상) 제3자의 불법행위로 피해를 입은 국민이 그로 인하여 사회보장수급권을 가지게 된 경우 사회보장제도를 운영하는 자는 그 불법행위의 책임이 있는 자에 대하여 관계 법령에서 정하는 바에 따라 구상권(求償權)을 행사할 수 있다.

제3장 사회보장 기본계획과 사회보장위원회

제16조(사회보장 기본계획의 수립) ① 보건복지부장관은 관계 중앙행정기관의 장과 협의하여 사회보장 증진을 위하여 사회보장에 관한 기본계획(이하 "기본계획"이라 한다)을 5년마다 수립하여야 한다.
② 기본계획에는 다음 각 호의 사항이 포함되어야 한다.
1. 국내외 사회보장환경의 변화와 전망
2. 사회보장의 기본목표 및 중장기 추진방향
3. 주요 추진과제 및 추진방법
4. 필요한 재원의 규모와 조달방안
5. 사회보장 관련 기금 운용방안
6. 사회보장 전달체계
7. 그 밖에 사회보장정책의 추진에 필요한 사항
③ 기본계획은 제20조에 따른 사회보장위원회와 국무회의의 심의를 거쳐 확정한다. 기본계획 중 대통령령으로 정하는 중요한 사항을 변경하려는 경우에도 같다.

제17조(다른 계획과의 관계) 기본계획은 다른 법령에 따라 수립되는 사회보장에 관한 계획에 우선하며 그 계획의 기본이 된다.

제18조(연도별 시행계획의 수립·시행 등) ① 보건복지부장관 및 관계 중앙행정기관의 장은 기본계획에 따라 사회보장과 관련된 소관 주요 시책의 시행계획(이하 "시행계획"이라 한다)을 매년 수립·시행하여야 한다.
② 관계 중앙행정기관의 장은 제1항에 따라 수립한 소관 시행계획 및 전년도의 시행계획에 따른 추진실적을 대통령령으로 정하는 바에 따라 매년 보건복지부장관에게 제출하여

야 한다.

③ 보건복지부장관은 제2항에 따라 받은 관계 중앙행정기관 및 보건복지부 소관의 추진실적을 종합하여 성과를 평가하고, 그 결과를 제20조에 따른 사회보장위원회에 보고하여야 한다.

④ 보건복지부장관은 제3항에 따른 평가를 효율적으로 하기 위하여 이에 필요한 조사·분석 등을 전문기관에 의뢰할 수 있다.

⑤ 시행계획의 수립·시행 및 추진실적의 평가 등에 필요한 사항은 대통령령으로 정한다.

제19조(사회보장에 관한 지역계획의 수립·시행 등) ① 특별시장·광역시장·특별자치시장·도지사 또는 특별자치도지사·시장(「제주특별자치도 설치 및 국제자유도시 조성을 위한 특별법」 제11조제1항에 따른 행정시장을 포함한다)·군수·구청장(자치구의 구청장을 말한다. 이하 같다)은 관계 법령으로 정하는 바에 따라 사회보장에 관한 지역계획(이하 "지역계획"이라 한다)을 수립·시행하여야 한다. 〈개정 2015.7.24.〉

② 지역계획은 기본계획과 연계되어야 한다.

③ 지역계획의 수립·시행 및 추진실적의 평가 등에 필요한 사항은 대통령령으로 정한다. [시행일: 2016.1.25.]

제20조(사회보장위원회) ① 사회보장에 관한 주요 시책을 심의·조정하기 위하여 국무총리 소속으로 사회보장위원회(이하 "위원회"라 한다)를 둔다.

② 위원회는 다음 각 호의 사항을 심의·조정한다.

1. 사회보장 증진을 위한 기본계획
2. 사회보장 관련 주요 계획
3. 사회보장제도의 평가 및 개선
4. 사회보장제도의 신설 또는 변경에 따른 우선순위

5. 둘 이상의 중앙행정기관이 관련된 주요 사회보장정책
6. 사회보장급여 및 비용 부담
7. 국가와 지방자치단체의 역할 및 비용 분담
8. 사회보장의 재정추계 및 재원조달 방안
9. 사회보장 전달체계 운영 및 개선
10. 제32조제1항에 따른 사회보장통계
11. 사회보장정보의 보호 및 관리
12. 그 밖에 위원장이 심의에 부치는 사항

③ 위원장은 다음 각 호의 사항을 관계 중앙행정기관의 장과 지방자치단체의 장에게 통지하여야 한다.

1. 제16조제3항에 따라 확정된 기본계획
2. 제2항의 사항에 관하여 심의·조정한 결과

④ 관계 중앙행정기관의 장과 지방자치단체의 장은 위원회의 심의·조정 사항을 반영하여 사회보장제도를 운영 또는 개선하여야 한다.

제21조(위원회의 구성 등) ① 위원회는 위원장 1명, 부위원장 3명과 행정자치부장관, 고용노동부장관, 여성가족부장관, 국토교통부장관을 포함한 30명 이내의 위원으로 구성한다. 〈개정 2013.3.23., 2014.11.19.〉

② 위원장은 국무총리가 되고 부위원장은 기획재정부장관, 교육부장관 및 보건복지부장관이 된다. 〈개정 2014.11.19.〉

③ 위원회의 위원은 다음 각 호의 어느 하나에 해당하는 사람으로 한다.

1. 대통령령으로 정하는 관계 중앙행정기관의 장
2. 다음 각 목의 사람 중에서 대통령이 위촉하는 사람

가. 근로자를 대표하는 사람

나. 사용자를 대표하는 사람

다. 사회보장에 관한 학식과 경험이 풍부한

사람

라. 변호사 자격이 있는 사람

④ 위원의 임기는 2년으로 한다. 다만, 공무원인 위원의 임기는 그 재임 기간으로 하고, 제3항제2호 각 목의 위원이 기관ㆍ단체의 대표자 자격으로 위촉된 경우에는 그 임기는 대표의 지위를 유지하는 기간으로 한다.

⑤ 보궐위원의 임기는 전임자 임기의 남은 기간으로 한다.

⑥ 위원회를 효율적으로 운영하고 위원회의 심의사항을 전문적으로 검토하기 위하여 위원회에 실무위원회를 두며, 실무위원회에 분야별 전문위원회를 둘 수 있다.

⑦ 실무위원회에서 의결한 사항은 위원장에게 보고하고 위원회의 심의를 거쳐야 한다. 다만, 대통령령으로 정하는 경미한 사항에 대하여는 실무위원회의 의결로써 위원회의 의결을 갈음할 수 있다.

⑧ 위원회의 사무를 효율적으로 처리하기 위하여 보건복지부에 사무국을 둔다.

⑨ 이 법에서 규정한 사항 외에 위원회, 실무위원회, 분야별 전문위원회, 사무국의 구성ㆍ조직 및 운영 등에 필요한 사항은 대통령령으로 정한다.

제4장 사회보장정책의 기본방향

제22조(평생사회안전망의 구축ㆍ운영) ① 국가와 지방자치단체는 모든 국민이 생애 동안 삶의 질을 유지ㆍ증진할 수 있도록 평생사회안전망을 구축하여야 한다.

② 국가와 지방자치단체는 평생사회안전망을 구축ㆍ운영함에 있어 사회적 취약계층을 위한 공공부조를 마련하여 최저생활을 보장하여야 한다.

제23조(사회서비스 보장) ① 국가와 지방자치단체는 모든 국민의 인간다운 생활과 자립, 사회참여, 자아실현 등을 지원하여 삶의 질이 향상될 수 있도록 사회서비스에 관한 시책을 마련하여야 한다.

② 국가와 지방자치단체는 사회서비스 보장과 제24조에 따른 소득보장이 효과적이고 균형적으로 연계되도록 하여야 한다.

제24조(소득 보장) ① 국가와 지방자치단체는 다양한 사회적 위험 하에서도 모든 국민들이 인간다운 생활을 할 수 있도록 소득을 보장하는 제도를 마련하여야 한다.

② 국가와 지방자치단체는 공공부문과 민간부문의 소득보장제도가 효과적으로 연계되도록 하여야 한다.

제5장 사회보장제도의 운영

제25조(운영원칙) ① 국가와 지방자치단체가 사회보장제도를 운영할 때에는 이 제도를 필요로 하는 모든 국민에게 적용하여야 한다.

② 국가와 지방자치단체는 사회보장제도의 급여 수준과 비용 부담 등에서 형평성을 유지하여야 한다.

③ 국가와 지방자치단체는 사회보장제도의 정책 결정 및 시행 과정에 공익의 대표자 및 이해관계인 등을 참여시켜 이를 민주적으로 결정하고 시행하여야 한다.

④ 국가와 지방자치단체가 사회보장제도를 운영할 때에는 국민의 다양한 복지 욕구를 효율적으로 충족시키기 위하여 연계성과 전문성을 높여야 한다.

⑤ 사회보험은 국가의 책임으로 시행하고, 공공부조와 사회서비스는 국가와 지방자치단체의 책임으로 시행하는 것을 원칙으로 한

다. 다만, 국가와 지방자치단체의 재정 형편 등을 고려하여 이를 협의·조정할 수 있다.

제26조(협의 및 조정) ① 국가와 지방자치단체는 사회보장제도를 신설하거나 변경할 경우 기존 제도와의 관계, 사회보장 전달체계와 재정 등에 미치는 영향 등을 사전에 충분히 검토하고 상호협력하여 사회보장급여가 중복 또는 누락되지 아니하도록 하여야 한다.
② 중앙행정기관의 장과 지방자치단체의 장은 사회보장제도를 신설하거나 변경할 경우 신설 또는 변경의 타당성, 기존 제도와의 관계, 사회보장 전달체계에 미치는 영향 및 운영방안 등에 대하여 대통령령으로 정하는 바에 따라 보건복지부장관과 협의하여야 한다.
③ 제2항에 따른 협의가 이루어지지 아니할 경우 위원회가 이를 조정한다.
④ 보건복지부장관은 사회보장급여 관련 업무에 공통적으로 적용되는 기준을 마련할 수 있다.

제27조(민간의 참여) ① 국가와 지방자치단체는 사회보장에 대한 민간부문의 참여를 유도할 수 있도록 정책을 개발·시행하고 그 여건을 조성하여야 한다.
② 국가와 지방자치단체는 사회보장에 대한 민간부문의 참여를 유도하기 위하여 다음 각 호의 사업이 포함된 시책을 수립·시행할 수 있다.
1. 자원봉사, 기부 등 나눔의 활성화를 위한 각종 지원 사업
2. 사회보장정책의 시행에 있어 민간 부문과의 상호협력체계 구축을 위한 지원사업
3. 그 밖에 사회보장에 관련된 민간의 참여를 유도하는 데에 필요한 사업
③ 국가와 지방자치단체는 개인·법인 또는 단체가 사회보장에 참여하는 데에 드는 경비

의 전부 또는 일부를 지원하거나 그 업무를 수행하기 위하여 필요한 지원을 할 수 있다.

제28조(비용의 부담) ① 사회보장 비용의 부담은 각각의 사회보장제도의 목적에 따라 국가, 지방자치단체 및 민간부문 간에 합리적으로 조정되어야 한다.
② 사회보험에 드는 비용은 사용자, 피용자(被傭者) 및 자영업자가 부담하는 것을 원칙으로 하되, 관계 법령에서 정하는 바에 따라 국가가 그 비용의 일부를 부담할 수 있다.
③ 공공부조 및 관계 법령에서 정하는 일정 소득 수준 이하의 국민에 대한 사회서비스에 드는 비용의 전부 또는 일부는 국가와 지방자치단체가 부담한다.
④ 부담 능력이 있는 국민에 대한 사회서비스에 드는 비용은 그 수익자가 부담함을 원칙으로 하되, 관계 법령에서 정하는 바에 따라 국가와 지방자치단체가 그 비용의 일부를 부담할 수 있다.

제29조(사회보장 전달체계) ① 국가와 지방자치단체는 모든 국민이 쉽게 이용할 수 있고 사회보장급여가 적시에 제공되도록 지역적·기능적으로 균형잡힌 사회보장 전달체계를 구축하여야 한다.
② 국가와 지방자치단체는 사회보장 전달체계의 효율적 운영에 필요한 조직, 인력, 예산 등을 갖추어야 한다.
③ 국가와 지방자치단체는 공공부문과 민간부문의 사회보장 전달체계가 효율적으로 연계되도록 노력하여야 한다.

제30조(사회보장급여의 관리) ① 국가와 지방자치단체는 국민의 사회보장수급권의 보장 및 재정의 효율적 운용을 위하여 다음 각 호에 관한 사회보장급여의 관리체계를 구축·운영하여

야 한다.
1. 사회보장수급권자 권리구제
2. 사회보장급여의 사각지대 발굴
3. 사회보장급여의 부정 · 오류 관리
4. 사회보장급여의 과오지급액의 환수 등 관리
② 보건복지부장관은 사회서비스의 품질기준 마련, 평가 및 개선 등의 업무를 수행하기 위하여 필요한 전담기구를 설치할 수 있다.
③ 제2항의 전담기구 설치 · 운영 등에 필요한 사항은 대통령령으로 정한다.

제31조(전문인력의 양성 등) 국가와 지방자치단체는 사회보장제도의 발전을 위하여 전문인력의 양성, 학술 조사 및 연구, 국제 교류의 증진 등에 노력하여야 한다.

제32조(사회보장통계) ① 국가와 지방자치단체는 효과적인 사회보장정책의 수립 · 시행을 위하여 사회보장에 관한 통계(이하 "사회보장통계"라 한다)를 작성 · 관리하여야 한다.
② 관계 중앙행정기관의 장과 지방자치단체의 장은 소관 사회보장통계를 대통령령으로 정하는 바에 따라 보건복지부장관에게 제출하여야 한다.
③ 보건복지부장관은 제2항에 따라 제출된 사회보장통계를 종합하여 위원회에 제출하여야 한다.
④ 사회보장통계의 작성 · 관리에 필요한 사항은 대통령령으로 정한다.

제33조(정보의 공개) 국가와 지방자치단체는 사회보장제도에 관하여 국민이 필요한 정보를 관계 법령에서 정하는 바에 따라 공개하고, 이를 홍보하여야 한다.

제34조(사회보장에 관한 설명) 국가와 지방자치단체는 사회보장 관계 법령에서 규정한 권리나 의무를 해당 국민에게 설명하도록 노력하여야 한다.

제35조(사회보장에 관한 상담) 국가와 지방자치단체는 사회보장 관계 법령에서 정하는 바에 따라 사회보장에 관한 상담에 응하여야 한다.

제36조(사회보장에 관한 통지) 국가와 지방자치단체는 사회보장 관계 법령에서 정하는 바에 따라 사회보장에 관한 사항을 해당 국민에게 알려야 한다.

제6장 사회보장정보의 관리

제37조(사회보장정보시스템의 구축 · 운영 등) ① 국가와 지방자치단체는 국민편익의 증진과 사회보장업무의 효율성 향상을 위하여 사회보장업무를 전자적으로 관리하도록 노력하여야 한다.
② 국가는 관계 중앙행정기관과 지방자치단체에서 시행하는 사회보장수급권자 선정 및 급여 관리 등에 관한 정보를 통합 · 연계하여 처리 · 기록 및 관리하는 시스템(이하 "사회보장정보시스템"이라 한다)을 구축 · 운영할 수 있다.
③ 보건복지부장관은 사회보장정보시스템의 구축 · 운영을 총괄한다.
④ 보건복지부장관은 사회보장정보시스템 구축 · 운영의 전 과정에서 개인정보 보호를 위하여 필요한 시책을 마련하여야 한다.
⑤ 보건복지부장관은 관계 중앙행정기관, 지방자치단체 및 관련 기관 · 단체에 사회보장정보시스템의 운영에 필요한 정보의 제공을 요청하고 제공받은 목적의 범위에서 보유 · 이용할 수 있다. 이 경우 자료의 제공을 요청

받은 자는 정당한 사유가 없으면 이에 따라야 한다.

⑥ 관계 중앙행정기관 및 지방자치단체의 장은 제2항의 사회보장정보와 관련하여 사회보장정보시스템의 활용이 필요한 경우 사전에 보건복지부장관과 협의하여야 한다. 이 경우 보건복지부장관은 관련 업무에 필요한 범위에서 정보를 제공할 수 있고 정보를 제공받은 관계 중앙행정기관 및 지방자치단체의 장은 제공받은 목적의 범위에서 보유·이용할 수 있다.

⑦ 보건복지부장관은 사회보장정보시스템의 운영·지원을 위하여 전담기구를 설치할 수 있다.

제38조(개인정보 등의 보호) ① 사회보장 업무에 종사하거나 종사하였던 자는 사회보장업무 수행과 관련하여 알게 된 개인·법인 또는 단체의 정보를 관계 법령에서 정하는 바에 따라 보호하여야 한다.

② 국가와 지방자치단체, 공공기관, 법인·단체, 개인이 조사하거나 제공받은 개인·법인 또는 단체의 정보는 이 법과 관련 법률에 근거하지 아니하고 보유, 이용, 제공되어서는 아니 된다.

제7장 보칙

제39조(권리구제) 위법 또는 부당한 처분을 받거나 필요한 처분을 받지 못함으로써 권리 또는 이익을 침해받은 국민은 「행정심판법」에 따른 행정심판을 청구하거나 「행정소송법」에 따른 행정소송을 제기하여 그 처분의 취소 또는 변경 등을 청구할 수 있다.

제40조(국민 등의 의견수렴) 국가와 지방자치단체는 국민생활에 중대한 영향을 미치는 사회보장 계획 및 정책을 수립하려는 경우 공청회 및 정보통신망 등을 통하여 국민과 관계 전문가의 의견을 충분히 수렴하여야 한다.

제41조(관계 행정기관 등의 협조) ① 국가와 지방자치단체는 사회보장 관련 계획 및 정책의 수립·시행, 사회보장통계의 작성 등을 위하여 관련 공공기관, 법인, 단체 및 개인에게 자료제출 등 필요한 협조를 요청할 수 있다.

② 위원회는 사회보장에 관한 자료 제출 등 위원회 업무에 필요한 경우 관계 행정기관의 장에게 협조를 요청할 수 있다.

③ 제1항 및 제2항에 따라 협조요청을 받은 자는 정당한 사유가 없으면 이에 따라야 한다.

부칙 〈제13426호, 2015.7.24.〉
(제주특별자치도 설치 및 국제자유도시 조성을 위한 특별법)

제1조(시행일) 이 법은 공포 후 6개월이 경과한 날부터 시행한다. 〈단서 생략〉
제2조부터 제37조까지 생략
제38조(다른 법률의 개정) ①부터 〈25〉까지 생략
〈26〉 사회보장기본법 일부를 다음과 같이 개정한다.
제19조제1항 중 "「제주특별자치도 설치 및 국제자유도시 조성을 위한 특별법」 제17조제1항"을 "「제주특별자치도 설치 및 국제자유도시 조성을 위한 특별법」 제11조제1항"으로 한다.
〈27〉부터 〈45〉까지 생략
제39조 생략

국민기초생활보장법

[시행 2015.7.1.] [법률 제12933호, 2014.12.30., 일부개정]

제1장 총칙 〈개정 2012.2.1.〉

제1조(목적) 이 법은 생활이 어려운 사람에게 필요한 급여를 실시하여 이들의 최저생활을 보장하고 자활을 돕는 것을 목적으로 한다. [전문개정 2012.2.1.]

제2조(정의) 이 법에서 사용하는 용어의 뜻은 다음과 같다. 〈개정 2014.12.30.〉

1. "수급권자"란 이 법에 따른 급여를 받을 수 있는 자격을 가진 사람을 말한다.
2. "수급자"란 이 법에 따른 급여를 받는 사람을 말한다.
3. "수급품"이란 이 법에 따라 수급자에게 지급하거나 대여하는 금전 또는 물품을 말한다.
4. "보장기관"이란 이 법에 따른 급여를 실시하는 국가 또는 지방자치단체를 말한다.
5. "부양의무자"란 수급권자를 부양할 책임이 있는 사람으로서 수급권자의 1촌의 직계혈족 및 그 배우자를 말한다. 다만, 사망한 1촌의 직계혈족의 배우자는 제외한다.
6. "최저보장수준"이란 국민의 소득·지출 수준과 수급권자의 가구 유형 등 생활실태, 물가상승률 등을 고려하여 제6조에 따라 급여의 종류별로 공표하는 금액이나 보장수준을 말한다.
7. "최저생계비"란 국민이 건강하고 문화적인 생활을 유지하기 위하여 필요한 최소한의 비용으로서 제20조의2제4항에 따라 보건복지부장관이 계측하는 금액을 말한다.
8. "개별가구"란 이 법에 따른 급여를 받거나 이 법에 따른 자격요건에 부합하는지에 관한 조사를 받는 기본단위로서 수급자 또는 수급권자로 구성된 가구를 말한다. 이 경우 개별가구의 범위 등 구체적인 사항은 대통령령으로 정한다.
9. "소득인정액"이란 보장기관이 급여의 결정 및 실시 등에 사용하기 위하여 산출한 개별가구의 소득평가액과 재산의 소득환산액을 합산한 금액을 말한다.
10. "차상위계층"이란 수급권자(제14조의2에

따라 수급권자로 보는 사람은 제외한다)에 해당하지 아니하는 계층으로서 소득인정액이 대통령령으로 정하는 기준 이하인 계층을 말한다.

11. "기준 중위소득"이란 보건복지부장관이 급여의 기준 등에 활용하기 위하여 제20조제2항에 따른 중앙생활보장위원회의 심의·의결을 거쳐 고시하는 국민 가구소득의 중위값을 말한다. [전문개정 2012.2.1.] [시행일: 2015.7.1.]

제3조(급여의 기본원칙) ① 이 법에 따른 급여는 수급자가 자신의 생활의 유지·향상을 위하여 그의 소득, 재산, 근로능력 등을 활용하여 최대한 노력하는 것을 전제로 이를 보충·발전시키는 것을 기본원칙으로 한다.

② 부양의무자의 부양과 다른 법령에 따른 보호는 이 법에 따른 급여에 우선하여 행하여지는 것으로 한다. 다만, 다른 법령에 따른 보호의 수준이 이 법에서 정하는 수준에 이르지 아니하는 경우에는 나머지 부분에 관하여 이 법에 따른 급여를 받을 권리를 잃지 아니한다. [전문개정 2012.2.1.]

제4조(급여의 기준 등) ① 이 법에 따른 급여는 건강하고 문화적인 최저생활을 유지할 수 있는 것이어야 한다.

② 이 법에 따른 급여의 기준은 수급자의 연령, 가구 규모, 거주지역, 그 밖의 생활여건 등을 고려하여 급여의 종류별로 보건복지부장관이 정하거나 급여를 지급하는 중앙행정기관의 장(이하 "소관 중앙행정기관의 장"이라 한다)이 보건복지부장관과 협의하여 정한다. 〈개정 2014.12.30.〉

③ 보장기관은 이 법에 따른 급여를 개별가구 단위로 실시하되, 특히 필요하다고 인정하는 경우에는 개인 단위로 실시할 수 있다.

④ 지방자치단체인 보장기관은 해당 지방자치단체의 조례로 정하는 바에 따라 이 법에 따른 급여의 범위 및 수준을 초과하여 급여를 실시할 수 있다. 이 경우 해당 보장기관은 보건복지부장관 및 소관 중앙행정기관의 장에게 알려야 한다. 〈신설 2014.12.30.〉 [전문개정 2012.2.1.] [시행일: 2015.7.1.]

제4조의2(다른 법률과의 관계) 제11조 및 제12조의3에 따른 급여와 관련하여 다른 법률에 특별한 규정이 있는 경우를 제외하고는 이 법이 정하는 바에 따른다. [본조신설 2014.12.30.] [시행일: 2015.7.1.]

제5조 삭제 〈2014.12.30.〉 [시행일: 2015.7.1.]

제5조의2(외국인에 대한 특례) 국내에 체류하고 있는 외국인 중 대한민국 국민과 혼인하여 본인 또는 배우자가 임신 중이거나 대한민국 국적의 미성년 자녀를 양육하고 있거나 배우자의 대한민국 국적인 직계존속(直系尊屬)과 생계나 주거를 같이하고 있는 사람으로서 대통령령으로 정하는 사람이 이 법에 따른 급여를 받을 수 있는 자격을 가진 경우에는 수급권자가 된다. 〈개정 2014.12.30.〉 [전문개정 2012.2.1.] [시행일: 2015.7.1.]

제6조(최저보장수준의 결정 등) ① 보건복지부장관 또는 소관 중앙행정기관의 장은 급여의 종류별 수급자 선정기준 및 최저보장수준을 결정하여야 한다. 〈개정 2014.12.30.〉

② 보건복지부장관 또는 소관 중앙행정기관의 장은 매년 8월 1일까지 제20조제2항에 따른 중앙생활보장위원회의 심의·의결을 거쳐 다음 연도의 급여의 종류별 수급자 선정기준 및 최저보장수준을 공표하여야 한다. 〈개정 2014.12.30.〉

③ 삭제〈2014.12.30.〉

[전문개정 2012.2.1.]

[제목개정 2014.12.30.] [시행일: 2015.7.1.]

제6조의2(기준 중위소득의 산정) ① 기준 중위소득은 「통계법」 제27조에 따라 통계청이 공표하는 통계자료의 가구 경상소득(근로소득, 사업소득, 재산소득, 이전소득을 합산한 소득을 말한다)의 중간값에 최근 가구소득 평균 증가율, 가구규모에 따른 소득수준의 차이 등을 반영하여 가구규모별로 산정한다.

② 그 밖에 가구규모별 소득수준 반영 방법 등 기준 중위소득의 산정에 필요한 사항은 제20조제2항에 따른 중앙생활보장위원회에서 정한다. [본조신설 2014.12.30.] [시행일: 2015.7.1.]

제6조의3(소득인정액의 산정) ① 제2조제9호에 따른 개별가구의 소득평가액은 개별가구의 실제소득에도 불구하고 보장기관이 급여의 결정 및 실시 등에 사용하기 위하여 산출한 금액으로 다음 각 호의 소득을 합한 개별가구의 실제소득에서 장애·질병·양육 등 가구 특성에 따른 지출요인, 근로를 유인하기 위한 요인, 그 밖에 추가적인 지출요인에 해당하는 금액을 감하여 산정한다.

1. 근로소득

2. 사업소득

3. 재산소득

4. 이전소득

② 제2조제9호에 따른 재산의 소득환산액은 개별가구의 재산가액에서 기본재산액(기초생활의 유지에 필요하다고 보건복지부장관이 정하여 고시하는 재산액을 말한다) 및 부채를 공제한 금액에 소득환산율을 곱하여 산정한다. 이 경우 소득으로 환산하는 재산의 범위는 다음 각 호와 같다.

1. 일반재산(금융재산 및 자동차를 제외한 재산을 말한다)

2. 금융재산

3. 자동차

③ 실제소득, 소득평가액 및 재산의 소득환산액의 산정을 위한 구체적인 범위·기준 등은 대통령령으로 정한다. [본조신설 2014.12.30.] [시행일: 2015.7.1.]

제2장 급여의 종류와 방법

제7조(급여의 종류) ① 이 법에 따른 급여의 종류는 다음 각 호와 같다.

1. 생계급여

2. 주거급여

3. 의료급여

4. 교육급여

5. 해산급여(解産給與)

6. 장제급여(葬祭給與)

7. 자활급여

② 수급권자에 대한 급여는 수급자의 필요에 따라 제1항제1호부터 제7호까지의 급여의 전부 또는 일부를 실시하는 것으로 한다. 〈개정 2014.12.30.〉

③ 차상위계층에 속하는 사람(이하 "차상위자"라 한다)에 대한 급여는 보장기관이 차상위자의 가구별 생활여건을 고려하여 예산의 범위에서 제1항제2호부터 제4호까지, 제6호 및 제7호에 따른 급여의 전부 또는 일부를 실시할 수 있다. 이 경우 차상위자에 대한 급여의 기준 및 절차 등에 관하여 필요한 사항은 대통령령으로 정한다.

④ 삭제〈2014.12.30.〉 [전문개정 2012.2.1.] [시행일: 2015.7.1.]

제8조(생계급여의 내용 등) ① 생계급여는 수급자에

게 의복, 음식물 및 연료비와 그 밖에 일상생활에 기본적으로 필요한 금품을 지급하여 그 생계를 유지하게 하는 것으로 한다. 〈개정 2014.12.30.〉

② 생계급여 수급권자는 부양의무자가 없거나, 부양의무자가 있어도 부양능력이 없거나 부양을 받을 수 없는 사람으로서 그 소득인정액이 제20조제2항에 따른 중앙생활보장위원회의 심의·의결을 거쳐 결정하는 금액(이하 이 조에서 "생계급여 선정기준"이라 한다) 이하인 사람으로 한다. 이 경우 생계급여 선정기준은 기준 중위소득의 100분의 30 이상으로 한다. 〈신설 2014.12.30.〉

③ 생계급여 최저보장수준은 생계급여와 소득인정액을 포함하여 생계급여 선정기준 이상이 되도록 하여야 한다. 〈신설 2014.12.30.〉

④ 제2항 및 제3항에도 불구하고 제10조제1항 단서에 따라 제32조에 따른 보장시설에 위탁하여 생계급여를 실시하는 경우에는 보건복지부장관이 정하는 고시에 따라 그 선정기준 등을 달리 정할 수 있다. 〈신설 2014.12.30.〉 [전문개정 2012.2.1.] [제목개정 2014.12.30.] [시행일: 2015.7.1.]

제8조의2(부양능력 등) ① 부양의무자가 다음 각 호의 어느 하나에 해당하는 경우에는 제8조제2항, 제12조제3항, 제12조의3제2항에 따른 부양능력이 없는 것으로 본다.

1. 기준 중위소득 수준을 고려하여 대통령령으로 정하는 소득·재산 기준 미만인 경우

2. 직계존속 또는 「장애인연금법」 제2조제1호의 중증장애인인 직계비속을 자신의 주거에서 부양하는 경우로서 보건복지부장관이 정하여 고시하는 경우

3. 그 밖에 질병, 교육, 가구 특성 등으로 부양능력이 없다고 보건복지부장관이 정하는 경우

② 부양의무자가 다음 각 호의 어느 하나에 해당하는 경우에는 제8조제2항, 제12조제3항, 제12조의3제2항에 따른 부양을 받을 수 없는 것으로 본다.

1. 부양의무자가 「병역법」에 따라 징집되거나 소집된 경우

2. 부양의무자가 「해외이주법」 제2조의 해외이주자에 해당하는 경우

3. 부양의무자가 「형의 집행 및 수용자의 처우에 관한 법률」 및 「치료감호법」 등에 따른 교도소, 구치소, 치료감호시설 등에 수용 중인 경우

4. 부양의무자에 대하여 실종선고 절차가 진행 중인 경우

5. 부양의무자가 제32조의 보장시설에서 급여를 받고 있는 경우

6. 부양의무자의 가출 또는 행방불명으로 경찰서 등 행정관청에 신고된 후 1개월이 지났거나 가출 또는 행방불명 사실을 특별자치시장·특별자치도지사·시장·군수·구청장(자치구의 구청장을 말한다. 이하 "시장·군수·구청장"이라 한다)이 확인한 경우

7. 부양의무자가 부양을 기피하거나 거부하는 경우

8. 그 밖에 부양을 받을 수 없는 것으로 보건복지부장관이 정하는 경우 [본조신설 2014. 12.30.] [시행일: 2015.7.1.]

제9조(생계급여의 방법) ① 생계급여는 금전을 지급하는 것으로 한다. 다만, 금전으로 지급할 수 없거나 금전으로 지급하는 것이 적당하지 아니하다고 인정하는 경우에는 물품을 지급할 수 있다.

② 제1항의 수급품은 대통령령으로 정하는 바에 따라 매월 정기적으로 지급하여야 한다. 다만, 특별한 사정이 있는 경우에는 그

지급방법을 다르게 정하여 지급할 수 있다.

③ 제1항의 수급품은 수급자에게 직접 지급한다. 다만, 제10조제1항 단서에 따라 제32조에 따른 보장시설이나 타인의 가정에 위탁하여 생계급여를 실시하는 경우에는 그 위탁받은 사람에게 이를 지급할 수 있다. 이 경우 보장기관은 보건복지부장관이 정하는 바에 따라 정기적으로 수급자의 수급 여부를 확인하여야 한다.

④ 생계급여는 보건복지부장관이 정하는 바에 따라 수급자의 소득인정액 등을 고려하여 차등지급할 수 있다.

⑤ 보장기관은 대통령령으로 정하는 바에 따라 근로능력이 있는 수급자에게 자활에 필요한 사업에 참가할 것을 조건으로 하여 생계급여를 실시할 수 있다. 이 경우 보장기관은 제28조에 따른 자활지원계획을 고려하여 조건을 제시하여야 한다. [전문개정 2012.2.1.]

제10조(생계급여를 실시할 장소) ① 생계급여는 수급자의 주거에서 실시한다. 다만, 수급자가 주거가 없거나 주거가 있어도 그곳에서는 급여의 목적을 달성할 수 없는 경우 또는 수급자가 희망하는 경우에는 수급자를 제32조에 따른 보장시설이나 타인의 가정에 위탁하여 급여를 실시할 수 있다.

② 제1항에 따라 수급자에 대한 생계급여를 타인의 가정에 위탁하여 실시하는 경우에는 거실의 임차료와 그 밖에 거실의 유지에 필요한 비용은 수급품에 가산하여 지급한다. 이 경우 제7조제1항제2호의 주거급여가 실시된 것으로 본다. [전문개정 2012.2.1.]

제11조(주거급여) ① 주거급여는 수급자에게 주거안정에 필요한 임차료, 수선유지비, 그 밖의 수급품을 지급하는 것으로 한다. 〈개정 2014. 12.30.〉

② 주거급여에 관하여 필요한 사항은 따로 법률에서 정한다. 〈개정 2014.12.30.〉 [전문개정 2012.2.1.] [시행일: 2015.7.1.]

제12조(교육급여) ① 교육급여는 수급자에게 입학금, 수업료, 학용품비, 그 밖의 수급품을 지급하는 것으로 하되, 학교의 종류·범위 등에 관하여 필요한 사항은 대통령령으로 정한다.

② 교육급여는 교육부장관의 소관으로 한다. 〈개정 2014.12.30.〉

③ 교육급여 수급권자는 부양의무자가 없거나, 부양의무자가 있어도 부양능력이 없거나 부양을 받을 수 없는 사람으로서 그 소득인정액이 제20조제2항에 따른 중앙생활보장위원회의 심의·의결을 거쳐 결정하는 금액(이하 "교육급여 선정기준"이라 한다) 이하인 사람으로 한다. 이 경우 교육급여 선정기준은 기준 중위소득의 100분의 50 이상으로 한다. 〈신설 2014.12.30.〉

④ 교육급여의 신청 및 지급 등에 대하여는 「초·중등교육법」 제60조의4부터 제60조의9까지 및 제62조제3항에 따른 교육비 지원절차를 준용한다. 〈신설 2014.12.30.〉 [전문개정 2012.2.1.] [시행일: 2015.7.1.]

제12조의2(교육급여의 적용특례) 교육급여 수급권자를 선정하는 경우에는 제12조제1항의 교육급여와 「초·중등교육법」 제60조의4에 따른 교육비 지원과의 연계·통합을 위하여 제3조제2항 및 제12조제3항에도 불구하고 소득인정액이 교육급여 선정기준 이하인 사람을 수급권자로 본다. [본조신설 2014.12.30.] [시행일: 2015.7.1.]

제12조의3(의료급여) ① 의료급여는 수급자에게 건강한 생활을 유지하는 데 필요한 각종 검사 및 치료 등을 지급하는 것으로 한다.

② 의료급여 수급권자는 부양의무자가 없거나, 부양의무자가 있어도 부양능력이 없거나 부양을 받을 수 없는 사람으로서 그 소득인정액이 제20조제2항에 따른 중앙생활보장위원회의 심의·의결을 거쳐 결정하는 금액(이하 이 항에서 "의료급여 선정기준"이라 한다) 이하인 사람으로 한다. 이 경우 의료급여 선정기준은 기준 중위소득의 100분의 40 이상으로 한다.

③ 의료급여에 필요한 사항은 따로 법률에서 정한다. [본조신설 2014.12.30.] [시행일: 2015.7.1.]

제13조(해산급여) ① 해산급여는 제7조제1항제1호부터 제3호까지의 급여 중 하나 이상의 급여를 받는 수급자에게 다음 각 호의 급여를 실시하는 것으로 한다. 〈개정 2014.12.30.〉
1. 조산(助産)
2. 분만 전과 분만 후에 필요한 조치와 보호
② 해산급여는 보건복지부령으로 정하는 바에 따라 보장기관이 지정하는 의료기관에 위탁하여 실시할 수 있다.
③ 해산급여에 필요한 수급품은 보건복지부령으로 정하는 바에 따라 수급자나 그 세대주 또는 세대주에 준하는 사람에게 지급한다. 다만, 제2항에 따라 그 급여를 의료기관에 위탁하는 경우에는 수급품을 그 의료기관에 지급할 수 있다. [전문개정 2012.2.1.] [시행일: 2015.7.1.]

제14조(장제급여) ① 장제급여는 제7조제1항제1호부터 제3호까지의 급여 중 하나 이상의 급여를 받는 수급자가 사망한 경우 사체의 검안(檢案)·운반·화장 또는 매장, 그 밖의 장제조치를 하는 것으로 한다. 〈개정 2014.12.30.〉
② 장제급여는 보건복지부령으로 정하는 바에 따라 실제로 장제를 실시하는 사람에게 장제에 필요한 비용을 지급하는 것으로 한다. 다만, 그 비용을 지급할 수 없거나 비용을 지급하는 것이 적당하지 아니하다고 인정하는 경우에는 물품을 지급할 수 있다. [전문개정 2012.2.1.] [시행일: 2015.7.1.]

제14조의2(급여의 특례) 제8조, 제11조, 제12조, 제12조의3, 제13조, 제14조 및 제15조에 따른 수급권자에 해당하지 아니하여도 생활이 어려운 사람으로서 일정 기간 동안 이 법에서 정하는 급여의 전부 또는 일부가 필요하다고 보건복지부장관 또는 소관 중앙행정기관의 장이 정하는 사람은 수급권자로 본다. [본조신설 2014.12.30.] [시행일: 2015.7.1.]

제15조(자활급여) ① 자활급여는 수급자의 자활을 돕기 위하여 다음 각 호의 급여를 실시하는 것으로 한다.
1. 자활에 필요한 금품의 지급 또는 대여
2. 자활에 필요한 근로능력의 향상 및 기능 습득의 지원
3. 취업알선 등 정보의 제공
4. 자활을 위한 근로기회의 제공
5. 자활에 필요한 시설 및 장비의 대여
6. 창업교육, 기능훈련 및 기술·경영 지도 등 창업지원
7. 자활에 필요한 자산형성 지원
8. 그 밖에 대통령령으로 정하는 자활을 위한 각종 지원
② 제1항의 자활급여는 관련 공공기관·비영리법인·시설과 그 밖에 대통령령으로 정하는 기관에 위탁하여 실시할 수 있다. 이 경우 그에 드는 비용은 보장기관이 부담한다. [전문개정 2012.2.1.]

제2장의2 자활 지원 〈개정 2012.2.1.〉

제15조의2(중앙자활센터) ① 수급자 및 차상위자의
자활촉진에 필요한 다음 각 호의 사업을 수
행하기 위하여 중앙자활센터를 둘 수 있다.
〈개정 2014.12.30.〉

1. 자활 지원을 위한 조사·연구·교육 및
홍보 사업
2. 자활 지원을 위한 사업의 개발 및 평가
3. 제15조의3에 따른 광역자활센터, 제16조
에 따른 지역자활센터 및 제18조에 따른
자활기업의 기술·경영 지도 및 평가
4. 자활 관련 기관 간의 협력체계 및 정보네
트워크 구축·운영
5. 취업·창업을 위한 자활촉진 프로그램 개
발 및 지원
6. 제18조의2제2항 및 제3항에 따른 고용지원
서비스 및 사회복지서비스의 대상자 관리
7. 그 밖에 자활촉진에 필요한 사업으로서
보건복지부장관이 정하는 사업

② 중앙자활센터는 법인으로 한다.
③ 정부는 중앙자활센터의 설치 및 운영에
필요한 경비의 전부 또는 일부를 보조할 수
있다.
④ 제1항제6호에 따른 대상자 관리를 위한
시스템은 「사회복지사업법」 제6조의2제2항
에 따른 정보시스템과 연계할 수 있다. 〈신설
2014.12.30.〉
⑤ 제1항 및 제2항에서 규정한 사항 외에 중
앙자활센터의 설치 및 운영 등에 필요한 사
항은 대통령령으로 정한다. 〈개정 2014.12.
30.〉 [전문개정 2012.2.1.] [시행일: 2015.7.1.]

제15조의3(광역자활센터) ① 보장기관은 수급자 및
차상위자의 자활촉진에 필요한 다음 각 호의
사업을 수행하게 하기 위하여 사회복지법인,
사회적협동조합 등 비영리법인과 단체(이하
이 조에서 "법인등"이라 한다)를 법인등의 신
청을 받아 특별시·광역시·특별자치시·
도·특별자치도(이하 "시·도"라 한다) 단위
의 광역자활센터로 지정할 수 있다. 이 경우
보장기관은 법인등의 지역사회복지사업 및
자활지원사업의 수행 능력·경험 등을 고려
하여야 한다. 〈개정 2014.12.30.〉

1. 시·도 단위의 자활기업 창업지원
2. 시·도 단위의 수급자 및 차상위자에 대
한 취업·창업 지원 및 알선
3. 제16조에 따른 지역자활센터 종사자 및
참여자에 대한 교육훈련 및 지원
4. 지역특화형 자활프로그램 개발·보급 및
사업개발 지원
5. 제16조에 따른 지역자활센터 및 제18조에
따른 자활기업에 대한 기술·경영 지도
6. 그 밖에 자활촉진에 필요한 사업으로서
보건복지부장관이 정하는 사업

② 보장기관은 광역자활센터의 설치 및 운영
에 필요한 경비의 전부 또는 일부를 보조할
수 있다.
③ 보장기관은 광역자활센터에 대하여 정기
적으로 사업실적 및 운영실태를 평가하고 수
급자의 자활촉진을 달성하지 못하는 광역자
활센터에 대하여는 그 지정을 취소할 수 있
다.
④ 제1항부터 제3항까지에서 규정한 사항 외
에 광역자활센터의 신청·지정 및 취소 절차
와 평가, 그 밖에 운영 등에 필요한 사항은
보건복지부령으로 정한다. [본조신설 2012.
2.1.] [시행일: 2015.7.1.]

제16조(지역자활센터 등) ① 보장기관은 수급자 및
차상위자의 자활 촉진에 필요한 다음 각 호의
사업을 수행하게 하기 위하여 사회복지법인,
사회적협동조합 등 비영리법인과 단체(이하

이 조에서 "법인등"이라 한다)를 법인등의 신청을 받아 지역자활센터로 지정할 수 있다. 이 경우 보장기관은 법인등의 지역사회복지사업 및 자활지원사업 수행능력·경험 등을 고려하여야 한다. 〈개정 2014.12.30.〉

1. 자활의욕 고취를 위한 교육
2. 자활을 위한 정보제공, 상담, 직업교육 및 취업알선
3. 생업을 위한 자금융자 알선
4. 자영창업 지원 및 기술·경영 지도
5. 제18조에 따른 자활기업의 설립·운영 지원
6. 그 밖에 자활을 위한 각종 사업

② 보장기관은 제1항에 따라 지정을 받은 지역자활센터에 대하여 다음 각 호의 지원을 할 수 있다.

1. 지역자활센터의 설립·운영 비용 또는 제1항 각 호의 사업수행 비용의 전부 또는 일부
2. 국유·공유 재산의 무상임대
3. 보장기관이 실시하는 사업의 우선 위탁

③ 보장기관은 지역자활센터에 대하여 정기적으로 사업실적 및 운영실태를 평가하고 수급자의 자활촉진을 달성하지 못하는 지역자활센터에 대하여는 그 지정을 취소할 수 있다.

④ 지역자활센터는 수급자 및 차상위자에 대한 효과적인 자활 지원과 지역자활센터의 발전을 공동으로 도모하기 위하여 지역자활센터협회를 설립할 수 있다.

⑤ 제1항부터 제3항까지에서 규정한 사항 외에 지역자활센터의 신청·지정 및 취소 절차와 평가, 그 밖에 운영 등에 필요한 사항은 보건복지부령으로 정한다. [전문개정 2012. 2.1.] [시행일: 2015.7.1.]

제17조(자활기관협의체) ① 시장·군수·구청장은 자활지원사업의 효율적인 추진을 위하여 제16조에 따른 지역자활센터, 「직업안정법」 제2조의2제1호의 직업안정기관, 「사회복지사업법」 제2조제4호의 사회복지시설의 장 등과 상시적인 협의체계(이하 "자활기관협의체"라 한다)를 구축하여야 한다. 〈개정 2014. 12.30.〉

② 자활기관협의체의 구성 및 운영 등에 필요한 사항은 보건복지부령으로 정한다. [전문개정 2012.2.1.] [시행일: 2015.7.1.]

제18조(자활기업) ① 수급자 및 차상위자는 상호 협력하여 자활기업을 설립·운영할 수 있다.

② 자활기업은 조합 또는 「부가가치세법」상의 사업자로 한다.

③ 보장기관은 자활기업에게 직접 또는 제15조의2에 따른 중앙자활센터, 제15조의3에 따른 광역자활센터 및 제16조에 따른 지역자활센터를 통하여 다음 각 호의 지원을 할 수 있다.

1. 자활을 위한 사업자금 융자
2. 국유지·공유지 우선 임대
3. 국가나 지방자치단체가 실시하는 사업의 우선 위탁
4. 국가나 지방자치단체의 조달구매 시 자활기업 생산품의 우선 구매
5. 그 밖에 수급자의 자활촉진을 위한 각종 사업

④ 그 밖에 자활기업의 설립·운영 및 지원에 필요한 사항은 보건복지부령으로 정한다. [전문개정 2012.2.1.]

제18조의2(고용촉진) ① 보장기관은 수급자 및 차상위자의 고용을 촉진하기 위하여 상시근로자의 일정비율 이상을 수급자 및 차상위자로 채용하는 기업에 대하여는 대통령령으로 정하는 바에 따라 제18조제3항 각 호에 해당하는 지원을 할 수 있다. 〈개정 2012.2.1., 2014.

12.30.〉

② 시장·군수·구청장은 수급자 및 차상위자에게 가구별 특성을 감안하여 관련 기관의 고용지원서비스를 연계할 수 있다. 〈신설 2011.6.7., 2014.12.30.〉

③ 시장·군수·구청장은 수급자 및 차상위자의 취업활동으로 인하여 지원이 필요하게 된 해당 가구의 아동·노인 등에게 사회복지서비스를 지원할 수 있다. 〈신설 2011.6.7., 2014.12.30.〉 [본조신설 2006.12.28.] [제목개정 2014.12.30.] [시행일: 2015.7.1.]

제18조의3(자활기금의 적립) ① 보장기관은 이 법에 따른 자활지원사업의 원활한 추진을 위하여 일정한 금액과 연한을 정하여 자활기금을 적립할 수 있다.

② 보장기관은 자활지원사업의 효율적 추진을 위하여 필요하다고 인정하는 경우에는 자활기금의 관리·운영을 제15조의2에 따른 중앙자활센터 또는 자활지원사업을 수행하는 비영리법인에 위탁할 수 있다. 이 경우 그에 드는 비용은 보장기관이 부담한다.

③ 제1항에 따른 자활기금의 적립에 필요한 사항은 대통령령으로 정한다. [전문개정 2012.2.1.]

제18조의4(자산형성지원) ① 보장기관은 수급자 및 차상위자가 자활에 필요한 자산을 형성할 수 있도록 재정적인 지원을 할 수 있다. 〈개정 2014.12.30.〉

② 보장기관은 수급자 및 차상위자가 자활에 필요한 자산을 형성하는 데 필요한 교육을 실시할 수 있다. 〈개정 2014.12.30.〉

③ 제1항에 따른 지원으로 형성된 자산은 대통령령으로 정하는 바에 따라 수급자의 재산의 소득환산액 산정 시 이를 포함하지 아니한다. 〈개정 2014.12.30.〉

④ 제1항에 따른 자산형성지원의 대상과 기준 및 제2항에 따른 교육의 내용은 대통령령으로 정하고, 자산형성지원의 신청, 방법 및 지원금의 반환절차 등에 필요한 사항은 보건복지부령으로 정한다. [본조신설 2011.6.7.] [시행일: 2015.7.1.]

제18조의5(자활의 교육 등) ① 보건복지부장관, 특별시장·광역시장·특별자치시장·도지사·특별자치도지사(이하 "시·도지사"라 한다), 시장·군수·구청장은 수급자 및 차상위자의 자활촉진을 위하여 교육을 실시할 수 있다.

② 보건복지부장관은 제1항에 따른 교육을 위하여 교육기관을 설치·운영하거나, 운영의 전부 또는 일부를 법인·단체 등에 위탁할 수 있다.

③ 보건복지부장관은 제2항에 따른 교육기관의 운영을 위탁받은 법인·단체 등에 대하여 그 운영에 필요한 비용을 지원할 수 있다.

④ 제1항부터 제3항까지에 따른 교육과 교육기관의 조직·운영 등에 필요한 사항은 보건복지부장관이 정한다. [본조신설 2014.12.30.] [시행일: 2015.7.1.]

제3장 보장기관

제19조(보장기관) ① 이 법에 따른 급여는 수급권자 또는 수급자의 거주지를 관할하는 시·도지사와 시장·군수·구청장[제7조제1항제4호의 교육급여인 경우에는 특별시·광역시·특별자치시·도·특별자치도의 교육감(이하 "시·도교육감"이라 한다)을 말한다. 이하 같다]이 실시한다. 다만, 주거가 일정하지 아니한 경우에는 수급권자 또는 수급자가 실제 거주하는 지역을 관할하는 시장·군수·구

청장이 실시한다. 〈개정 2014.12.30.〉

② 제1항에도 불구하고 보건복지부장관, 소관 중앙행정기관의 장과 시·도지사는 수급자를 각각 국가나 해당 지방자치단체가 경영하는 보장시설에 입소하게 하거나 다른 보장시설에 위탁하여 급여를 실시할 수 있다. 〈개정 2014.12.30.〉

③ 수급권자나 수급자가 거주지를 변경하는 경우의 처리방법과 보장기관 간의 협조, 그 밖에 업무처리에 필요한 사항은 보건복지부령으로 정한다.

④ 보장기관은 수급권자·수급자·차상위계층에 대한 조사와 수급자 결정 및 급여의 실시 등 이 법에 따른 보장업무를 수행하게 하기 위하여 「사회복지사업법」 제14조에 따른 사회복지 전담공무원(이하 "사회복지 전담공무원"이라 한다)을 배치하여야 한다. 이 경우 제15조에 따른 자활급여 업무를 수행하는 사회복지 전담공무원은 따로 배치하여야 한다. [전문개정 2012.2.1.][시행일: 2015.7.1.]

제20조(생활보장위원회) ① 이 법에 따른 생활보장사업의 기획·조사·실시 등에 관한 사항을 심의·의결하기 위하여 보건복지부와 시·도 및 시·군·구(자치구를 말한다. 이하 같다)에 각각 생활보장위원회를 둔다. 다만, 시·도 및 시·군·구에 두는 생활보장위원회는 그 기능을 담당하기에 적합한 다른 위원회가 있고 그 위원회의 위원이 제4항에 규정된 자격을 갖춘 경우에는 시·도 또는 시·군·구의 조례로 정하는 바에 따라 그 위원회가 생활보장위원회의 기능을 대신할 수 있다.

② 보건복지부에 두는 생활보장위원회(이하 "중앙생활보장위원회"라 한다)는 다음 각 호의 사항을 심의·의결한다. 〈개정 2014.12.30.〉

1. 제20조의2제3항에 따른 기초생활보장 종합계획의 수립
2. 소득인정액 산정방식과 기준 중위소득의 결정
3. 급여의 종류별 수급자 선정기준과 최저보장수준의 결정
4. 제20조의2제2항 및 제4항에 따른 급여기준의 적정성 등 평가 및 실태조사에 관한 사항
5. 급여의 종류별 누락·중복, 차상위계층의 지원사업 등에 대한 조정
6. 제18조의3에 따른 자활기금의 적립·관리 및 사용에 관한 지침의 수립
7. 그 밖에 위원장이 회의에 부치는 사항

③ 중앙생활보장위원회는 위원장을 포함하여 16명 이내의 위원으로 구성하고 위원은 보건복지부장관이 다음 각 호의 어느 하나에 해당하는 사람 중에서 위촉·지명하며 위원장은 보건복지부장관으로 한다. 〈개정 2014.12.30.〉

1. 공공부조 또는 사회복지와 관련된 학문을 전공한 전문가로서 대학의 조교수 이상인 사람 또는 연구기관의 연구원으로 재직 중인 사람 5명 이내
2. 공익을 대표하는 사람 5명 이내
3. 관계 행정기관 소속 3급 이상 공무원 또는 고위공무원단에 속하는 일반직공무원 5명 이내

④ 제1항에 따른 시·도 및 시·군·구 생활보장위원회의 위원은 시·도지사 또는 시장·군수·구청장이 다음 각 호의 어느 하나에 해당하는 사람 중에서 위촉·지명하며 위원장은 해당 시·도지사 또는 시장·군수·구청장으로 한다. 다만, 제1항 단서에 따라 다른 위원회가 생활보장위원회의 기능을 대신하는 경우 위원장은 조례로 정한다.

1. 사회보장에 관한 학식과 경험이 있는 사람

2. 공익을 대표하는 사람

3. 관계 행정기관 소속 공무원

⑤ 제1항에 따른 생활보장위원회는 심의 · 의결과 관련하여 필요한 경우 보장기관에 대하여 그 소속 공무원의 출석이나 자료의 제출을 요청할 수 있다. 이 경우 해당 보장기관은 정당한 사유가 없으면 요청에 따라야 한다.

⑥ 시 · 도 및 시 · 군 · 구 생활보장위원회의 기능과 각 생활보장위원회의 구성 · 운영 등에 필요한 사항은 대통령령으로 정한다. [전문개정 2012.2.1.]

제20조의2(기초생활보장 계획의 수립 및 평가) ① 소관 중앙행정기관의 장은 수급자의 최저생활을 보장하기 위하여 3년마다 소관별로 기초생활보장 기본계획을 수립하여 보건복지부장관에게 제출하여야 한다.

② 보건복지부장관 및 소관 중앙행정기관의 장은 제4항에 따른 실태조사 결과를 고려하여 급여기준의 적정성 등에 대한 평가를 실시할 수 있으며, 이와 관련하여 전문적인 조사 · 연구 등을 「공공기관의 운영에 관한 법률」에 따른 공공기관 또는 민간 법인 · 단체 등에 위탁할 수 있다.

③ 보건복지부장관은 제1항에 따른 기초생활보장 기본계획 및 제2항에 따른 평가결과를 종합하여 기초생활보장 종합계획을 수립하여 중앙생활보장위원회의 심의를 받아야 한다.

④ 보건복지부장관은 수급권자, 수급자 및 차상위계층 등의 규모 · 생활실태 파악, 최저생계비 계측 등을 위하여 3년마다 실태조사를 실시 · 공표하여야 한다.

⑤ 보건복지부장관 및 소관 중앙행정기관의 장은 관계 행정기관, 지방자치단체, 「공공기관의 운영에 관한 법률」에 따른 공공기관 등에 대하여 평가에 관한 의견 또는 자료의 제출을 요구할 수 있다. 이 경우 관계 행정기관 등은 특별한 사유가 없으면 이에 따라야 한다. [본조신설 2014.12.30.] [시행일: 2015. 7.1.]

제4장 급여의 실시

제21조(급여의 신청) ① 수급권자와 그 친족, 그 밖의 관계인은 관할 시장 · 군수 · 구청장에게 수급권자에 대한 급여를 신청할 수 있다. 차상위자가 급여를 신청하려는 경우에도 같으며, 이 경우 신청방법과 절차 및 조사 등에 관하여는 제2항부터 제5항까지, 제22조, 제23조 및 제23조의2를 준용한다. 〈개정 2014.12.30.〉

② 사회복지 전담공무원은 이 법에 따른 급여를 필요로 하는 사람이 누락되지 아니하도록 하기 위하여 관할지역에 거주하는 수급권자에 대한 급여를 직권으로 신청할 수 있다. 이 경우 수급권자의 동의를 구하여야 하며 수급권자의 동의는 수급권자의 신청으로 볼 수 있다.

③ 제1항에 따라 급여신청을 할 때나 제2항에 따라 사회복지 전담공무원이 급여신청을 하는 것에 수급권자가 동의하였을 때에는 수급권자와 부양의무자는 다음 각 호의 자료 또는 정보의 제공에 대하여 동의한다는 서면을 제출하여야 한다.

1. 「금융실명거래 및 비밀보장에 관한 법률」 제2조제2호 및 제3호에 따른 금융자산 및 금융거래의 내용에 대한 자료 또는 정보 중 예금의 평균잔액과 그 밖에 대통령령으로 정하는 자료 또는 정보(이하 "금융정보"라 한다)

2. 「신용정보의 이용 및 보호에 관한 법률」 제2조제1호에 따른 신용정보 중 채무액과

그 밖에 대통령령으로 정하는 자료 또는 정보(이하 "신용정보"라 한다)

3. 「보험업법」 제4조제1항 각 호에 따른 보험에 가입하여 낸 보험료와 그 밖에 대통령령으로 정하는 자료 또는 정보(이하 "보험정보"라 한다)

④ 제1항 및 제2항에 따른 급여의 신청 방법 및 절차 등에 관하여 필요한 사항은 보건복지부령으로 정한다.

⑤ 제3항에 따른 동의의 방법·절차 등에 관하여 필요한 사항은 대통령령으로 정한다. [전문개정 2012.2.1.] [시행일: 2015.7.1.]

제22조(신청에 의한 조사) ① 시장·군수·구청장은 제21조에 따른 급여신청이 있는 경우에는 사회복지 전담공무원으로 하여금 급여의 결정 및 실시 등에 필요한 다음 각 호의 사항을 조사하게 하거나 수급권자에게 보장기관이 지정하는 의료기관에서 검진을 받게 할 수 있다. 〈개정 2014.12.30.〉

1. 부양의무자의 유무 및 부양능력 등 부양의무자와 관련된 사항

2. 수급권자 및 부양의무자의 소득·재산에 관한 사항

3. 수급권자의 근로능력, 취업상태, 자활욕구 등 제28조에 따른 자활지원계획 수립에 필요한 사항

4. 그 밖에 수급권자의 건강상태, 가구 특성 등 생활실태에 관한 사항

② 시장·군수·구청장은 제1항에 따라 신청한 수급권자 또는 그 부양의무자의 소득, 재산 및 건강상태 등을 확인하기 위하여 필요한 자료를 확보하기 곤란한 경우 보건복지부령으로 정하는 바에 따라 수급권자 또는 부양의무자에게 필요한 자료의 제출을 요구할 수 있다. 〈개정 2014.12.30.〉

③ 시장·군수·구청장은 급여의 결정 또는

실시 등을 위하여 필요한 경우에는 제1항 각 호의 조사를 관계 기관에 위촉하거나 수급권자 또는 그 부양의무자의 고용주, 그 밖의 관계인에게 이에 관한 자료의 제출을 요청할 수 있다. 〈개정 2014.12.30.〉

④ 보장기관이 제1항 각 호의 조사를 하기 위하여 금융·국세·지방세·토지·건물·건강보험·국민연금·고용보험·출입국·병무·교정 등 관련 전산망 또는 자료를 이용하려는 경우에는 관계 기관의 장에게 협조를 요청할 수 있다. 이 경우 관계 기관의 장은 정당한 사유가 없으면 협조하여야 한다.

⑤ 제1항에 따라 조사를 하는 사회복지 전담공무원은 그 권한을 표시하는 증표를 지니고 이를 관계인에게 보여주어야 한다.

⑥ 보장기관의 공무원 또는 공무원이었던 사람은 제1항부터 제4항까지의 규정에 따라 얻은 정보와 자료를 이 법에서 정한 보장목적 외에 다른 용도로 사용하거나 다른 사람 또는 기관에 제공하여서는 아니 된다.

⑦ 보장기관은 제1항부터 제4항까지의 규정에 따른 조사 결과를 대장으로 작성하여 갖추어 두어야 하며 그 밖에 조사에 필요한 사항은 보건복지부장관이 정한다. 다만, 전산정보처리조직에 의하여 관리되는 경우에는 전산 파일로 대체할 수 있다.

⑧ 보장기관은 수급권자 또는 부양의무자가 제1항 및 제2항에 따른 조사 또는 자료제출 요구를 2회 이상 거부·방해 또는 기피하거나 검진 지시에 따르지 아니하면 급여신청을 각하(却下)할 수 있다. 이 경우 제29조제2항을 준용한다. [전문개정 2012.2.1.] [시행일: 2015.7.1.]

제23조(확인조사) ① 시장·군수·구청장은 수급자 및 수급자에 대한 급여의 적정성을 확인하기

위하여 매년 연간조사계획을 수립하고 관할 구역의 수급자를 대상으로 제22조제1항 각 호의 사항을 매년 1회 이상 정기적으로 조사하여야 하며, 특히 필요하다고 인정하는 경우에는 보장기관이 지정하는 의료기관에서 검진을 받게 할 수 있다. 다만, 보건복지부장관이 정하는 사항은 분기마다 조사하여야 한다. 〈개정 2014.12.30.〉

② 수급자의 자료제출, 조사의 위촉, 관련 전산망의 이용, 그 밖에 확인조사를 위하여 필요한 사항에 관하여는 제22조제2항부터 제7항까지의 규정을 준용한다.

③ 보장기관은 수급자 또는 부양의무자가 제1항에 따른 조사나 제2항에 따라 준용되는 제22조제2항에 따른 자료제출 요구를 2회 이상 거부·방해 또는 기피하거나 검진 지시에 따르지 아니하면 수급자에 대한 급여 결정을 취소하거나 급여를 정지 또는 중지할 수 있다. 이 경우 제29조제2항을 준용한다. [전문개정 2012.2.1.] [시행일: 2015.7.1.]

제23조의2(금융정보등의 제공) ① 보건복지부장관은 「금융실명거래 및 비밀보장에 관한 법률」 제4조제1항과 「신용정보의 이용 및 보호에 관한 법률」 제32조제1항에도 불구하고 수급권자와 그 부양의무자가 제21조제3항에 따라 제출한 동의 서면을 전자적 형태로 바꾼 문서에 의하여 금융기관등(「금융실명거래 및 비밀보장에 관한 법률」 제2조제1호에 따른 금융회사등, 「신용정보의 이용 및 보호에 관한 법률」 제25조에 따른 신용정보집중기관을 말한다. 이하 같다)의 장에게 금융정보·신용정보 또는 보험정보(이하 "금융정보등"이라 한다)의 제공을 요청할 수 있다.

② 보건복지부장관은 제23조에 따른 확인조사를 위하여 필요하다고 인정하는 경우 「금융실명거래 및 비밀보장에 관한 법률」 제4조

제1항과 「신용정보의 이용 및 보호에 관한 법률」 제32조제1항에도 불구하고 대통령령으로 정하는 기준에 따라 인적사항을 적은 문서 또는 정보통신망으로 금융기관등의 장에게 수급자와 부양의무자의 금융정보등을 제공하도록 요청할 수 있다.

③ 제1항 및 제2항에 따라 금융정보등의 제공을 요청받은 금융기관등의 장은 「금융실명거래 및 비밀보장에 관한 법률」 제4조와 「신용정보의 이용 및 보호에 관한 법률」 제32조에도 불구하고 명의인의 금융정보등을 제공하여야 한다.

④ 제3항에 따라 금융정보등을 제공한 금융기관등의 장은 금융정보등의 제공 사실을 명의인에게 통보하여야 한다. 다만, 명의인이 동의한 경우에는 「금융실명거래 및 비밀보장에 관한 법률」 제4조의2제1항과 「신용정보의 이용 및 보호에 관한 법률」 제35조에도 불구하고 통보하지 아니할 수 있다.

⑤ 제1항부터 제3항까지의 규정에 따른 금융정보등의 제공요청 및 제공은 「정보통신망 이용촉진 및 정보보호 등에 관한 법률」 제2조제1항제1호에 따른 정보통신망을 이용하여야 한다. 다만, 정보통신망의 손상 등 불가피한 사유가 있는 경우에는 그러하지 아니하다.

⑥ 제1항부터 제3항까지의 규정에 따른 업무에 종사하고 있거나 종사하였던 사람은 업무를 수행하면서 취득한 금융정보등을 이 법에서 정한 목적 외의 다른 용도로 사용하거나 다른 사람 또는 기관에 제공하거나 누설하여서는 아니 된다.

⑦ 제1항부터 제3항까지와 제5항에 따른 금융정보등의 제공요청 및 제공 등에 필요한 사항은 대통령령으로 정한다. [전문개정 2012.2.1.]

제24조(차상위계층에 대한 조사) ① 시장·군수·구

청장은 급여의 종류별 수급자 선정기준의 변경 등에 의하여 수급권자의 범위가 변동함에 따라 다음 연도에 이 법에 따른 급여가 필요할 것으로 예측되는 수급권자의 규모를 조사하기 위하여 보건복지부령으로 정하는 바에 따라 차상위계층에 대하여 조사할 수 있다. 〈개정 2014.12.30.〉

② 시장·군수·구청장은 제1항에 따른 조사를 하려는 경우 조사대상자의 동의를 받아야 한다. 이 경우 조사대상자의 동의는 다음 연도의 급여신청으로 본다. 〈개정 2014.12.30.〉

③ 조사대상자의 자료제출, 조사의 위촉, 관련 전산망의 이용, 그 밖에 차상위계층에 대한 조사를 위하여 필요한 사항에 관하여는 제22조제2항부터 제7항까지의 규정을 준용한다. [전문개정 2012.2.1.] [시행일: 2015.7.1.]

제25조(조사 결과의 보고 등) 제22조, 제23조, 제23조의2 및 제24조에 따라 시장·군수·구청장이 수급권자, 수급자, 부양의무자 및 차상위계층을 조사하였을 때에는 보건복지부령으로 정하는 바에 따라 관할 시·도지사에게 보고하여야 하며 보고를 받은 시·도지사는 이를 보건복지부장관 및 소관 중앙행정기관의 장에게 보고하여야 한다. 시·도지사가 조사하였을 때에도 또한 같다. 〈개정 2014.12.30.〉 [전문개정 2012.2.1.] [시행일: 2015.7.1.]

제26조(급여의 결정 등) ① 시장·군수·구청장은 제22조에 따라 조사를 하였을 때에는 지체 없이 급여 실시 여부와 급여의 내용을 결정하여야 한다. 〈개정 2014.12.30.〉

② 제24조에 따라 차상위계층을 조사한 시장·군수·구청장은 제27조제1항 단서에 규정된 급여개시일이 속하는 달에 급여 실시 여부와 급여 내용을 결정하여야 한다. 〈개정 2014.12.30.〉

③ 시장·군수·구청장은 제1항 및 제2항에 따라 급여 실시 여부와 급여 내용을 결정하였을 때에는 그 결정의 요지, 급여의 종류·방법 및 급여의 개시 시기 등을 서면으로 수급권자 또는 신청인에게 통지하여야 한다. 〈개정 2014.12.30.〉

④ 신청인에 대한 제3항의 통지는 제21조에 따른 급여의 신청일부터 30일 이내에 하여야 한다. 다만, 다음 각 호의 어느 하나에 해당하는 경우에는 신청일부터 60일 이내에 통지할 수 있다. 이 경우 통지서에 그 사유를 구체적으로 밝혀야 한다. 〈개정 2014.12.30.〉

1. 부양의무자의 소득·재산 등의 조사에 시일이 걸리는 특별한 사유가 있는 경우
2. 수급권자 또는 부양의무자가 제22조제1항·제2항 및 관계 법률에 따른 조사나 자료제출 요구를 거부·방해 또는 기피하는 경우[전문개정 2012.2.1.] [시행일: 2015.7.1.]

제27조(급여의 실시 등) ① 제26조제1항에 따라 급여 실시 및 급여 내용이 결정된 수급자에 대한 급여는 제21조에 따른 급여의 신청일부터 시작한다. 다만, 제6조에 따라 보건복지부장관 또는 소관중앙행정기관의 장이 매년 결정·공표하는 급여의 종류별 수급자 선정기준의 변경으로 인하여 매년 1월에 새로 수급자로 결정되는 사람에 대한 급여는 해당 연도의 1월 1일을 그 급여개시일로 한다. 〈개정 2014.12.30.〉

② 시장·군수·구청장은 제26조제1항에 따른 급여 실시 여부의 결정을 하기 전이라도 수급권자에게 급여를 실시하여야 할 긴급한 필요가 있다고 인정할 때에는 제7조제1항 각

5

호에 규정된 급여의 일부를 실시할 수 있다. 〈개정 2014.12.30.〉[전문개정 2012.2.1.] [시행일: 2015.7.1.]

제27조의2(급여의 지급방법 등) ① 보장기관이 급여를 금전으로 지급할 때에는 수급자의 신청에 따라 수급자 명의의 지정된 계좌(이하 "급여수급계좌"라 한다)로 입금하여야 한다. 다만, 정보통신장애나 그 밖에 대통령령으로 정하는 불가피한 사유로 급여수급계좌로 이체할 수 없을 때에는 대통령령으로 정하는 바에 따라 급여를 지급할 수 있다.
② 급여수급계좌의 해당 금융기관은 이 법에 따른 급여만이 급여수급계좌에 입금되도록 관리하여야 한다.
③ 제1항에 따른 계좌 입금이나 현금 지급 등의 방법·절차와 제2항에 따른 급여수급계좌의 관리에 필요한 사항은 대통령령으로 정한다. [본조신설 2011.6.7.]

제28조(자활지원계획의 수립) ① 시장·군수·구청장은 수급자의 자활을 체계적으로 지원하기 위하여 보건복지부장관이 정하는 바에 따라 제22조, 제23조, 제23조의2 및 제24조에 따른 조사 결과를 고려하여 수급자 가구별로 자활지원계획을 수립하고 그에 따라 이 법에 따른 급여를 실시하여야 한다. 〈개정 2014.12.30.〉
② 보장기관은 수급자의 자활을 위하여 필요한 경우에는 「사회복지사업법」 등 다른 법률에 따라 보장기관이 제공할 수 있는 급여가 있거나 민간기관 등이 후원을 제공하는 경우 제1항의 자활지원계획에 따라 급여를 지급하거나 후원을 연계할 수 있다.
③ 시장·군수·구청장은 수급자의 자활여건 변화와 급여 실시 결과를 정기적으로 평가하고 필요한 경우 자활지원계획을 변경할

수 있다. 〈개정 2014.12.30.〉[전문개정 2012.2.1.] [시행일: 2015.7.1.]

제29조(급여의 변경) ① 보장기관은 수급자의 소득·재산·근로능력 등이 변동된 경우에는 직권으로 또는 수급자나 그 친족, 그 밖의 관계인의 신청에 의하여 그에 대한 급여의 종류·방법 등을 변경할 수 있다.
② 제1항에 따른 급여의 변경은 서면으로 그 이유를 구체적으로 밝혀 수급자에게 통지하여야 한다. [전문개정 2012.2.1.]

제30조(급여의 중지 등) ① 보장기관은 수급자가 다음 각 호의 어느 하나에 해당하는 경우에는 급여의 전부 또는 일부를 중지하여야 한다.
1. 수급자에 대한 급여의 전부 또는 일부가 필요 없게 된 경우
2. 수급자가 급여의 전부 또는 일부를 거부한 경우
② 근로능력이 있는 수급자가 제9조제5항의 조건을 이행하지 아니하는 경우 조건을 이행할 때까지 제7조제2항에도 불구하고 근로능력이 있는 수급자 본인의 생계급여의 전부 또는 일부를 지급하지 아니할 수 있다.
③ 제1항 및 제2항에 따른 급여의 중지 등에 관하여는 제29조제2항을 준용한다. [전문개정 2012.2.1.]

제31조(청문) 보장기관은 제16조제3항에 따라 지역자활센터의 지정을 취소하려는 경우와 제23조제3항에 따라 급여의 결정을 취소하려는 경우에는 청문을 하여야 한다. [전문개정 2012.2.1.]

제5장 보장시설

제32조(보장시설) 이 법에서 "보장시설"이란 제7조에 규정된 급여를 실시하는 「사회복지사업법」에 따른 사회복지시설로서 다음 각 호의 시설 중 보건복지부령으로 정하는 시설을 말한다. 〈개정 2014.12.30.〉

1. 「장애인복지법」 제58조제1항제1호의 장애인 거주시설
2. 「노인복지법」 제32조제1항의 노인주거복지시설 및 같은 법 제34조제1항의 노인의료복지시설
3. 「아동복지법」 제52조제1항 및 제2항에 따른 아동복지시설 및 통합 시설
4. 「정신보건법」 제3조제4호 및 제5호의 정신질환자사회복귀시설 및 정신요양시설
5. 「노숙인 등의 복지 및 자립지원에 관한 법률」 제16조제1항제3호 및 제4호의 노숙인재활시설 및 노숙인요양시설
6. 「가정폭력방지 및 피해자보호 등에 관한 법률」 제7조에 따른 가정폭력피해자 보호시설
7. 「성매매방지 및 피해자보호 등에 관한 법률」 제9조제1항에 따른 성매매피해자 등을 위한 지원시설
8. 「성폭력방지 및 피해자보호 등에 관한 법률」 제12조에 따른 성폭력피해자보호시설
9. 「한부모가족지원법」 제19조제1항의 한부모가족복지시설
10. 「사회복지사업법」 제2조제4호의 사회복지시설 중 결핵 및 한센병요양시설
11. 그 밖에 보건복지부령으로 정하는 시설 [전문개정 2012.2.1.] [시행일: 2015.7.1.]

제33조(보장시설의 장의 의무) ① 보장시설의 장은 보장기관으로부터 수급자에 대한 급여를 위탁받은 경우에는 정당한 사유 없이 이를 거부하여서는 아니 된다.

② 보장시설의 장은 위탁받은 수급자에게 보건복지부장관 및 소관 중앙행정기관의 장이 정하는 최저기준 이상의 급여를 실시하여야 한다. 〈개정 2014.12.30.〉

③ 보장시설의 장은 위탁받은 수급자에게 급여를 실시할 때 성별·신앙 또는 사회적 신분 등을 이유로 차별대우를 하여서는 아니 된다.

④ 보장시설의 장은 위탁받은 수급자에게 급여를 실시할 때 수급자의 자유로운 생활을 보장하여야 한다.

⑤ 보장시설의 장은 위탁받은 수급자에게 종교상의 행위를 강제하여서는 아니 된다. [전문개정 2012.2.1.] [시행일: 2015.7.1.]

제6장 수급자의 권리와 의무

제34조(급여 변경의 금지) 수급자에 대한 급여는 정당한 사유 없이 수급자에게 불리하게 변경할 수 없다. [전문개정 2012.2.1.]

제35조(압류금지) ① 수급자에게 지급된 수급품과 이를 받을 권리는 압류할 수 없다. 〈개정 2011.6.7.〉

② 제27조의2제1항에 따라 지정된 급여수급계좌의 예금에 관한 채권은 압류할 수 없다. 〈신설 2011.6.7.〉

제36조(양도금지) 수급자는 급여를 받을 권리를 타인에게 양도할 수 없다.

제37조(신고의 의무) 수급자는 거주지역, 세대의 구성 또는 임대차 계약내용이 변동되거나 제22조제1항 각 호의 사항이 현저하게 변동되었

을 때에는 지체 없이 관할 보장기관에 신고하여야 한다. 〈개정 2014.12.30.〉[전문개정 2012.2.1.][시행일: 2015.7.1.]

제7장 이의신청

제38조(시·도지사에 대한 이의신청) ① 수급자나 급여 또는 급여 변경을 신청한 사람은 시장·군수·구청장(제7조제1항제4호의 교육급여인 경우에는 시·도교육감을 말한다)의 처분에 대하여 이의가 있는 경우에는 그 결정의 통지를 받은 날부터 60일 이내에 해당 보장기관을 거쳐 시·도지사(특별자치시장·특별자치도지사 및 시·도교육감의 처분에 이의가 있는 경우에는 해당 특별자치시장·특별자치도지사 및 시·도교육감을 말한다)에게 서면 또는 구두로 이의를 신청할 수 있다. 이 경우 구두로 이의신청을 접수한 보장기관의 공무원은 이의신청서를 작성할 수 있도록 협조하여야 한다. 〈개정 2014.12.30.〉
② 제1항에 따른 이의신청을 받은 시장·군수·구청장은 10일 이내에 의견서와 관계 서류를 첨부하여 시·도지사에게 보내야 한다. [전문개정 2012.2.1.][시행일: 2015.7.1.]

제39조(시·도지사의 처분 등) ① 시·도지사가 제38조제2항에 따라 시장·군수·구청장으로부터 이의신청서를 받았을 때(특별자치시장·특별자치도지사 및 시·도교육감의 경우에는 직접 이의신청을 받았을 때를 말한다)에는 30일 이내에 필요한 심사를 하고 이의신청을 각하 또는 기각하거나 해당 처분을 변경 또는 취소하거나 그 밖에 필요한 급여를 명하여야 한다. 〈개정 2014.12.30.〉
② 시·도지사는 제1항에 따른 처분 등을 하였을 때에는 지체 없이 신청인과 해당 시

장·군수·구청장에게 각각 서면으로 통지하여야 한다. [전문개정 2012.2.1.][시행일: 2015.7.1.]

제40조(보건복지부장관 등에 대한 이의신청) ① 제39조에 따른 처분 등에 대하여 이의가 있는 사람은 그 처분 등의 통지를 받은 날부터 60일 이내에 시·도지사를 거쳐 보건복지부장관(제7조제1항제2호 또는 제4호의 주거급여 또는 교육급여인 경우에는 소관 중앙행정기관의 장을 말하며, 보건복지부장관에게 한 이의신청은 소관 중앙행정기관의 장에게 한 것으로 본다)에게 서면 또는 구두로 이의를 신청할 수 있다. 이 경우 구두로 이의신청을 접수한 보장기관의 공무원은 이의신청서를 작성할 수 있도록 협조하여야 한다. 〈개정 2014.12.30.〉
② 시·도지사는 제1항에 따른 이의신청을 받으면 10일 이내에 의견서와 관계 서류를 첨부하여 보건복지부장관 또는 소관 중앙행정기관의 장(제7조제1항제2호 또는 제4호의 주거급여 또는 교육급여인 경우에 한정한다)에게 보내야 한다. 〈개정 2014.12.30.〉
③ 제1항 및 제2항에 규정된 사항 외에 이의신청의 방법 등은 대통령령으로 정한다. 〈신설 2014.12.30.〉[전문개정 2012.2.1.][제목개정 2014.12.30.][시행일: 2015.7.1.]

제41조(이의신청의 결정 및 통지) ① 보건복지부장관 또는 소관 중앙행정기관의 장은 제40조제2항에 따라 이의신청서를 받았을 때에는 30일 이내에 필요한 심사를 하고 이의신청을 각하 또는 기각하거나 해당 처분의 변경 또는 취소의 결정을 하여야 한다. 〈개정 2014.12.30.〉
② 보건복지부장관 또는 소관 중앙행정기관의 장은 제1항에 따른 결정을 하였을 때에는

지체 없이 시·도지사 및 신청인에게 각각 서면으로 결정 내용을 통지하여야 한다. 이 경우 소관 중앙행정기관의 장이 결정 내용을 통지하는 때에는 그 사실을 보건복지부장관에게 알려야 한다. 〈개정 2014.12.30.〉 [전문개정 2012.2.1.] [제목개정 2014.12.30.] [시행일: 2015.7.1.]

제8장 보장비용

제42조(보장비용) 이 법에서 "보장비용"이란 다음 각 호의 비용을 말한다. 〈개정 2014.12.30.〉

1. 이 법에 따른 보장업무에 드는 인건비와 사무비
2. 제20조에 따른 생활보장위원회의 운영에 드는 비용
3. 제8조, 제11조, 제12조, 제12조의3, 제13조, 제14조, 제15조, 제15조의2, 제15조의3 및 제16조부터 제18조까지의 규정에 따른 급여 실시 비용
4. 그 밖에 이 법에 따른 보장업무에 드는 비용 [전문개정 2012.2.1.] [시행일: 2015.7.1.]

제43조(보장비용의 부담 구분) ① 보장비용의 부담은 다음 각 호의 구분에 따른다. 〈개정 2014.12.30.〉

1. 국가 또는 시·도가 직접 수행하는 보장업무에 드는 비용은 국가 또는 해당 시·도가 부담한다.
2. 제19조제2항에 따른 급여의 실시 비용은 국가 또는 해당 시·도가 부담한다.
3. 시·군·구가 수행하는 보장업무에 드는 비용 중 제42조제1호 및 제2호의 비용은 해당 시·군·구가 부담한다.
4. 시·군·구가 수행하는 보장업무에 드는

비용 중 제42조제3호 및 제4호의 비용(이하 이 호에서 "시·군·구 보장비용"이라 한다)은 시·군·구의 재정여건, 사회보장비 지출 등을 고려하여 국가, 시·도 및 시·군·구가 다음 각 목에 따라 차등하여 분담한다.

가. 국가는 시·군·구 보장비용의 총액 중 100분의 40 이상 100분의 90 이하를 부담한다.
나. 시·도는 시·군·구 보장비용의 총액에서 가목의 국가부담분을 뺀 금액 중 100분의 30 이상 100분의 70 이하를 부담하고, 시·군·구는 시·군·구 보장비용의 총액 중에서 국가와 시·도가 부담하는 금액을 뺀 금액을 부담한다. 다만, 특별자치시·특별자치도는 시·군·구 보장비용의 총액 중에서 국가가 부담하는 금액을 뺀 금액을 부담한다.

② 국가는 매년 이 법에 따른 보장비용 중 국가부담 예정 합계액을 각각 보조금으로 지급하고, 그 과부족(過不足) 금액은 정산하여 추가로 지급하거나 반납하게 한다.
③ 시·도는 매년 시·군·구에 대하여 제2항에 따른 국가의 보조금에, 제1항제4호에 따른 시·도의 부담예정액을 합하여 보조금으로 지급하고 그 과부족 금액은 정산하여 추가로 지급하거나 반납하게 한다.
④ 제2항 및 제3항에 따른 보조금의 산출 및 정산 방법 등에 관하여 필요한 사항은 대통령령으로 정한다.
⑤ 지방자치단체의 조례에 따라 이 법에 따른 급여 범위 및 수준을 초과하여 급여를 실시하는 경우 그 초과 보장비용은 해당 지방자치단체가 부담한다. [전문개정 2012.2.1.] [시행일: 2015.7.1.]

제43조의2(교육급여 보장비용 부담의 특례) 제43조

제1항에도 불구하고 제12조 및 제12조의2에 따라 시 · 도교육감이 수행하는 보장업무에 드는 비용은 다음 각 호에 따라 차등하여 분담한다.

1. 소득인정액이 기준 중위소득의 100분의 40 이상인 수급자에 대한 입학금 및 수업료의 지원은 「초 · 중등교육법」 제60조의4에 따른다.
2. 소득인정액이 기준 중위소득의 100분의 40 이상인 수급자에 대한 학용품비와 그 밖의 수급품은 국가, 시 · 도, 시 · 군 · 구가 부담하며, 구체적인 부담비율에 관한 사항은 제43조제1항제4호 각 목에 따른다.
3. 소득인정액이 기준 중위소득의 100분의 40 미만인 수급자에 대한 보장비용은 국가, 시 · 도, 시 · 군 · 구가 제43조제1항제4호 각 목에 따라 부담하되, 제12조의2에 따라 추가적으로 적용되는 기준에 따른 수급자에 대한 입학금 및 수업료의 지원은 「초 · 중등교육법」 제60조의4에 따른다. [본조신설 2014.12.30.] [시행일: 2015.7.1.]

제44조 삭제 〈2006.12.28.〉

제45조(유류금품의 처분) 제14조에 따른 장제급여를 실시하는 경우에 사망자에게 부양의무자가 없을 때에는 시장 · 군수 · 구청장은 사망자가 유류(遺留)한 금전 또는 유가증권으로 그 비용에 충당하고, 그 부족액은 유류물품의 매각대금으로 충당할 수 있다. 〈개정 2014.12.30.〉 [전문개정 2012.2.1.] [시행일: 2015.7.1.]

제46조(비용의 징수) ① 수급자에게 부양능력을 가진 부양의무자가 있음이 확인된 경우에는 보장비용을 지급한 보장기관은 제20조에 따른 생활보장위원회의 심의 · 의결을 거쳐 그 비용의 전부 또는 일부를 그 부양의무자로부터 부양의무의 범위에서 징수할 수 있다.

② 속임수나 그 밖의 부정한 방법으로 급여를 받거나 타인으로 하여금 급여를 받게 한 경우에는 보장비용을 지급한 보장기관은 그 비용의 전부 또는 일부를 그 급여를 받은 사람 또는 급여를 받게 한 자(이하 "부정수급자"라 한다)로부터 징수할 수 있다.

③ 제1항 또는 제2항에 따라 징수할 금액은 각각 부양의무자 또는 부정수급자에게 통지하여 징수하고, 부양의무자 또는 부정수급자가 이에 응하지 아니하는 경우 국세 또는 지방세 체납처분의 예에 따라 징수한다. [전문개정 2012.2.1.]

제47조(반환명령) ① 보장기관은 급여의 변경 또는 급여의 정지 · 중지에 따라 수급자에게 이미 지급한 수급품 중 과잉지급분이 발생한 경우에는 즉시 수급자에 대하여 그 전부 또는 일부의 반환을 명하여야 한다. 다만, 이미 이를 소비하였거나 그 밖에 수급자에게 부득이한 사유가 있을 때에는 그 반환을 면제할 수 있다.

② 제27조제2항에 따라 시장 · 군수 · 구청장이 긴급급여를 실시하였으나 조사 결과에 따라 급여를 실시하지 아니하기로 결정한 경우 급여비용의 반환을 명할 수 있다. 〈개정 2014. 12.30.〉 [전문개정 2012.2.1.] [시행일: 2015.7.1.]

제9장 벌칙 〈개정 2012.2.1.〉

제48조(벌칙) ① 제23조의2제6항을 위반하여 금융정보를 사용 · 제공 또는 누설한 자는 5년 이하

의 징역 또는 3천만원 이하의 벌금에 처한다.
② 다음 각 호의 어느 하나에 해당하는 자는 3년 이하의 징역 또는 2천만원 이하의 벌금에 처한다.
1. 제22조제6항(제23조제2항에서 준용하는 경우를 포함하고, 제23조의2제6항을 위반한 경우는 제외한다)을 위반하여 정보 또는 자료를 사용하거나 제공한 자
2. 제23조의2제6항을 위반하여 신용정보 또는 보험정보를 사용·제공 또는 누설한 자 [전문개정 2012.2.1.]

제49조(벌칙) 속임수나 그 밖의 부정한 방법으로 급여를 받거나 타인으로 하여금 급여를 받게 한 자는 1년 이하의 징역, 1천만원 이하의 벌금, 구류 또는 과료에 처한다. 〈개정 2014.12.30.〉 [전문개정 2012.2.1.] [시행일: 2015.7.1.]

제50조(벌칙) 제33조제1항 또는 제5항을 위반하여 수급자의 급여 위탁을 정당한 사유 없이 거부한 자나 종교상의 행위를 강제한 자는 300만원 이하의 벌금, 구류 또는 과료에 처한다. [전문개정 2012.2.1.]

제51조(양벌규정) 법인의 대표자나 법인 또는 개인의 대리인, 사용인, 그 밖의 종업원이 그 법인 또는 개인의 업무에 관하여 제48조 또는 제49조의 위반행위를 하면 그 행위자를 벌하는 외에 그 법인 또는 개인에게도 각 해당 조문의 벌금 또는 과료의 형을 과(科)한다. 다만, 법인 또는 개인이 그 위반행위를 방지하기 위하여 해당 업무에 관하여 상당한 주의와 감독을 게을리하지 아니한 경우에는 그러하지 아니하다. [전문개정 2012.2.1.]

부칙 〈제12933호, 2014.12.30.〉

제1조(시행일) 이 법은 공포 후 6개월이 경과한 날부터 시행한다. 다만, 제20조의 개정규정은 공포한 날부터 시행한다.
제2조(법 시행을 위한 준비행위) 보건복지부장관과 소관 중앙행정기관의 장은 이 법이 공포된 날부터 이 법 시행을 위하여 필요한 준비행위를 할 수 있다.
제3조(최저보장수준 등의 공표에 관한 적용례) 제6조의 개정규정에 따른 급여의 종류별 수급자 선정기준 및 최저보장수준은 제6조제2항의 개정규정에도 불구하고 이 법 시행 전에 공표하여야 한다.
제4조(급여 지급에 관한 적용례) 이 법 중 급여 지급에 관한 개정규정은 이 법 시행일이 속하는 달부터 적용한다.
제5조(종전의 수급자 등에 대한 경과조치) ① 이 법 시행 당시 종전의 규정에 따른 수급자가 제8조, 제11조, 제12조 및 제12조의3의 개정규정에 따른 급여의 종류별 선정기준에 해당하는 경우 같은 개정규정에 따라 각각의 수급자로 본다.
② 보장기관은 이 법 시행 당시 종전의 규정에 따른 수급자의 현금급여액(종전의 제8조에 따른 생계급여와 제11조에 따른 주거급여의 합계액을 말한다)이 감소된 경우, 그 감소된 금액(이하 "보전액"이라 한다)을 해당 수급자에게 지급하여야 한다. 다만, 그 수급자의 소득인정액이 증가하거나 최저보장수준이 인상되는 경우 각각의 인상분은 보전액에서 제외하되 지급기한은 보전액이 0원이 될 때까지로 한다.
③ 이 법 시행 이후 제8조제2항의 개정규정에 따른 생계급여 선정기준은 종전의 규정에 따른 급여 수준보다 높게 설정하되, 2017년까지 단계적으로 기준 중위소득의 100분의 30 이상이 되도록 한다.

제6조(처분 등에 관한 일반적 경과조치) ① 이 법 시행 당시 종전의 규정에 따른 보장기관의 행위나 보장기관에 대한 행위는 그에 해당하는 개정규정에 따른 보장기관의 행위나 보장기관에 대한 행위로 본다.

② 보건복지부장관 등은 이 법 시행 이후 2년 이내에 제20조의2의 개정규정에 따른 기초생활보장 기본계획 및 기초생활보장 종합계획을 수립하고, 실태조사를 실시하여야 한다.

③ 이 법 시행 당시 종전의 제2조제1호의 수급권자, 제2조제2호의 수급자, 제2조제6호의 최저생계비, 제2조제11호의 차상위계층, 제5조의 수급권자에 대한 규정을 인용한 법령 등에 대하여는 2015년 12월 31일까지 종전의 규정을 인용한 것으로 본다. 이 경우 제12조의3의 개정규정에 따른 의료급여 수급권자는 종전의 규정에 따른 수급권자로 본다.

제7조(다른 법률의 개정) ① 의료급여법 일부를 다음과 같이 개정한다.

제3조제1항제1호 중 「국민기초생활 보장법」에 따른 수급자」를 「국민기초생활 보장법」에 따른 의료급여 수급자」로 한다.

제3조의2 중 「국민기초생활 보장법」 제5조의 수급권자」를 「국민기초생활 보장법」 제12조의3제2항에 따른 의료급여 수급권자」로 한다.

② 초·중등교육법 일부를 다음과 같이 개정한다.

제60조의4제1항제1호 중 「국민기초생활 보장법」 제5조」를 「국민기초생활 보장법」 제12조제3항 및 제12조의2」로 한다.

③ 주거급여법 일부를 다음과 같이 개정한다.

제5조제1항 중 "소득인정액이 국토교통부장관이 정하는 기준 이하인 사람으로 한다"를 "소득인정액이 「국민기초생활 보장법」 제20조제2항에 따른 중앙생활보장위원회의 심의·의결을 거쳐 결정하는 금액(이하 이 항에서 "주거급여 선정기준"이라 한다) 이하인 사람으로 한다"로 하고, 같은 항에 후단을 다음과 같이 신설한다.

이 경우 주거급여 선정기준은 기준 중위소득의 100분의 43 이상으로 한다.

제8조(다른 법령과의 관계) 이 법 시행 당시 다른 법령에서 종전의 규정을 인용한 경우에 개정규정 중 해당하는 규정이 있을 때에는 종전의 규정을 갈음하여 해당 개정규정을 인용한 것으로 본다.

사회복지사업법

[시행 2016.1.25.] [법률 제13426호, 2015.7.24., 타법개정]

제1장 총칙 〈개정 2011.8.4〉

제1조(목적) 이 법은 사회복지사업에 관한 기본적 사항을 규정하여 사회복지를 필요로 하는 사람에 대하여 인간의 존엄성과 인간다운 생활을 할 권리를 보장하고 사회복지의 전문성을 높이며, 사회복지사업의 공정·투명·적정을 도모하고, 지역사회복지의 체계를 구축함으로써 사회복지의 증진에 이바지함을 목적으로 한다. 〈개정 2012.1.26.〉 [시행일: 2012. 8.5.]
[전문개정 2011.8.4.]

제1조의2(기본이념) ① 사회복지를 필요로 하는 사람은 누구든지 자신의 의사에 따라 서비스를 신청하고 제공받을 수 있다.
② 사회복지법인 및 사회복지시설은 공공성을 가지며 사회복지사업을 시행하는 데 있어서 공공성을 확보하여야 한다.
③ 사회복지사업을 시행하는 데 있어서 사회복지를 제공하는 자는 사회복지를 필요로 하는 사람의 인권을 보장하여야 한다.
[본조신설 2012.1.26.] [시행일: 2012.8.5.]

제2조(정의) 이 법에서 사용하는 용어의 뜻은 다음과 같다. 〈개정 2011.8.4. 제11007호(입양특례법), 2011.8.4. 제11009호(장애아동 복지지원법), 2012.1.26. 2014.5.20. 제12617호(기초연금법), 2014.5.20. 제12618호(발달장애인 권리보장 및 지원에 관한 법률)〉 [시행일: 2015. 11.21.]
1. "사회복지사업"이란 다음 각 목의 법률에 따른 보호·선도(善導) 또는 복지에 관한 사업과 사회복지상담, 직업지원, 무료 숙박, 지역사회복지, 의료복지, 재가복지(在家福祉), 사회복지관 운영, 정신질환자 및 한센병력자의 사회복귀에 관한 사업 등 각종 복지사업과 이와 관련된 자원봉사활동 및 복지시설의 운영 또는 지원을 목적으로 하는 사업을 말한다.
가. 「국민기초생활 보장법」
나. 「아동복지법」

다. 「노인복지법」
라. 「장애인복지법」
마. 「한부모가족지원법」
바. 「영유아보육법」
사. 「성매매방지 및 피해자보호 등에 관한 법률」
아. 「정신보건법」
자. 「성폭력방지 및 피해자보호 등에 관한 법률」
차. 「입양특례법」
카. 「일제하 일본군위안부 피해자에 대한 생활안정지원 및 기념사업 등에 관한 법률」
타. 「사회복지공동모금회법」
파. 「장애인·노인·임산부 등의 편의증진 보장에 관한 법률」
하. 「가정폭력방지 및 피해자보호 등에 관한 법률」
거. 「농어촌주민의 보건복지증진을 위한 특별법」
너. 「식품기부 활성화에 관한 법률」
더. 「의료급여법」
러. 「기초연금법」
머. 「긴급복지지원법」
버. 「다문화가족지원법」
서. 「장애인연금법」
어. 「장애인활동 지원에 관한 법률」 [시행일: 2011.10.5.]
저. 「노숙인 등의 복지 및 자립지원에 관한 법률」 [시행일: 2012.6.8.]
처. 「보호관찰 등에 관한 법률」 [시행일: 2011.11.5.]
커. 「장애아동 복지지원법」
터. 「발달장애인 권리보장 및 지원에 관한 법률」
2. "지역사회복지"란 주민의 복지증진과 삶의 질 향상을 위하여 지역사회 차원에서 전개하는 사회복지를 말한다.

3. "사회복지법인"이란 사회복지사업을 할 목적으로 설립된 법인을 말한다.
4. "사회복지시설"이란 사회복지사업을 할 목적으로 설치된 시설을 말한다.
5. "사회복지관"이란 지역사회를 기반으로 일정한 시설과 전문인력을 갖추고 지역주민의 참여와 협력을 통하여 지역사회의 복지문제를 예방하고 해결하기 위하여 종합적인 복지서비스를 제공하는 시설을 말한다.
6. "사회복지서비스"란 국가·지방자치단체 및 민간부문의 도움을 필요로 하는 모든 국민에게 상담, 재활, 직업 소개 및 지도, 사회복지시설의 이용 등을 제공하여 정상적인 사회생활이 가능하도록 제도적으로 지원하는 것을 말한다.
7. "보건의료서비스"란 국민의 건강을 보호·증진하기 위하여 보건의료인이 하는 모든 활동을 말한다.
[전문개정 2011.8.4.]
[시행일: 2015.11.21.] 제2조

제3조(다른 법률과의 관계) ① 사회복지사업의 내용 및 절차 등에 관하여 제2조제1호각 목의 법률에 특별한 규정이 있는 경우를 제외하고는 이 법에서 정하는 바에 따른다.
② 제2조제1호각 목의 법률을 개정하는 경우에는 이 법에 부합하도록 하여야 한다.
[전문개정 2011.8.4.]

제4조(복지와 인권증진의 책임) ① 국가와 지방자치단체는 사회복지서비스를 증진하고, 서비스를 이용하는 사람에 대하여 인권침해를 예방하고 차별을 금지하며 인권을 옹호할 책임을 진다. 〈개정 2012.1.26.〉 [시행일: 2012.8.5.]
② 국가와 지방자치단체는 사회복지서비스와 보건의료서비스를 함께 필요로 하는 사람에게 이들 서비스가 연계되어 제공되도록 노

력하여야 한다.

③ 국가와 지방자치단체, 그 밖에 사회복지사업을 하는 자는 사회복지를 필요로 하는 사람에 대하여 그 사업과 관련한 상담, 작업치료(作業治療), 직업훈련 등을 실시하고 필요한 경우에는 주민의 복지 욕구를 조사할 수 있다.

④ 국가와 지방자치단체는 도움을 필요로 하는 국민이 본인의 선호와 필요에 따라 적절한 사회복지서비스를 제공받을 수 있도록 사회복지서비스 수요자 등을 고려하여 사회복지시설이 균형 있게 설치되도록 노력하여야 한다.

⑤ 국가와 지방자치단체는 민간부문의 사회복지 증진활동이 활성화되고 국가 및 지방자치단체의 사회복지사업과 민간부문의 사회복지 증진활동이 원활하게 연계될 수 있도록 노력하여야 한다.

⑥ 국가와 지방자치단체는 사회복지를 필요로 하는 사람의 인권이 충분히 존중되는 방식으로 사회복지서비스를 제공하고 사회복지와 관련된 인권교육을 강화하여야 한다. [신설 2012.1.26.] [시행일: 2012.8.5.]

⑦ 국가와 지방자치단체는 사회복지서비스를 이용하는 사람이 긴급한 인권침해 상황에 놓인 경우 신속히 대응할 체계를 갖추어야 한다. [신설 2012.1.26.] [시행일: 2012.8.5.]

⑧ 국가와 지방자치단체는 시설 거주자 또는 보호자의 희망을 반영하여 지역사회보호체계에서 서비스가 제공될 수 있도록 노력하여야 한다. [신설 2012.1.26.] [시행일: 2012.8.5.]

⑨ 국가와 지방자치단체는 사회복지서비스를 필요로 하는 사람들에게 사회복지서비스의 실시에 대한 정보를 제공하여야 한다. [신설 2012.1.26.] [시행일: 2012.8.5.]

[전문개정 2011.8.4.]

[본조제목개정 2012.1.26.] [시행일: 2012.8.5.]

제5조(인권존중 및 최대 봉사의 원칙) 이 법에 따라 복지업무에 종사하는 사람은 그 업무를 수행할 때에 사회복지를 필요로 하는 사람을 위하여 인권을 존중하고 차별 없이 최대로 봉사하여야 한다. 〈개정 2012.1.26.〉 [시행일: 2012.8.5.]

[전문개정 2011.8.4.]

[제목개정 2012.1.26.] [시행일: 2012.8.5.]

제6조(시설 설치의 방해 금지) ① 누구든지 정당한 이유 없이 사회복지시설의 설치를 방해하여서는 아니 된다.

② 시장(「제주특별자치도 설치 및 국제자유도시 조성을 위한 특별법」 제11조제2항에 따른 행정시장을 포함한다. 이하 같다)·군수·구청장(자치구의 구청장을 말한다. 이하 같다)은 정당한 이유 없이 사회복지시설의 설치를 지연시키거나 제한하는 조치를 하여서는 아니 된다. 〈개정 2015.7.24. 제13426호(제주특별자치도 설치 및 국제자유도시 조성을 위한 특별법)〉 [전문개정 2011.8.4.] [시행일: 2016.1.25.]

제6조의2(사회복지업무의 전자화) ① 국가와 지방자치단체는 사회복지업무를 전자적으로 처리할 수 있도록 필요한 시책을 마련하여야 한다.

② 보건복지부장관은 사회복지업무에 필요한 각종 자료 또는 정보의 효율적 처리와 기록·관리 업무의 전자화를 위하여 정보시스템을 구축·운영할 수 있다.

③ 보건복지부장관은 제2항에 따른 정보시스템을 구축·운영하는 데 필요한 자료로서 다음 각 호의 어느 하나에 해당하는 자료를 수집·관리·보유할 수 있으며 관련 기관 및 단체에 필요한 자료의 제공을 요청할 수 있

다. 이 경우 요청을 받은 기관 및 단체는 정당한 사유가 없으면 그 요청에 따라야 한다. 〈개정 2012.1.26.〉 [시행일: 2012.8.5.]
1. 제33조의2에 따라 사회복지서비스를 신청할 때 신청인이 제출하는 자료
2. 제33조의3에 따라 조사하는 자료
3. 제33조의4에 따라 결정하는 서비스 제공의 실시 여부 및 그 유형에 관한 자료
4. 제33조의5에 따라 수립하는 서비스 제공계획 및 평가에 관한 자료
5. 제33조의6 및 제33조의7에 따라 실시하는 서비스 제공에 관한 자료
6. 그 밖에 이 법에 따른 사회복지사업을 하는 데에 필요한 자료로서 보건복지부령으로 정하는 자료
④ 지방자치단체의 장은 사회복지사업을 수행할 때 관할 복지행정시스템과 제2항에 따른 정보시스템을 전자적으로 연계하여 활용하여야 한다.
⑤ 사회복지법인의 대표이사와 사회복지시설의 장은 국가와 지방자치단체가 실시하는 사회복지업무의 전자화 시책에 협력하여야 한다.
[전문개정 2011.8.4.]

제6조의3(정보시스템 운영 전담기구 설립) ① 보건복지부장관은 제6조의2제2항에 따른 정보시스템을 효율적으로 운영하기 위하여 그 운영에 관한 업무를 수행하는 전담기구를 설립할 수 있다.
② 제1항에 따른 전담기구는 법인으로 한다.
③ 보건복지부장관은 제1항에 따른 전담기구의 설립·운영에 필요한 비용을 지원할 수 있다.
④ 제1항에 따른 전담기구에 관하여 이 법에서 규정한 사항 외에는「민법」중 재단법인에 관한 규정을 준용한다.

⑤ 제1항에 따른 전담기구의 설립 및 운영 등에 필요한 사항은 대통령령으로 정한다.
[전문개정 2011.8.4.]

제7조(사회복지위원회) ① 사회복지사업에 관한 중요 사항과「사회보장급여의 이용·제공 및 수급권자 발굴에 관한 법률」에 따른 지역사회보장계획을 심의하거나 건의하기 위하여 특별시·광역시·도·특별자치도(이하 "시·도"라 한다)에 사회복지위원회를 둔다. 〈개정 2014.12.30. 제12935호(사회보장급여의 이용·제공 및 수급권자 발굴에 관한 법률)〉 [시행일: 2015.7.1.]
② 사회복지위원회의 위원은 다음 각 호의 어느 하나에 해당하는 사람 중에서 특별시장·광역시장·도지사·특별자치도지사(이하 "시·도지사"라 한다)가 임명하거나 위촉한다.
1. 사회복지 또는 보건의료에 관한 학식과 경험이 풍부한 사람
2. 사회복지법인의 대표자
3. 사회복지사업을 하는 비영리법인 또는 단체의 대표자
4. 사회복지를 필요로 하는 사람의 이익 등을 대표하는 사람
5. 제7조의2에 따른 지역사회복지협의체의 대표자
6. 공익단체(「비영리민간단체 지원법」 제2조에 따른 비영리민간단체를 말한다. 이하 같다)에서 추천한 사람
7.「사회복지공동모금회법」제14조에 따른 사회복지공동모금지회에서 추천한 사람
③ 다음 각 호의 어느 하나에 해당하는 사람은 사회복지위원회의 위원이 될 수 없다. 〈개정 2011.8.4. 제11002호(아동복지법), 2012.1.26.〉 [시행일: 2012.8.5.]
1. 미성년자

2. 금치산자 또는 한정치산자

3. 파산선고를 받고 복권되지 아니한 사람

4. 법원의 판결에 따라 자격이 상실되거나 정지된 사람

5. 금고 이상의 실형을 선고받고 그 집행이 끝나거나(집행이 끝난 것으로 보는 경우를 포함한다) 집행이 면제된 날부터 3년이 지나지 아니한 사람

6. 금고 이상의 형의 집행유예를 선고받고 그 유예기간 중에 있는 사람

7. 제5호 및 제6호에도 불구하고 사회복지사업 또는 그 직무와 관련하여 「아동복지법」 제71조, 「보조금 관리에 관한 법률」 제40조부터 제42조까지 또는 「형법」 제28장·제40장(제360조는 제외한다)의 죄를 범하거나 이 법을 위반하여 다음 각 목의 어느 하나에 해당하는 사람

가. 100만원 이상의 벌금형을 선고받고 그 형이 확정된 후 5년이 지나지 아니한 사람

나. 형의 집행유예를 선고받고 그 형이 확정된 후 7년이 지나지 아니한 사람

다. 징역형을 선고받고 그 집행이 끝나거나(집행이 끝난 것으로 보는 경우를 포함한다) 집행이 면제된 날부터 7년이 지나지 아니한 사람

8. 제5호부터 제7호까지의 규정에도 불구하고 「성폭력범죄의 처벌 등에 관한 특례법」 제2조의 성폭력범죄(「성폭력범죄의 처벌 등에 관한 특례법」 제2조제1항제1호는 제외한다) 또는 「아동·청소년의 성보호에 관한 법률」 제2조제2호의 아동·청소년대상 성범죄를 저지른 사람으로서 형 또는 치료감호를 선고받고 확정된 후 그 형 또는 치료감호의 전부 또는 일부의 집행이 끝나거나(집행이 끝난 것으로 보는 경우를 포함한다) 집행이 유예·면제된 날부터 10년이

지나지 아니한 사람

④ 사회복지위원회의 조직·운영에 필요한 사항은 보건복지부령으로 정하는 바에 따라 해당 시·도의 조례로 정한다.

[전문개정 2011.8.4.]

제7조의2(지역사회복지협의체) ① 관할지역의 사회복지사업에 관한 중요 사항과 「사회보장급여의 이용·제공 및 수급권자 발굴에 관한 법률」에 따른 지역사회보장계획을 심의하거나 건의하고, 사회복지·보건의료 관련 기관·단체가 제공하는 사회복지서비스 및 보건의료서비스의 연계·협력을 강화하기 위하여 특별자치도 또는 시(「제주특별자치도 설치 및 국제자유도시 조성을 위한 특별법」 제10조제2항에 따른 행정시를 포함한다. 이하 같다)·군·구(자치구를 말한다. 이하 같다)에 지역사회복지협의체를 둔다. 〈개정 2014.12.30. 제12935호(사회보장급여의 이용·제공 및 수급권자 발굴에 관한 법률), 2015.7.24. 제13426호(제주특별자치도 설치 및 국제자유도시 조성을 위한 특별법)〉[시행일: 2016.1.25.]

② 지역사회복지협의체의 위원은 다음 각 호의 어느 하나에 해당하는 사람 중에서 특별자치도지사 또는 시장·군수·구청장이 임명하거나 위촉한다.

1. 사회복지 또는 보건의료에 관한 학식과 경험이 풍부한 사람

2. 사회복지사업을 하는 기관·단체의 대표자

3. 보건의료사업을 하는 기관·단체의 대표자

4. 공익단체에서 추천한 사람

5. 사회복지업무 또는 보건의료업무를 담당하는 공무원

③ 지역사회복지협의체의 업무를 효율적으로 수행하기 위하여 지역사회복지협의체에

실무협의체를 둔다.

④ 지역사회복지협의체 및 실무협의체의 조직·운영에 필요한 사항은 보건복지부령으로 정하는 바에 따라 시·군·구의 조례(「제주특별자치도 설치 및 국제자유도시 조성을 위한 특별법」 제10조제2항에 따른 행정시의 경우에는 특별자치도의 조례를 말한다. 이하 같다)로 정한다. 〈개정 2015.7.24. 제13426호(제주특별자치도 설치 및 국제자유도시 조성을 위한 특별법)〉 [시행일: 2016.1.25.]

⑤ 지역사회복지협의체의 위원에 대하여는 제7조제3항을 준용한다. 이 경우 "사회복지위원회"는 "지역사회복지협의체"로 본다. [전문개정 2011.8.4.] [시행일: 2016.1.25.]

제8조(복지위원) ① 시장·군수·구청장은 읍·면·동의 사회복지사업을 원활하게 수행하기 위하여 읍·면·동 단위로 복지위원을 위촉하여야 한다.

② 복지위원은 명예직으로 하되, 예산의 범위에서 수당을 지급할 수 있다.

③ 복지위원의 자격, 직무, 위촉절차 등에 관하여 필요한 사항은 보건복지부령으로 정하는 바에 따라 시·군·구의 조례로 정한다 [전문개정 2011.8.4.]

제9조(사회복지 자원봉사활동의 지원·육성) ① 국가와 지방자치단체는 사회복지 자원봉사활동을 지원·육성하기 위하여 다음 각 호의 사항을 실시하여야 한다.

1. 자원봉사활동의 홍보 및 교육
2. 자원봉사활동 프로그램의 개발·보급
3. 자원봉사활동 중의 재해에 대비한 시책의 개발
4. 그 밖에 자원봉사활동의 지원에 필요한 사항

② 국가와 지방자치단체는 제1항 각 호의 사

항을 효율적으로 수행하기 위하여 사회복지법인이나 그 밖의 비영리법인·단체에 이를 위탁할 수 있다. [전문개정 2011.8.4.]

제10조(지도·훈련) ① 보건복지부장관은 이 법이나 그 밖의 사회복지 관련 법률의 시행에 관한 사무에 종사하는 공무원과 사회복지사업에 종사하는 사람의 자질 향상을 위하여 인권교육 등 필요한 지도와 훈련을 할 수 있다. 〈개정 2012.1.26.〉 [시행일: 2012.8.5.]

② 제1항의 훈련에 필요한 사항은 보건복지부령으로 정한다.
[전문개정 2011.8.4.]

제11조(사회복지사 자격증의 발급 등) ① 보건복지부장관은 사회복지에 관한 전문지식과 기술을 가진 사람에게 사회복지사 자격증을 발급할 수 있다.

② 제1항에 따른 사회복지사의 등급은 1급·2급·3급으로 하고 등급별 자격기준 및 자격증의 발급절차 등은 대통령령으로 정한다.

③ 사회복지사 1급 자격증을 받으려는 사람은 국가시험에 합격하여야 한다.

④ 보건복지부장관은 제2항에 따른 사회복지사 자격증을 발급받거나 재발급받으려는 사람에게 보건복지부령으로 정하는 바에 따라 수수료를 내게 할 수 있다.
[전문개정 2011.8.4.]

제11조의2(사회복지사의 결격사유) 다음 각 호의 어느 하나에 해당하는 사람은 사회복지사가 될 수 없다.

1. 금치산자 또는 한정치산자
2. 금고 이상의 형을 선고받고 그 집행이 끝나지 아니하였거나 그 집행을 받지 아니하기로 확정되지 아니한 사람
3. 법원의 판결에 따라 자격이 상실되거나

정지된 사람

4. 마약·대마 또는 향정신성의약품의 중독자

[전문개정 2011.8.4.]

제12조(국가시험) ① 제11조제3항에 따른 국가시험은 보건복지부장관이 시행하되, 시험의 관리는 대통령령으로 정하는 바에 따라 시험관리 능력이 있다고 인정되는 관계 전문기관에 위탁할 수 있다.

② 보건복지부장관은 제1항에 따라 국가시험의 관리를 위탁하였을 때에는 그에 드는 비용을 예산의 범위에서 보조할 수 있다.

③ 제1항에 따라 시험의 관리를 위탁받은 기관은 보건복지부장관의 승인을 받아 정한 금액을 응시수수료로 받을 수 있다.

④ 시험 과목, 응시자격 등 시험의 실시에 필요한 사항은 대통령령으로 정한다. [전문개정 2011.8.4.]

제13조(사회복지사의 채용 및 교육 등) ① 사회복지법인 및 사회복지시설을 설치·운영하는 자는 대통령령으로 정하는 바에 따라 사회복지사를 그 종사자로 채용하여야 한다. 다만, 대통령령으로 정하는 사회복지시설은 그러하지 아니하다.

② 보건복지부장관은 사회복지사의 자질 향상을 위하여 필요하다고 인정하면 사회복지사에게 교육을 받도록 명할 수 있다. 다만, 사회복지법인 또는 사회복지시설에 종사하는 사회복지사는 정기적으로 인권에 관한 내용이 포함된 보수교육(補修敎育)을 받아야 한다. 〈개정 2012.1.26.〉 [시행일: 2012.8.5.]

③ 사회복지법인 또는 사회복지시설을 운영하는 자는 그 법인 또는 시설에 종사하는 사회복지사에 대하여 제2항 단서에 따른 교육을 이유로 불리한 처분을 하여서는 아니 된다.

④ 보건복지부장관은 제2항에 따른 교육을 보건복지부령으로 정하는 기관 또는 단체에 위탁할 수 있다.

⑤ 제2항에 따른 교육의 기간·방법 및 내용과 제4항에 따른 위탁 등에 관하여 필요한 사항은 보건복지부령으로 정한다.

[전문개정 2011.8.4.]

제14조(사회복지 전담공무원) ① 사회복지사업에 관한 업무를 담당하게 하기 위하여 시·도, 시·군·구 및 읍·면·동 또는 제15조에 따른 복지사무 전담기구에 사회복지 전담공무원(이하 "복지전담공무원"이라 한다)을 둘 수 있다.

② 복지전담공무원은 사회복지사 자격을 가진 사람으로 하며, 그 임용 등에 필요한 사항은 대통령령으로 정한다.

③ 복지전담공무원은 그 관할지역에서 사회복지를 필요로 하는 사람 등에 대하여 항상 그 생활 실태 및 가정환경 등을 파악하고, 사회복지에 관하여 필요한 상담과 지도를 한다.

④ 관계 행정기관과 사회복지시설을 설치·운영하는 자는 복지전담공무원의 업무 수행에 협조하여야 한다.

⑤ 국가는 복지전담공무원의 보수 등에 드는 비용의 전부 또는 일부를 보조할 수 있다.

[전문개정 2011.8.4.]

제15조(복지사무 전담기구의 설치) ① 사회복지사업에 관한 업무를 효율적으로 운영하기 위하여 필요한 경우 시·군·구 또는 읍·면·동에 복지사무를 전담하는 기구를 따로 설치할 수 있다.

② 제1항에 따른 복지사무 전담기구의 사무 범위 및 조직과 그 밖에 필요한 사항은 해당 시·군·구의 조례로 정한다.

[전문개정 2011.8.4.]

제15조의2(사회복지의 날) ① 국가는 국민의 사회복지에 대한 이해를 증진하고 사회복지사업 종사자의 활동을 장려하기 위하여 매년 9월 7일을 사회복지의 날로 하고, 사회복지의 날부터 1주간을 사회복지주간으로 한다.
② 국가와 지방자치단체는 사회복지의 날의 취지에 적합한 행사 등 사업을 하도록 노력하여야 한다.
[전문개정 2011.8.4.]

제1장의2 삭제 〈2014.12.30.〉 [시행일: 2015.7.1.]

제15조의3 삭제 〈2014.12.30. 제12935호(사회보장급여의 이용·제공 및 수급권자 발굴에 관한 법률)〉 [시행일: 2015.7.1.]

제15조의4 삭제 〈2014.12.30. 제12935호(사회보장급여의 이용·제공 및 수급권자 발굴에 관한 법률)〉 [시행일: 2015.7.1.]

제15조의5 삭제 〈2014.12.30. 제12935호(사회보장급여의 이용·제공 및 수급권자 발굴에 관한 법률)〉 [시행일: 2015.7.1.]

제15조의6 삭제 〈2014.12.30. 제12935호(사회보장급여의 이용·제공 및 수급권자 발굴에 관한 법률)〉 [시행일: 2015.7.1.]

제2장 사회복지법인 〈개정 2011.8.4〉

제16조(법인의 설립허가) ① 사회복지법인(이하 이 장에서 "법인"이라 한다)을 설립하려는 자는 대통령령으로 정하는 바에 따라 시·도지사의 허가를 받아야 한다. [시행일: 2012.8.5.]
② 제1항에 따라 허가를 받은 자는 법인의 주된 사무소의 소재지에서 설립등기를 하여야 한다. 〈개정 2012.1.26.〉 [시행일: 2012.8.5.]
[전문개정 2011.8.4.]

제17조(정관) ① 법인의 정관에는 다음 각 호의 사항이 포함되어야 한다.
1. 목적
2. 명칭
3. 주된 사무소의 소재지
4. 사업의 종류
5. 자산 및 회계에 관한 사항
6. 임원의 임면(任免) 등에 관한 사항
7. 회의에 관한 사항
8. 수익(收益)을 목적으로 하는 사업이 있는 경우 그에 관한 사항
9. 정관의 변경에 관한 사항
10. 존립시기와 해산 사유를 정한 경우에는 그 시기와 사유 및 남은 재산의 처리방법
11. 공고 및 공고방법에 관한 사항
② 법인이 정관을 변경하려는 경우에는 시·도지사의 인가를 받아야 한다. 다만, 보건복지부령으로 정하는 경미한 사항의 경우에는 그러하지 아니하다. [전문개정 2011.8.4.] [시행일: 2012.8.5.]

제18조(임원) ① 법인은 대표이사를 포함한 이사 7명 이상과 감사 2명 이상을 두어야 한다. 〈개정 2012.1.26.〉 [시행일: 2013.1.27.]
② 법인은 제1항에 따른 이사 정수의 3분의 1(소수점 이하는 버린다) 이상을 다음 각 호의 어느 하나에 해당하는 기관이 제7조제2항 각 호(제2호, 제3호 및 제5호를 제외한다)의 어느 하나에 해당하는 사람 중 2배수로 추천한 사람 중에서 선임하여야 한다. 〈개정 2012.1.26.〉 [시행일: 2013.1.27.]
1. 제7조에 따른 사회복지위원회

2. 제7조의2에 따른 지역사회복지협의체

③ 이사회의 구성에 있어서 대통령령으로 정하는 특별한 관계에 있는 사람이 이사 현원(現員)의 5분의 1을 초과할 수 없다. 〈개정 2012.1.26.〉 [시행일: 2012.8.5.]

④ 이사의 임기는 3년으로 하고 감사의 임기는 2년으로 하며, 각각 연임할 수 있다. 〈개정 2012.1.26.〉 [시행일: 2012.8.5.]

⑤ 외국인인 이사는 이사 현원의 2분의 1 미만이어야 한다. 〈개정 2012.1.26.〉 [시행일: 2012.8.5.]

⑥ 법인은 임원을 임면하는 경우에는 보건복지부령으로 정하는 바에 따라 지체 없이 시·도지사에게 보고하여야 한다. 〈개정 2012.1.26.〉 [시행일: 2012.8.5.]

⑦ 감사는 이사와 제3항에 따른 특별한 관계에 있는 사람이 아니어야 하며, 감사 중 1명은 법률 또는 회계에 관한 지식이 있는 사람 중에서 선임하여야 한다. 다만, 대통령령으로 정하는 일정 규모 이상의 법인은 시·도지사의 추천을 받아 「주식회사의 외부감사에 관한 법률」 제3조제1항에 따른 감사인에 속한 사람을 감사로 선임하여야 한다. 〈신설 2012.1.26.〉 [전문개정 2011.8.4.] [시행일: 2013.1.27.]

제19조(임원의 결격사유) ① 다음 각 호의 어느 하나에 해당하는 사람은 임원이 될 수 없다. 〈개정 2012.1.26.〉 [시행일: 2012.8.5.]

1. 제7조제3항 각 호의 어느 하나에 해당하는 사람

2. 제22조에 따른 해임명령에 따라 해임된 날부터 5년이 지나지 아니한 사람

3. 사회복지분야의 6급 이상 공무원으로 재직하다 퇴직한 지 2년이 경과하지 아니한 사람 중에서 퇴직 전 3년 동안 소속하였던 기초자치단체가 관할하는 법인의 임원이 되고자 하는 사람

② 임원이 제1항 각 호의 어느 하나에 해당하게 되었을 때에는 그 자격을 상실한다. [전문개정 2011.8.4.]

제20조(임원의 보충) 이사 또는 감사 중에 결원이 생겼을 때에는 2개월 이내에 보충하여야 한다. [전문개정 2012.1.26.] [시행일: 2012.8.5.]

제21조(임원의 겸직 금지) ① 이사는 법인이 설치한 사회복지시설의 장을 제외한 그 시설의 직원을 겸할 수 없다.

② 감사는 법인의 이사, 법인이 설치한 사회복지시설의 장 또는 그 직원을 겸할 수 없다. [전문개정 2011.8.4.]

제22조(임원의 해임명령) ① 시·도지사는 임원이 다음 각 호의 어느 하나에 해당할 때에는 법인에 그 임원의 해임을 명할 수 있다. 〈개정 2012.1.26.〉 [시행일: 2012.8.5.]

1. 시·도지사의 명령을 정당한 이유 없이 이행하지 아니하였을 때

2. 회계부정이나 인권침해 등 현저한 불법행위 또는 그 밖의 부당행위 등이 발견되었을 때

3. 법인의 업무에 관하여 시·도지사에게 보고할 사항에 대하여 고의로 보고를 지연하거나 거짓으로 보고를 하였을 때

4. 제18조제2항·제3항 또는 제7항을 위반하여 선임된 사람

5. 제21조를 위반한 사람

6. 제22조의2에 따른 직무집행 정지명령을 이행하지 아니한 사람

7. 그 밖에 이 법 또는 이 법에 따른 명령을 위반하였을 때

② 제1항에 따른 해임명령은 시·도지사가 해당 법인에게 그 사유를 들어 시정을 요구

한 날부터 15일이 경과하여도 이에 응하지 아니한 경우에 한한다. 다만, 시정을 요구하여도 시정할 수 없는 것이 명백하거나 회계부정, 횡령, 뇌물수수 등 비리의 정도가 중대한 경우에는 시정요구 없이 임원의 해임을 명할 수 있으며, 그 세부적 기준은 대통령령으로 정한다. 〈신설 2012.1.26.〉 [시행일: 2012.8.5.]

[전문개정 2011.8.4.] [시행일: 2012.8.5.]

제22조의2(임원의 직무집행 정지) ① 시·도지사는 제22조에 따른 해임명령을 하기 위하여 같은 조 제1항 각 호의 사실 여부에 대한 조사나 감사가 진행 중인 경우 및 해임명령 기간 중인 경우에는 해당 임원의 직무집행을 정지시킬 수 있다.

② 시·도지사는 제1항에 따른 임원의 직무집행 정지사유가 소멸되면 즉시 직무집행 정지명령을 해제하여야 한다.

[본조신설 2012.1.26.] [시행일: 2012.8.5.]

제22조의3(임시이사의 선임) ① 법인이 제20조에 따른 기간 내에 결원된 이사를 보충하지 아니하여 법인의 정상적인 운영이 어렵다고 판단되는 경우 시·도지사는 지체 없이 이해관계인의 청구 또는 직권으로 임시이사를 선임하여야 한다.

② 임시이사는 제1항에 따른 사유가 해소될 때까지 재임한다.

③ 시·도지사는 임시이사가 선임되었음에도 불구하고 해당 법인이 정당한 사유 없이 이사회 소집을 기피할 경우 이사회 소집을 권고할 수 있다.

④ 제1항에 따른 임시이사의 선임 등에 필요한 사항은 보건복지부령으로 정한다.

[본조신설 2012.1.26.] [시행일: 2012.8.5.]

제22조의4(임시이사의 해임) ① 시·도지사는 다음 각 호의 어느 하나에 해당하는 경우 이해관계인의 청구 또는 직권으로 임시이사를 해임할 수 있다. 이 경우 제2호부터 제4호까지의 규정에 따라 임시이사를 해임하는 때에는 지체 없이 그 후임자를 선임하여야 한다.

1. 임시이사 선임사유가 해소된 경우
2. 임시이사가 제7조제3항 각 호의 어느 하나에 해당하는 경우
3. 임시이사가 직무를 태만히 하여 법인의 정상화가 어려운 경우
4. 임시이사가 제22조제1항 각 호의 어느 하나에 해당하는 경우

② 법인은 제1항에 따라 해임된 임시이사를 이사로 선임할 수 없다.

[본조신설 2012.1.26.] [시행일: 2012.8.5.]

제23조(재산 등) ① 법인은 사회복지사업의 운영에 필요한 재산을 소유하여야 한다.

② 법인의 재산은 보건복지부령으로 정하는 바에 따라 기본재산과 보통재산으로 구분하며, 기본재산은 그 목록과 가액(價額)을 정관에 적어야 한다.

③ 법인은 기본재산에 관하여 다음 각 호의 어느 하나에 해당하는 경우에는 시·도지사의 허가를 받아야 한다. 다만, 보건복지부령으로 정하는 사항에 대하여는 그러하지 아니하다.

1. 매도·증여·교환·임대·담보제공 또는 용도변경을 하려는 경우
2. 보건복지부령으로 정하는 금액 이상을 1년 이상 장기차입(長期借入)하려는 경우

④ 제1항에 따른 재산과 그 회계에 관하여 필요한 사항은 보건복지부령으로 정한다.

[전문개정 2011.8.4.] [시행일: 2012.8.5.]

제24조(재산 취득 보고) 법인이 매수·기부채납(寄

附採納), 후원 등의 방법으로 재산을 취득하였을 때에는 지체 없이 이를 법인의 재산으로 편입조치하여야 한다. 이 경우 법인은 그 취득 사유, 취득재산의 종류·수량 및 가액을 매년 시·도지사에게 보고하여야 한다. [전문개정 2011.8.4.] [시행일: 2012.8.5.]

제25조(회의록의 작성 및 공개 등) ① 이사회는 다음 각 호의 사항을 기재한 회의록을 작성하여야 한다. 다만, 이사회 개최 당일에 회의록 작성이 어려운 사정이 있는 경우에는 안건별로 심의·의결 결과를 기록한 회의조서를 작성한 후 회의록을 작성할 수 있다.
1. 개의, 회의 중지 및 산회 일시
2. 안건
3. 의사
4. 출석한 임원의 성명
5. 표결수
6. 그 밖에 대표이사가 작성할 필요가 있다고 인정하는 사항
② 회의록 및 회의조서에는 출석임원 전원이 날인하되 그 회의록 또는 회의조서가 2매 이상인 경우에는 간인(間印)하여야 한다.
③ 제1항 단서에 따라 회의조서를 작성한 경우에는 조속한 시일 내에 회의록을 작성하여야 한다.
④ 법인은 회의록을 공개하여야 한다. 다만, 대통령령으로 정하는 사항에 대하여는 이사회의 의결로 공개하지 아니할 수 있다.
⑤ 회의록의 공개에 관한 기간·절차, 그 밖에 필요한 사항은 대통령령으로 정한다.
[본조신설 2012.1.26.] [시행일: 2012.8.5.]

제26조(설립허가 취소 등) ① 시·도지사는 법인이 다음 각 호의 어느 하나에 해당할 때에는 기간을 정하여 시정명령을 하거나 설립허가를 취소할 수 있다. 다만, 제1호 또는 제7호에

해당할 때에는 설립허가를 취소하여야 한다. 〈개정 2012.1.26.〉 [시행일: 2012.8.5.]
1. 거짓이나 그 밖의 부정한 방법으로 설립허가를 받았을 때
2. 설립허가 조건을 위반하였을 때
3. 목적 달성이 불가능하게 되었을 때
4. 목적사업 외의 사업을 하였을 때
5. 정당한 사유 없이 설립허가를 받은 날부터 6개월 이내에 목적사업을 시작하지 아니하거나 1년 이상 사업실적이 없을 때
6. 법인이 운영하는 시설에서 반복적 또는 집단적 성폭력범죄가 발생한 때
7. 법인 설립 후 기본재산을 출연하지 아니한 때
8. 제18조제1항의 임원정수를 위반한 때
9. 제18조제2항을 위반하여 이사를 선임한 때
10. 제22조에 따른 임원의 해임명령을 이행하지 아니한 때
11. 그 밖에 이 법 또는 이 법에 따른 명령이나 정관을 위반하였을 때
② 법인이 제1항 각 호(제1호 및 제7호는 제외한다)의 어느 하나에 해당하여 설립허가를 취소하는 경우는 다른 방법으로 감독 목적을 달성할 수 없거나 시정을 명한 후 6개월 이내에 법인이 이를 이행하지 아니한 경우로 한정한다. 〈개정 2012.1.26.〉 [시행일: 2012.8.5.]
[전문개정 2011.8.4.] [시행일: 2012.8.5.]

제27조(남은 재산의 처리) ① 해산한 법인의 남은 재산은 정관으로 정하는 바에 따라 국가 또는 지방자치단체에 귀속된다.
② 제1항에 따라 국가 또는 지방자치단체에 귀속된 재산은 사회복지사업에 사용하거나 유사한 목적을 가진 법인에 무상으로 대여하거나 무상으로 사용·수익하게 할 수 있다.

다만, 해산한 법인의 이사 본인 및 그와 대통령령으로 정하는 특별한 관계에 있는 사람이 이사로 있는 법인에 대하여는 그러하지 아니하다. [전문개정 2011.8.4.]

제28조(수익사업) ① 법인은 목적사업의 경비에 충당하기 위하여 필요할 때에는 법인의 설립 목적 수행에 지장이 없는 범위에서 수익사업을 할 수 있다.

② 법인은 제1항에 따른 수익사업에서 생긴 수익을 법인 또는 법인이 설치한 사회복지시설의 운영 외의 목적에 사용할 수 없다.

③ 제1항에 따른 수익사업에 관한 회계는 법인의 다른 회계와 구분하여 회계처리하여야 한다.

[전문개정 2011.8.4.]

제29조 삭제 〈1999.4.30.〉

제30조(합병) ① 법인은 시·도지사의 허가를 받아 이 법에 따른 다른 법인과 합병할 수 있다. 다만, 주된 사무소가 서로 다른 시·도에 소재한 법인 간의 합병의 경우에는 보건복지부장관의 허가를 받아야 한다. [시행일: 2012. 8.5.]

② 제1항에 따라 법인이 합병하는 경우 합병 후 존속하는 법인이나 합병으로 설립된 법인은 합병으로 소멸된 법인의 지위를 승계한다.

[전문개정 2011.8.4.]

제31조(동일명칭 사용 금지) 이 법에 따른 사회복지법인이 아닌 자는 사회복지법인이라는 명칭을 사용하지 못한다.

[전문개정 2011.8.4.]

제32조(다른 법률의 준용) 법인에 관하여 이 법에서 규정한 사항을 제외하고는 「민법」과 「공익법인의 설립·운영에 관한 법률」을 준용한다.

[전문개정 2011.8.4.]

제33조(사회복지협의회) ① 사회복지에 관한 다음 각 호의 업무를 수행하기 위하여 전국 단위의 한국사회복지협의회(이하 "중앙협의회"라 한다)와 시·도 단위의 시·도 사회복지협의회(이하 "시·도협의회"라 한다)를 두며, 필요한 경우에는 시·군·구 단위의 시·군·구 사회복지협의회(이하 "시·군·구협의회"라 한다)를 둘 수 있다. 〈개정 2012.1.26.〉 [시행일: 2012.8.5.]

1. 사회복지에 관한 조사·연구 및 정책 건의
2. 사회복지 관련 기관·단체 간의 연계·협력·조정
3. 사회복지 소외계층 발굴 및 민간사회복지 자원과의 연계·협력
4. 대통령령으로 정하는 사회복지사업의 조성 등

② 중앙협의회, 시·도협의회 및 시·군·구협의회는 이 법에 따른 사회복지법인으로 하되, 제23조제1항은 적용하지 아니한다.

③ 중앙협의회의 설립 및 운영 등에 관한 허가, 인가, 보고 등에 관하여 제16조제1항, 제17조제2항, 제18조제6항·제7항, 제22조, 제23조제3항, 제24조, 제26조제1항 및 제30조제1항을 적용할 때에는 "시·도지사"는 "보건복지부장관"으로 본다. 〈개정 2012.1.26.〉 [시행일: 2012.8.5.]

④ 중앙협의회, 시·도협의회 및 시·군·구협의회의 조직과 운영 등에 필요한 사항은 대통령령으로 정한다.

[전문개정 2011.8.4.]

제2장의2 사회복지서비스의 실시

제33조의2(사회복지서비스의 신청) ① 사회복지서비스를 필요로 하는 사람(이하 "보호대상자"라 한다)과 그 친족, 그 밖의 관계인은 관할 시장·군수·구청장에게 보호대상자에 대한 사회복지서비스의 제공(이하 "서비스 제공"이라 한다)을 신청할 수 있다. 〈개정 2012. 1.26.〉 [시행일: 2012.8.5.]

② 시·군·구 복지담당공무원은 이 법에 따른 보호대상자가 누락되지 아니하도록 하기 위하여 관할지역에 거주하는 보호대상자의 서비스 제공을 직권으로 신청할 수 있다. 이 경우 보호대상자의 동의를 받아야 하며, 동의를 받은 경우에는 보호대상자가 신청한 것으로 본다. 〈개정 2012.1.26.〉 [시행일: 2012. 8.5.]

③ 시장·군수·구청장은 제1항에 따른 서비스 제공 신청을 받거나 제2항에 따른 직권신청의 동의를 받을 때 보호대상자에게 제33조의3제1항 및 제4항에 따라 조사하거나 제공받는 자료 또는 정보에 관하여 다음 각 호의 사항을 고지하여야 한다. 〈개정 2012.1. 26.〉 [시행일: 2012.8.5.]

1. 법적 근거, 이용 목적 및 범위
2. 이용방법
3. 보유기간 및 파기방법

④ 제1항부터 제3항까지의 규정에 따른 보호의 신청 및 고지 방법 등에 관하여 필요한 사항은 보건복지부령으로 정한다.
[전문개정 2011.8.4.]

제33조의3(복지 요구의 조사) ① 시장·군수·구청장은 제33조의2에 따른 서비스 제공 신청을 받으면 복지담당공무원에게 다음 각 호의 사항을 조사하게 한다. 다만, 상담을 신청받은

경우나 그 밖에 보건복지부령으로 정하는 사유에 해당하는 경우에는 그러하지 아니하다. 〈개정 2012.1.26.〉 [시행일: 2012.8.5.]

1. 신청인의 복지 요구와 관련된 사항이나 그 밖에 신청인에게 필요하다고 인정되는 사회복지서비스 및 보건의료서비스에 관한 사항
2. 보호대상자 및 그 부양의무자(「국민기초생활보장법」에 따른 부양의무자를 말한다. 이하 같다)의 소득·재산·근로능력 및 취업상태에 관한 사항
3. 보호대상자 및 그 부양의무자에 대하여 제2조제1호각 목의 법률에 따라 실시되는 급여, 사회복지서비스 및 보건의료서비스 중 보건복지부령으로 정하는 수혜 이력에 관한 사항
4. 그 밖에 보호 실시 여부를 결정하기 위하여 필요하다고 인정하는 사항

② 시장·군수·구청장은 제1항에 따른 조사의 목적으로 자료를 확보하기 위하여 신청인 또는 보호대상자와 그 부양의무자에게 필요한 자료의 제출을 요구할 수 있다.

③ 제1항에 따른 조사 및 정보의 제공에 필요한 사항에 관하여는 「국민기초생활보장법」 제22조제3항, 제5항부터 제8항까지 및 제23조를 준용한다.

④ 보건복지부장관이나 지방자치단체의 장이 제1항에 따른 조사를 하기 위하여 금융·국세·지방세·토지·건물·건강보험·국민연금·고용보험·산재보험·출입국·병무·보훈급여·교정(矯正)·가족관계증명 등 대통령령으로 정하는 관련 전산망 또는 자료를 이용하려는 경우에는 관계 기관의 장에게 협조를 요청할 수 있다. 이 경우 관계 기관의 장은 정당한 사유가 없으면 요청에 따라야 한다.

⑤ 제1항에 따른 조사 과정에서 보호대상자

에게 의견을 진술할 기회를 제공하여야 한다. 〈신설 2012.1.26.〉[시행일: 2012.8.5.] [전문개정 2011.8.4.]

제33조의4(서비스 제공의 결정) ① 시장 · 군수 · 구청장은 제33조의3에 따른 조사를 하였을 때에는 서비스 제공의 실시 여부와 그 유형을 결정하여야 한다. 〈개정 2012.1.26.〉[시행일: 2012.8.5.]

② 시장 · 군수 · 구청장은 제1항에 따른 서비스 제공의 실시 여부와 그 유형을 결정하려는 경우에는 보호대상자와 그 친족, 복지담당공무원 및 지역의 사회복지사업 · 보건의료사업 관련 기관 · 단체의 의견을 들을 수 있다. 〈개정 2012.1.26.〉[시행일: 2012.8.5.]

③ 시장 · 군수 · 구청장은 제1항에 따라 서비스 제공의 실시 여부와 그 유형을 결정하였을 때에는 이를 서면이나 전자문서로 신청인에게 알려야 한다. 〈개정 2012.1.26.〉[시행일: 2012.8.5.]

[전문개정 2011.8.4.]

[제목개정 2012.1.26.][시행일: 2012.8.5.]

제33조의5(보호대상자별 서비스 제공 계획의 수립 등) ① 시장 · 군수 · 구청장은 보호대상자에 대하여 서비스 제공을 실시하기로 결정하였을 때에는 필요한 경우 지역사회복지협의체의 의견을 들어 다음 각 호의 사항이 포함된 보호대상자별 서비스 제공 계획을 작성하여야 한다. 이 경우 보호대상자 또는 그 친족의 의견을 고려하여야 한다. 〈개정 2012.1.26.〉[시행일: 2012.8.5.]

1. 사회복지서비스 및 보건의료서비스의 유형 · 방법 · 수량 및 제공기간
2. 제1호에 따른 서비스를 제공할 기관 또는 단체
3. 같은 보호대상자에 대하여 제1호에 따른

서비스를 제공하여야 할 기관 또는 단체가 둘 이상인 경우에는 기관 또는 단체 간의 연계방법

② 시장 · 군수 · 구청장은 보호대상자에 대한 사회복지서비스 실시결과를 정기적으로 평가하고 필요한 경우 보호대상자별 서비스 제공 계획을 변경할 수 있다. 〈개정 2012.1.26.〉[시행일: 2012.8.5.]

③ 제1항에 따른 보호대상자별 서비스 제공 계획의 작성 등에 필요한 사항은 보건복지부령으로 정한다. 〈개정 2012.1.26.〉[시행일: 2012.8.5.]

[전문개정 2011.8.4.]

[제목개정 2012.1.26.][시행일: 2012.8.5.]

제33조의6(서비스 제공의 실시) ① 시장 · 군수 · 구청장은 제33조의5에 따라 작성된 보호대상자별 서비스 제공 계획에 따라 서비스 제공을 실시하여야 한다. 〈개정 2012.1.26.〉[시행일: 2012.8.5.]

② 시장 · 군수 · 구청장은 긴급히 서비스 제공을 실시할 필요가 있는 경우 등 보건복지부장관이 인정하는 경우에는 이 장의 규정에 따른 절차의 일부를 생략할 수 있다. 〈개정 2012.1.26.〉[시행일: 2012.8.5.]

[전문개정 2011.8.4.]

[제목개정 2012.1.26.][시행일: 2012.8.5.]

제33조의7(서비스 제공의 방법) ① 보호대상자에 대한 서비스 제공은 현물(現物)로 제공하는 것을 원칙으로 한다. 〈개정 2012.1.26.〉[시행일: 2012.8.5.]

② 시장 · 군수 · 구청장은 국가 또는 지방자치단체 외의 자로 하여금 제1항의 서비스 제공을 실시하게 하는 경우에는 보호대상자에게 사회복지서비스 이용권(이하 "이용권"이라 한다)을 지급하여 국가 또는 지방자치단

체 외의 자로부터 그 이용권으로 서비스 제
공을 받게 할 수 있다. 〈개정 2012.1.26.〉 [시
행일: 2012.8.5.]
③ 삭제 [2011.8.4. 제10998호(사회서비스 이용
및 이용권 관리에 관한 법률)〉 [시행일: 2012.
2.5.]
[전문개정 2011.8.4.]
[제목개정 2012.1.26.] [시행일: 2012.8.5.]

제33조의8(정보의 파기) 보건복지부장관 및 시장ㆍ
군수ㆍ구청장은 제33조의3제2항부터 제4항
까지의 규정에 따라 조사하거나 제공받은 정
보 중 보호대상자가 아닌 사람의 정보는 5년
을 초과하여 보유할 수 없다. 이 경우 정보의
보유기한이 지나면 지체 없이 이를 파기하여
야 한다.
[전문개정 2011.8.4.]

제3장 사회복지시설 〈개정 2011.8.4.〉

제34조(사회복지시설의 설치) ① 국가나 지방자치단
체는 사회복지시설(이하 "시설"이라 한다)을
설치ㆍ운영할 수 있다. 〈개정 2011.8.4.〉
② 국가 또는 지방자치단체 외의 자가 시설
을 설치ㆍ운영하려는 경우에는 보건복지부
령으로 정하는 바에 따라 시장ㆍ군수ㆍ구청
장에게 신고하여야 한다. 다만, 제40조에 따
라 폐쇄명령을 받고 3년이 지나지 아니한 자
는 시설의 설치ㆍ운영 신고를 할 수 없다.
〈개정 2011.8.4., 2012.1.26.〉 [시행일: 2012.
8.5.]
③ 시설을 설치ㆍ운영하는 자는 보건복지부
령으로 정하는 재무ㆍ회계에 관한 기준에 따
라 시설을 투명하게 운영하여야 한다. 〈신설
2011.8.4.〉 [시행일: 2012.8.5.]
④ 제1항에 따라 국가나 지방자치단체가 설

치한 시설은 필요한 경우 사회복지법인이나
비영리법인에 위탁하여 운영하게 할 수 있
다. 〈개정 2011.8.4., 2012.1.26.〉 [시행일:
2012.8.5.]
⑤ 제4항에 따른 위탁운영의 기준ㆍ기간 및
방법 등에 관하여 필요한 사항은 보건복지부
령으로 정한다. 〈개정 2011.8.4., 2012.1.26.〉
[시행일: 2012.8.5.]
[제목개정 2011.8.4.]

제34조의2(시설의 통합 설치ㆍ운영 등에 관한 특례)
① 이 법 또는 제2조제1호각 목의 법률에 따
른 시설을 설치ㆍ운영하려는 경우에는 지역
특성과 시설분포의 실태를 고려하여 이 법
또는 제2조제1호각 목의 법률에 따른 시설을
통합하여 하나의 시설로 설치ㆍ운영하거나
하나의 시설에서 둘 이상의 사회복지사업을
통합하여 수행할 수 있다. 이 경우 국가 또는
지방자치단체 외의 자는 통합하여 설치ㆍ운
영하려는 각각의 시설이나 사회복지사업에
관하여 해당 관계 법령에 따라 신고하거나
허가 등을 받아야 한다.
② 제1항에 따라 둘 이상의 시설을 통합하여
하나의 시설로 설치ㆍ운영하거나 하나의 시
설에서 둘 이상의 사회복지사업을 통합하여
수행하는 경우 해당 시설에서 공동으로 이용
하거나 배치할 수 있는 시설 및 인력 기준 등
은 보건복지부령으로 정한다.
[본조신설 2011.8.4. 종전의 제34조의2는 제
34조의3으로 이동] [시행일: 2012.8.5.]

제34조의3(보험가입 의무) ① 시설의 운영자는 다음
각 호의 손해배상책임을 이행하기 위하여 손
해보험회사의 책임보험에 가입하거나 「사회
복지사 등의 처우 및 지위 향상을 위한 법률」
제4조에 따른 한국사회복지공제회의 책임공
제에 가입하여야 한다. 〈개정 2012.1.26.,

2012.5.23. 제11442호(사회복지사 등의 처우 및 지위 향상을 위한 법률), 2013.6.4.〉 [시행일: 2014.6.5.]

1. 화재로 인한 손해배상책임

2. 화재 외의 안전사고로 인하여 생명·신체에 피해를 입은 보호대상자에 대한 손해배상책임

② 국가나 지방자치단체는 예산의 범위에서 제1항에 따른 책임보험 또는 책임공제의 가입에 드는 비용의 전부 또는 일부를 보조할 수 있다. 〈개정 2012.1.26.〉 [시행일: 2012.8.5.]

③ 제1항에 따라 책임보험이나 책임공제에 가입하여야 할 시설의 범위는 대통령령으로 정한다. 〈개정 2012.1.26.〉 [시행일: 2012.8.5.]

[전문개정 2011.8.4. 제34조의2에서 이동, 종전의 제34조의3은 제34조의4로 이동] [시행일: 2012.8.5.]

제34조의4(시설의 안전점검 등) ① 시설의 장은 시설에 대하여 정기 및 수시 안전점검을 실시하여야 한다.

② 시설의 장은 제1항에 따라 정기 또는 수시 안전점검을 한 후 그 결과를 시장·군수·구청장에게 제출하여야 한다.

③ 시장·군수·구청장은 제2항에 따른 결과를 받은 후 필요한 경우에는 시설의 운영자에게 시설의 보완 또는 개수(改修)·보수를 요구할 수 있으며, 이 경우 시설의 운영자는 요구에 따라야 한다.

④ 국가나 지방자치단체는 예산의 범위에서 제1항부터 제3항까지의 규정에 따른 안전점검, 시설의 보완 및 개수·보수에 드는 비용의 전부 또는 일부를 보조할 수 있다.

⑤ 제1항부터 제4항까지의 규정에 따른 정기 또는 수시 안전점검을 받아야 하는 시설의 범위, 안전점검 시기, 안전점검기관 및 그 절차는 대통령령으로 정한다.

[전문개정 2011.8.4. 제34조의3에서 이동] [시행일: 2012.8.5.]

제34조의5(사회복지관의 설치 등) ① 제34조제1항과 제2항에 따른 시설 중 사회복지관은 지역사회의 특성과 지역주민의 복지욕구를 고려하여 서비스 제공 등 지역복지증진을 위한 사업을 실시할 수 있다.

② 사회복지관은 모든 지역주민을 대상으로 사회복지서비스를 실시하되, 다음 각 호의 지역주민에게 우선 제공하여야 한다.

1. 「국민기초생활보장법」에 따른 수급자 및 차상위계층

2. 장애인, 노인, 한부모가족 및 다문화가족

3. 직업 및 취업 알선이 필요한 사람

4. 보호와 교육이 필요한 유아·아동 및 청소년

5. 그 밖에 사회복지관의 사회복지서비스를 우선 제공할 필요가 있다고 인정되는 사람

③ 그 밖에 사회복지관의 설치·운영·사업 등에 필요한 사항은 보건복지부령으로 정한다.

[본조신설 2012.1.26.] [시행일: 2012.8.5.]

제35조(시설의 장) ① 시설의 장은 상근(常勤)하여야 한다.

② 다음 각 호의 어느 하나에 해당하는 사람은 시설의 장이 될 수 없다. 〈개정 2012.1.26.〉 [시행일: 2012.8.5.]

1. 제7조제3항 각 호의 어느 하나에 해당하는 사람

2. 제22조에 따른 해임명령에 따라 해임된 날부터 5년이 지나지 아니한 사람

3. 사회복지분야의 6급 이상 공무원으로 재직하다 퇴직한 지 2년이 경과하지 아니한 사람 중에서 퇴직 전 3년 동안 소속하였던 기초자치단체가 관할하는 시설의 장이 되고자

하는 사람

[전문개정 2011.8.4.]

제35조의2(종사자) ① 사회복지법인과 사회복지시설을 설치ㆍ운영하는 자는 시설에 근무할 종사자를 채용할 수 있다.

② 다음 각 호의 어느 하나에 해당하는 사람은 사회복지법인 또는 사회복지시설의 종사자가 될 수 없다.

1. 제7조제3항제7호 또는 제8호에 해당하는 사람

2. 제1호에도 불구하고 종사자로 재직하는 동안 시설이용자를 대상으로 「성폭력범죄의 처벌 등에 관한 특례법」 제2조에 따른 성폭력범죄 및 「아동ㆍ청소년의 성보호에 관한 법률」 제2조제2호에 따른 아동ㆍ청소년대상 성범죄를 저질러 금고 이상의 형 또는 치료감호를 선고받고 그 형이 확정된 사람

[본조신설 2012.1.26.] [시행일: 2012.8.5.]

제36조(운영위원회) ① 시설의 장은 시설의 운영에 관한 다음 각 호의 사항을 심의하기 위하여 시설에 운영위원회를 두어야 한다. 다만, 보건복지부령으로 정하는 경우에는 복수의 시설에 공동으로 운영위원회를 둘 수 있다. 〈개정 2012.1.26.〉 [시행일: 2012.8.5.]

1. 시설운영계획의 수립ㆍ평가에 관한 사항

2. 사회복지 프로그램의 개발ㆍ평가에 관한 사항

3. 시설 종사자의 근무환경 개선에 관한 사항

4. 시설 거주자의 생활환경 개선 및 고충 처리 등에 관한 사항

5. 시설 종사자와 거주자의 인권보호 및 권익증진에 관한 사항

6. 시설과 지역사회의 협력에 관한 사항

7. 그 밖에 시설의 장이 운영위원회의 회의

에 부치는 사항

② 운영위원회의 위원은 다음 각 호의 어느 하나에 해당하는 사람 중에서 관할 시장ㆍ군수ㆍ구청장이 임명하거나 위촉한다. 〈신설 2012.1.26.〉 [시행일: 2012.8.5.]

1. 시설의 장

2. 시설 거주자 대표

3. 시설 거주자의 보호자 대표

4. 시설 종사자의 대표

5. 해당 시ㆍ군ㆍ구 소속의 사회복지업무를 담당하는 공무원

6. 후원자 대표 또는 지역주민

7. 공익단체에서 추천한 사람

8. 그 밖에 시설의 운영 또는 사회복지에 관하여 전문적인 지식과 경험이 풍부한 사람

③ 시설의 장은 다음 각 호의 사항을 제1항에 따른 운영위원회에 보고하여야 한다. 〈신설 2012.1.26.〉 [시행일: 2012.8.5.]

1. 시설의 회계 및 예산ㆍ결산에 관한 사항

2. 후원금 조성 및 집행에 관한 사항

3. 그 밖에 시설운영과 관련된 사건ㆍ사고에 관한 사항

④ 그 밖에 운영위원회의 조직 및 운영에 관한 사항은 보건복지부령으로 정한다. 〈개정 2012.1.26.〉 [시행일: 2012.8.5.]

[전문개정 2011.8.4.]

제37조(시설의 서류 비치) 시설의 장은 후원금품대장 등 보건복지부령으로 정하는 서류를 시설에 갖추어 두어야 한다.

[전문개정 2011.8.4.]

제38조(시설의 휴지ㆍ재개ㆍ폐지 신고 등) ① 제34조제2항에 따른 신고를 한 자는 지체 없이 시설의 운영을 시작하여야 한다.

② 시설의 운영자는 그 운영을 일정 기간 중단하거나 다시 시작하거나 시설을 폐지하려

는 경우에는 보건복지부령으로 정하는 바에 따라 시장·군수·구청장에게 신고하여야 한다.

③ 시장·군수·구청장은 제2항에 따라 시설 운영이 중단되거나 시설이 폐지되는 경우에는 보건복지부령으로 정하는 바에 따라 시설 거주자의 권익을 보호하기 위하여 다음 각 호의 조치를 하여야 한다. 〈개정 2012. 1.26.〉 [시행일: 2012.8.5.]

1. 시설 거주자가 다른 시설을 선택할 수 있도록 하고 그 이행을 확인하는 조치
2. 시설 거주자가 이용료·사용료 등의 비용을 부담하는 경우 납부한 비용 중 사용하지 아니한 금액을 반환하게 하고 그 이행을 확인하는 조치
3. 보조금·후원금 등의 사용 실태 확인과 이를 재원으로 조성한 재산 중 남은 재산의 회수조치
4. 그 밖에 시설 거주자의 권익 보호를 위하여 필요하다고 인정되는 조치

④ 시설 운영자가 제2항에 따라 시설운영을 재개하려고 할 때에는 보건복지부령으로 정하는 바에 따라 시설 거주자의 권익을 보호하기 위하여 다음 각 호의 조치를 하여야 한다. 〈신설 2012.1.26.〉 [시행일: 2012.8.5.]

1. 운영 중단 사유의 해소
2. 향후 안정적 운영계획의 수립
3. 그 밖에 시설 거주자의 권익 보호를 위하여 보건복지부장관이 필요하다고 인정하는 조치

⑤ 제1항과 제2항에 따른 시설 운영의 개시·중단·재개 및 시설 폐지의 신고 등에 관하여 필요한 사항은 보건복지부령으로 정한다. 〈신설 2012.1.26.〉 [시행일: 2012.8.5.]
[전문개정 2011.8.4.]

제39조 삭제 〈1999.4.30.〉

제40조(시설의 개선, 사업의 정지, 시설의 폐쇄 등)

① 보건복지부장관, 시·도지사 또는 시장·군수·구청장은 시설이 다음 각 호의 어느 하나에 해당할 때에는 그 시설의 개선, 사업의 정지, 시설의 장의 교체를 명하거나 시설의 폐쇄를 명할 수 있다. 〈개정 2012.1.26.〉 [시행일: 2012.8.5.]

1. 시설이 설치기준에 미달하게 되었을 때
2. 사회복지법인 또는 비영리법인이 설치·운영하는 시설의 경우 그 사회복지법인 또는 비영리법인의 설립허가가 취소되었을 때
3. 설치 목적이 달성되었거나 그 밖의 사유로 계속하여 운영될 필요가 없다고 인정할 때
4. 회계부정이나 불법행위 또는 그 밖의 부당행위 등이 발견되었을 때
5. 제34조제2항에 따른 신고를 하지 아니하고 시설을 설치·운영하였을 때
6. 제36조제1항에 따른 운영위원회를 설치하지 아니하거나 운영하지 아니하였을 때
7. 정당한 이유 없이 제51조제1항에 따른 보고 또는 자료 제출을 하지 아니하거나 거짓으로 하였을 때
8. 정당한 이유 없이 제51조제1항에 따른 검사·질문을 거부·방해하거나 기피하였을 때
9. 시설에서 「성폭력범죄의 처벌 등에 관한 특례법」 제2조제1항제3호부터 제5호까지의 성폭력범죄 또는 「아동·청소년의 성보호에 관한 법률」 제2조제3호의 아동·청소년대상 성폭력범죄가 발생한 때
10. 1년 이상 시설이 휴지상태에 있어 시장·군수·구청장이 재개를 권고하였음에도 불구하고 재개하지 아니한 때

② 제1항에 따른 사업의 정지 및 시설의 폐쇄 명령을 받은 경우에는 제38조제3항을 준

용한다.

③ 제1항에 따른 행정처분의 세부적인 기준은 그 위반행위의 유형과 위반 정도 등을 고려하여 보건복지부령으로 정한다.

[전문개정 2011.8.4.]

제41조(시설 수용인원의 제한)

각 시설의 수용인원은 300명을 초과할 수 없다. 다만, 대통령령으로 정하는 경우에는 그러하지 아니하다.

[전문개정 2011.8.4.]

제3장의2 재가복지

제41조의2(재가복지서비스) ① 국가나 지방자치단체는 보호대상자가 다음 각 호의 어느 하나에 해당하는 재가복지서비스를 제공받도록 할 수 있다.

1. 가정봉사서비스: 가사 및 개인활동을 지원하거나 정서활동을 지원하는 서비스
2. 주간·단기 보호서비스: 주간·단기 보호시설에서 급식 및 치료 등 일상생활의 편의를 낮 동안 또는 단기간 동안 제공하거나 가족에 대한 교육 및 상담을 지원하는 서비스

② 시장·군수·구청장은 제33조의5에 따른 보호대상자별 서비스 제공 계획에 따라 보호대상자에게 사회복지서비스를 제공하는 경우 시설 입소에 우선하여 제1항 각 호의 재가복지서비스를 제공하도록 하여야 한다. 〈개정 2012.1.26.〉 [시행일: 2012.8.5.]

[전문개정 2011.8.4.]

제41조의3(보호대상자의 보호자에 대한 지원) 국가나 지방자치단체는 제33조의4에 따라 서비스 제공이 결정된 보호대상자를 자신의 가정

에서 돌보는 사람에 대하여 보건복지부령으로 정하는 바에 따라 그 보호자의 부담을 줄이기 위한 상담을 실시하거나 금전적 지원 등을 할 수 있다. 〈개정 2012.1.26.〉 [시행일: 2012.8.5.]

[전문개정 2011.8.4.]

제41조의4(가정봉사원의 양성) 국가나 지방자치단체는 재가복지서비스를 필요로 하는 가정 또는 시설에서 보호대상자가 일상생활을 하기 위하여 필요한 각종 편의를 제공하는 가정봉사원을 양성하도록 노력하여야 한다.

[전문개정 2011.8.4.]

제4장 보칙 〈개정 2011.8.4.〉

제42조(보조금 등) ① 국가나 지방자치단체는 사회복지사업을 하는 자 중 대통령령으로 정하는 자에게 필요한 비용의 전부 또는 일부를 보조할 수 있다.

② 제1항에 따른 보조금은 그 목적 외의 용도에 사용할 수 없다.

③ 국가나 지방자치단체는 제1항에 따라 보조금을 받은 자가 다음 각 호의 어느 하나에 해당할 때에는 이미 지급한 보조금의 전부 또는 일부의 반환을 명할 수 있다.

1. 거짓이나 그 밖의 부정한 방법으로 보조금을 받았을 때
2. 사업 목적 외의 용도에 보조금을 사용하였을 때
3. 이 법 또는 이 법에 따른 명령을 위반하였을 때

[전문개정 2011.8.4.]

제42조의2(국유·공유 재산의 우선매각) 국가나 지방자치단체는 사회복지사업과 관련한 시설

을 설치하거나 사업을 육성하기 위하여 필요하다고 인정하면 「국유재산법」과 「공유재산 및 물품 관리법」에도 불구하고 사회복지법인 또는 사회복지시설에 국유·공유 재산을 우선매각하거나 임대할 수 있다.
[전문개정 2011.8.4.]

제42조의3(지방자치단체에 대한 지원금) ① 보건복지부장관은 시·도지사 및 시장·군수·구청장에게 사회복지사업의 수행에 필요한 비용을 지원할 수 있다. 〈개정 2008.2.29. 제8852호(정부조직법), 2010.1.18. 제9932호(정부조직법)〉 [시행일: 2010.3.19.]
② 보건복지부장관은 「사회보장급여의 이용·제공 및 수급권자 발굴에 관한 법률」 제39조에 따른 평가결과를 반영하여 제1항에 따른 지원을 할 수 있다.〈개정 2008.2.29. 제8852호(정부조직법), 2010.1.18. 제9932호(정부조직법), 2014.12.30. 제12935호(사회보장급여의 이용·제공 및 수급권자 발굴에 관한 법률)〉 [시행일: 2015.7.1.]
③ 제1항에 따른 지원금의 지급기준·지급방법 등에 관하여 필요한 사항은 보건복지부령으로 정한다.〈개정 2008.2.29. 제8852호(정부조직법), 2010.1.18. 제9932호(정부조직법)〉 [시행일: 2010.3.19.]
[본조신설 2007.12.14.]

제43조(시설의 서비스 최저기준) ① 보건복지부장관은 시설에서 제공하는 서비스의 최저기준을 마련하여야 한다.
② 시설 운영자는 제1항의 서비스 최저기준 이상으로 서비스 수준을 유지하여야 한다.
③ 제1항의 서비스 기준 대상시설과 서비스 내용 등에 관하여 필요한 사항은 보건복지부령으로 정한다.
[본조신설 2012.1.26. 종전의 제43조는 제

43조의2로 이동] [시행일: 2013.1.27.]

제43조의2(시설의 평가) ① 보건복지부장관과 시·도지사는 보건복지부령으로 정하는 바에 따라 시설을 정기적으로 평가하고, 그 결과를 공표하거나 시설의 감독·지원 등에 반영할 수 있으며 시설 거주자를 다른 시설로 보내는 등의 조치를 할 수 있다.
② 보건복지부장관이나 시·도지사는 제1항의 평가 결과에 따라 시설 거주자를 다른 시설로 보내는 경우에는 제38조제3항의 조치를 하여야 한다.
[전문개정 2012.1.26. 제43조에서 이동] [시행일: 2012.8.5.]

제44조(비용의 징수) 이 법에 따른 복지조치에 필요한 비용을 부담한 지방자치단체의 장이나 그 밖에 시설을 운영하는 자는 그 혜택을 받은 본인 또는 그 부양의무자로부터 대통령령으로 정하는 바에 따라 그가 부담한 비용의 전부 또는 일부를 징수할 수 있다.
[전문개정 2011.8.4.]

제45조(후원금의 관리) ① 사회복지법인의 대표이사와 시설의 장은 아무런 대가 없이 무상으로 받은 금품이나 그 밖의 자산(이하 "후원금"이라 한다)의 수입·지출 내용을 공개하여야 하며 그 관리에 명확성이 확보되도록 하여야 한다. 〈개정 2012.1.26.〉 [시행일: 2012.8.5.]
② 후원금에 관한 영수증 발급, 수입 및 사용 결과 보고, 그 밖에 후원금 관리 및 공개 절차 등 구체적인 사항은 보건복지부령으로 정한다. 〈개정 2012.1.26.〉 [시행일: 2012.8.5.]
[전문개정 2011.8.4.]

제46조(한국사회복지사협회) ① 사회복지사는 사회

복지에 관한 전문지식과 기술을 개발·보급하고, 사회복지사의 자질 향상을 위한 교육훈련을 실시하며, 사회복지사의 복지증진을 도모하기 위하여 한국사회복지사협회(이하 "협회"라 한다)를 설립한다.

② 제1항에 따른 협회는 법인으로 하되, 협회의 조직과 운영 등에 필요한 사항은 대통령령으로 정한다.

③ 협회에 관하여 이 법에서 규정한 사항을 제외하고는 「민법」 중 사단법인에 관한 규정을 준용한다.

[전문개정 2011.8.4.]

제47조(비밀누설의 금지) 사회복지사업 또는 사회복지업무에 종사하였거나 종사하고 있는 사람은 그 업무 수행 과정에서 알게 된 다른 사람의 비밀을 누설하여서는 아니 된다.

[전문개정 2011.8.4.]

제48조(압류 금지) 이 법 및 제2조제1호각 목의 법률에 따라 지급된 금품과 이를 받을 권리는 압류하지 못한다.

[전문개정 2011.8.4.]

제49조(청문) 보건복지부장관, 시·도지사 또는 시장·군수·구청장은 제26조 또는 제40조에 따른 허가의 취소 또는 시설의 폐쇄를 하려면 청문을 하여야 한다.

[전문개정 2011.8.4.]

제50조(포상) 정부는 사회복지사업에 관하여 공로가 현저하거나 모범이 되는 자에게 포상(襃賞)을 할 수 있다.

[전문개정 2011.8.4.]

제51조(지도·감독 등) ① 보건복지부장관, 시·도지사 또는 시장·군수·구청장은 사회복지 사업을 운영하는 자의 소관 업무에 관하여 지도·감독을 하며, 필요한 경우 그 업무에 관하여 보고 또는 관계 서류의 제출을 명하거나, 소속 공무원으로 하여금 사회복지법인의 사무소 또는 시설에 출입하여 검사 또는 질문을 하게 할 수 있다.

② 사회복지법인의 주된 사무소의 소재지와 시설의 소재지가 같은 시·도 또는 시·군·구에 있지 아니한 경우 그 시설의 업무에 관하여는 시설 소재지의 시·도지사 또는 시장·군수·구청장이 지도·감독 등을 한다. 이 경우 지도·감독 등을 위하여 필요할 때에는 사회복지법인의 업무에 대하여 사회복지법인의 주된 사무소 소재지의 시·도지사 또는 시장·군수·구청장에게 협조를 요청할 수 있다.

③ 제2항에 따른 지도·감독 등에 관하여 따로 지방자치단체 간에 협약을 체결한 경우에는 제2항에도 불구하고 협약에서 정한 시·도지사 또는 시장·군수·구청장이 지도·감독 등의 업무를 수행한다.

④ 제1항에 따라 검사 또는 질문을 하는 관계 공무원은 그 권한을 표시하는 증표를 지니고 이를 관계인에게 보여주어야 한다.

⑤ 보건복지부장관 또는 시·도지사는 지도·감독을 실시한 후 제26조 및 제40조에 따른 행정처분 등을 한 경우에는 처분 대상인 법인 또는 시설의 명칭, 처분사유, 처분내용 등 처분과 관련된 정보를 대통령령으로 정하는 바에 따라 공표할 수 있다. 〈신설 2012.1.26.〉 [시행일: 2012.8.5.]

⑥ 지도·감독 기관은 사회복지 사업을 운영하는 자의 소관 업무에 대한 지도·감독에 있어 필요한 경우 촉탁할 수 있으며 촉탁받은 자의 업무범위와 권한은 대통령령으로 정한다. 〈신설 2012.1.26.〉 [시행일: 2012.8.5.]

[전문개정 2011.8.4.]

제52조(권한의 위임 또는 위탁) ① 이 법에 따른 보건복지부장관 또는 시·도지사의 권한은 대통령령으로 정하는 바에 따라 그 일부를 시·도지사 또는 시장·군수·구청장에게 위임할 수 있다.

② 보건복지부장관은 이 법에 따른 업무의 일부를 대통령령으로 정하는 바에 따라 제6조의3제1항에 따른 전담기구, 사회복지 관련 기관 또는 단체에 위탁할 수 있다.

[전문개정 2011.8.4.]

제5장 벌칙 〈개정 2011.8.4.〉

제53조(벌칙) 다음 각 호의 어느 하나에 해당하는 자는 5년 이하의 징역 또는 1천500만원 이하의 벌금에 처한다.

1. 제23조제3항을 위반한 자
2. 제42조제2항을 위반한 자

[전문개정 2011.8.4.]

제53조의2 삭제 [2014.12.30. 제12935호(사회보장급여의 이용·제공 및 수급권자 발굴에 관한 법률)] [시행일: 2015.7.1.]

제53조의3 삭제 [2014.12.30. 제12935호(사회보장급여의 이용·제공 및 수급권자 발굴에 관한 법률)〉 [시행일: 2015.7.1.]

제54조(벌칙) 다음 각 호의 어느 하나에 해당하는 자는 1년 이하의 징역 또는 1천만원 이하의 벌금에 처한다.

1. 제6조제1항을 위반한 자
2. 제28조제2항을 위반한 자
3. 제34조제2항에 따른 신고를 하지 아니하고 시설을 설치·운영한 자
4. 정당한 이유 없이 제38조제3항(제40조제

2항에서 준용하는 경우를 포함한다)에 따른 시설 거주자 권익 보호조치를 기피하거나 거부한 자
5. 정당한 이유 없이 제40조제1항에 따른 명령을 이행하지 아니한 자
6. 제47조를 위반한 자
7. 정당한 이유 없이 제51조제1항에 따른 보고를 하지 아니하거나 거짓으로 보고한 자, 자료를 제출하지 아니하거나 거짓 자료를 제출한 자, 검사·질문을 거부·방해 또는 기피한 자

[전문개정 2011.8.4.] [시행일: 2012.8.5.]

제55조(벌칙) 제13조를 위반한 자는 300만원 이하의 벌금에 처한다.

[전문개정 2011.8.4.]

제56조(양벌규정) 법인의 대표자나 법인 또는 개인의 대리인·사용인, 그 밖의 종업원이 그 법인 또는 개인의 업무에 관하여 제53조, 제54조 및 제55조의 위반행위를 하면 그 행위자를 벌하는 외에 그 법인 또는 개인에게도 해당 조문의 벌금형을 과(科)한다. 다만, 법인 또는 개인이 그 위반행위를 방지하기 위하여 해당 업무에 관하여 상당한 주의와 감독을 게을리하지 아니한 경우에는 그러하지 아니하다. 〈개정 2014.12.30. 제12935호(사회보장급여의 이용·제공 및 수급권자 발굴에 관한 법률)〉 [시행일: 2015.7.1.]

[전문개정 2011.8.4.]

제57조(벌칙 적용 시의 공무원 의제) 제12조제1항 또는 제52조제2항에 따라 위탁받은 업무를 수행하는 제6조의3제1항에 따른 전담기구, 사회복지 관련 기관 또는 단체 임직원은 「형법」 제129조부터 제132조까지의 규정을 적용할 때에는 공무원으로 본다.

[전문개정 2011.8.4.]

제58조(과태료) ① 제13조제2항 단서 및 제3항, 제18조제6항, 제24조, 제31조, 제34조의3, 제34조의4, 제37조, 제38조제1항·제2항 또는 제45조를 위반한 자에게는 300만원 이하의 과태료를 부과한다. 〈개정 2012.1.26.〉 [시행일: 2012.8.5.]

② 제33조의3제1항 각 호에 따른 서류, 그 밖에 소득·재산 등에 관한 자료를 정당한 사유 없이 제출하지 아니하거나 거짓 자료를 제출한 자 또는 조사·질문을 기피·거부·방해하거나 거짓 답변을 한 자에게는 20만원 이하의 과태료를 부과한다.

③ 제1항 또는 제2항에 따른 과태료는 대통령령으로 정하는 바에 따라 보건복지부장관, 시·도지사 또는 시장·군수·구청장이 부과·징수한다.

[전문개정 2011.8.4.] [시행일: 2012.8.5.]

부 칙[2015.7.24. 제13426호 (제주특별자치도 설치 및 국제자유도시 조성을 위한 특별법)〉

제1조(시행일) 이 법은 공포 후 6개월이 경과한 날부터 시행한다. 〈단서 생략〉

제2조부터 제37조까지 생략

제38조(다른 법률의 개정) ①부터 〈26〉까지 생략

〈27〉 사회복지사업법 일부를 다음과 같이 개정한다.

제6조제2항 중 "「제주특별자치도 설치 및 국제자유도시 조성을 위한 특별법」 제17조제2항"을 "「제주특별자치도 설치 및 국제자유도시 조성을 위한 특별법」 제11조제2항"으로 하고, 제7조의2제1항 및 제4항 중 "「제주특별자치도 설치 및 국제자유도시 조성을 위한 특별법」 제15조제2항"을 각각 "「제주특별자치도 설치 및 국제자유도시 조성을 위한 특별법」 제10조제2항"으로 한다.

〈28〉부터 〈45〉까지 생략

제39조 생략

찾아보기

《인 명》

《내 용》

저자 소개

남기민(Nam, Kimin)
  서울대학교 사회복지학과 졸업(문학사)
  서울대학교 행정대학원 행정학과 졸업(행정학석사)
  서울대학교 대학원 사회복지학과 졸업(문학박사)
  미국 미시간대학교, 위스콘신대학교 방문교수
  캐나다 브리티시컬럼비아대학교 방문교수
  서울대, 연세대, 충남대, 충북대, 경기대, 한남대, 우송대 강사
  행정고등고시위원 및 국가 5급고시위원
  충청북도 도정자문위원, 청주시 지역사회복지대표협의체 민간위원장
  충북사회복지연구소장, (사)충청노인복지개발회 회장
  한국사회복지행정학회 회장, 한국사회복지학회 회장, 청주복지재단 이사장
  현 청주대학교 사회복지학과 명예교수

〈주요 저서〉
  사회복지조직과 리더쉽(대영문화사, 1990)
  사회복지행정론(공저, 나남출판, 1993, 2000, 2006, 2016)
  현대노인복지연구(편저, 청주대학교출판부, 1998)
  평생학습사회와 노인교육(공저, 교육부, 1999)
  사회복지관 프로그램 사례연구(공저, 한국사회복지관협회, 2000)
  충북노인복지론(공저, 협신사, 2000)
  사회복지학개론(양서원, 2001, 2005, 2011)
  한국의 사회복지행정(공저, 현학사, 2003)
  현대노인교육론(공저, 현학사, 2003)
  고령화 사회와 노인복지(공저, 양서원, 2006)
  충북복지론(공저, 충북개발연구원, 2006)
  사회복지법제론(공저, 공동체, 2007, 2008, 2011, 2013, 2014, 2016)

3판
사회복지정책론
Social Welfare Policy, 3rd ed.

2004년 2월 20일 1판 1쇄 발행
2009년 9월 30일 1판 12쇄 발행
2010년 2월 25일 2판 1쇄 발행
2015년 8월 20일 2판 9쇄 발행
2015년 11월 10일 3판 1쇄 발행
2023년 3월 20일 3판 10쇄 발행

지은이 • 남 기 민
펴낸이 • 김 진 환
펴낸곳 • (주) **학지사**

04031 서울특별시 마포구 양화로 15길 20 마인드월드빌딩 5층
대표전화 • 02) 330-5114   팩스 • 02) 324-2345
등록번호 • 제313-2006-000265호

홈페이지 • http://www.hakjisa.co.kr
페이스북 • https://www.facebook.com/hakjisabook

ISBN 978-89-997-0766-7 93330

정가 **19,000원**

출판미디어기업 **학지사**

간호보건의학출판 **학지사메디컬** www.hakjisamd.co.kr
심리검사연구소 **인싸이트** www.inpsyt.co.kr
학술논문서비스 **뉴논문** www.newnonmun.com
원격교육연수원 **카운피아** www.counpia.com